TEOLOGIA DEL MINISTERIO EDUCATIVO

Perspectivas Latinoamericanas

DANIEL S. SCHIPANI

NUEVA CREACION
BUENOS AIRES — GRAND RAPIDS
Y
WILLIAM B. EERDMANS PUBLISHING COMPANY

Copyright © 1993 Neuva Creación
filial de Wm. B. Eerdmans Publishing Co.
255 Jefferson Ave. S.E., Grand Rapids, Michigan 49503

Neuva Creación, José Mármol 1734 - (1602) Florida
Buenos Aires, Argentina

Todos los derechos reservados
All rights reserved

Impreso en los Estados Unidos
Printed in the United States of America

Library of Congress Cataloging-in-Publication Data

Schipani, Daniel S., 1943-
Teología del ministerio educativo: perspectivas latinoamericanas /
Daniel S. Schipani.
p.   cm.
Includes bibliographical references.
ISBN 0-8028-0919-7 (pbk.)
1. Christian education — Latin America — Philosophy.
2. Liberation theology. I. Title.
BV1464.S3355   1993
268'.01 — dc20   92-35314
CIP

A PAULO FREIRE

con fraternal aprecio

Contenido

Agradecimiento

Estas páginas se han ido gestando a lo largo de varios años de labor educativa y reflexión teológica en diversos contextos sociohistóricos de las Américas y el Caribe. He tenido el privilegio de participar en un buen número de proyectos y diálogos con amigos, colegas, profesores y estudiantes, como también con otras personas prácticamente ocupadas en cuestiones tales como la libertad, la paz y la justicia, el desarrollo de la fe, y la iglesia y la transformación social. De una u otra manera estoy en deuda con todos ellos.

He apreciado en particular la guía de quienes fueron mis maestros: John Howard Yoder (Seminario Bíblico de Goshen), y James E. Loder, D. Campbell Wyckoff, y Richard Shaull (Seminario Teológico de Princeton); ellos orientaron inicialmente mi pensamiento en torno a los problemas que abordo en este libro. Agradezco también la inspiración de mi mentor, Paulo Freire, quien me estimuló a profundizar la reflexión crítica y el diálogo entre la teología y la educación que se registra en este ensayo.

Debo un agradecimiento especial al Seminario Evangélico de Puerto Rico, donde comencé a diseñar el proyecto, y a los Seminarios Bíblicos Menonitas Asociados, que me dieron facilidades para completarlo. Quiero reconocer y agradecer del mismo modo el consejo y el apoyo que recibí de James Michael Lee, mi editor de «Religious Education Press», y la eficiente asistencia secretarial de Sue DeLeón.

Varios destacados colegas me afirmaron generosamente con motivo de la publicación de la versión original en inglés de este libro, especialmente los profesores Robert McAfee Brown, Craig Dykstra, James W. Fowler, Thomas H. Groome, Sara Little, Letty M. Russell, John H. Westerhoff, y José Míguez Bonino. C. René Padilla, Secretario General de la Fraternidad Teológica Latinoamericana, me animó a presentar una versión castellana de la obra, cuyo primer borrador estuvo a cargo del profesor Daniel D. García, del Instituto Superior Evangélico de Estudios Teológicos, de Buenos Aires. A todos ellos, ¡muchas gracias!

Por último, mi gratitud responde también al apoyo infatigable de mi compañera de ruta, Margaret Anne, y el cariño de nuestros hijos David y Marisa.

El autor

Introducción

Este libro va dirigido especialmente a la comunidad de educación y reflexión teológica y a los compañeros y compañeras involucrados en un ministerio educativo que reclama seria fundamentación y sentido de dirección a la luz de la situación histórica que vivimos.

El título original[1] evoca dos imágenes vinculadas entre sí: la del encuentro y la de la confrontación. La primera de ellas nos presenta a la teología de la liberación y a la educación cristiana encontrándose una con la otra «cara a cara», en un diálogo «mano a mano». «Encuentro» denota, en este caso, una interacción que se produce a través de la yuxtaposición de estos dos campos. La segunda imagen es la de la confrontación, entendida en el sentido de «situarse en frente de» (inclusive, con actitud desafiante). «Confrontación» sugiere también un desafío, al menos en la forma de un compromiso crítico mutuo, como si se tratara de una pugna teórica e ideológica entre la educación y la teología de la liberación. Esta connotación específica del tema de este libro está, en cierta forma, presente ya en el carácter intrínsecamente confrontativo de las teologías de la liberación, especialmente de sus expresiones latinoamericanas, en las cuales nos concentraremos. El hecho de enfocar este trabajo en contribuciones provenientes de la América Latina obedece no sólo a nuestro contexto histórico-cultural de vida y trabajo, sino también a que las teologías latinoamericanas liberacionistas son las más sistemáticamente articuladas, las más desarrolladas, las más ampliamente traducidas y leídas dentro de esta vertiente teológica.[2]

Algunos comentarios adicionales pueden añadirse, a la manera de un paréntesis, respecto a la pertinencia del tema elegido, en el marco de la relación entre América del Norte y América Latina. Podemos comenzar con el hecho de que la comunidad latinoamericana en Norteamérica, incluyendo a exiliados y refugiados en precaria condición, es a esta altura mayor que el conjunto de la población de la América Central. En conexión con esto cabe señalar la naturaleza peculiar de las relaciones entre los Estados Unidos y la América Latina, que incluyen cuestiones tan críticas como la política económica, la deuda externa, y el constante intervencionismo político y militar. Por otra parte, debemos tomar en consideración el presupuesto liberacionista de que existe cierta correlación entre la impresionante concentración de poder y recursos (esto es, «desarrollo») en las naciones ricas, y el creciente abismo que las separa de los así llamados países «subdesarrollados»; esta situación estaría en la base del militarismo y la represión, el hambre y la pobreza agobiantes, la dependencia, la marginación y la opresión. Juntamente con la bancarrota del capitalismo dependiente, otro factor a tener en cuenta es el colapso del modelo católicoromano de cristiandad.

Las teologías de la liberación —por su foco de interés, su propósito, su estructura y sus efectos— fomentan el noconformismo, la crítica, una visión alternativa y una acción social correctiva a la luz de los contextos de opresión y alienación a partir de los cuales han emergido. En este sentido, la educación se convierte a menudo en el blanco de las acusaciones de los liberacionistas, quienes la consideran «la gran falla de la experiencia judeo-cristiana contemporánea», incapaz de gestar nuevas estructuras de igualdad y justicia.[3]

La teología de la liberación, como lo ha indicado C. Ellis Nelson,[4] es sin duda una corriente de primera línea y bien consolidada, y en consecuencia la educación cristiana debe salirle al encuentro con una actitud de crítica constructiva. En otras palabras, no estamos tratando con una moda teológica más, sino con un enfoque y un movimiento que seguirá desarrollándose y ejerciendo influencia en los próximos años. El fundamento más sólido de esta afirmación es que la teología de la liberación no está basada en una filosofía de pertinencia coyuntural; por el contrario, tiene sus raíces en la mismísima configuración geopolítica y socio-económica de nuestro mundo, de la cual se desprende un ansia de libertad, paz y justicia.

Por último, debemos enfatizar que la teología latinoamericana de la liberación posee una estructura y una orientación *pedagógicas* que no han sido suficientemente reconocidas y evaluadas. Sin embargo, este perfil pedagógico se torna evidente en ciertos principios y énfasis sostenidos por los liberacionistas, como por ejemplo la relevancia normativa de las enseñanzas de Jesús, la visión de la Biblia como el texto de la iglesia y el libro para el pueblo, la dinámica de la fe en cuanto discipulado (esto es, el seguimiento comprometido de Jesucristo), y la comprensión del hacer teología como educación para el ministerio y la misión de la comunidad eclesial. Esta estructura y orientación pedagógicas, que se irán tornando cada vez más evidentes a lo largo de este libro, demandan y facilitan este proyecto.

Desde 1970, varios educadores y filósofos de la educación han tratado de encarar la problemática de la teología de la liberación.[5] Sin embargo, estos esfuerzos han sido demasiado tentativos, esquemáticos e inconclusos, con la excepción de la obra de Thomas H. Groome, *Christian Religious Education: Sharing our Story and Vision*, y nuestro propio estudio en torno a la contribución de Paulo Freire, *Conscientization and Creativity*.[6] Dado que la teología de la liberación ha tenido un impacto indiscutible en estos últimos años,[7] nuestro propósito es proveer una visión amplia y crítica del pensamiento liberacionista desde la peculiar perspectiva del ministerio educativo. Más que en un tratamiento exhaustivo de la teología de la liberación como tal, estamos interesados en subrayar y evaluar sus dimensiones principales a la luz del espíritu global de esta corriente teológica. Esta tarea se cumplirá a través de un diálogo «mano a mano» con la educación cristiana. En pocas palabras, nuestra tesis es que en el encuentro entre la educación y la teología de la liberación —en un marco de respeto por la integridad de cada una— tendrá lugar un enriquecimiento mutuo y ambos campos progresarán en sus propios términos. Con esto en mente, este libro intenta también hacer una contribución a un debate de mayores dimensiones, el de la relación entre teología y educación cristiana y teológica, y a un problema vinculado con este mismo debate: el de la teoría y la práctica. La temática de la interrelación entre la educación y la teología será encarada a lo largo de todo este libro. Puede ser pertinente y beneficioso para nosotros tener en cuenta varias preguntas claves que han sido formuladas al respecto. Randolph Crump Miller lo dice sucintamente así: «¿Cuál teología puede proveernos el trasfondo para la educación eclesial? ¿Cuál debería ser la relación entre teología y educacion?»[8] Iris V. Cully lo plantea en términos más escépticos: «¿Puede alguna teología hoy funcionar como eje de la teoría de la educación religiosa? (...) ¿Puede existir alguna elaboración teológica que sirva aceptablemente como base de la teoría de la educación religiosa?»[9] Norma H. Thompson lo expresa con estas preguntas: «La teología, ¿determina (o influencia) las decisiones que se toman en relación con los contenidos de la educación religiosa? ¿Cómo afecta la teología a la metodología, los objetivos, el curriculum y la administración en la educación religiosa? (...) ¿Puede el proceso educativo en sí mismo jugar un rol creativo en la educación religiosa? En otros términos, a medida que el proceso avanza, ¿no se va produciendo

—como un resultado natural— una reconstrucción y una reinterpretación de los conceptos básicos de la fe? ¿Cuál es el resultado de la interacción entre la teología y el proceso educativo?»[10] Nuestra discusión contribuirá a echar luz sobre estos interrogantes y proveerá varias respuestas pertinentes. El cuerpo de este libro consta de cinco capítulos, cada uno de los cuales está centrado en un motivo clave para la teología de la liberación (concientización, reino de Dios, conocimiento fundado en la praxis, interpretación transformadora, y comunidad de base). Después de ofrecer una visión general de cada uno de estos temas, presentamos las perspectivas liberacionistas en su relación con la educación cristiana y teológica. A continuación analizamos y criticamos estas perspectivas, poniendo de manifiesto —desde el punto de vista de la educación— sus virtudes y contribuciones así como también sus debilidades y limitaciones. Esta discusión nos llevará también a una reformulación de ciertos principios para la práctica y la teoría de la educación de la iglesia. La idea es mantener el espíritu de «encuentro» a lo largo de todo este ensayo, antes que considerar las implicancias para el ministerio educativo en una forma meramente reactiva. Por razones que se volverán evidentes desde el comienzo mismo de esta discusión, la obra y el pensamiento de Paulo Freire funcionan como un pivote a lo largo de todo el libro.

La breve referencia al Evangelio al comienzo de cada capítulo simboliza el carácter normativo que asumen la persona y la enseñanza de Jesús, tanto para la educación cristiana como para la teología latinoamericana de la liberación. Hemos seleccionado, además, algunas citas que colocamos paralelamente a la referencia evangélica; lo hacemos para anticipar cuál será el foco de cada capítulo, y también para mostrar cuán ricas y variadas son las contribuciones de ambos campos que están a nuestra disposición. La conclusión resume la esencia de nuestros hallazgos a la luz de los objetivos establecidos de antemano, y presenta algunas cuestiones que serán encaradas sobre la marcha como también algunas implicancias para continuar el diálogo y la reflexión en medio de nuestras prácticas a favor del proyecto del reino de Dios.

NOTAS

1. Daniel S. Schipani, *Religious Education Encounters Liberation Theology* (Birmingham: Religious Education Press, 1988). Hemos revisado totalmente el manuscrito original en inglés. El nuevo título refleja mejor nuestra convicción sobre la normatividad de los fundamentos bíblicos-teológicos en la reflexión en torno a los ministerios de la iglesia y, en este caso, la educación. Nótese que a menudo usamos la expresión «ministerio educativo», incluyendo bajo tal nombre las varias dimensiones de la «educación cristiana» (enfocada a promover el amor a Dios y al prójimo como a uno mismo, en todos los niveles) y la «educación teológica» (orientada más bien a la comprensión y articulación de la fe y a la formación de líderes para el pueblo de Dios). Aunque en principio compartimos tales distinciones, nos interesa más destacar los elementos comunes, así como la continuidad y la complementariedad entre las distintas facetas del ministerio educativo. De hecho, entendemos que en muchos casos —especialmente en el ministerio con jóvenes y adultos— las diferencias deben desestimarse, precisamente como lo sugiere la teología de la liberación (cf. capítulo 4).

2. Se puede argumentar que otras teologías de liberación, como la teología negra o la feminista, comparten con la latinoamericana ciertas preocupaciones y metodologías básicas, y hacen contribuciones igualmente significativas en ciertas áreas. Las siguientes obras son de gran ayuda para una lectura interpretativa de las teologías de liberación: Frederick Herzog, *Liberation Theology: Liberation in the Light of the Fourth Gospel* (New York: Seabury, 1972); Rosemary Redford Ruether, *Liberation Theology: Human Hope Confronts Christian History and American Power* (New York: Paulist, 1972); World Council of Churches, «Theological Symposium with James H. Cone, Paulo Freire, and others», *Risk* 9:2 (1973); Letty M. Russell, *Human Liberation in a Feminist Perspective* (Philadelphia: Westminster, 1974); John C. Bennett, *The Radical Imperative: From Theology to Social Ethics* (Philadelphia: Westminster, 1975); James H. Cone, *God of the Oppressed* (New York: Seabury, 1975) y «From Geneva to Sao Paulo: A Dialogue Between Black Theology and Latin American Liberation Theology», Sergio Torres y John Eagleson, eds., *The Challenge of Basic Christian Communities* (Maryknoll, N. Y.: Orbis, 1981) pp. 265-281; también: *For My People: Black Theology and the Black Church* (Maryknoll, N.Y.: Orbis, 1984) cap. 3, y *My Soul Looks Back* (Maryknoll, N.Y.: Orbis, 1986) caps. 4 y 5; Robert McAfee Brown, *Theology in a New Key: Responding to Liberation Themes* (Philadelphia: Westminster, 1978); Gerald H. Anderson y Thomas F. Stransky, eds., *Mission Trends No. 4: Liberation Theologies in North America and Europe* (New York: Paulist/Grand Rapids, Mich.: Eerdmans, 1979); Brian Mahan y L. Dale Richesin, eds., *The Challenge of Liberation Theology: A First World Response* (Maryknoll, N.Y.: Orbis, 1981); Harvey M. Conn, «Theologies of Liberation: An Overview» y «Theologies and Liberation: Toward a Common View», Stanley N. Gundry y Alan F. Johnson, eds., *Tensions in Contemporary Theology*, 2da ed. (Grand Rapids, Mich.: Baker, 1983) pp. 325-434; Virginia Fabella y Sergio Torres, eds.,

Irruption of the Third World: Challenge to Theology (Maryknoll: Orbis, 1983); Virginia Fabella y Sergio Torres, eds., *Doing Theology in a Divided World* (Maryknoll: Orbis, 1985); Roger Haight, *An Alternative Vision: An Interpretation of Liberation Theology* (New York: Paulist, 1985); Dean William Ferm, *Third World Liberation Theologies: An Introductory Survey (Maryknoll, N.Y.: Orbis, 1986) y Third World Liberation Theologies: A Reader* (Maryknoll: N.Y.: Orbis, 1986); Virginia Fabella y Mercy Amba Odiyoye, *With Passion and Compassion: Third World Women Doing Theology* (Maryknoll: Orbis, 1988); K. C. Abraham, *Third World Theologies: Communalities and Divergency* (Maryknoll: Orbis, 1990); Hennelly, Alfred T., ed., *Liberation Theology: A Documentary History* (Maryknoll: Orbis, 1990).

De autores evangélicos latinoamericanos se destacan las siguientes obras: Emilio A. Núñez, *Teología de la liberación: Una perspectiva evangélica* (San José: Caribe, 1986), y Samuel Escobar, *La fe evangélica y las teologías de la liberación* (El Paso: Casa Bautista de Publicaciones, 1987).

3. Olivia Pearl Stokes, «Black Theology: A Challenge to Religious Education», Norma H. Thompson, ed., *Religious Education and Theology* (Birmingham, Ala.: Religious Education Press, 1982) pp. 90-93. En el ámbito de América Latina, la crítica a la educación cristiana tradicional y liberal, junto con la formulación de una alternativa liberacionista y popular ha sido una de las contribuciones principales de CELADEC, como señalaremos en el capítulo segundo.

4. «Theological Foundations for Religious Education», Marvin J. Taylor, ed., *Changing Patterns of Religious Education* (Nashville: Abingdon, 1984) p. 21.

5. Los primeros artículos y ensayos aparecidos en Norteamérica sobre la teología de la liberación o en estrecha relación con ella datan de 1970. Aun a riesgo de ser arbitrarios, consideramos la apelación de Boardman W. Kathan a un compromiso activo en la lucha por la liberación, el cambio social y la justicia —«Religious Education in the 70's: Human Liberation in an Uptight Age», *Religious Education* 66:1 (enero-febrero 1971) pp. 5-13— como el punto de partida de una larga sucesión de referencias específicas al tema de la liberación en la educación cristiana. Hasta cierto punto, estas referencias están vinculadas con la discusión teológica que se ha venido desarrollando sobre estas cuestiones. Algunos ejemplos dignos de mención son los siguientes: Miriam Clasby, «Education as a Tool for Humanization and the Work of Paulo Freire», *The Living Light* 8:1 (primavera 1971) pp. 48-59; Marcel van Caster, «A Catechesis for Liberation», *Lumen Vitae* 27:2 (junio 1972) pp. 281-303; Bruce O. Boston, «Conscientization and Christian Education», *Learning for Living* 13:3 (enero 1974) pp. 100-105; William B. Kennedy, «Education for Liberation and Community», *Religious Education* 70:1 (enero-febrero 1975) pp. 5-44; John L. Elias, «Paulo Freire: Religious Educator», *Religious Education* 71:1 (enero-febrero 1976) pp. 40-56 y «Education for Power and Liberation», *The Living Light* 13:1 (primavera 1976) pp. 56-69; Grant S. Shockley, «Liberation Theology, Black Theology, and Religious Education», Marvin J. Taylor, ed., *Foundations for Christian Education in an Era of Change* (Nashville: Abingdon, 1976) pp. 80-95; Malcolm L. Warford, «Between the Plumbing and the Saving: Education, Theology and

Liberation», *The Living Light* 11:1 (primavera 1974) pp. 60-77, y *The Necessary Illusion: Church, Culture and Educational Change* (Philadelphia: United Church Press, 1976); John H. Westerhoff III, *Will Our Children Have Faith?* (New York: Seabury, 1976) cap. 2; John Charles Wynn, *Christian Education for Liberation* (Nashville, Abingdon, 1977) cap. 3; Stephen A. Schmidt, «Religious Education Toward a Prophetic Word», *Religious Education* 72:1 (enero-febrero 1977), pp. 5-17; Brian Wren, *Education for Justice* (Maryknoll, N.Y.: Orbis, 1977); Thomas H. Groome, «The Critical Principle in Christian Education and the Task of Prophecy», *Religious Education* 72:3 (mayo-junio 1977) pp. 262-272, y *Christian Religious Education: Sharing Our Story and Vision* (San Francisco: Harper & Row, 1980), especialmente caps. 3, 5 y 8; Maurice Monette, «Paulo Freire and Other Unheard Voices», *Religious Education* 74:5 (septiembre-octubre 1979) pp. 543-554, y «Justice, Peace and the Pedagogy of Grass Roots Christian Community», Padraic O'Hare, ed., *Education for Peace and Justice* (San Francisco: Harper & Row, 1983) pp. 83-93; Kenneth R. Baker, *Religious Education, Catechesis and Freedom* (Birmingham, Ala.: Religious Education Press, 1981) cap. 4; Allen J. Moore, «Liberation and the Future of Christian Education», Jack L. Seymour y Donald E. Miller, eds., *Contemporary Approaches to Christian Education* (Nashville: Abingdon, 1982) pp. 103-122; Olivia Pearl Stokes, «Black Theology: A Challenge to Religious Education»; William B. Kennedy, «Conversation with Paulo Freire» y «Education for a Just and Peaceful World», *Religious Education* 79:4 (otoño 1984) pp . 511-557, y también «Ideology and Education: A Fresh Approach for Religious Education» *Religious Education* 80:3 (verano 1985) pp. 331-344; John E. Elias, *Studies in Theology and Education* (Malabar, Fla.: Krieger, 1986) parte III; Alice Frazer Evans, Robert A. Evans, y William Bean Kennedy, *Pedagogies for the Non-Poor* (Maryknoll, N.Y.: Orbis, 1987); Matías Preiswerk, *Educating in the Living Word: A Theoretical Framework for Christian Education*, trad. por Robert R. Barr (Maryknoll: Orbis, 1987); Robert T. O'Gorman, «Latin American Theology and Education», Jack L. Seymour y Donald E. Miller, eds., *Theological Approaches to Christian Education* (Nashville: Abingdon, 1990) pp. 195-215.

Hay mucho menos material, sin embargo, en el caso de la educación teológica como tal, incluyendo el contenido de dos números de la revista *Theological Education* (otoño, 1979), «Theological Education and Liberation Theology: A Symposium». Cf. Daniel S. Schipani, «Pautas epistemológicas en la búsqueda de alternativas para la educación teológica en América Latina», *Boletín Teológico 20* (julio-septiembre 1985) pp. 32-60.

6. Daniel S. Schipani, *Conscientization and Creativity: Paulo Freire and Christian Education* (Lanham, Md.: University Press of America, 1984). Este libro incluye la primera reinterpretación integral de la contribución de Freire, con un énfasis especial en los fundamentos y las dimensiones epistemológicas y teológicas de su labor y su pensamiento.

7. Cualquier intento serio de examinar y evaluar la influencia ejercida por la teología latinoamericana de la liberación sobre la reflexión teológica reciente en el contexto norteamericano, debería tomar en consideración por lo menos las siguientes categorías (con algunos ejemplos representativos incluidos): (a) Eva-

luaciones de carácter general e interpretativo, tales como la de Robert McAfee Brown, *Theology in a New Key*, y la de Roger Haight, *An Alternative Vision*; Marc H. Ellis y Otto Maduro, eds., *The Future of Liberation Theology* (Maryknoll: Orbis, 1989); Arthur F. McGovern, *Liberation Theology and its Critics: Toward an Assessment* (Maryknoll: Orbis, 1989). (b) Evaluaciones críticas, como por ejemplo Carl E. Armerding, ed., *Evangelicals and Liberation* (Nutley, N.J.: Presbyterian and Reformed Publishing House, 1977); Ronald H. Nash, ed., *Liberation Theology* (Milford, Mich.: Mott Media, 1984); Shubert E. Ogden, *Faith and Freedom: Toward a Theology of Liberation* (Nashville, Abingdon, 1979); Sagrada Congregación para la Doctrina de la Fe (Vaticano), «Instrucción sobre ciertos aspectos de la 'teología de la liberación'»; para una extensa evaluación de y respuesta al documento del Vaticano, cf. Juan L. Segundo, *Theology and the Church: A Response to Cardinal Ratzinger and a Warning to the Whole Church*, trad. por John W. Diercksmeier (Minneapolis: Winston, 1985). El documento del Vaticano, «Instrucción sobre la libertad cristiana y la liberación» (1986) no se refiere explícitamente a la teología de la liberación. Dado que se trata de un ensayo de doctrina social católica, intenta presentar una visión alternativa. Michael Novak, *Will It Liberate? Questions About Liberation Theology* (New York: Paulist, 1986). (c) Estudios sobre un tema o un teólogo determinados: Alfred T. Hennelly, *Theologies in Conflict: The Challenge of Juan Luis Segundo* (Maryknoll, N.Y.: Orbis, 1979); Robert McAfee Brown, *Gustavo Gutiérrez: Introduction to Liberation Theology* (Maryknoll: Orbis, 1990). (d) Comparaciones de carácter evaluativo entre distintas perspectivas teológicas: Dennis P. McCann, *Christian Realism and Liberation Theology* (Maryknoll, N.Y.: Orbis, 1981). Daniel S. Schipani, ed., *Freedom and Discipleship: Liberation Theology in an Anabaptist Perspective* (Maryknoll: Orbis, 1989). (e) Adopción parcial de la perspectiva liberacionista en la discusión de temas teológicos clásicos: Daniel L. Migliore, *Called to Freedom: Liberation Theology and the Future of Christian Doctrine* (Philadelphia: Westminster, 1980). (f) Formulación de teologías de la liberación en la situación norteamericana con un enfoque de crítica constructiva: Frederick Herzog, *Justice Church: The New Function of the Church in North American Christianity* (Maryknoll, N.Y.: Orbis, 1981); Richard Shaull, *Heralds of a New Reformation: The Poor of South and North America* (Maryknoll, N.Y.: Orbis, 1984). (g) Proyectos conjuntos de publicación en ciertas áreas especiales: Norman K. Gottwald, ed., *The Bible and Liberation: Political and Social Hermeneutics* (Maryknoll, N.Y.: Orbis, 1983); Sergio Torres y John Eagleson, eds., *The Challenge of Basic Christian Communities*. (h) Adopción de la perspectiva liberacionista con el propósito de reformular ciertas tradiciones teológicas: Nicholas Wolterstorff, *Until Justice and Peace Embrace (Grand Rapids, Mich.: Eerdmans, 1983)*.

8. Randolph Crump Miller, «Theology in the Background», Norma H. Thompson, ed., *Religious Education and Theology* (Birmingham, Ala.: Religious Education Press, 1982) p. 30.

9. Iris V. Cully, «The Problem and the Clue», Iris V. Cully y Kendig Brubaker Cully, eds., *Process and Relationship: Issues in Theology, Philosophy and Religious Education* (Birmingham, Ala.: Religious Education Press, 1978) p. 3.

10. Norma H. Thompson, «The Role of Theology in Religious Education: An Introduction», Norma H. Thompson, ed., *Religious Education and Theology*, p. 14.

Capítulo 1
Concientización, liberación
y creatividad

«Conoceréis la verdad, y la verdad os hará libres»[1]

JESUS

«La iglesia, la educación, y el rol de las iglesias en la educación: estos temas sólo pueden discutirse en perspectiva histórica (...). La iglesia profética, como Cristo, tiene que ser caminante, viajera constante, muriendo siempre y siempre renaciendo. Para ser tiene que estar siendo. Por ello es que no hay profetismo sin la aceptación de la existencia como tensión dramática entre el pasado y el futuro, entre quedar y partir, entre decir la palabra y el silencio castrador, entre ser y no ser (...) No hay profetismo sin riesgo.

En el clima histórico, intensamente desafiador, de América Latina, en el que se está gestando en la praxis esta actitud profética en muchos cristianos, se gesta igual y necesariamente una fecunda reflexión teológica, la teología de la liberación, profética, utópica, llena de esperanza (...).

En la línea profética, la educación se instauraría como un método de acción transformadora. Como praxis política al servicio de la permanente liberación de los seres humanos, que no se da sólo en sus conciencias, sino en la radical transformación de las estructuras, en cuyo proceso se transforman las conciencias.»[2]

PAULO FREIRE

«Una de las dimensiones fundamentales de la educación religiosa es su rol profético (...).

Por su misma naturaleza, la educación religiosa expande las fronteras de la manera de conocer, sentir y vivir que tiene un individuo o una cultura. La educación religiosa es una actividad a través de la cual el individuo o la sociedad son asistidos en la tarea de vestirse del nuevo hombre, son estimulados más y más a actualizar el pleroma. Si ha de cumplir su misión, esa educación no debe preocuparse tanto por llevar el hoy hacia el futuro, sino más bien por acercar el futuro hasta el hoy. Esto es cierto, dado que la experiencia educativa no consiste en ayudar al educando a vivir en el futuro, sino más bien en ayudarlo a vivir el futuro ahora mismo.»[3]

JAMES MICHAEL LEE

INTRODUCCION

La referencia evangélica (Jn. 8.32) ilumina la discusión acerca de la concientización, la liberación y la creatividad, al yuxtaponer dos temáticas: *conocer la verdad y llegar a ser libres*. La situación jerosolimitana de opresión y confrontación en la que Jesús se encuentra se torna evidente en el contexto de todo el pasaje,[4] dentro del cual el verso 31 provee una clave fundamental: «Si vosotros permaneciéreis en mi palabra, seréis verdaderamente mis discípulos...» En otros términos, Jesús establece ecuaciones paralelas a la manera típicamente rabínica: permanecer en su enseñanza —conocer la verdad, llegar a ser sus discípulos— es ser liberados. Por tanto, la verdad y la libertad aparecen también correlacionadas con la obediencia en términos de los procesos dinámicos y transformadores del enseñar-aprender y el discipulado.[5] Inclusive, los discípulos deben ser capacitados para convertirse en portadores fieles de la verdad liberadora, deben recibir el poder para actuar como agentes de liberación, como Jesús mismo: «Como me envió el Padre, así también yo os envío» (Jn. 20.21). Esta es, en consecuencia, una exhortación divina que demanda que la iglesia, la educación cristiana y la teología asuman la correspondiente posición profética, coherente con el evangelio de liberación. Es la posición profética puesta de relieve por las citas de Paulo Freire y James Michael Lee al comienzo de este capítulo.

Conocer la verdad y llegar a ser libres son conceptos esenciales también en la filosofía de la educación de Freire. Para él, la educación es evento gnoseológico, ejercicio de la libertad, aproximación crítica a la realidad.[6] Podemos vislumbrar la inspiración religiosa y la base teológica de su trabajo y su pensamiento en una referencia, más bien informal, que hace a los motivos juaninos de la verdad y el Verbo que se hizo carne: Cristo no formuló una verdad que había que transferir o imponer a la gente. El mismo era la Verdad, el Verbo hecho carne. Por tanto, el significado de la palabra de Cristo sólo puede comprenderse si es aprehendido al encarnarse su palabra en nosotros. Este es el fundamento de la invitación que Cristo nos hace: nos convida a que lleguemos a conocer la verdad de su mensaje a través de la práctica fiel de sus enseñanzas. Su palabra constituye, en sí misma, toda una manera de aprender.[7]

A esta altura es necesario realizar dos observaciones fundamentales respecto de la significación de Paulo Freire, dado que le hemos dedicado el presente libro no sólo por razones personales o sentimentales. En primer lugar, su trabajo y su pensamiento han contribuido a dar nueva forma a la práctica pedagógica y a reformular la filosofía de la educación a nivel internacional. Segundo, la praxis del propio Freire —acción y reflexión comprometidas— ha estimulado el surgimiento y el desarrollo de la teología de la liberación en la América Latina y en otros lugares. Esta doble contribución es particularmente significativa para la educación cristiana y teológica debido al rol fundacional que la práctica pedagógica, la filosofía de la educación y la teología juegan en relación con el ministerio educativo de la iglesia.

En consecuencia, toda interpretación global de la teología de la liberación desde la perspectiva de la educación que tenga alguna pretensión de seriedad, debe comenzar por el trabajo y el pensamiento de Paulo Freire. Esto es así por razones históricas, y también debido al carácter y la orientación auténticamente pedagógicas de la teología de la liberación en cuanto proceso metodológico de reflexión crítica centrado en la praxis. Por otra parte, hay que remarcar que el rico y complejo material presentado por Freire y la teología de la liberación emana de la lucha por la justicia, la libertad y la paz en la América Latina. Esta es una circunstancia que a la vez facilita y condiciona la interrelación dialógica entre la teología y la educación. Provee, además, una perspectiva de reflexión bien definida para encarar las cuestiones principales involucradas en el diálogo crítico entre ambas áreas.

En la primera parte de este capítulo nos referiremos a ciertos conceptos medulares de Freire: «educación para la liberación» y «acción cultural para la libertad». Luego consideraremos la conexión y el estímulo recíproco que ha existido entre la concientización y la teología de la liberación. Finalmente, ilustraremos la reformulación de la concientización en términos de creatividad que moldea de forma peculiar el proceso de la educación cristiana.

Este capítulo, por otra parte, nos ayudará a establecer la agenda para el resto del libro. En cierto sentido, la reflexión subsiguiente desarrollará, expandirá y profundizará el tratamiento de los principales motivos liberacionistas vis à vis las categorías teóricas centrales de la educación cristiana. Estos motivos son: la visión profético-utópica y las dimensiones político-escatológicas del evangelio (capítulo 2); el conocimiento centrado en la praxis y la epistemología de la obediencia y del hacer justicia (capítulo 3); la reflexión crítica y la comprensión para la transformación (capítulo 4); y la situación privilegiada de los oprimidos y el contexto de la comunidad eclesial de base (capítulo 5).

EDUCACION PARA LA LIBERACION

Acoplar las palabras «educación» y «liberación» tiende a evocar de inmediato el trabajo y el pensamiento de Paulo Freire, cuya contribución puede apreciarse de manera muy penetrante desde el campo del ministerio educativo. Esto es así porque su enfoque muestra críticamente la íntima relación y la armonía que deberían existir entre la práctica y la teoría. Freire presenta de manera consistente y explícita las conexiones que existen entre los fundamentos filosóficos y los principios de la práctica educativa.

Además, interpreta la vinculación entre práctica y teoría no en términos de oposición o superioridad de la una sobre la otra, sino más bien como una asociación dialéctica que subraya tanto la tensión y correlación crítica entre las dos como también su unidad, en la tradición de Hegel y Marx.[8]

Este capítulo incluye sólo una breve presentación de la filosofía educativa freireana en el contexto de nuestro interés por la teología de la liberación y su diálogo con el ministerio educativo. Discutiremos la esencia de su contribución, sus puntos fuertes y sus debilidades, e intentaremos una reformulación del enfoque de la concientización en términos de creatividad.

La concientización y el emerger humano

Paulo Freire diseñó y desarrolló su modelo educativo y su filosofía de la educación durante varios años de compromiso activo y directo en el Brasil y Chile. Trabajó primero entre los pobres del ámbito rural en un programa de alfabetización y concientización altamente exitoso que se pensaba implementar en el Brasil, pero que fue abortado por el golpe militar de 1964.[9] Mientras estaba en el exilio en Chile, Freire trabajó durante cinco años con analfabetos del campo y la ciudad, y también se ocupó de los aspectos educativos del plan de reforma agraria del gobierno demócrata-cristiano. Esta fue una excelente oportunidad para adaptar, probar, desarrollar y promover sus ideas educativas. El trabajo y el pensamiento de Freire continuaron desarrollándose en el contexto de su estadía de una década en Ginebra, como asesor educativo del Consejo Mundial de Iglesias (Oficina de Educación), y en el Institut d'Action Culturelle (IDAC). Ningún otro filósofo de la educación de primera línea ha estado jamás involucrado personalmente en una diversidad tan grande de proyectos. Debe recalcarse además que la esposa de Freire, Elza, también educadora, fue la compañera indispensable y la crítica constructiva de Paulo a lo largo de cuarenta años.[10]

La pedagogía y la filosofía educativa de Freire se centran en el potencial que el ser humano tiene para la libertad y la creatividad en medio de una realidad histórica de opresión cultural y político-económica. El pensamiento freireano apunta a descubrir e implementar alternativas liberadoras en la interacción humana y transformaciones estructurales a través de un *enfoque socio-político radical*,[11] originalmente identificado con el nombre de *conscientizaçao*.[12] En los párrafos que siguen, discutiremos sucintamente este motivo liberacionista central, y lo haremos a través de un pantallazo de la filosofía de Freire que será complementado más adelante.[13]

Concientización, praxis y utopía. La *concientización* es un proceso de acción cultural a través del cual las mujeres y los hombres despiertan a la realidad de su situación socio-cultural, avanzan más allá de las limitaciones y alienaciones a las que están sometidos, y se afirman a sí mismos como sujetos concientes y co-creadores de su futuro histórico. Además de tomar profunda conciencia de esa realidad sociocultural que moldea sus vidas, las personas verdaderamente comprenden la magnitud del potencial que tienen para transformar la realidad, y transformarse a sí mismas como parte de esa realidad. En otros términos, la concientización implica mucho más que el mero hecho de «despertar» o «tomar» conciencia. Por lo menos dos dimensiones adicionales más están implicadas en este concepto. Primero, la concientización debe verse como un proceso disciplinado e intencional de acción y educación, que Freire denominó *acción cultural*. En sus palabras, se trata de «la forma en que confrontamos la cultura. Significa ver la cultura siempre como un problema, no dejar que se vuelva estática, que se convierta en un mito y nos mistifique».[14] Segundo, la concientización debe entenderse como un proceso continuo que implica una *praxis*, en el sentido de la relación dialéctica entre acción y reflexión. Esto es, el enfoque de Freire, fundado en la praxis, propone una acción que reflexiona críticamente y una reflexión crítica moldeada por la práctica y validada en ella. En sus términos, la interrelación entre auto-conciencia y acción constituye una «dinámica permanente y constante de nuestra actitud hacia la cultura misma».[15]

Es precisamente en el nivel de la praxis donde ocurre la concientización en el sentido freireano del término, dado que la concientización implica una «inserción crítica en la historia», es decir, un compromiso y una toma de conciencia voluntarios, personales e históricos con miras a la transformación del mundo. Y este asumir de conciencia crítica conduce no sólo al análisis y la comprensión, sino también a los medios de la transformación, juntamente con otras y otros que asumen el rol de sujetos «para darle forma a su existencia a partir de los materiales que la vida les ofrece».[16] Freire lo dice muy claramente: la concientización implica que, cuando el pueblo advierte que está siendo oprimido, también comprende que puede liberarse a sí mismo en la medida en que logre modificar la situación concreta en medio de la cual se percibe como oprimido.[17]

Esta inserción crítica en un proceso histórico determinado, que va de la mano con el compromiso de transformar la realidad, se dinamiza por una actitud utópica frente al mundo. Freire utiliza la palabra *utopía* en el sentido positivo de una visión realista y esperanzada de un «lugar bueno», futuro y posible a la vez, donde todos pueden experimentar bienestar, libertad y comunidad, justicia y paz. La concientización conlleva un doble requerimiento utópico: por un lado, denunciar la deshumanización, la opresión y la alienación; por otro, anunciar estructuras alternativas para la humanización y la liberación. El lenguaje de la protesta, la resistencia y la crítica va de la mano con el lenguaje de la posibilidad y la esperanza.[18] En consecuencia, la concientización estimula una toma de posición profética y esperanzada, que mantiene el futuro abierto para aquellos que se comprometen con el proceso de transformación. Se trata de una toma de posición utópica, que inspirará la praxis ulterior y que, a la vez, irá siendo reformulada por la misma praxis.

Por último, deberíamos recalcar que el significado de la *transformación* asociada a la concientización, la praxis y la utopía, está ligado con el giro epistemológico que condujo a Freire a asumir una epistemología radical.[19] Por esta razón, Freire comenzó a enfocar su análisis más agudamente hacia la educación y la política en el marco de situaciones históricas concretas, la lucha de clases y el apuntalamiento ideológico de la pedagogía, y la educación como una forma de praxis revolucionaria en el contexto de un compromiso en favor de y con los oprimidos. A la luz de esta reformulación epistemológica, Freire redefinió la concientización poniendo un mayor énfasis en la relación dialéctica entre el conocer la realidad y la tarea de transformarla (esto es, el vínculo acción-reflexión), y en la necesidad de una opción ideológica previa en favor del cambio social radical para la liberación y la justicia.[20] Por tanto, la contribución freireana se convierte, al menos parcialmente, en un intento de articular la pedagogía implícita en las *Tesis contra Feuerbach*, de Karl Marx, a la vez que aporta la perspectiva para explorar la dinámica del conocimiento, la acción y el poder.[21]

La educación como concientización. Una de las grandes intuiciones de Paulo Freire es haber percibido la asociación y la continuidad estructural que existen entre su método de alfabetización en su dimensión linguístico-simbólica, por un lado, y el proceso de concientización en el nivel del yo y de la interacción social, por el otro. Freire ha puesto de manifiesto las interconexiones que vinculan al lenguaje, la política y la conciencia, al estudiar la manera en que el lenguaje moldea nuestras percepciones del mundo, y nuestras intenciones frente al mundo. Por tanto, él afirma que la concientización debe ocurrir simultáneamente con el proceso de alfabetización o post-alfabetización, dado que la palabra no es algo estático o desconectado de la experiencia existencial de la gente, sino más bien una dimensión de su pensamiento-lenguaje acerca del mundo. A través de la participación crítica en el proceso educativo, los educandos redescubren sus propias palabras, y expanden su capacidad para expresarse a través del desarrollo de su imaginación creativa.[22]

La visión que Freire elabora de la educación y la sociedad, debe entenderse en el contexto de su compromiso en la lucha por capacitar a las masas sumergidas para que emerjan y efectivamente «digan su palabra». Cree que la sociedad moderna no estimula la libertad auténtica ni promueve el desarrollo de una conciencia crítica. Inclusive, sostiene que los seres humanos deben liberarse a sí mismos para completar su potencial humano, a la luz de su *vocación ontológica* como hacedores de la historia. Estos presupuestos inspiran su incisiva crítica a la concepción tradicional, «bancaria», de la educación, a la que considera un instrumento «necrofílico» de opresión y domesticación.[23] Freire saca a la luz los presupuestos básicos del modelo bancario, y expone sus elementos distorsionantes: la dicotomización entre conciencia y mundo, la contradicción entre educador y educando, y la ausencia de diálogo y de mutualidad en el proceso y el contexto educativos.

Freire propone, en cambio, una educación «biofílica» y liberadora, fundada en el enfoque de la concientización. En ella, los participantes están comprometidos el uno con el otro en las distintas fases del enseñar y el aprender: la investigación, la tematización, y la problematización, y todo emana de y conduce a la praxis concreta en situaciones existenciales dadas. La pedagogía de Freire es acción cultural dialógico-política, que problematiza y estimula la conciencia crítica, la acción transformadora y la síntesis cultural.[24] Aunque esta caracterización se aplica básicamente a todo tipo de proyectos educativos, Freire destaca el paradigma de alfabetización-concientización al utilizar la metáfora de «alfabetización política» para describir la educación para la liberación:[25] debemos aprender a «leer» (interpretando y comprendiendo críticamente) la realidad de forma tal que las situaciones limitantes y opresivas se confronten y trasciendan en el proceso de «pronunciar nuestra palabra» y «re-escribir» —aquí está la acción transformadora— la historia y el destino de nuestro mundo.

La concientización y el emerger humano. Freire ha identificado la falta de una conciencia crítica —antes que la mera «ignorancia» como tal— como la causa de la marginación, el atraso cultural y la opresión histórica de las masas populares. Supone que la manera en que conocemos depende de la forma como experimentamos la realidad a través del pensamiento y el lenguaje. Por tanto, los estados de conciencia oprimidos constituyen un problema histórico y epistemológico.

La idea de los distintos niveles de conciencia es crucial para entender la concientización. Para Freire, existen varias maneras claramente identificables de visualizar la relación que cada uno tiene con la realidad. Se trata de los niveles de conciencia, históricamente condicionados por cierto, que deben entenderse a la luz de la realidad histórico-cultural como una superestructura en relación con una infraestructura.[26] En este contexto, Freire ha propuesto la superación de las diversas formas de conciencia «mágica» e «ingenua», y el desarrollo de una conciencia crítica, como los objetivos fundamentales del enfoque de concientización, especialmente en el área de los registros cognitivos y lingüísticos del comportamiento. Aquel conocimiento que es auténticamente liberador y transformador es visto como el movimiento hacia niveles más elevados de conciencia. Y el contenido de la conciencia incluye la visión que los seres humanos tienen de su propia existencia en medio de la realidad social, como también el poder que poseen para determinar su destino y su futuro. El proceso de aprendizaje comienza con el presente nivel de conciencia tal cual se refleja en el lenguaje, las condiciones de vida, el concepto que uno tiene de uno mismo, y la visión del mundo.

La conciencia mágica o *semi-intransitiva*[27] es típica de sociedades cerradas con una «cultura de silencio». Se caracteriza por una «cuasi-inmersión» en (o «cuasi-adherencia» a) la realidad objetiva: estamos en presencia de una conciencia dominada y conformada por la realidad, que no logra guardar suficiente distancia como para objetivar la realidad y, de esa manera, conocerla de una manera crítica.[28] Debido a cierta obliteración impuesta por las condiciones objetivas (como por ejemplo, privaciones materiales y culturales extremas), los únicos datos que esta conciencia dominada es capaz de aprehender son los que caen dentro del rango de su inmediata experiencia vivida. La ausencia de una «percepción estructural» de la realidad —es decir, de una comprensión de las situaciones problemáticas de la vida en términos de instituciones y otros factores sociales— lleva al pueblo a proyectarse hacia una súper-realidad o bien algo dentro de sí mismos. Por tanto, la acción no apunta al cambio social sino, más bien, a aquellos factores que se asumen erróneamente como agentes, o a la propia incapacidad autoimpuesta. La acción social tiende entonces a adquirir los rasgos de una magia terapéutica o defensiva.

El desarrollo hacia una conciencia *transitivo-ingenua* va de la mano con los patrones de cambio económico-social que han sido englobados bajo el nombre de modernización tales como la urbanización y el desarrollo tecnológico. Este modo de conciencia está caracterizado, según Freire, por el «simplismo» en la interpretación de las situaciones problemáticas. La conciencia transitivo-ingenua tiende a ser seducida por la masificación; no es dada a investigar y su argumentación es frágil, cargada de matices emocionales; prefiere los argumentos antes que el diálogo, y tiende a ver la situación cultural como determinada por otros. A este nivel, las masas pueden ser manipuladas y explotadas por líderes y programas populistas que aparentan dar al pueblo un sentido de valor y de poder. Sin embargo, Freire también argumenta que, bajo ciertas circunstancias, el populismo puede llegar a convertirse en factor de movilización democrática.[29]

La *transitividad crítica* es el nivel más elevado de conciencia e implica la capacidad de percibir la realidad estructuralmente. En los términos freireanos, esta forma de conciencia se corresponde con un modo de vida interrogativo, altamente permeable, inquieto y dialógico.[30] La conciencia crítica es una intencionalidad activa en el examen y el cuestionamiento de la realidad, con autoconfianza y un sentido definido de la interdependencia humana. Por tanto, una tarea educativa de medular importancia es animar a las mujeres y los hombres para que alcancen y desarrollen tal transitividad crítica.

Freire suplementa estas consideraciones acerca de los niveles de conciencia con un enfoque de la dinámica del yo y la clase social. En los términos de esta dinámica, el movimiento del emerger humano va desde la conciencia oprimida, que es una falsa conciencia, hacia la conciencia de opresión, que es liberadora.[31] De esta forma Freire se apropia del motivo hegeliano de la dialéctica amo-esclavo, que plantea el problema de la subordinación a la conciencia del opresor y la incorporación de ella. De hecho, aquí está la clave para entender la *pedagogía del oprimido* en cuanto pedagogía para el ser humano completo.[32] Desde la perspectiva freireana, la gran tarea humanista e histórica de los seres oprimidos es liberarse a sí mismos y también a sus opresores. Además, la auténtica solidaridad con los oprimidos involucra luchar a su lado para la transformación de la realidad objetiva que los convierte en seres-para-otro. Esta pedagogía del oprimido tiene dos etapas diferentes. En la primera, los oprimidos y las oprimidas desenmascaran el mundo de opresión y, a través de la praxis, se comprometen con su transformación. En la segunda, cuando la realidad de opresión está siendo transformada, esta pedagogía se convierte en una pedagogía para todos los seres humanos en el proceso de liberación permanente.[33]

Nuestro estudio del trabajo y el pensamiento de Paulo Freire nos lleva a la conclusión de que su enfoque contiene una estructura evolutiva, y contribuye a nuestra comprensión del desarrollo humano como tal. Hemos establecido, además, que la pedagogía de Freire es verdaderamente liberadora, en la medida en que el proceso de conocimiento y maduración de veras se reactiva por una recapitulación del movimiento de transición por las etapas del desarrollo.[34] Debemos reiterar, por otra parte, que la concientización y la conciencia crítica no son fines en sí mismos. El objetivo por excelencia es el emerger humano o la humanización, a través de ese proceso liberador de acción cultural para la transformación social que faculta y capacita tanto a las personas como a las comunidades en la búsqueda de libertad, justicia y paz.

Concientización que libera y que necesita ser liberada

El subtítulo es deliberadamente ambiguo. La estrategia freireana de concientización puede entenderse como auténtica educación para la liberación con numerosas implicancias para la educación cristiana. Sin embargo, necesita en sí misma ser «liberada» de ciertas contradicciones y limitaciones, de forma de poder inspirar mayor libertad y creatividad. Con este desafío en mente, discutiremos a continuación algunas cuestiones pertinentes a la luz de nuestro doble foco de interés: la teología de la liberación y el ministerio educativo.

Virtudes y contribuciones. Hemos puesto ya de manifiesto varios aspectos del trabajo y el pensamiento de Freire que pueden proveer fundamento y orientación para el ministerio educativo. Otras varias dimensiones serán discutidas más adelante, y en especial en la última sección de este capítulo. A esta altura queremos indicar algunos conceptos y principios específicos que se derivan de la perspectiva epistemológica freireana. La concientización, en cuanto teoría del conocimiento llevada a la práctica, tiene una estructura evolutiva que estimula el emerger humano, especialmente en términos del proceso liberador de aprender en cuanto conocer. En este sentido, debemos prestar atención por lo menos a las cinco áreas siguientes, que se encuentran en estrecha interrelación.

Primero, la estrategia de concientización incluye un paradigma metodológico muy útil para la educación cristiana y teológica en la medida en que se trata de un proceso de *despertar* que previene tanto la manipulación en la instrucción como la propaganda ideológica. Este enfoque hunde sus raíces en la tradición socrática del proceso dialéctico de comunicación indirecta entre educadores y educandos, tal cual se presenta en la mediación kierkegaardiana de dicha tradición.[35] La idea es que la auténtica apropiación de la verdad, la auto-reflexión que va al fondo de las cosas, y el poder que de allí emerge para la transformación del yo y de la sociedad, demandan que los educadores «mayéuticos» empujen hacia atrás, por así decir, y de esta forma abran un espacio para nuevas percepciones en cuanto reapropiación y reinvención del aprendizaje, como lo expresaría Freire.[36] Este principio pedagógico es esencial para acrecentar la creatividad y para darle forma a una práctica liberadora de instrucción en el campo de la educación, como lo discutiremos más adelante. Es particularmente adecuado para la transformación de los marcos de referencia personales —o «perspectivas de sentido» personales, como lo indicamos más abajo— por cuanto estimula el cambio individual y social.

En segundo término, Freire ha desarrollado un enfoque que promueve el aprendizaje radical a la manera de una *transformación del paradigma o de la visión*. La definición que Jack Mezirow ha dado de la transformación de *perspectiva*, de hecho expresa bien esta dimensión de la concientización como modo de conocer: se trata de la praxis o proceso emancipatorio de «llegar a ser críticamente concientes de cómo y por qué la estructura de nuestros presupuestos psico-culturales ha llegado a limitar la forma en que nos entendemos a nosotros mismos y nuestras relaciones; de reconstituir esta estructura para permitir una integración más inclusiva y discerniente de nuestra experiencia; y de actuar sobre la base de esta nueva comprensión».[37] Tiene lugar, entonces, una verdadera re-visión que incluye un reordenamiento básico de la realidad tal cual era experimentada previamente, y una nueva evaluación de nuestras posibilidades dentro de esa realidad, así como también la decisión de actuar. Los conceptos de «paradigma» y «perspectiva» apuntan a la formulación de nuevos marcos de referencia o, como lo expresa McKenzie, al desarrollo de una nueva teoría de la existencia y de nuestro lugar en el mundo.[38] La concientización facilita el aprendizaje en torno a las «perspectivas de sentido», definidas como estructuras psicológicas integradas por distintas dimensiones tales como pensamiento, sentimiento y voluntad. Las perspectivas de sentido son más que una manera de ver las cosas en el sentido estricto del término: se trata de propuestas para encarar la propia vida que implican una opción práctica, una decisión de actuar. La posibilidad de adoptar una nueva perspectiva y de actuar consecuentemente con ella, depende de la asociación comunitaria con personas que comparten esta nueva perspectiva, y apoyan y refuerzan todo este proceso. De hecho, el proceso que Mezirow describe como una tarea fundamental de desarrollo hacia la madurez, es sorprendentemente análogo a un proceso creativo.[39] A la luz de este enfoque, un proceso de enseñanza y aprendizaje fundado en la concientización apuntará a identificar, catalizar, facilitar, y

vigorizar la transformación de las perspectivas de sentido del educando
así como también la implementación de las correspondientes estrategias
de acción.

En tercer lugar, la base y la estructura evolutivas de la concientización realzan el nivel *operacional-formal* del desarrollo cognitivo, es
decir, lo que Jean Piaget denomina la estructura óptima de la mente
humana[40]. El enfoque de Freire estimula el surgimiento y la manifestación del pensamiento formal, tal cual se expresa en las siguientes
dimensiones de la inteligencia humana. (a) *La habilidad para utilizar
un segundo sistema de símbolos*, o de pensar acerca del pensamiento,
por así decir, lo cual es esencial para la introspección y para la reflexión
acerca de la situación personal y social, por ejemplo en el proceso de
discernir la dinámica de la auto-conciencia y la alienación. (b) *La
capacidad para el pensamiento combinatorio*, que se requiere por
ejemplo a la hora de tomar en cuenta distintos factores y alternativas en
la tarea de problematizar y reflexionar críticamente. Facilita, entre otras
cosas, la percepción estructural de la realidad y el reconocimiento de
nuevos dilemas o situaciones conflictivas. (c) *La capacidad de construir ideales y utopías*, o de concebir que el mundo podría tener una
forma diferente y podría ser gobernado de una manera distinta. Esta
capacidad es necesaria, junto con las otras dos, para vencer la tentación
de ser acomodaticios y conformistas, para afrontar las situaciones
límites con confianza, y para desarrollar creativamente lo que Freire
llama «inéditos viables» y «actos límite». En la medida en que la
concientización ayuda a actualizar y ejercer estas posibilidades, permite
experimentar una auténtica liberación de las estructuras del pensamiento y del lenguaje dentro de un marco personal más amplio que incluye
diversos registros del comportamiento. En el proceso de concientización, por tanto, se pueden superar las limitaciones que frenan el crecimiento personal, y los participantes adquieren nuevas posibilidades y
un nuevo «poder». Los siguientes dos párrafos sugieren otras dimensiones del emerger humano —el desarrollo de la fe y la moral— que
son también estimuladas por la concientización.

En cuarto lugar, la concientización *desafía radicalmente a la moral
convencional* (conservadora), tal cual la ha descripto Lawrence Kohlberg desde una perspectiva estructuralista, cognitivo-evolutivista.[41] Lo
hace en la medida en que confronta el conformismo y la mera adaptación social o resignación, a la vez que estimula la problematización y

el discernimiento de nuevas alternativas («inéditos viables») en un contexto educativo crítico, dialógico y democrático. La concientización provee un buen ejemplo de cómo se puede promover el desarrollo moral en cuanto proceso transformador de aprendizaje, que incluye no sólo el «desalojo» de las estructuras opresivas y de la identificación con los opresores, sino también la capacitación para asumir nuevos roles en procesos de transformación. El propio enfoque pedagógico concienti- zador contiene ya un mensaje de liberación[42] de esquemas restrictivos de razonamiento moral, y hacia formas mejores y más elevadas de entender y resolver dilemas morales en la búsqueda de la justicia. Una investigación ulterior podría llegar a probar, por ejemplo, el impacto real de la concientización sobre la mentalidad de razonamiento moral correspondiente a la «etapa 3», definida por Kohlberg en términos de expectativas, relaciones y conformidad interpersonales mutuas, para la cual lo «correcto» es desempeñar un rol bueno (agradable), preocuparse por otra gente y por sus sentimientos, ser leal y confiable para con los compañeros, guardar las reglas y cumplir las expectativas.[43]

Quinto, y en esta misma línea de discusión, el enfoque freireano de concientización estimula *el desarrollo de la fe*, según la conceptualiza- ción de James W. Fowler en su teoría estructural-evolutivista.[44] Por ejemplo, Fowler ha señalado que el movimiento hacia la etapa 4 —la etapa «demitologizadora» de la fe individuativa-reflectiva— es particu- larmente crítico, pues es en esta transición donde los adolescentes mayores o los adultos deben comenzar a asumir seriamente la carga de responsabilidad por sus propias creencias y actitudes, compromisos y estilos de vida. Al discutir los criterios evolutivos para evaluar la perti- nencia de las teologías, Fowler sostiene que es indispensable formular teologías que inviten a una toma de conciencia reflexiva frente al carác- ter estático y pasivo de la fe sintético-convencional (etapa 3). En este contexto, se refiere a Freire como alguien que ha sido capaz de proponer un método y una teología educativa, diseñados para ayudar a las perso- nas a escapar de la conciencia de masas, y alcanzar una conciencia crí- tica de quiénes son y quiénes están llamados a ser.[45] Esto sería análogo a lo que debe ocurrir en toda verdadera transición desde la etapa 3 hacia la etapa 4. Importa recalcar una vez más que aquí están presentes, de manera incipiente, los elementos para diversas y promisorias tareas de investigación, como por ejemplo aquellas que se han emprendido ya en el campo del desarrollo de la fe en el ciclo de vida adulta.[46]

Debilidades y limitaciones. Desde la perspectiva de la educación cristiana y teológica podemos formular varias observaciones críticas que apuntan a correcciones necesarias en el enfoque de Freire, de modo que el mismo se torne consistente con su objetivo de promover liberación genuina. Puede observarse que, en un sentido, las virtudes de la pedagogía y la filosofía de la concientización a veces tienden a convertirse en sus debilidades. Además, podemos afirmar también que la crítica articulada en las siguientes cuatro áreas debería estar en el trasfondo de toda evaluación de la teología de la liberación.

En primer término, debemos señalar una desafortunada *ausencia de una instancia crítica* hacia los fundamentos filosóficos de la teoría de la concientización. La falta de un examen y un discernimiento deliberados de los presupuestos e ideologías que moldean el pensamiento freireano es sorprendente, sobre todo a la luz de la misma estructura y dinámica hermenéuticas del proceso de concientización, que obligan a problematizar, a reflexionar críticamente y a interpretar, para no mencionar la unidad y correlación dialécticas entre la teoría y la praxis que Freire nos presenta. Un ejemplo cabal de esta debilidad que estamos exponiendo es la asimilación acrítica del marxismo que se manifiesta ya en la *Pedagogía del oprimido.*[47] Freire simplemente acepta esta fundamentación con tremenda convicción sin ensayar una evaluación crítica de la misma. Hay aquí cierta dosis de ironía porque esa falta de criticidad es el tipo de ausencia de discernimiento que el propio Freire denuncia en forma enfática en el caso del modelo tradicional de educación «bancaria». A esto debemos añadir el riesgo de caer en un sectarismo reaccionario y fatalista, como él mismo lo dice, que promueve una falsa visión de la historia y genera formas de acción que niegan la libertad. Este sectarismo termina «sin el pueblo, que es otra forma de estar contra el pueblo».[48]

Segundo, debemos tomar conciencia de un problema potencial que se presenta cuando se analizan el lenguaje y las estructuras de conciencia en grupos de personas que, según suponemos, necesitan emerger (o «humanizarse»), a través de los programas y estrategias de concientización: este problema es el *etnocentrismo.* De hecho, toda la cuestión de los niveles de conciencia y, en particular, del «despertar y levantar» la conciencia, puede criticarse en principio, como lo hace Peter Berger, en términos de «error filosófico» e «ironía política».[49] La idea de que existe una jerarquización de la conciencia podría contener cierto error filosófico. Se supone que la persona cognitivamente superior se encuentra en un nivel más elevado de libertad y, por tanto, de humanidad, en virtud de su conciencia desarrollada. Sin embargo, no existe evidencia empírica alguna que permita fundamentar la jerarquía ontólogica pretendida por esta teoría. La ironía política residiría en la actitud de *paternalismo mesiánico* y *elitismo* a menudo manifestada por estos pretendidos «concientizadores». En conexión con esto, debemos mencionar que las nociones de «humanización» y «plena humanidad» presuponen que existe una naturaleza humana subyacente —algo así como una humanidad perdida— que debe ser recuperada, actualizada o restaurada. El problema se presenta cuando se asume que hay ciertas personas especialmente dotadas e iluminadas que tienen la llave para abrir la puerta del entendimiento y la transformación hacia la actualización y recreación de tal plena humanidad.

En tercer lugar, resulta evidente que adquirir y desarrollar una conciencia crítica es condición necesaria pero no suficiente para la liberación y la humanización. En su propuesta de concientización, Freire no siempre aprecia cabalmente que la persona total está involucrada en la interacción social. Ciertamente, los sufrimientos, sueños y deseos de los seres humanos se toman en consideración en términos de situaciones opresivas tal cual éstas son sentidas y percibidas por la gente. Sin embargo, lo que realmente cuenta es la reflexión crítica, la transitividad, y la conciencia como tal. Freire tiende a subestimar los registros no-cognitivos del comportamiento humano.

Manifestaciones tales como el afecto y la imaginación no comparten el status privilegiado del razonamiento y los procesos del pensamiento en el marco del concepto medular de praxis. El enfoque de concientización, en consecuencia, concede demasiada importancia a la racionalidad cognitiva y verbal, y se torna vulnerable frente a la acusación de ultracognitivismo.[50] Una visión alternativa podría formularse, por ejemplo, apelando a la noción de *inteligencia* de Gabriel Moran, que funciona como una síntesis de lo racional y lo no racional en la existencia adulta integrada, tanto a nivel personal como a nivel comunitario.[51]

Cuarto, el enfoque de la concientización presenta el riesgo de volverse en contra de su mismo propósito de educación para la liberación, debido al entrelazamiento de *optimismo revolucionario, determinismo y dogmatismo* que se insinúa en la filosofía de Freire. De hecho, al postular que la opción ideológica previa es justificada y convalidada posteriormente en el proceso de concientización, Freire parece adoptar una posición que muy fácilmente puede tornarse adoctrinamiento. La libertad humana no puede cultivarse si la gente es inducida o condicionada para asumir la opción política de los facilitadores pedagógicos. El proceso educativo queda seriamente viciado si se vincula su validez a un compromiso previo con cierta clase de cambio radical o revolucionario. Parece que, ingenuamente, se cree que la dinámica de la alienación es lo suficientemente potente, y la resistencia de los opresores lo suficientemente perversa y poderosa, como para que el proceso de concientización lleve al pueblo, en forma casi automática, a asumir un compromiso revolucionario. A menudo la realidad social es presentada en términos simplistas, con generalizaciones, polarizaciones y dicotomías; se pinta la lucha entre oprimidos y opresores a la manera de un conflicto entre el bien y el mal. Estas son todas expresiones de pensamiento mítico.[52] Por otra parte, se asume que todo esto constituye un cuerpo de verdades reveladas, evidentes en sí mismas, que, eventualmente, todos habrán de aceptar en forma voluntaria. Y, una vez que la concientización ha tenido lugar, la única alternativa que aparece como adecuada es unirse a los oprimidos en su lucha. Se presupone además que este grandioso movimiento de liberación es coherente con el movimiento y destino de la historia, y con el avance del reino de Dios.

Desafortunadamente, esta postura fácilmente puede generar cierto mesianismo que, de la mano con patrones educativos autoritarios, frustrarán en forma violenta el proceso creativo y liberador de la concientización. Aquí está la génesis de, entre otras cosas, la frecuente incapacidad para reconocer y tolerar la ambigüedad y la ambivalencia, de lo que el propio Freire denomina «ausencia de duda», y del encerrarse uno mismo en los denominados «círculos de seguridad».[53] Uno a menudo extraña en el enfoque de Freire la referencia a las difíciles negociaciones —tanto internas como interpersonales y entre grupos— que siempre están presentes en el proceso de enseñar y aprender, la lucha dolorosa con visiones diferentes e incluso conflictivas, la necesidad de hacer compromisos y revisar los presupuestos propios, por no mencionar la dinámica compleja, llena de matices, y la precariedad, de toda realidad social. Nos sorprende también la manera en que el diálogo y la libertad resultan restringirse con el propósito, se afirma, de hacer avanzar la causa de la liberación.[54]

Hemos discutido ya las virtudes y debilidades de la perspectiva de Freire; debemos explicar ahora cómo es posible profundizar las contribuciones de la concientización, minimizando o corrigiendo, al mismo tiempo, sus limitaciones.

La concientización como creatividad

Hemos demostrado que, a la luz de la educación cristiana y teológica, la orientación básica del enfoque educativo freireano puede ser entendida tanto en términos de liberación para la creatividad como en términos de creatividad para la liberación.[55] La concientización estimula una forma especial del emerger humano que es consistente con el esquema del proceso creativo, con una integridad estructural propia. Confronta las estructuras internas y externas que frustran el movimiento hacia la libertad, la plenitud y la comunidad; se opone a estas estructuras, las cuales, a través de poderosas fuerzas de socialización, imponen la adaptación y el conformismo sobre el espíritu creativo de las personas. La dinámica de la concientización afecta, de esta manera, a diversas dimensiones de la vida humana, tales como el pensamiento-lenguaje, el yo, la interacción comunitaria, y las estructuras institucionales, socio-culturales y político-económicas. Crecmos que esta perspectiva provee de hecho la más fructífera evaluación del enfoque de la concientización, en la medida en que da cuenta de su eficacia y se mantiene fiel a la esencia de la contribución de Freire, incluyendo la fusión de sus fundamentos epistemológicos y teológicos.

El aprendizaje, la libertad y la creatividad. Cuando miramos el método freireano de alfabetización de adultos en cuanto paradigmático de la educación como práctica de la libertad y el cambio social, nos damos cuenta de que, como crítico de la educación, Freire ha respondido creativamente frente a la supresión y la represión de la creatividad. Ya en el primer manifiesto educativo de Freire, *La educación como práctica de la libertad*, encontramos una articulación clara y explícita de la libertad y la creatividad dentro de su enfoque de concientización. Freire y sus colegas estaban interesados en diseñar un proyecto educativo que sirviera como introducción a la democratización de la cultura, un programa con los seres humanos como «sujetos más que como meros receptores, un programa que sería en sí mismo un acto de creación, capaz de liberar otros actos creativos, un programa en el cual los estudiantes desarrollarían la impaciencia y la vivacidad que caracterizan a la búsqueda y a la invención».[56] La idea era estimular el descubrimiento de la persona misma como hacedora de cultura, dotada de un impulso creativo y re-creativo.[57] Como sabemos, el proyecto fue muy exitoso —los adultos aprendían a leer y escribir en cuestión de semanas— porque los participantes realmente experimentaban su potencial para crear y transformar. Freire y sus compañeros y compañeras captaron la atención de los pobres, quienes comenzaron a alimentar la esperanza de que podrían «decir su palabra» de una manera activa, frente a los grandes temas sociales, económicos y políticos de la realidad brasileña. La participación constructiva en el proceso político se presentaba como un resultado deseable y un objetivo alcanzable del proceso educativo.[58] La creatividad se estimulaba y nutría en el contexto de un proceso dialógico de enseñanza y aprendizaje llevado a cabo en los círculos de cultura.

La concientización es un enfoque educativo que plantea problemas y afronta conflictos, que afirma la iniciativa de los seres humanos en la búsqueda de alternativas humanizadoras, y confronta las condiciones de privación, opresión y marginación características de las situaciones límite. No es sorprendente que el enfoque de concientización muy pronto incluyera una educación post-alfabetización y una filosofía pedagógica más amplia con un sólido fundamento epistemológico. Es en este contexto epistemológico —en el cual la educación se define como una teoría del conocimiento llevada a la práctica— que la concientización debe verse como un enfoque que promueve la creatividad. Freire cree que existe un impulso creativo en todo ser humano, que deriva de nuestra naturaleza inconclusa. Afirma que, cuanto más la educación desarrolla este impulso ontológico de crear —especialmente en cuanto conciencia crítica para la transformación social—, tanto más auténtica es la educación. Auténtica sería, desde su perspectiva, aquella educación que estimule el hacer la historia en respuesta a los desafíos planteados por el mundo en el contexto de una sociedad determinada: se trata de un proceso educativo que implica la auto-afirmación de las personas, las comunidades y los pueblos.[59]

De contar historias a hacer la historia. En la concientización, el diálogo y la reflexión crítica fluyen desde la trama misma de la vida cotidiana, especialmente frente a la opresión y el sufrimiento. Este enfoque conlleva una concepción implícita acerca de la «cualidad narrativa de la experiencia»[60] en el contexto de una instancia profética que involucra resistencia y esperanza, crítica y posibilidad. Los desafíos concretos experimentados y procesados en una situación socio-histórica particular representan, por así decirlo, un segmento específico y una versión contextualizada de la grandiosa lucha divino-humana por la liberación. Las «historias seculares» narradas por las personas que participan de los programas de concientización apuntan, en última instancia, a la «historia sagrada» o «libreto sagrado» del proyecto divino-humano de liberación, un proyecto global que sirve como base y fundamento de lo secular. A la luz de nuestra comprensión evaluativa de la obra y el pensamiento de Freire, creemos que él asume una lectura de esta historia que podría ser sintetizada en estos términos: *los seres humanos son seres incompletos y abiertos, y están involucrados en un proceso continuo de representación, interpretación y construcción de la realidad. Sin embargo, históricamente la alienación ha sido la condición que ha minado y deformado la humanidad, y ha amenazado permanentemente el proceso de humanización. Dios está comprometido en una empresa de liberación y re-creación en este mundo: lo evidencia al capacitar a los seres humanos para que participen en la lucha por la liberación de la opresión, y al darles poder para que moldeen sus vidas, su destino y sus relaciones de comunión con otros. El éxodo de Israel y la resurrección pascual de Jesucristo son paradigmáticos de esta acción de un Dios que capacita y potencia a los seres humanos.*[61] En otras palabras, la concientización puede facilitar el movimiento existencial desde el contar historias hacia el hacer la historia. El proceso dialógico de aprendizaje fundado en la reflexión crítica lleva así a los seres humanos a convertirse en «autores». Al contar sus historias y compartir sus sueños y esperanzas, consiguen realizar su vocación de «hacer la historia». Al interiorizar esta historia, los seres humanos asumen verdadera «autoría» como educandos y co-creadores activos, y como agentes voluntarios de la transformación social. Esto ocurre porque la concientización tiene una estructura que es paralela a los movimientos del proceso creativo. En la medida en que se respeta su integridad fundamental, la concientización promueve la experiencia de la liberación real, no sólo como una emancipación (libertad *de*) sino también una capacitación y un potenciamiento (libertad *para*).

La concientización como proceso creativo. El enfoque educativo freireano propone un proceso de enseñanza y aprendizaje que puede ser visto como una variación del modelo de la creatividad. Ya hemos explicitado su epistemología latente y hemos reformulado a la concientización en términos análogos a los del proceso creativo. Los coordinadores de los círculos de cultura apuntan a facilitar que este proceso tenga lugar en todos los participantes, incluidos ellos mismos. Lo que ocurre, en síntesis, es que una peculiar secuencia de desarrollo se lleva al nivel de la conciencia crítica, y un estado latente o suprimido de desarrollo resulta evocado y reconstruido en el contexto educativo. En el proyecto de la concientización, se espera que el proceso creativo se desarrolle tanto cooperativa como individualmente dentro del contexto de un medio social *creativogénico*.[62] Diferentes dimensiones (lingüístico-simbólica, la personalidad) y niveles (el yo, los procesos grupales, las estructuras socio-culturales) irán siendo afectados simultáneamente a medida que los individuos y los grupos vayan visualizando nuevas alternativas y recibiendo nuevo poder. Este enfoque, en consecuencia, puede tornar accesible la experiencia de auténtica liberación para la creatividad así como la verdadera creatividad para la liberación, en el marco del proyecto educativo. El yo y la conciencia de la cotidianeidad de los individuos pasan por un proceso de transformación creativa. Los círculos de cultura funcionan como comunidades de hermenéutica y praxis, que pueden en sí mismas llegar a convertirse en paradigmas o modelos vivientes de la visión eficaz de una sociedad revitalizada y una cultura reconstruida. Inclusive, a través del ejemplo y la intervención directa, las grandes estructuras de la sociedad pueden experimentar un cambio radical.

La concientización apunta a promover los movimientos del proceso creativo tal cual se los conceptualiza usualmente,[63] comenzando por (a) una *situación de conflicto en un contexto de rapport*.[64] De hecho, las situaciones objetivas y subjetivas de privación o carencia, marginación u opresión, pueden tornarse material curricular, por decirlo así, en el contexto de apoyo y estímulo constituido por los círculos de cultura.

(b) El movimiento de *interludio para la exploración* ocurre cuando la atención ya no está enfocada directamente hacia las situaciones problemáticas que se confronta. Los participantes se involucran en un proceso de compartir, dialogar y reflexionar críticamente, en la búsqueda de caminos alternativos para interpretar y encarar la realidad; es decir que estaríamos en la llamada «etapa de incubación» de la secuencia creativa típica.

(c) Este proceso desemboca eventualmente en la gestación de nuevas ideas, *comprensiones o intuiciones* en torno a los problemas afrontados. Esto va de la mano con una nueva conciencia, totalmente insospechada, acerca del valor y el poder de las personas y las comunidades.

(d) En conexión con la aparición de estas intuiciones, se produce un movimiento de carácter más afectivo y volitivo, que consiste en la *liberación de tensiones y la descarga y transformación de energía.* De hecho, el propio Freire provee ejemplos dramáticos de energías reorientadas que pueden invertirse en la acción y la reflexión ulteriores, conducentes al próximo movimiento.

(e) La *interpretación* y la *verificación* tienen lugar en términos de la dialéctica de la praxis (acción-reflexión). La comprensión crítica y la acción apropiada tendrán una referencia retrospectiva, es decir «hacia atrás», hacia las situaciones problemáticas o conflictivas en las que se encuentran los participantes —se tratará entonces de corregir injusticias o mejorar las condiciones de vida, y prospectiva o «hacia adelante» —se organizará la acción comunitaria o política. Obviamente, todo esto implica la necesidad de seguir discerniendo, verificando, poniendo a prueba e intentando, en un proceso permanente de acción y reflexión que estimula otros movimientos creativos sobre la marcha.

La creatividad provee un marco de referencia fundamental para entender las diversas dimensiones y niveles de la concientización en cuanto proceso creativo, incluyendo sus posibles ramificaciones en las áreas de reconstrucción y revitalización cultural.[65] En este sentido, la concientización puede ser vista como un proceso poderoso y potencialmente liberador pero, en principio, ambiguo, dado que puede utilizarse también de forma tal que conduzca a nuevas formas de alienación. Inclusive quienes están luchando para superar las situaciones opresivas podrían usarlo de esta manera.[66] Esta perspectiva, por tanto, es esencial no sólo para dar cuenta de la eficacia de la concientización sino también para percibir y evitar posibles limitaciones, contradicciones y distorsiones, como las que hemos indicado en la sección previa. En suma, centrar el análisis en el tema de la creatividad es esencial para que la concientización mantenga su integridad, tanto en el terreno epistemológico como en el campo de la ética.

Deberíamos notar, además, que la contribución de Freire arroja luz sobre la cuestión de la creatividad, especialmente al definir el carácter del contexto y el proceso dialógico de la concientización. Por otra parte, la esfera de la creatividad se expande a la luz de la participación de hombres y mujeres «comunes» y, especialmente, de los oprimidos y marginados (generalmente considerados por la sociedad como «carentes de capacidad», «carentes de iniciativa» y «subdesarrollados»). Freire ha demostrado que la creatividad no es privilegio exclusivo de mentes iluminadas o de grupos privilegiados peculiares de la sociedad, tales como científicos, filósofos o artistas, y que es posible —y de hecho imperativamente necesario— «democratizar» la creatividad. Nos ha ayudado a ver que la experiencia y la práctica del potencial creativo del ser humano es sinónimo de libertad y salud. Además, el potencial liberador de la creatividad tal cual se manifiesta en la concientización sugiere cómo operativizar el impulso creativo en términos de un proyecto y un enfoque educativo.

A manera de conclusión, podemos indicar que la contribución freireana estimula, potencialmente al menos, el emerger humano en términos de una mayor libertad y plenitud, especialmente cuando se reinterpreta a la luz de la Historia y la Visión Cristianas desde la perspectiva del ministerio educativo. En consecuencia, la concientización puede proveer una forma específica de actualizar la capacidad, otorgada por Dios, de participar en la lucha por la liberación de la opresión y la alienación, y de moldear creativamente la vida y el destino humanos en este mundo.

El fundamento epistemológico del trabajo y el pensamiento de Freire converge con su inspiración religiosa y su base teológica, aspectos que discutiremos a continuación. De hecho, una comprensión y una evaluación adecuada de la contribución de Freire ponen de manifiesto la complementariedad e integración entre su teoría del conocimiento y la verdad, por un lado, y su visión y articulación de la fe cristiana, por otro. Y estas apreciaciones son también cruciales en el caso de la teología de la liberación.

CONCIENTIZACION Y TEOLOGIA

En esta sección nos ocuparemos de la influencia mutua entre el enfoque de la concientización y la teología de la liberación. Freire inspiró de manera decisiva a los teólogos de la liberación y, a la vez, la perspectiva teológica liberacionista aportó cierto sustento para su propia filosofía y su trabajo. Por tanto, nos referiremos en primer término a las dimensiones religiosas y teológicas del trabajo y el pensamiento de Freire, para luego discutir la manera en que la teología de la liberación asume el enfoque de la concientización. Por último, haremos algunos comentarios sobre la reflexión del propio Freire acerca de la iglesia profética.

Un testimonio y una vocación religiosa

La filosofía educativa de Paulo Freire no emana de un enfoque teórico riguroso, bien desarrollado y cuidadosamente articulado. Más bien, Freire ha tendido a seguir el fluir y el movimiento de su propio pensamiento e intuiciones. Este hecho complica la evaluación de la contribución freireana, inclusive de su contribución teológica, y hace necesario que exploremos tanto la infraestructura o fundamento teológico implícito de su pedagogía como las formulaciones teológicas explícitas de su filosofía educativa. No buscamos tanto un marco de referencia conceptual trabajado con precisión absoluta, sino más bien el impulso inspirador del basamento teológico y religioso que subyace a la concientización. El lugar para comenzar es allí donde la experiencia vocacional y la experiencia religiosa de Freire se funden y convergen. Sólo desde esta perspectiva podremos apreciar la dimensión específicamente teológica de su contribución.

Desde un punto de vista personal, Freire debe ser visto como un católico brasileño que creció en una región del país golpeada por la pobreza, a quien su madre guió en los primeros pasos de la fe. Freire habla con simpatía de aquellas experiencias religiosas tempranas, y agrega que en cierto momento abandonó la iglesia deliberadamente por cuestiones de conciencia. Nos cuenta que lo molestaba particularmente la contradicción entre el lenguaje piadoso del domingo y la ausencia de un compromiso cristiano en la vida cotidiana.[67] Según su propio testimonio, Freire ha luchado desde entonces para actualizar de manera concreta el imperativo cristiano del amor al prójimo. Para él, no cabe duda: comprender el evangelio implica realmente experimentarlo, y al hacerlo, experimentarse a uno mismo a través de la práctica social personal, en la historia, con otros seres humanos. Hablando como educador cristiano, Freire agrega que a partir de esa experiencia religiosa emana la riesgosa aventura de aprender y enseñar el evangelio como una hecho continuado: «Conocer el evangelio mediante el intento de practicarlo, dentro de los límites de mi propia finitud, es, por tanto, la mejor manera que tengo de enseñarlo».[68] Y esto implica asumir la postura humilde de un maestro permanente de la Palabra, cuya práctica fiel le confiere, en el acto mismo de aprender la Palabra, la autoridad para enseñarla.

Las referencias explícitas y personales a la fe cristiana que Freire posee y confiesa aparecen dispersas en sus escritos y discursos, especialmente en respuesta a la confrontación hostil. Frente a la acusación desde la derecha de ser un comunista disfrazado, Freire responde que nunca ha dejado de ser un cristiano, o mejor dicho, de tratar de llegar a ser cristiano frente a los desafíos cotidianos, a la vez que da testimonio de mantener firmemente sus convicciones religiosas. Inclusive, Freire asocia explícitamente su comprensión y práctica de la fe cristiana con su postura revolucionaria y utópica.[69]

Para comprender a Freire y su contribución tanto en el campo de la filosofía educativa como en el de la teología de la liberación, debemos prestar atención al vínculo existente entre su experienca y su testimonio religioso, y la influencia formativa que recibe de pensadores religiosos tales como Jacques Maritain, Gabriel Marcel, Emmanuel Mounier, Karl Jaspers, y Martin Buber. Ellos aportan un fundamento sólido para la epistemología y la antropología freireanas, que luego incorporarán además un fuerte componente marxista-humanista que refuerza el humanismo radical de Freire. No podemos dejar de reconocer la influencia especial que sobre él ejerce una herencia intelectual específicamente católica, la cual incluye elementos de la filosofía y la teología tomistas en cuanto a la visión del ser humano y la naturaleza, y también la concepción dc Teilhard de Chardin acerca del carácter evolutivo del proceso de humanización y de la razón misma de la evolución humana.[70]

Además, aquellas corrientes religiosas y teológicas de América Latina que ponen el acento en la vocación de la iglesia por la justicia y la libertad frente a situaciones de opresión socio-cultural y político-económica, han dejado una impronta indeleble en su pensamiento y su trabajo.

En síntesis, para entender la perspectiva y la contribución social y educativa de Freire, es esencial comprender la naturaleza religiosa de su vocación y su testimonio, y la dimensión religiosa de su filosofía. En este punto coincidimos con John L. Elias, quien ha mostrado que en todas las grandes coyunturas en que se articula el pensamiento y el trabajo del educador brasileño, la dimensión religiosa ha jugado un rol manifiesto y decisivo.[71] Esta observación debe tenerse en cuenta antes de analizar el fundamento específicamente teológico de la concientización, al cual nos dedicaremos en forma sucinta más abajo.

La teología implícita de la concientización. La estructura teológica de la práctica y la filosofía pedagógica freireana incluye un buen número de motivos paulinos, comenzando por la tríada de virtudes: fe, esperanza y amor (1 Co. 13.13). El enfoque de la concientización demanda una decidida afirmación de *fe* en la humanidad, en el sentido de confianza en el potencial humano para la libertad y la creatividad; requiere un profundo *amor* hacia el mundo, y especialmente hacia quienes están oprimidos y deshumanizados; y pretende promover una *esperanza* inquebrantable en la realización del sueño de liberación y humanización para todos. Freire afirma que sin fe, el diálogo liberador no puede ocurrir; sin amor, no hay lugar para una transformación y una revolución auténticas; y sin esperanza, es imposible luchar por un mundo mejor. Como en San Pablo, el amor es la mayor virtud, especialmente en cuanto amor *agape* encarnado concretamente en la humildad y la solidaridad.[72] De hecho, la confianza en el pueblo lleva a una suerte de «conversión» y a un «nuevo nacimiento», por decirlo así, que hacen posible la concreción y el crecimiento de la comunidad y la comunión auténticas. Muy especialmente los líderes deben vivir una «encarnación» y deben experimentar y practicar una solidaridad auténtica, en cuanto acto de autoentrega análogo a la cristología *kenótica* de Filipenses 2.5-8 («...Cristo Jesús ... se despojó a sí mismo, tomando forma de siervo...»). Los educadores cristianos auténticamente comprometidos con la liberación participarán en una suerte de proceso pascual de muerte (a los privilegios, a las fantasías de superioridad, a las ilusiones ideológicas) y resurrección a una nueva vida que será compartida con los oprimidos. De hecho, Freire combina el motivo liberacionista del éxodo con la metáfora de la pascua: la liberación y la redención deben verse como dos dimensiones del mismo proceso del emerger humano y la humanización plena. «La pascua» en su dimensión corporativa equivale a un «suicidio de clase»[73] para aquellos que adhieren a la causa de la liberación: implica la voluntad de renunciar a todo aquello que contradiga los intereses de los oprimidos, los cuales tendrán ellos mismos que morir como clase oprimida para nacer de nuevo como clase que se libera a sí misma.[74] De esta forma, Freire identifica, en principio, la «encarnación» y la «pascua» en su cristología implícita. Ambas realidades son operativizadas en términos de la postura utópica y profética que implica denuncia y anuncio.

El componente teológico de la filosofía de Freire está latente también en la propia articulación de la concientización, que está recubierta de lenguaje teológico y religioso. La concientización es el proceso de de-velar y «revelar» la realidad histórica. Los seres humanos son llamados a descubrir el sentido del valor propio, el significado de ser personas, el potencial para ser sujetos o co-creadores a través de su esfuerzo para la transformación y de su interacción social. Debe tener lugar un movimiento desde lo que Freire denomina las *doxa* imperantes (opiniones, creencias, información que promueve el surgimiento de una falsa conciencia) hasta el *logos* transformador (conocimiento indagador y creativo para la humanización).[75] Se espera que este movimiento genere un proceso de re-creación, y estimule el desarrollo de una conciencia crítica. Inclusive, para esta tarea reveladora Freire implícitamente adopta la concepción bíblica de la palabra en cuanto instrumental para el diálogo humano como también para la formación de la comunidad y para la transformación social. Una palabra, en consecuencia, que es praxis dotada de la doble dimensión de acción y reflexión. Esta palabra-praxis es como un acto creativo en el cual los seres humanos son re-creados al mismo tiempo que ellos re-crean el mundo. Es por esto que se torna imperativo hacer posible que los seres humanos pronuncien su palabra: existir en cuanto ser humano equivale a expresar el mundo y transformarlo. Y el mundo, a la vez, se re-presenta a sí mismo con nuevas imágenes problemáticas que invitan a la expresión y la transformación ulteriores.[76] En otros términos, la praxis liberadora involucra una suerte de *creatio continua*, y la creación y la revelación aparecen íntimamente vinculadas en esta concepción de la palabra. Aquellos que pronuncian la palabra concientizadora revelan tanto las estructuras opresivas como las alternativas humanizadoras, y de esta forma cambian de hecho el mundo con una nueva creación. El proceso es auténticamente liberador en la medida en que es asumido por los propios oprimidos en una praxis transformadora y redentora. Presupone una postura de no-conformismo que conduce a la transformación y a la creatividad, como lo sugiere, otra vez, el texto paulino: «No os conforméis a este siglo, sino transformados por medio de la renovación de vuestro entendimiento...» (Ro. 12.2).

La pedagogía de Freire propone la humanización al presuponer una comprensión teológica que emana de una postura cristológica definida. Así concebida, la concientización equivale a dar testimonio de la presencia encarnada de Dios en medio de la realidad de la lucha liberadora. La teología como tal puede luego clarificar más y articular aquello que está implícito en la educación para la liberación, siempre y cuando, por supuesto, la teología misma sea transformada a la luz de la pedagogía de los oprimidos, volcándose especialmente hacia la realidad socio-histórica en una praxis transformadora, que es precisamente la orientación asumida por la teología de la liberación.[77]

Las posturas teológicas de Freire. La experiencia religiosa y las convicciones de Paulo Freire son la mayor fuente no sólo de la estructura teológica de la concientización sino también de su propio teologizar. Freire cree en el Dios bíblico de la tradición judeo-cristiana, esto es, en un Dios interesado en el bienestar humano y decididamente involucrado en el curso de la historia. La intención liberadora de Dios encuentra expresión definitiva en la persona y la misión de Jesucristo, a quien Freire percibe como el transformador radical y el auténtico liberador que llama a los seres humanos a plenificar su vida en una comunidad de libertad, paz y amor, a la luz del reino venidero de Dios. Esta convicción inspira, en última instancia, la confrontación esperanzada de toda alienación y opresión.

Freire visualiza la historia de la humanidad como el punto de partida para la reflexión teológica. Afirma que de la misma forma que la Palabra se hizo carne en el Jesús histórico, así también sólo los seres humanos pueden posibilitar un acercamiento a la Palabra de Dios. La teología debe hallar su punto de partida en la antropología.[78] Existe, sin embargo, un condicionamiento esencial: Freire privilegia aquella reflexión teológica que es verdaderamente creativa y está al servicio de la liberación y la humanización. Argumenta que es en el contexto del Tercer Mundo —en el sentido del mundo que está marginado, dominado, que es dependiente y no tiene voz, inclusive dentro de las naciones nordatlánticas— donde puede emerger una teología fiel.[79] La razón básica de esta afirmación es que sólo en esas situaciones de sufrimiento humano masivo puede haber apertura y capacidad para recibir la Palabra liberadora de Dios. Por el contrario, las teologías que están al servicio de los sectores dominantes o de la burguesía no pueden ser utópicas, proféticas y llenas de esperanza, porque no tienen la capacidad de inspirar la acción cultural para la libertad y tienden a legitimar el statu quo. A la luz de su experiencia latinoamericana, Freire agrega que estas teologías legitimadoras, y la educación cristiana y teológica que ellas generan, presentan un mundo dicotomizado y tienden a producir individuos pasivos que se ajustan a las circunstancias imperantes y que esperan una vida mejor en el más allá. En cambio, las teologías liberadoras, proféticas y utópicas, estimulan la «acción cultural para la libertad», en los términos de Freire, en el contexto de la cual la concientización juega un rol central.[80]

En la reflexión teológica del propio Freire, Dios es una Presencia real en la historia que invita a los hombres y mujeres a involucrarse en «hacer la historia», esto es, a convertirse en partícipes activos en el proceso histórico de liberación y salvación. La certeza de que «Dios no se retracta de sus promesas» no puede servir como excusa para la neutralidad o inacción de los cristianos, frente a situaciones que deshumanizan a los pueblos. Dice Freire: «Mi espera tiene sentido sólo si lucho y busco con esperanza. Una teología en la cual la esperanza fuera un esperar pero no un buscar, sería profundamente alienante...».[81] La idea es que la salvación es un don divino que debe, sin embargo, ser alcanzado y buscado con esperanza.

Por otra parte, los seres humanos han sido creados a imagen y semejanza de Dios. Por tanto, cuanto más plenamente humanos llegamos a ser, tanto más nos parecemos a lo divino. El proceso del emerger humano o humanización implica crecer hacia una participación mayor en la libertad de Dios. De aquí emana la reivindicación liberacionista de que la libertad humana es el resultado del auténtico emerger humano, que representa en sí mismo una añoranza y una búsqueda que, en última instancia, sólo puede ser satisfecha en Dios.

En relación con estos conceptos, Freire establece que la relación entre Dios como creador y liberador y los seres humanos, provee el fundamento y paradigma para las relaciones humanas. Afirma que nuestra trascendencia está basada en la raíz de nuestra finitud y en la conciencia de esta finitud, en la conciencia de que sólo podemos alcanzar la plenitud en unión con nuestro Creador. Nuestra relación con Dios, por su misma naturaleza, jamás puede implicar domesticación o dominación, sino que es siempre una relación de liberación. La «religión» corporiza también el significado trascendente de las relaciones interhumanas, y jamás debería convertirse en instrumento de

alienación.[82] Hablando en términos normativos, la opresión no debe
tener lugar dado que niega la naturaleza misma de los seres humanos a
la luz de sus vínculos con el Dios creador y liberador. En otros términos,
la imagen y el concepto de Dios guardan estrecha relación con lo que
significa ser «humanos». Debemos emerger como las personas que
fuimos creadas para ser —y esencialmente somos— en relación con
Dios y con nosotras mismas. Somos seres humanos incompletos, pero
la búsqueda de plenitud es la ocasión para realizar nuestra «vocación
ontológica», esto es, la de ser sujetos que crean y hacen la historia y la
comunidad, lo cual implica eliminar la opresión externa (pobreza,
privación) e interna (estructuras de la mente y de la conciencia moral
que están corrompidas, truncadas o estáticas).

La postura Freire, por tanto, reflexiona en torno a sus intuiciones religiosas y
presupuestos metafísicos respecto de lo que significa ser humanos
frente a un Dios creador y liberador. Sobre esta base, habla proféticamente denunciando la opresión y anunciando el evangelio de liberación
con esperanza radical. Su crítica de las imágenes distorsionadas y de
las falsas concepciones de Dios es particularmente fuerte, especialmente cuando ataca el conformismo y el fatalismo que encuentra en los
oprimidos. Cuando Dios es presentado como un ser distante, inaccesible
y dominador, aparece como el responsable último de una situación
determinada y como sustentador de la opresión.[83] Frente a este cuadro,
la respuesta no puede ser sino resignación y aceptación del destino. Se
enseña —y el hombre y la mujer comunes a menudo sienten— que los
intentos de subvertir una realidad opresiva dada son actos de rebelión
contra la voluntad de Dios. He aquí la situación —incluyendo las
estructuras religiosas y la educación— que debe confrontarse en nombre del Dios creador y liberador.

La postura profética se torna evidente también en el estilo de las
afirmaciones de Freire, que incluyen apelaciones y exhortaciones dadas
como «desde el púlpito» con tremenda fuerza prescriptiva. Revelan el
fervor, la certeza y la convicción que son propias de una cruzada.
Desafortunadamente, debemos reconocer que el evangelio de liberación de Freire es mucho más preciso en su crítica (la «denuncia») que
en sus propuestas constructivas (el «anuncio») acerca del carácter de la
comunidad utópica, y de la función específica de la iglesia así como
tambien de su ministerio educativo.

La contribución global de Freire, su significado teológico, y su postura acerca del involucramiento de la comunidad eclesial en proyectos de liberación para la transformación social, deben verse a la luz de sus experiencias personales, religiosas y vocacionales. Ellas reflejan la forma en que su trabajo y su pensamiento han sido moldeados de manera decisiva por el catolicismo romano de la América Latina en un contexto social e histórico muy peculiar.[84] El fundamento teológico liberacionista puede entenderse en cuanto visión global *milenarista*, que interpreta la revelación como un evento continuo en la historia humana, y percibe el ordenamiento justo de la sociedad como el proyecto del reinado de Dios en marcha.[85] Esta es una reivindicación esencial de la teología latinoamericana de la liberación, que Paulo Freire ha contribuido a inspirar y que a la vez ha orientado su propia práctica y reflexión.

De la praxis de la liberación a la teología de la liberación

Antes que la teología de la liberación se formulara de manera sistemática, había existido ya una polifacética «praxis de liberación» que incluía, en lugar prominente, la acción y la reflexión pedagógicas de Freire sobre la educación y la transformación social. Por tanto, no es sorprendente que varios años antes de la publicación del clásico de Gustavo Gutiérrez, *Teología de la liberación. Perspectivas* (1971),[86] ya otro ensayo clásico había causado un impacto de proporciones; se trataba del libro de Freire, *La educación como práctica de la libertad* (1965), seguido luego su obra mejor conocida, *Pedagogía del oprimido*(1969).

Es interesante destacar que Paulo Freire ocupa un lugar de privilegio en aquel libro de Gutiérrez, en relación con la discusión del proceso de liberación en América Latina, la escatología y la política, la utopía y la acción política. Este es un buen ejemplo de cómo la teología de la liberación ha asumido el pensamiento freireano. Gutiérrez interpreta la contribución de Freire a la luz de la búsqueda de una *nueva humanidad*, la cual es vista como una fuente de inspiración esencial en los proyectos liberacionistas de la América Latina. Además, Gutiérrez destaca la importancia de fomentar la toma de conciencia crítica a través de una «acción cultural» que libera de alienación, considerándola como un esfuerzo creativo y fructífero en pro de la revolución cultural encarado por los propios oprimidos.[87] Los rasgos esenciales del nuevo ser humano que está surgiendo incluyen la habilidad para analizar críticamente el presente, para darle forma a su propio destino humano, y para orientarse hacia el futuro con esperanza. Estos seres humanos nuevos, cuyas acciones están dirigidas hacia una nueva sociedad que aún queda por construir, funcionan más como ideales movilizadores que como realidades ya concretadas y generalizadas de acuerdo con el espíritu y la letra de las enseñanzas de la iglesia.[88]

Gutiérrez sostiene que el trabajo y el pensamiento de Freire son también fundacionales en relación con el significado de la *utopía* a la luz de la fe bíblica y la acción política. Para Gutiérrez, la noción de «utopía» conlleva tres aspectos fundamentales: su relación con la realidad histórica, su verificación en la praxis, y su naturaleza racional. Al respecto, el énfasis de Freire en las dimensiones inseparables de *denuncia* (del orden existente) y *anuncio* (de lo que todavía no es pero será), y en el lugar que le cabe a la *praxis* histórica entre la denuncia (retrospectiva) y el anuncio (prospectivo), es particularmente valioso.[89]

Sería posible aportar muchos otros ejemplos de cómo se ha asumido teológicamente el enfoque freireano de la concientización, inclusive en el campo de la hermenéutica bíblica[90] y en el marco de una reflexión teológica desarrollada en contextos diferentes del latinoamericano.[91] Lo que nos interesa subrayar a la luz de nuestra agenda es que los teólogos de la liberación asumieron la contribución del filósofo de la educación y teórico de la revolución pedagógica no sólo por su impresionante eficacia en términos de una auténtica «praxis de liberación», sino también porque aportaba una fundamentación esencial para el replanteamiento metodológico de la teología de la liberación. De hecho, al desarrollar su enfoque pedagógico y la correspondiente filosofía de la concientización, Paulo Freire aportó un principio metodológico clave para la teología de la liberación. El compromiso real de Freire en programas de educación liberadora junto a sus escritos y ponencias, ejerció una influencia significativa en términos del proceso y el contexto eclesial del quehacer teológico. De esta forma se estimuló el posicionamiento continuo de la iglesia del lado de los pobres y oprimidos, incluyendo el movimiento de educación de base, el cual, a la vez, contribuyó a gestar el surgimiento de las comunidades eclesiales de base en el Brasil.[92] Los marginados y sumergidos llegaron a tomar conciencia de sus derechos y de su dignidad como seres humanos y de su potencial creativo para la transformación. Por otra parte, el trabajo y el pensamiento de Paulo Freire estimularon la formulación de ciertas concepciones de la praxis cristiana, que se tornaron luego esenciales para el método de la teología de la liberación, como lo analizaremos detalladamente en los capítulos 3, 4, y 5. De hecho, la noción misma de *praxis* es central en el enfoque de Freire. Para él, la liberación genuina sólo puede tener lugar si es llevada a cabo por seres humanos efectivamente comprometidos con la tarea de hacer su propia historia.[93] Freire entiende «praxis» como actividad práctica e histórica, esencial para la transformación del mundo en la dirección de la justicia. La praxis se sustenta en la teoría y, a la vez, obliga a la reformulación permanente de la teoría. En otros términos, la praxis siempre implica una dialéctica de acción y reflexión. Al articular su propia concepción de la liberación desde una perspectiva cristiana, afirmando la primacía de la praxis, Freire contribuyó a establecer la piedra fundamental del método adoptado por los teólogos de la liberación. Este método se edifica a partir de la solidaridad con los oprimidos y las oprimidas y el compromiso con ellos y ellas en una praxis de sufrimiento, resistencia y liberación.

En su práctica pedagógica, Freire centró su atención en ciertos motivos que serían luego centrales en la teología de la liberación. Por ejemplo, el develamiento de las ideologías y de las falsas percepciones del mundo, la influencia de la dominación político-económica en el contexto latinoamericano, las dimensiones estructurales de la violencia iniciada y mantenida por los opresores, y el concepto de liberación como crecimiento en humanidad para todos, incluyendo a los opresores. De hecho, el trasfondo de la contribución freireana ayuda en gran manera para entender la significación de la teología de la liberación, tal cual lo propone José Míguez Bonino en las siguientes cinco tesis.[94]

Primero, en la América Latina ha surgido una nueva conciencia cristiana, a medida que un número creciente de cristianos se fueron comprometiendo en la lucha por la liberación. (El punto de partida para la teología de la liberación es el hecho socio-político de que la fe y la obediencia se interpretan en términos de una participación comprometida en un proceso histórico-cultural que involucra análisis y acción críticos en el nombre del amor cristiano.)

Segundo, la lucha por la liberación es un proyecto histórico total que presupone un análisis socio-político de la realidad latinoamericana en términos de dominación y dependencia, y propone un cambio revolucionario en dirección hacia una sociedad socialista. (Los elementos de este análisis provienen de las ciencias sociales más que de la teología; por otra parte, los liberacionistas no consideran que el cambio revolucionario sea necesariamente sinónimo de derramamiento de sangre y destrucción —en todo caso, ésta sería una concepción de la ideología liberal, que se desarrolló ella misma a través del derramamiento de sangre y la destrucción— sino más bien de transformación de las estructuras económicas y sociales.)

Tercero, la conciencia cristiana vinculada con la liberación presenta un cambio cualitativo importante en lo que respecta a la relación del cristianismo con la sociedad latinoamericana; es un intento de superar un cristianismo proyectado sobre un horizonte puramente mítico y subjetivo, y avanzar hacia un cristianismo proyectado sobre el plano de lo histórico y lo político. (Tanto las prácticas cúlticas y religiosas como la piedad individual se incorporan dentro de un marco histórico más amplio; y la pregunta clave para la ética cristiana es cómo el amor puede tornarse fructífero y efectivo dentro de las condiciones de la realidad en que vivimos.)

Cuarto, esta nueva conciencia cristiana requiere una nueva manera de hacer teología que asume la praxis histórica como matriz de la reflexión teológica. (La verdad cristiana es una visión y una invitación a transformar el mundo en la dirección del reino de Dios; y las formulaciones teológicas deben entenderse a la luz de las formas de acción histórica que ellas estimulan, apoyan, o quizá condenan.)

Quinto, esta teología apunta a la reapropiación y reformulación de la tradición bíblica e histórica desde la perspectiva de la vinculación entre la teología y la lucha por la liberación. (La teología latinoamericana de la liberación intenta trabajar con la agenda del conjunto de la tradición cristiana en todo el mundo, evaluándola y reformulándola a la luz de su auto-comprensión y de su propio compromiso básico.)

El método es la clave para entender la teología de la liberación como una pretendida «nueva manera de hacer teología» que enfatiza el proceso de activar la conciencia crítica. Las características principales del método teológico en la perspectiva liberacionista se discuten en el capítulo 4 en términos de la definición de Gutiérrez: «reflexión crítica de la praxis histórica a la luz de la Palabra».[95] El quehacer teológico constructivo emana de la adopción de la metodología de la concientización, observación que entre otras ha sido discutida en perspectiva teológica por Dennis McCann y desde el punto de vista de la educación religiosa por James Michael Lee. McCann afirma demasiado confiadamente que los teólogos de la liberación *primero* adoptaron un método, y *luego* comenzaron a construir una teología a partir de él.[96] Sin embargo, tiene razón cuando indica que existe una correspondencia o correlación en tres niveles entre la pedagogía del oprimido de Freire y la teología de la liberación: 1) la propuesta de institucionalizar la acción dialógica de concientización provee un justificativo para las comunidades eclesiales de base; 2) la teoría educativa revolucionaria de Freire confirma la centralidad de los «temas generativos», i.e. opresión/liberación, y les da una definición conceptual; 3) la «visión dialéctica» de Freire que interpreta el conjunto de la historia como una lucha por la liberación, se asume en la estrategia y la táctica liberacionistas de «evangelización concientizadora», en la medida en que el Dios de la Biblia se presenta como identificándose con la lucha de los oprimidos.[97]

La conexión entre el trabajo y el pensamiento de Paulo Freire y el surgimiento de la teología de la liberación ha sido observada por James Michael Lee desde la perspectiva de la educación en el contexto de Norteamérica. En el marco de su rechazo a esa concepción de la instrucción religiosa que la identifica como «mera mensajera» y «traductora» de la teología, Lee señala que la teología de la liberación «surgió como una reacción teológica, y no como una proacción, a la sociología de Marx, la actividad política de los revolucionarios latinoamericanos, y las prácticas educativas de Paulo Freire».[98] Esta referencia es ciertamente interesante, a la luz de nuestra discusión global sobre el diálogo y la yuxtaposición entre la educación cristiana y teológica y la teología de la liberación.[99]

Coherentes con el enfoque de la concientización, los liberacionistas proponen una *reflexión crítica sobre la praxis (cristiana)*. En otros términos, mientras que la teología tradicional ha enfatizado el comprender las verdades de la revelación, la teología de la liberación pone el acento en el «practicar la verdad», es decir, estar activamente comprometidos en vivir la fe bíblica, el evangelio del reino de Dios. A la luz de esta experiencia es como y donde ha de tener lugar una reflexión sobre el evangelio y la fe: se trata de la «fe en busca de entendimiento». Esto es, la obediencia, o el hacer la verdad (ortopraxis), se torna más importante que el mero asentir a o articular la verdad correctamente (ortodoxia). Inclusive el compromiso con la praxis asume una dirección bien definida en el sentido de identificación con el sufrimiento y la causa de los pobres y los oprimidos, y participación en su lucha por la liberación y la reconstrucción de la sociedad. Por tanto, la teología jamás puede ser independiente de la praxis; la teología —en cuanto «acto segundo o derivativo»— es, precisamente, reflexión crítica *sobre* la praxis. En el capítulo 3 volveremos sobre este asunto de la relación entre praxis y conocimiento.

Al igual que en Freire, la reflexión crítica se percibe como un proceso concientizador comunitario con tres dimensiones fundamentales: primero, conduce a la gente a buscar las causas principales de la alienación y la marginación, la pobreza y la opresión, al motivar a la memoria analítica a que escudriñe para comprender las causas últimas; segundo, enfoca la atención en la realidad presente, para «problematizarla» y cuestionar el sistema social imperante y la ideología que lo sostiene; tercero, también visualiza futuras consecuencias y posibilidades en términos de «utopía» al estimular la imaginación creativa.[100] No es necesario decir que la reflexión crítica también conduce a una revisión de la propia trayectoria de la iglesia, de su testimonio en favor de la libertad y la justicia a la luz de su teología, sus enseñanzas sociales, y su pastoral toda. En otros términos, una nueva comprensión de la fe y la teología conlleva una nueva comprensión de la iglesia y su misión en medio de las situaciones históricas concretas. Esta es una preocupación que el propio Freire ha articulado, como lo explicaremos en la próxima sección.

El argumento en favor de una iglesia profética

Nuestro estudio de la influencia recíproca entre la concientización y la teología de la liberación, revela que la experiencia personal y vocacional de Freire es paradigmática de la dialéctica entre la praxis y la reflexión teológica. La lógica y la integridad de este proceso dialéctico permanente se expresan de manera evidente en su trabajo y pensamiento.

Paulo Freire no se considera a sí mismo un teólogo en el sentido tradicional del término, ni tampoco está interesado en efectuar un tratamiento teológico-sistemático de la educación. Más bien, declara ser un cristiano comprometido que también considera que la teología puede desempeñar un rol vital. La genialidad de lo que Freire ha conseguido, en perspectiva teológica, reside en haber elaborado el significado y las implicancias de su propia fe en relación con la educación para la liberación, y en la manera en que lo ha hecho. Asumió el desafío, y permitió que su experiencia religiosa y su orientación teológica le dieran forma de manera decisiva a su perspectiva y filosofía pedagógica. En este sentido, Freire ha provisto un paradigma de lo que significa reflexionar teológicamente hoy en medio de situaciones so-cio-históricas concretas, y permitir que la teología moldee tanto el proceso como el contenido de la acción y el pensamiento. Con esto en mente, centraremos nuestra atención en su concepción de la iglesia y en la particular relevancia de la misma desde el punto de vista del ministerio educativo.

La iglesia toma partido. En su aproximación al tema de la iglesia, Freire procede como un educador. Es decir, aplica a la comunidad de fe el tipo de análisis sociológico que le ha dado luz acerca del signifi-cado, la dimensión y el potencial políticos de las instituciones, estruc-turas y procesos educativos. Concluye que, si la educación no puede ser neutral, en el mismo tenor la parcialidad política o no-neutralidad de la iglesia jamás debe subestimarse. Para Freire, proclamar la neutralidad de la comunidad de fe significa tener una visión ingenua de la iglesia y la historia, o enmascarar astutamente una opción real en favor del statu quo. Aquellos que son «ingenuos» pueden, eventualmente, asumir la ideología de dominación, transformando así su «inocencia» en «astu-cia». Pero también pueden descubrir y rechazar su ilusión idealista de imparcialidad, en un proceso de conversión que implica cierto tipo de muerte y resurrección (Pascua). Esta renuncia implica la negación de muchos mitos muy estimados por personas religiosas y respetables, como por ejemplo su supuesta moralidad superior o pureza de alma, la ilusión de poseer un conocimiento y una sabiduría superiores, la misión paternalista de salvar a los «oprimidos», el mito de la neutralidad de la iglesia, de la teología y de la educación, como también el de su propia «imparcialidad».[101]

Hay una lógica definida en la crítica que Freire dirige a la ilusión de la imparcialidad. Para él, la defensa de la religión cristiana —en realidad, la ideología religiosamente sancionada que brinda apoyo al orden imperante— equivale a la defensa de intereses de clase. Al intentar asumir la postura imposible de la neutralidad frente a las estructuras económicas y políticas, la iglesia encara la tarea de recon-ciliar lo irreconciliable con el propósito de conseguir estabilidad y «paz». De esta forma, la misión profética de la iglesia queda suprimida y su vocación de dar testimonio en favor de la vida, la libertad y la justicia queda abortada, debido a su incapacidad para asumir riesgos y a su temor a las transformaciones en el contexto de un mundo injusto. La comunidad cristiana de fe se torna, en consecuencia, meramente «religiosa» en el sentido de reaccionaria y satisfecha con la auto-conservación.[102] Freire argumenta que los auténticos revolucionarios, cristianos o no, no pueden aceptar a una iglesia «ingenua» o «astutamente» aliada con las clases opresoras.[103]

Freire defiende al cristiano o cristiana fiel que toma partido en solidaridad con el marginado, el pobre y oprimido, y a menudo padece persecución e inclusive la muerte, por confrontar el poder destructivo del imperialismo, el neocolonialismo, y sus manifiestaciones domésticas: la alienación, la explotación y la pobreza. Para él, ésta es una ilustración clara de que el «necrofílico» (o sea, que ama la muerte) no puede tolerar el testimonio del «biofílico» (o sea, que ama la vida).[104] Freire hace un llamado, por tanto, a que la iglesia asuma su tarea profética: la denuncia de todas las manifestaciones de injusticia, y el anuncio de un mundo mejor para todos, que irá tomando forma a través de la praxis histórica de los oprimidos y sus aliados estratégicos. Esta es la visión que inspira el enfoque de la concientización. La transformación de las estructuras sociales está en correlación con la transformación de la conciencia en el proceso del emerger humano, en el cual a las comunidades de fe les está reservado un rol decisivo.

Las estructuras sociales y la conciencia. Freire establece un cierto número de correlaciones entre las estructuras socio-culturales y los niveles de conciencia, en el contexto del proceso de condicionamiento histórico señalado previamente: la conciencia *mágica* y semi-intransitiva corresponde a sociedades relativamente cerradas con «culturas de silencio»; la conciencia *ingenua* o semi-transitiva generalmente es promovida por los sistemas políticos populistas en el marco de un proceso de modernización. Una vez más se torna evidente la influencia del pensamiento marxista en Freire, cuando él hace referencia a la tipología de iglesia y religión, en la medida en que concibe la realidad histórico-cultural como una superestructura vinculada con una infraestructura, en este caso, la comunidad de fe.[105] Los dos primeros niveles de conciencia —la conciencia mágica o *conformada* y la ingenua o *reformada*— son expresiones de *falsa* conciencia en el análisis marxista, y están en correlación con los dos tipos de iglesia y religiosidad infieles que Freire describe: la variante tradicionalista y la modernizante. En consecuencia, existe tanto convergencia como complementariedad entre los fundamentos epistemológicos y los teológicos en el pensamiento freireano. El lenguaje, la visión del mundo, la auto-imagen, y las condiciones objetivas de vida, se manifiestan más o menos consistentemente dentro de los distintos niveles de conciencia. El verdadero contenido de la conciencia en cada uno de estos tres niveles incluye, básicamente, dos fenómenos relacionados de manera muy estrecha: la auto-comprensión en cuanto visión personal de la propia existencia en el mundo social, y el poder que poseemos para determinar y modelar nuestro propio futuro. Por ello Freire insiste en que la educación debe ser un instrumento de acción transformadora en cuanto praxis política al servicio de la liberación humana. Esto «no ocurre meramente en la conciencia de los seres humanos, sino que presupone un cambio radical de las estructuras, proceso en el cual la conciencia misma será transformada».[106] Por tanto, la tarea educativa más importante consiste en estimular el surgimiento y la expresión de la transitividad o reflectividad crítica, esto es, la conciencia político-crítica. Ésta es también la tarea esencial del ministerio educativo de la iglesia profética.

La iglesia profética. «Las iglesias tradicionalistas alienan a las clases oprimidas en la medida en que las estimulan a ver el mundo como algo malo. Las iglesias modernizadoras las alienan ... al defender las reformas que mantienen el statu quo», escribe Freire.[107] La comunidad eclesial que es fiel al evangelio, es una comunidad llena de esperanza, utópica y profética. En lugar de asumir las posturas acomodaticias y protectoras propias de los modelos «tradicionalista» y «modernizante», la iglesia profética se compromete con los oprimidos y con la transformación del orden social. No pretende ser neutral, ni tampoco esconde su opción no-conformista, políticamente subversiva e inclusive revolucionaria. Busca integrar y complementar los ámbitos «secular» y «religioso», rechaza la dicotomía que separa a este mundo del más allá —lo intramundano de lo trascendente—, la liberación de la salvación y de las creencias y prácticas vinculadas con la adoración, el discipulado, el servicio y la misión. La iglesia profética promueve una comprensión crítica de la fe y estimula una responsabilidad comunal y social del tipo de la que ha surgido en las comunidades eclesiales de base en toda la América Latina. Es obvio que Freire tiene en mente el movimiento eclesial de la iglesia popular cuando describe las comunidades fieles que están moviéndose constantemente hacia adelante, «siempre muriendo y naciendo de nuevo ... siempre en un estado de *llegar a ser*».[108] Esta es precisamente la experiencia de la iglesia profética que ha inspirado una reflexión teológica que es también profética, esperanzada, y utópica: la teología de la liberación.

La afirmación de una esperanza utópica en una sociedad sin clases y una plena humanización para todos es el corolario de la visión que Freire tiene del evangelio. El llamado a la solidaridad con los oprimidos incluye la convocatoria a revelar y confrontar la injusticia y a desafiar a los poderosos. La máxima prueba de amor hacia los opresores consiste en tratar de quitarles las condiciones objetivas que hacen que la opresión sea posible. Se trata de una tarea política y revolucionaria, que incluye el derecho a la rebelión a la luz de la violencia institucionalizada o estructural de los sistemas injustos.[109] Freire se atreve a declarar que los verdaderos revolucionarios deben entender la revolución —«en tanto es un acto creador y humanizador»— como un acto de amor.[110] No es necesario explicar que los liberacionistas tienen que trabajar duro para justificar esa interpretación de la revolución como «acto de amor» a la luz de los motivos bíblicos del Exodo y la Pascua. Se intenta encontrar apoyo teológico y sanción religiosa para un «amor revolucionario» que implica la aniquilación o la represión de quienes antes eran opresores.[111]

En la iglesia profética, el ministerio educativo se ve como acción transformadora o praxis política al servicio de la liberación y la humanización. Los elementos básicos de la educación eclesial a la luz del enfoque de concientización de Freire incluyen, en suma, los siguientes conceptos: a) *Solidaridad* con los pobres y oprimidos como punto de partida, y esto implica el compromiso a confrontar las situaciones de injusticia; b) la *conversión* multifacética como objetivo educativo, y esto involucra tanto a educadores como a educandos, así como también distintas dimensiones de la vida humana (el yo, las relaciones, la comunidad, las estructuras sociales); c) nueva conciencia en cuanto apropiación de un *conocimiento crítico y fundado en la praxis*, orientado hacia la liberación y la formación de comunidad; d) liberación y estímulo para la *creatividad* humana en cooperación con la obra permanente de Dios en medio de la historia. Interesa destacar que podemos encontrar, en distintos contextos socio-culturales, propuestas análogas para revitalizar la educación cristiana y teológica a la luz de la contribución liberacionista.[112]

De nuestra discusión se desprenden, hasta ahora, dos observaciones generales que son pertinentes para la teoría y la práctica del ministerio educativo. En primer lugar, tenemos el desafío de analizar y criticar nuestra situación histórico-cultural en términos de la naturaleza y misión de la iglesia y, especialmente, de la función de la educación. La evaluación de los patrones de instrucción y la toma de conciencia que aporta la sociología del conocimiento, son cruciales para que la educación cristiana y teológica llegue a ser un medio para el discernimiento, la crítica, y la reconstrucción de la realidad socio-cultural. En segundo término, la contribución freireana brinda un servicio peculiar al enfatizar la interrelación entre la práctica y la teoría, o la sinopsis dialógica de acción y reflexión (praxis) en el proceso creativo de la concientización para el emerger humano.

CONCIENTIZACION Y CREATIVIDAD EN EL MINISTERIO EDUCATIVO

El tema de la verdad liberadora —conocer la verdad y ser libres, como lo pone de manifiesto la referencia evangélica de Juan 8.31 y 32— nos ofrece un lugar privilegiado de intersección entre la educación y la teología. Y este lugar ha sido revisitado por Freire y por otros liberacionistas de tal manera que nos invitan al diálogo crítico en la mismísima intersección. Como lo indicamos en la introducción, nuestra tesis es que en el encuentro entre el ministerio educativo y la teología de la liberación —y en la medida en que la integridad de ambos sea respetada— ambos se verán mutuamente enriquecidos, «iluminados» por así decirlo, y ambos producirán avances en sus propios términos. Un presupuesto fundamental que está detrás de esta tesis es que la concientización puede enriquecer de manera extraordinaria diversas facetas de la educación cristiana y teológica, siempre y cuando se haga de ella una apropiación crítica y creativa. De hecho, la conciencia autocrítica es un concepto básico de la teología de la liberación, de tal manera que cuando falta la «reflexión crítica», todo el proceso de asimilación del pensamiento liberacionista por parte de la educación se convierte simplemente en una contradicción irónica; por otro lado, sin esa crítica no se hace justicia a ninguno de los dos campos. Es por cierto irónico que ni los teólogos de la liberación ni los educadores, en términos generales, han ejercitado en este sentido la disciplina auto-crítica que les viene impuesta, de manera inherente, por la pedagogía y la teología de la liberación que ellos profesan.[113]

Sobre la base de estas consideraciones, hemos criticado y reformulado el enfoque de la concientización desde el punto de vista del ministerio educativo. En esa luz el proceso de la concientización es análogo al proceso creativo. Ahora podemos aportar una ilustración concreta de la reformulación constructiva de la educación que resulta de confrontarla con el testimonio y el pensamiento liberacionistas. Esta discusión será complementada en los capítulos subsiguientes, en los que pondremos el acento en otras dimensiones y categorías teóricas de la educación.

Enfocaremos ahora la atención en las cuestiones de proceso y desarrollo tal cual han sido sugeridas por la contribución de Freire en el área de la *concientización para el emerger humano*. Debemos, por tanto, recalcar la integridad y la unidad de proceso y contenido.[114] La dinámica rica y compleja de enseñar y aprender (contenido estructural) se percibe como estrechamente vinculada a la agenda de labor o contenido sustantivo de la educación. Estas cuestiones fundamentales, por supuesto, son inseparables de otras dimensiones de la práctica y la teoría del ministerio educativo, como por ejemplo propósito y objetivos (capítulo 2 de nuestra obra) y personas en contexto (capítulo 5).

Al discutir el enfoque y el proceso de la concientización freireana, indicamos que el aprendizaje humano significativo se entiende como el proceso en el cual una persona se mueve desde un cierto nivel de conciencia a otro. También señalamos que el contenido de la conciencia incluye la visión que las personas tienen de su propia existencia en el mundo social, y el poder que poseen para darle forma a su propio futuro. El aprendizaje que nos interesa comienza en el nivel de conciencia actual, tal cual éste se manifiesta en las condiciones de la vida cotidiana, en el lenguaje, en el concepto que se tiene de uno mismo, y en la visión que tenemos del mundo. En este contexto, el aprendizaje transformador implica un tomar conciencia y un despertar, y especialmente tomar conciencia del carácter contingente y precario de la realidad social. Es precisamente frente a esta contingencia que la voluntad del ser humano, y su poder para crear y transformar, deben nutrirse y estimularse. En consecuencia, el trabajo y el pensamiento de Freire plantean un desafío a buena parte del ministerio educativo de la iglesia, particularmente en relación con las cuestiones de contenido y metodología. Por un lado, es posible identificar con mayor precisión diversos problemas presentes en las prácticas educativas actuales, como por ejemplo la confianza «bancaria» en la mera memorización, o la falta de relevancia frente a la realidad socio-histórica. Por otra parte, podemos indicar varias alternativas, especialmente en el sentido de que los educandos deben ser considerados como sujetos invitados a «decir su palabra» y a participar en la re-creación de su mundo. La contribución de Freire inspira un acercamiento educativo que es *dialógico* en su espíritu, *profético-escatológico* en su visión, *hermenéutico* en su carácter y *comunitario* en su encuadre. Tal inspiración, sin embargo, debe tornarse explícita sobre la base de nuestra evaluación crítica de tal contribución freireana. Podemos sugerir, por tanto, cierto número de principios que conciernen al perfil del educador y la educadora, a cuestiones de contenido, y a cierto paradigma especial que incluye una secuencia y diversas tareas de aprendizaje.

Principios de una enseñanza liberadora

Los educadores y educadoras que sienten que nuestra discusión de alguna forma enriquece su ministerio, harán bien en tomar seriamente en cuenta las siguientes orientaciones para la práctica.

En primer término, los educadores cristianos están desafiados a comprometerse en una exploración profunda de las condiciones de vida del pueblo a quien sirven, con un espíritu de aceptación, respeto y esperanza. La intimidad y comunión verdaderas, tal cual las propone el enfoque pedagógico freireano, requieren un movimiento de *inmersión* en cada una de las etapas del proceso de enseñanza-aprendizaje. Por tanto, quienes ejercen este ministerio deben encontrar maneras de salir al encuentro de las personas dondequiera que éstas se hallan, con la doble intención de ponerse generosamente a disposición de ellas y darles la bienvenida —particularmente a los oprimidos, los marginados, los alienados— en un viaje educativo conjunto.

El contenido polifacético de la educación cristiana y teológica debe enfocarse desde la perspectiva de los conflictos y luchas concretos de la gente: sus necesidades y preocupaciones, sus sueños y añoranzas. Los educadores deberían estar dispuestos a considerar y discernir, juntamente con los educandos, temas especiales para la reflexión y la acción, seleccionados a partir de la situación existencial de todos los que participan en el programa y el proceso educativo de la iglesia.

Una preocupación y un objetivo peculiar del proceso educativo deberá ser el facilitar el *diálogo* en cuanto encuentro de y entre los seres humanos como sujetos. Esto implica crear el espacio para que los participantes compartan sus historias y visiones, y reflexionen críticamente sobre ellas. Este proceso dialógico es mucho más que una estrategia o un método educativo; debe ser estimulado en cuanto *estilo*[115] y actitud que contribuirá de manera decisiva a darle forma a todo el contexto educativo. Paulo Freire ha descripto en detalle y ha ilustrado qué se requiere para concretar este espíritu dialógico y esta postura pedagógica: un amor profundo por los seres humanos, humildad, una fe intensa en el potencial humano para crear y transformar, una visión esperanzada, y la voluntad para cuestionar críticamente la realidad imperante tal cual ésta se nos presenta.[116]

La educación dialógica promueve el escuchar y el conversar abiertamente. Es potencialmente capaz de liberar y dar poder tanto a educadores como a educandos, en la medida en que facilita el tipo de experiencias y procesos que hemos descripto brevemente en términos de toma de conciencia, transformación de la perspectiva, y desarrollo intelectual, moral y de la fe. Puede estimular también la creatividad, el cuidado de los unos hacia los otros y la construcción de comunidad.

Los recursos y actividades apropiados que facilitarán la discusión de los «temas generadores» correspondientes a la fe experimentada y practicada pueden adaptarse o inventarse; puede tratarse de materiales impresos, representaciones gráficas, obras teatrales y videos, por mencionar sólo algunos. Se puede utilizar diversos métodos y técnicas de una manera análoga a la de la fase de «codificación» en el proceso de concientización. En otros términos, los educadores, lejos de comportarse como observadores pasivos, deben desarrollar su ingenio para potenciar el proceso de aprendizaje y la toma de conciencia, particularmente con vistas a la acción transformadora.

Los educadores, por otra parte, deberán buscar formas para facilitar que el Espíritu y la Palabra de Dios informen y transformen la discusión y la reflexión, el tema que está bajo consideración, y las vidas de los participantes. El componente bíblico y el que procede de la enseñanza e interpretación de la iglesia deberán ponerse a disposición de los educandos, pero no con un espíritu autoritario o a la manera de una indoctrinación. Se buscará que todos se involucren y participen activamente.

Como lo hemos indicado antes, el rol del educador y la educadora adquiere su perfil a partir de la función de los coordinadores de los «círculos de cultura», tal cual la describe Freire. Aquí está implícita una visión «democrática» (es decir, que fomenta igualdad y responsabilidad mutua) del liderato, así como también un compromiso personal en la reflexión y en la acción, *praxis*, frente a la agenda determinada consensualmente por el grupo. En consecuencia, se habrá de promover en todos los participantes un compromiso con las decisiones responsables de fe, y respuestas concretas y prácticas, en concordancia con las demandas y expectativas del evangelio. El procedimiento y el contenido sustantivo se integran de esta forma en la misma tarea educativa, liberadora y creativa.

Todo el ámbito de las relaciones humanas, la historia y la naturaleza puede someterse a la dinámica de la concientización y la educación cristiana y teológica. La contribución freireana sugiere ciertas claves y directivas explícitas para un análisis crítico que conduzca a optar por alternativas más humanizantes, frente a la situación en la que los seres humanos se encuentran. Sin embargo, cabe plantear otro interrogante fundamental: ¿cómo puede la fe cristiana nutrirse y enriquecerse? Desde la perspectiva liberacionista, uno de las tareas principales de la educación tiene que ver con la «purificación» de la fe, esto es, con liberar a la conciencia cristiana de la cautividad ideológica respecto de una situación histórica particular. Semejante cautividad se pone de manifiesto cuando el evangelio se convierte en una versión pálida y distorsionada de la fe, que necesita del análisis crítico y la reformulación.[117] Además, el enfoque de la concientización dialógica que involucra reflexión crítica puede ayudar a «decodificar» los símbolos teológicos, las expresiones y sacramentos litúrgicos, así como también el comportamiento y las prácticas religiosos. El objetivo es recapturar, renovado, el significado trascendente y el potencial humanizante y liberador de esas y otras manifestaciones de la fe, en términos del contexto histórico presente de la comunidad eclesial.

Estas consideraciones implican, obviamente, un rechazo de aquel modelo que concibe a la fe como un producto terminado, o como un «depósito» de creencias y acciones sagradas y estáticas, que han de ser cuidadosamente transmitidas como un paquete de verdades.

Esto no guarda relación alguna con el «permanecer» en la palabra de Jesús, del que habla la Escritura (Jn. 8.31). De hecho, todo lenguaje religioso está siempre sujeto a transformaciones: allí reside precisamente buena parte de su propio poder transformador. En otros términos, el educador cristiano debe aprovechar la oportunidad de y la invitación a re-crear el mismísimo lenguaje de la fe. De esta manera subrayamos una de las formas de «autoría» que Freire, intencionadamente, estimula en su enfoque y su filosofía de la concientización. En un contexto de libertad para crear siempre puede desarrollarse un nuevo lenguaje para la fe cristiana. Los fieles pueden reapropiar y comunicar el evangelio en sus propios términos, en sus propias palabras y acciones, con un lenguaje orientado hacia la praxis, esto es, un lenguaje que expresa compromiso con Dios y con el prójimo y que es eficaz para una interpretación y una transformación consistentes de la realidad. La educación cristiana y teológica puede también facilitar el descubrimiento y la comunicación de nuevas formas de expresar la fe, en un proceso de enseñanza-aprendizaje en el cual la dinámica y el método intencionadamente se convierten en parte del contenido y del mensaje de liberación y creatividad, como lo explicaremos más adelante.

Principios de un aprendizaje liberador

Hemos demostrado que la concientización es esencialmente una forma del proceso creativo, transpuesto en el marco de un intento de procesar el conflicto existencial y social. Es el proceso que se sigue con miras a que una situación conflictiva dada se torne una oportunidad propicia para adquirir nuevo entendimiento y una conciencia reforzada en la praxis liberadora y creativa. En esencia, el proceso de educación inspirado por Paulo Freire y la teología de la liberación habrá de reflejar la secuencia del aprendizaje que reproduce el patrón de la creatividad o, en los términos de James E. Loder, la «gramática de la transformación».[118] Inclusive, podemos identificar ciertas tareas de aprendizaje específicas en conexión con los diferentes movimientos de este proceso transformativo. Estas formas de aprendizaje, intencionalmente promovidas, deben verse en interrelación, complementándose y supliéndose la una a la otra. Las tareas de aprendizaje, elemento clave dentro de la agenda de labor de la educación, se convierten, por tanto, en formas peculiares de actividades y objetivos curriculares que involucran una amplia gama de registros del comportamiento, como lo indicaremos en forma breve en la siguiente descripción.

La secuencia típica de aprendizaje en el marco del proceso creativo comienza con la *identificación y enfoque de ciertas situaciones de conflicto existencial y social determinadas*. La iglesia profética que fomenta la evangelización concientizadora considerará las situaciones de conflicto, con toda su complejidad, como ocasiones para el emerger humano y el crecimiento de la fe. Los educadores y educadoras deberán ser particularmente sensibles a los desafíos existenciales concretos que deben afrontar los educandos, sobre todo si se trata de situaciones de opresión y sufrimiento. En consecuencia, las «situaciones límite» y los «temas generadores» evidentes que plantean desafíos a la vida cristiana serán identificados y procesados como problemas con una doble dimensión: han de confrontarse comunitariamente aunque, a la vez, afecten en forma directa a las personas particulares. Este movimiento corresponde a lo que en el paradigma de la creatividad se denomina «situación de conflicto en un contexto de rapport».[119] En nuestra propia experiencia, la cuestión de las finanzas de la familia a menudo representa una «situación límite» recurrente, a menudo agravada por la inflación, el desempleo y otros males socio-económicos. Este tema se asocia inmediatamente con ciertos temas críticos, tales como el trabajo, los valores y las prioridades, el consumismo y la mayordomía de los bienes. La tarea que va de la mano con este movimiento en la secuencia transformativa es *aprender a discernir, afrontar y asumir el conflicto* con perseverancia y dedicación. Loder señala, sin embargo, que los educandos deben hacer algo más que centrar la atención meramente en los conflictos humanos en los distintos niveles: deben tomar clara conciencia de la acción de Dios en el mundo.[120] Esta toma de conciencia determinará de manera decisiva el resto de la secuencia del aprendizaje en un proceso de educación distintivamente cristiana; y de esta forma mitigará el riesgo potencial de caer en un reduccionismo humanista, sea marxista o de otro signo.

En la educación de corte profético, la «problematización» toma el lugar del enfoque tradicional de la transmisión-de-información. De esta manera se crea un espacio para el *interludio para la exploración* en el paradigma de la creatividad. En la práctica concreta, la formulación de ciertos problemas críticos y situaciones de conflicto va seguida del diálogo y la discusión, con miras a adquirir una conciencia nueva de la realidad, nuevas asociaciones y significados. Este proceso puede tomar distintas formas en lo que a procedimientos metodológicos y dinámicas grupales se refiere, incluyendo por supuesto la «reflexión crítica *a la luz de la palabra*», esto es, la inclusión explícita del mensaje bíblico y cristiano —o la Historia y Visión de la comunidad de fe, como lo sugiere Groome— que se torna asequible a los participantes. En el caso de nuestro ejemplo, los educandos recibirán el mensaje que se refiere específicamente al problema que ha sido considerado y sobre el que se ha reflexionado críticamente: la economía, la alienación y la opresión, la justicia social, las finanzas, y cuestiones vinculadas con éstas.

En la secuencia educativa liberadora y creativa, la tarea que debe promoverse con toda intención es *el aprender a buscar y explorar con esperanza y expectativa*. En términos negativos, implica aprender a no tomar como dada la realidad tal cual es (o lo que generalmente se nos presenta como «la realidad»), sino más bien cuestionar, criticar, discernir y explorar alternativas. Este es un desafío interesante, si se tiene en cuenta que existe una tendencia a llegar muy pronto a respuestas fáciles y simplistas y a involucrarse emocionalmente cuando se discute sobre cuestiones religiosas y económico-financieras, por ejemplo. Por tanto, esta tarea fundamental del aprendizaje implica el desarrollo de ciertas capacidades comunicativas, como por ejemplo el prestar atención, con sensibilidad, a los mensajes externos e internos.

La educación para la libertad y la creatividad conducirá a descubrimientos relevantes, conectados con los conflictos y búsquedas planteados por los participantes. Este es el momento caracterizado como *intuición y comprensión* en el paradigma de la creatividad. De hecho, el desenlace puede llegar bastante rápidamente, por ejemplo en nuestra ilustración bajo la forma de nuevas claves para potenciar el sentido de vocación, estimular la mayordomía y el testimonio profético, y comprender la relevancia de un cierto texto o motivo bíblico (la compasión, el no-conformismo, el cuidado mutuo, el compartir). Las nuevas comprensiones e intuiciones a menudo tomarán la forma de una nueva conciencia sobre ciertos presupuestos o contradicciones ocultos, como también de nuevas alternativas transformadoras frente a las cuestiones que están en discusión. El desenlace o resolución de este movimiento a menudo involucra no sólo una respuesta apropiada a la situación conflictiva que se está afrontando, sino también una nueva manera de comprender el problema —ya no se percibe la situación como una auténtica «situación límite» en el sentido de que no haya salida ni esperanza— o la formulación de un nuevo conjunto de interrogantes. En otros términos, en la interpretación que la educación hace de la concientización, el «despertar conciencia» puede asumir una variedad de sentidos y direcciones, que no pueden ni deben fijarse de antemano.

La educación para la libertad y la creatividad estimulará, de manera intencional, la inclinación a valorar, a prestar atención y confiar en aquellas intuiciones y comprensiones que emanan del proceso de concientización. También promoverá la disposicíon para aprender verdaderamente de esta nueva forma de ver las cosas, y para compartirla en el contexto de la comunidad eclesial (que participa del proceso de aprendizaje). Por tanto, esta tarea del aprendizaje que consiste en *recibir con buena disposición (o asumir como propias) las nuevas intuiciones que uno va alcanzando* guardará estrecha relación con el aprender a buscar y explorar con esperanza y expectativa, previamente mencionado.

En el paradigma de la creatividad, las comprensiones experimentadas con fuerza intuitiva y convincente generalmente están asociadas con, o van seguidas de, cierta liberación y redireccionamiento de energía que estaba como contenida en el marco de la situación original de conflicto existencial o social. Las tensiones vinculadas con el problema que se está afrontando tienden a disolverse y, paralelamente, sobreviene una percepción placentera de que efectivamente está ocurriendo una transformación liberadora. Esto puede percibirse, por ejemplo, en conexión con una toma de conciencia acerca de distintos caminos para liberarse de la carrera ciega y alocada por el progreso económico, y acerca de nuevas alternativas para alcanzar la realización personal en la vida de servicio aun en medio de un contexto social materialista y alienante.

La celebración del aprendizaje y la toma de conciencia que tiende a ocurrir espontáneamente, puede consolidarse y además redireccionarse en términos del *aprender a celebrar*. Esto es particularmente relevante, sobre todo si tenemos en cuenta la asociación clara que existe entre liberación y celebración, y el énfasis liberacionista en la lucha por la justicia en el contexto de la espiritualidad cristiana.[121] En un sentido profundo, esta asociación echa luz también sobre el sentido político de la adoración como respuesta a la gracia liberadora y re-creadora de

Dios. Es político debido a la naturaleza misma del señorío del Cristo liberador y del reino de Dios confesado por la iglesia profética.

La interpretación y la verificación ocurren en el movimiento final de la secuencia transformativa de la creatividad. La interpretación crítica es necesaria para entender la conexión existente entre las comprensiones que vamos alcanzando y las situaciones de conflicto, y para investigar su correspondencia con el contexto público de estos conflictos. El enfoque y el proceso de la concientización interpretan la dialéctica de acción y reflexión en términos de aprendizaje y transformación fundados en la praxis. La reflexión crítica, que involucra la razón, la memoria y la imaginación, está en correlación con las respuestas concretas de la fe a la luz del evangelio. En el caso de nuestro ejemplo, los participantes pueden desarrollar una evaluación más profunda de la dinámica de su situación económica, como también nuevas expresiones tangibles de un discipulado voluntario y fiel (compartir los bienes, modificar los hábitos de compra, las formas de administración, las prácticas presupuestarias, trabajar en pro de la justicia económica). De esta forma, el proceso de la educación afirma la relación de influencia recíproca que existe entre la reflexión y la acción («praxis»), puesta de manifiesto en forma permanente por Freire y los teólogos de la liberación.[122]

La tarea de aprendizaje correspondiente que fomenta la educación para la liberación y la creatividad, es la de *interpretación y acción responsable* como expresión de la naturaleza hermenéutica de la comunidad eclesial profética. Esta tarea de aprendizaje se promueve en el proceso continuo de reflexión y acción, que apunta no sólo al beneficio inmediato y personal de los participantes, sino también a prepararlos para dar cuenta de la esperanza cristiana a la que se aferran, tanto en palabra —sana doctrina, o «teoría»— como en acción —testimonio pertinente, o «práctica».

Nuevas preguntas y conflictos motivarán, a la vez, nuevos compromisos en este proceso transformativo (esto es, liberador y creativo) de aprendizaje inspirado por la visión del reino de Dios. Esta es la visión profética y utópica que subraya la dimensión *política y escatológica* del evangelio. Es un segundo motivo clave de los liberacionistas, que define a la misión de la iglesia y da forma al principio rector de la educación cristiana y teológica. En el próximo capítulo, centraremos nuestra atención precisamente en estas cuestiones.

NOTAS

1. Juan 8.32.
2. Paulo Freire, *La iglesia, la educación, y el proceso de liberación humana en la historia* (Buenos Aires: La Aurora, 1974) pp. 5, 44-45, 47.
3. James Michael Lee, «Introduction», James Michael Lee, ed., *The Religious Education We Need* (Birmingham, Ala.: Religious Education Press, 1977) p. 1.
4. Cf. Raymond E. Brown, *The Gospel According to John (I-XIII)* (Garden City, N.Y.: Doubleday, 1966) pp. 352ss. Para un comentario liberacionista cf. José P. Miranda, *Being and the Messiah: The Message of St. John* (Maryknoll, N.Y.: Orbis, 1977).
5. Para una discusión lúcida e inspiradora sobre el tema de la «obediencia a la verdad» que se basa en los textos juaninos, cf. Parker J. Palmer, *To Know as We are Known: A Spirituality of Education* (San Francisco: Harper & Row, 1983) pp. 43ss. y cap. 4.
6. Paulo Freire, «Conscientization», *Cross Currents* 24:1 (primavera 1974) p. 23.
7. Paulo Freire, «Know, Practice and Teach the Gospels», *Religious Education 79:4* (otoño 1984) pp. 547-548.
8. Para una discusión de la dialéctica entre la teoría y la práctica en la educación cristiana, cf. John L. Elias, *Studies in Theology and Education* (Malabar, Fla.: Krieger, 1986) cap. 1. Elias discute una correlación crítica que involucra cuatro elementos característicos de esta vinculación: explicación o interpretación mutua; direccionamiento interdependiente; crítica o evaluación recíproca; e imaginación en dos sentidos (pp. 6-12).
9. Para una introducción a la pedagogía de Freire cf. Paulo Freire, especialmente su discusión acerca de la educación y la concientización en el ensayo *La educación práctica de la libertad* (Montevideo: Tierra Nueva, 1970). Cf. también Paulo Freire, *La naturaleza política de la educación: Cultura, poder y liberación* (Barcelona: Paidós, 1990) caps. 2, 3, 6, 8. Una buena exposición del método de alfabetización de Freire aparece en Cynthia Brown, «Literacy in Thirty Hours, Paulo Freire's Process in Northeast Brazil», *Social Policy* (julio-agosto 1974) pp. 25-32. Uno de los mejores ensayos introductorios para comprender a Freire es el de Denis Collins, *Paulo Freire: His Life, Works and Thought* (New York: Paulist Press, 1977). Cf. también Robert Mackie, ed., *Literacy and Revolution: The Pedagogy of Paulo Freire* (New York: Continuum, 1981). En castellano, cf. Carlos Alberto Torres, *Paulo Freire, educación y concientización* (Salamanca: Sígueme, 1980).
10. El 20 de noviembre de 1983, Paulo y Elza Freire recibieron, merecidamente por cierto, el premio William Rainey Harper de la «Religious Education Association» de los EE.UU. La cita decía: «Educadores y Profetas de la Pedagogía de los Oprimidos, Campeones de la Justicia y la Paz».
11. La pedagogía y la filosofía freireana de la educación pueden entenderse en términos de *reconstruccionismo* o, más específicamente, como un enfoque *radical* de educación de adultos, en la medida en que se aspira a utilizar la

educación para producir profundos cambios sociales, políticos y económicos. Cf. John L. Elias y Sharan Merriam, *Philosophical Foundations of Adult Education* (Malabar, Fla.: Krieger, 1980) cap. 6. Según la tipología de Kenneth Barker, Freire ha inspirado el enfoque *político* a la educación religiosa para la libertad, cf. *Religious Education, Catechesis and Freedom* (Birmingham, Ala.: Religious Education Press, 1981) introducción y cap. 4. Barker analiza tres tipos de enfoques adoptados, implícita o explícitamente, por los teóricos contemporáneos: el psicológico, el político y el cultural. El acercamiento político es aquél adoptado por quienes critican la visión privatista de la libertad humana y ponen énfasis en las dimensiones socio-políticas de la libertad. Se trata de una libertad *de* la opresión cultural y *para* trabajar juntos con miras a cambiar las condiciones imperantes y participar en la construcción del reino de justicia y paz (*shalom*). También John L. Elias incluye la contribución de Freire en la categoría de educación religiosa para adultos con orientación *socio-política*, cf. su *The Foundations and Practice of Adult Religious Education* (Malabar, Fla.: Krieger, 1982) pp. 171-175. Estos análisis son muy útiles excepto por el hecho de que no dan cuenta, en forma plena, de la dinámica y la eficacia del trabajo y el pensamiento de Freire, ni tampoco de sus limitaciones o de ramificaciones ulteriores de su contribución potencial.

12. Según Freire, el término *conscientizaçao* fue popularizado por otro destacado profeta brasileño, Dom Helder Camara. Preocupado por el mal uso que se hacía del término, Freire señala también que sería conveniente utilizar la palabra en su forma brasileña e inclusive deletrearla de esa manera, «Conscientization», *Cross Currents*, pp. 23-24. Más tarde, nos comenta que, siguiendo el consejo de Elza Freire, ha preferido, desde 1974, casi no utilizar el término debido a las frecuentes distorsiones en la interpretación y el empleo del concepto, refiriéndose particularmente a las interpretaciones idealistas: «La conciencia no es la creadora de la realidad, ni tampoco es un mero reflejo de la realidad. Por un lado, no puede interpretarse la concientización como algo que ocurre simplemente dentro de uno mismo pero, por el otro, tampoco podemos entenderla como algo que tiene lugar sin un proceso de reflexión crítica»; cf. «Conversation with Paulo Freire», *Religious Education*, p. 514. En realidad, Freire señala dos tipos de malinterpretaciones de su enfoque pedagógico: la *metodización*, es decir, reducir la concientización a una técnica de trabajo con grupos pequeños, carente de todo vínculo con el cambio de la estructura social y, por tanto, carente de todo riesgo; y la *mitologización*, esto es, idealizar la praxis de tal forma que la concientización se torne un idealismo subjetivo (cf. Paulo Freire, «Education, Liberation, and the Church», *Religious Education*, pp. 526ss.). Freire enfatiza la interdependencia existente entre acción y reflexión: la transformación de la conciencia, un cambio fundamental de mentalidad, necesita de una acción continua orientada a transformar la realidad social. A la vez, el cambio radical de estructuras no puede ocurrir si persiste la vieja mentalidad en las personas involucradas. Utilizamos el término en castellano esforzándonos por conservar y afirmar el sentido y las implicancias que Freire le ha conferido.

13. Para un tratamiento completo de esta y otras áreas vinculadas de la pedagogía y la filosofía educativa de Freire, cf. Daniel S. Schipani, *Conscientization and*

Creativity: Paulo Freire and Christian Education (Lanham, Md.: University Press of America, 1984).

14. Paulo Freire, «Conscientizing as a Way of Liberating» (Washington, D.C.: LADOC II) p. 29. Para una discusión más completa, cf. Paulo Freire, *Acción cultural para la libertad* (Buenos Aires: Tierra Nueva, 1975).

15. Paulo Freire, «Conscientizing as a Way of Liberating», p. 5. El concepto de concientización se funda sobre una visión *fenomenológica y dialéctica* de la conciencia y el mundo: involucra la intencionalidad, la afirmación de la dialéctica sujeto-objeto, y la concepción que percibe la conciencia y el mundo como constituyéndose dialécticamente el uno al otro.

16. Paulo Freire, «Conscientization», *Cross Currents*, p. 25.

17. *Ibíd.*

18. Esta referencia al lenguaje de crítica y posibilidad es utilizada por Henry A. Giroux para caracterizar la contribución global de Freire a una teoría crítica de la pedagogía, en su «Introducción» a la obra de Paulo Freire, *La naturaleza política de la educación*, pp. 13ss. Giroux establece, correctamente a nuestro entender, que el discurso de Freire se ubica entre dos tradiciones radicales: el lenguaje de la crítica corporiza muchos de los análisis de la nueva sociología de la educación; y la filosofía freireana de la esperanza y la lucha está enraizada en el lenguaje de la posibilidad que tiene sus fuentes en la tradición de la teología de la liberación: «Al combinar la dinámica de la crítica y de la lucha colectiva con una filosofía de la esperanza, Freire ha creado un lenguaje de la posibilidad arraigado en lo que él denomina una visión profética permanente», p. 18.

19. Desde *Pedagogía del oprimido*, las herramientas teóricas del materialismo histórico definen tanto el análisis que Freire hace de la realidad como sus afirmaciones principales acerca del programa y el proceso de la concientización. Recordemos que Marx había presentado una fenomenología de las relaciones económicas, y había subrayado el carácter dialéctico de la realidad y la historia, además de establecer que el propósito de la filosofía era la praxis de transformación social. Eventualmente, Freire adoptó la interpretación marxista de la teoría de la ideología, con todas sus implicancias en el campo de la sociología del conocimiento, como fundamento de su enfoque pedagógico. Así, por ejemplo, la noción de que los oprimidos son portadores de «verdad pragmática» se refleja en la afirmación reiterada de Freire acerca de que hay que considerar al hombre y la mujer comunes, especialmente a los marginados, como fuente genuina del conocimiento y la verdad. Esto es consistente, por supuesto, con la idea de que el pueblo debe educarse a sí mismo. Las implicancias son evidentes: la verdad queda ahora condicionada a una situación de clase, y el objetivo educativo último es facilitar la transformación radical de la estructura social. El marxismo provee, sobre todo, una base ideológica y epistemológica en términos de la noción freireana de dialéctica. De la dialéctica marxista, Freire toma ideas tales como la necesidad de la lucha de clases, la unidad de acción y reflexión, el trabajo humano como praxis, la función de la ideología, y la estructura y dinámica de la alienación. Cf. mi análisis detallado en Daniel S. Schipani, *Conscientization and Creativity: Paulo Freire and Christian Education*, pp. 15-20, 21ss.

20. *Ibíd.*, pp. 16-17.

21. Sobre este asunto, cf. el ensayo de Michael Matthews, «Knowledge, Action and Power», Robert Mackie, ed., *Literacy and Revolution: The Pedagogy of Paulo Freire*, pp. 82-92.
22. Paulo Freire, *Cultural Action for Freedom*, p. 22.
23. Paulo Freire, *Pedagogía del oprimido* (Montevideo: Tierra Nueva, 1970) cap. 2.
24. *Ibíd.*, cap. 4.
25. Paulo Freire, «El proceso de alfabetización política», *La naturaleza política de la educación*.
26. Paulo Freire, *Acción cultural para la libertad*, p. 65.
27. La referencia a la «transitividad» denota una analogía tomada del campo de la gramática y la lingüística.
28. Paulo Freire, *Acción cultural para la libertad*, p. 71-72.
29. *Ibíd.*, p. 79.
30. *Ibíd.*, p. 89.
31. La descripción de los niveles de conciencia en el contexto del enfoque educativo de Freire aparece en sus ensayos principales, comenzando con *La educación como práctica de la libertad*. Resulta evidente que Freire nunca rechaza esta descripción sino que, más bien, la reinterpreta a la luz de su reformulación epistemológica.
32. Paulo Freire, *Pedagogía del oprimido*, pp. 37ss.
33. *Ibíd.*, p. 50.
34. Daniel S. Schipani, *Conscientization and Creativity: Paulo Freire and Christian Education*, p. 15.
35. En cuanto a esta manera de plantear el problema, reconozco mi deuda para con James O'Donell, «Education as Awakening», *Religious Education* 76:5 (septiembre-octubre 1981) pp. 517-524. O'Donell compara las contribuciones de Freire, Illich y Kozol, en un análisis profundo de la educación como método para asumir o despertar conciencia. El método requiere un «efecto repelente», al estilo Kierkegaard, de parte de aquellos maestros que comprenden la educación como un asumir o despertar conciencia y promueven la apropiación existencial de la verdad por parte de los alumnos.
36. Paulo Freire, *¿Extensión o comunicación? La concientización en el medio rural* (México: Siglo XXI, 1973) p. 28.
37. Jack Mezirow, «A Critical Theory of Adult Learning and Education», Sharan Merriam, ed., *Selected Writings on Philosophy and Adult Education* (Malabar, Fla.: Krieger, 1984) p. 124.
38. Leon McKenzie, *The Religious Education of Adults* (Birmingham, Ala.: Religious Education Press, 1982) p. 123.
39. Cf. Jack Mezirow, «Perspective Transformation», *Adult Education* 28:2 (1978) pp. 104ss. Surge un interrogante, sin embargo, respecto de la afirmación de Mezirow acerca de que la gente debe asumir la perspectiva de otros que tienen una conciencia más crítica, en lugar de dejar abierto el proceso transformativo. Esta idea genera el riesgo de abortar la creatividad y promover una manipulación muy sutil.
40. Cf. Barbel Inhelder y Jean Piaget, *The Growth of Logical Thinking from Childhood to Adolescence* (New York: Basic Books, 1958). El análisis de Thomas

Groome acerca de la «praxis compartida» en perspectiva piagetiana es también relevante para nuestra discusión; cf. *Christian Religious Education: Sharing Our Story and Vision* (San Francisco: Harper & Row, 1980) cap. 11.

41. Lawrence Kohlberg, *The Philosophy of Moral Development: Moral Stages and the Idea of Justice. Essays on Moral Development*, Vol. 1 (San Francisco: Harper & Row, 1981), y *The Psychology of Moral Development: The Nature and Validity of Moral Stages. Essays on Moral Development*, vol. 2 (San Francisco: Harper & Row, 1984). Para un examen del enfoque kohlbergiano desde una variedad de perspectivas complementarias, cf. Brenda Munsey, ed., *Moral Development, Moral Education, and Kohlberg* (Birmingham, Ala.: Religious Education Press, 1980), especialmente caps. 1, 2, 3, 11, 16.

42. Sobre el tema del método como mensaje, cf. Robert E. Carter, *Dimensions of Moral Education* (Toronto: University of Toronto Press, 1984) pp. 12ss. Carter presenta la metodología y la justificación de una aproximación crítica o filosófica a la educación moral, con una exposición del método socrático.

43. Lawrence Kohlberg, *The Philosophy of Moral Development*, p. 410.

44. James W. Fowler, *Stages of Faith: The Psychology of Human Development and the Quest for Meaning* (San Francisco: Harper & Row, 1981). Cf. también la excelente colección editada por Craig Dykstra y Sharon Parks, *Faith Development and Fowler* (Birmingham, Ala.: Religious Education Press, 1986).

45. James W. Fowler, «Black Theologies of Liberation: A Structural Analysis», Brian Mahan y Dale Richesin, eds., *The Challenge of Liberation Theology: A First World Response* (Marknoll, N.Y.: Orbis, 1981) pp. 69-90.

46. Cf. Kenneth Stokes, ed., *Faith Development in the Adult Life Cycle* (New York: Sadlier, 1982). El proyecto FD/ALC, 1981-1986, fue auspiciado por la «Religious Education Association» y por varias organizaciones religiosas. Los informes de investigación del «Módulo 1» (estudio con métodos cuantitativos) y del «Módulo 2» (entrevistas y análisis en profundidad y cualitativos) ofrecen datos que confirman dos de las hipótesis del proyecto que podrían ser fácilmente vinculadas con procesos y programas de concientización: *el desarrollo de la fe se relaciona positivamente con el compromiso que uno asume en cuestiones sociales*, y *el desarrollo de la fe se relaciona positivamente con el compromiso que uno asume en experiencias educativas*. Las observaciones y análisis que aparecen en el informe ponen el acento en cuestiones tales como la expansión de las «fronteras de la toma de conciencia», la intensificación de los procesos creadores de sentido, el rol del compromiso en proyectos comunitarios y de acción política, y la apertura dialógica y crítica a personas e ideas fuera del contexto social propio; cf. *Faith Development and Your Ministry*, Informe basado en un Estudio Gallup llevado a cabo para la «Religious Education Association» de los EE.UU. y Canadá (Princeton, N.J.: Princeton Religion Research Center, s.f.) pp. 48, 50-52; Constance Leean, «Faith Development in the Adult Life Cycle», Informe de investigación del Módulo 2, Religious Education Association, 1985 (inédito), pp. 33, 37-40.

47. Cf. nota 19.

48. Paulo Freire, *Pedagogía del oprimido*, pp. 28-29.

49. Peter L. Berger, *Pyramids of Sacrifice* (New York: Basic Books, 1975) pp. 111-132. Berger desarrolla una crítica metodológica contra la «falsa conciencia» de los concientizadores, quienes creen tener un conocimiento superior al de la gente a la que dicen servir, y tienden a definir la realidad para los demás. Berger argumenta que esto no es «despertar conciencia»: se trata, más bien, de la *conversión* desde una visión del mundo a otra (tal vez como un caso, alienante por cierto, de «transformación de la perspectiva de sentido», podríamos añadir). Por otra parte, Berger pone el acento en una postura de «respeto cognoscitivo», fundada en el presupuesto de la igualdad de los distintos mundos de conciencia. Debemos recalcar, sin embargo, que Berger parece evaluar la concientización como una mera técnica para despertar la conciencia. Por otra parte, parece ignorar o subestimar, entre otras cosas, el llamado que Freire hace a la conversión en favor de los oprimidos, así como también el hecho de que Freire tiene plena conciencia del riesgo que existe, de parte de educadores y educadoras que asumen roles tradicionales, de hacer fracasar el diálogo y el proceso de enseñanza-aprendizaje mutuo.

50. Sobre el tema del «ultracognitivismo» en la educación cristiana, cf. James Michael Lee, *The Content of Religious Education* (Birmingham, Ala.: Religious Education Press, 1985) pp. 612-613, 702-703.

51. Gabriel Moran, *Religious Body: Design for a New Reformation* (New York: Seabury, 1974) pp. 93ss., 169ss. Escribe Moran: «El propósito de la educación ... es mantener abierto y en crecimiento un espectro más amplio de sentimientos, una imaginación más rica, una conciencia incrementada, en suma, una vida inteligente» (p. 170). Para una discusión muy útil acerca de la contribución de Moran desde la perspectiva del *tipo político* de educación religiosa para la libertad, cf. Kenneth Barker, *Religious Education, Catechesis and Freedom*.

52. Esta crítica es análoga a la que Robert Tucker, *Philosophy and Myth in Karl Marx*, 2a. ed. (Cambridge, Mass: University Press, 1972) dirige al pensamiento mítico de Marx (cap. 15 de la obra de Tucker).

53. Paulo Freire, *Pedagogía del oprimido*, p. 29.

54. *Ibíd.*, pp. 134, 160, 170-171.

55. Cf. Daniel S. Schipani, *Conscientization and Creativity: Paulo Freire and Christian Education*, cap. 2.

56. Paulo Freire, *Education for Critical Consciousness*, p. 43.

57. *Ibíd.*, p. 47.

58. Para un análisis y una crítica globales de un programa de concientización y alfabetización inspirado en el enfoque freireano y orientado a la reconstrucción cultural y la politización, cf. Valerie Miller, *Between Struggle and Hope: The Nicaraguan Literacy Crusade* (Boulder: Westview, 1985).

59. Paulo Freire, *Educación y cambio* (Buenos Aires: Búsqueda, 1976) pp. 27, 74.

60. Hemos tomado esta expresión de Stephen Crites, «The Narrative Quality of Experience», *Journal of the American Academy of Religion* 39 (septiembre 1971) pp. 291-311.

61. Daniel S. Schipani, *Conscientization and Creativity: Paulo Freire and Christian Education*, pp. 26-27.

62. El carácter y la dinámica peculiares de los contextos sociales «creativogénicos» se discuten en Silvano Arieti, *Creativity: The Magic Synthesis* (New York: Basic Books, 1976) caps. 13 y 14.

63. La fuente principal para el estudio de la creatividad a la luz de la educación cristiana y teológica es la obra de James E. Loder; cf. especialmente *Religious Pathology and Christian Faith* (Philadelphia: Westminster, 1966); «Creativity in and Beyond Human Development», Gloria Durka y Joannmarie Smith, eds., *Aesthetic Dimensions of Religious Education* (New York: Paulist Press, 1979) pp. 219-235; «Negation and Transformation: A Study in Theology and Human Development», James Fowler y Antoine Vergote, eds., *Towards Moral and Religious Maturity* (Morristown, N.J.: Silver Burdett, 1980) pp. 165-192; «Transformation in Christian Education», *Religious Education* 76:2 (marzo-abril 1981), 204-221; y *The Transforming Moment: Understanding Convictional Experiences* (Colorado Springs: Helmers and Howard, 1989). Otras fuentes valiosas son: Silvano Arieti, *Creativity: The Magic Synthesis*; Arthur Koestler, *The Act of Creation: A Study of the Conscious and Unconscious in Science and Art* (New York: Macmillan, 1964); Rollo May, *The Courage to Create* (New York: Norton, 1975); y Harold Rugg, *Imagination: An Inquiry Into the Sources and Conditions that Stimulate Creativity* (New York: Harper & Row, 1963).

64. De hecho, la secuencia creativa puede comenzar en cualquier punto (por ejemplo, las comprensiones intuitivas —correspondientes a la fase 3— o las interpretaciones, en la fase 5, a menudo nos llevan hacia atrás, nos conducen a evaluar los conflictos originales). Sin embargo, la culminación del proceso, incluyendo por supuesto la experiencia subjetiva de la resolución exitosa, requiere el reconocimiento de una situación originalmente problemática o de conflicto.

65. La conexión entre la creatividad y la revitalización (tal cual ha sido propuesta, por ejemplo, por Freire en términos de «revolución cultural») ha sido claramente establecida por Loder al discutir la transposición del paradigma del proceso creativo en un proceso de revitalización del medio social; cf. Daniel S. Schipani, *Conscientization and Creativity: Paulo Freire and Christian Education*, pp. 46-49.

66. Aquí podemos mencionar, por ejemplo, el riesgo y la tentación que experimentan los «expertos» en un determinado contexto de concientización, de inyectar análisis político-ideológicos supuestamente normativos en el intento de promover el desarrollo de una «conciencia política». Es obvio que esto viola la esencia misma del proceso educativo orientado hacia una mayor libertad y creatividad.

67. *El mensaje de Paulo Freire* (Madrid: Marsiega, 1976) p. 20.

68. Paulo Freire, «Know, Practice, and Teach the Gospels», p. 548.

69. Paulo Freire, «Concientizar para Liberar», *Contacto* 8:1 (1971) pp. 43-51.

70. Para una discusión integral de las fuentes principales de la filosofía de la educación freireana y de la forma como éstas están integradas en su propia reflexión y en su enfoque de concientización, cf. Daniel S. Schipani, *Conscientization and Creativity: Paulo Freire and Christian Education*, caps. 1 y 3.

71. John L. Elias, *Conscientization and Deschooling: Freire's and Illich's Proposals for Reshaping Society* (Philadelphia: Westminster, 1976). Para una evaluación

general de Freire, desde el punto de vista de la educación cristiana, cf. John L. Elias, «Paulo Freire: Adult Religious Educator», cap. 9 de *Studies in Theology and Education* (Malabar, Fla.: Krieger, 1986).

72. Estas y otras virtudes asociadas con el discipulado y la apostolicidad cristiana aparecen en todos los ensayos principales de Freire, y especialmente en *La educación como práctica de la libertad, Pedagogía del oprimido,* y *Acción cultural para la libertad.*

73. Esta noción está bien ilustrada en el caso de la cooperación de Freire en los esfuerzos educativos que han sido llevados a cabo en las que fueran colonias portuguesas en Africa; cf. *Las cartas a Guinea-Bissau. Apuntes de una experiencia pedagógica en proceso* (México: Siglo XXI, 1977).

74. Paulo Freire, *Las iglesias, la educación, y el proceso de liberación humana en la historia* (1974) p. 20.

75. Paulo Freire, «Conscientizing as a Way of Liberating», (Washington, D.C.: LADOC) 2 (1972) pp. 2-3.

76. Paulo Freire, *Pedagogía del oprimido,* pp. 97ss.

77. Hermann Brandt evalúa con notable percepción la contribución latinoamericana a la teología que se deriva de la filosofía y la pedagogía freireanas, cf. «In der Nachfolge der Inkarnation, oder: as 'Auftauchen Gottes' in Lateinamerika. Zum Verhältnis von Befreiungspädagogik und Befreiungstheologie», *Zeitschrift für Theologie und Kirche* 78 (1981) pp. 367-389.

78. Paulo Freire, «Carta a un joven teólogo», *Fichas Latinoamericanas* I:4 (diciembre 1974) p. 53.

79. *Ibíd.*

80. *Ibíd.*

81. Paulo Freire, «Tercer Mundo y Teología», *Fichas Latinoamericanas* I (diciembre 1974) p. 54.

82. Paulo Freire, *La Educación como práctica de la libertad,* p. 15. La crítica freireana de la religión se mueve esencialmente en la línea de la crítica de Marx, popularizada bajo la frase «opio del pueblo». La razón de esto es que Freire también está interesado en la negación de la idolatría alienante y la transformación de la falsa conciencia. Freire va más allá de Marx, sin embargo, con su afirmación profético-cristiana del Dios creador y liberador de la fe bíblica. Hablando dialécticamente, esta afirmación niega la negación (es decir, el poder opresivo de la idolatría alienante y de la falsa conciencia).

83. Paulo Freire, *Pedagogía del oprimido,* p. 59.

84. Debería notarse que Freire y la mayoría de los liberacionistas católico-romanos en la América Latina han reaccionado contra una eclesiología y una práctica predominantemente «sacerdotales» en su propia tradición —que tendían a canonizar la alianza entre el trono (o sea el gobierno del estado) y el altar (o sea la Iglesia), y el statu quo— y han adoptado una postura «profética» bien definida.

85. Esta misma idea es subrayada por Malcolm Warford, «Between the Plumbing and the Saving: Education, Theology, and Liberation», *The Living Light* 11:1 (primavera 1974) pp. 60-77.

86. Gustavo Gutiérrez, *Teología de la liberación: Perspectivas* (Salamanca: Sígueme, 1972).

87. *Ibíd.*, pp. 132-133.
88. *Ibíd.*, pp. 275-279.
89. *Ibíd.*, pp. 310-317.
90. Entre los latinoamericanos, otra buena ilustración es J. Severino Croatto en el área de la hermenéutica liberacionista. En su importante obra, *Liberación y libertad: Pautas hermenéuticas*, ed. rev. (Lima: Centro de Estudios y Publicaciones, 1978), Croatto ofrece una lectura de los principales momentos de la historia bíblica —la creación, los profetas, Jesús, y Pablo— desde la clave liberacionista provista por el evento y la historia del éxodo. Croatto utiliza en forma abundante las contribuciones de Freire, como se refleja en la discusión de varios problemas y dinámicas, incluyendo la concientización como tal, la vocación ontológica a «ser más humanos», la libertad y la creatividad, el miedo a la libertad, la internalización del opresor, la conciencia crítica y la conciencia cerrada, el decir la palabra propia, y la pedagogía liberadora.
91. Una correlación explícita entre Freire y la teología aparece en Letty Russell, *Human Liberation in a Feminist Perspective* (Philadelphia: Westminster, 1974). Russell establece que la concientización es paralela a la experiencia cristiana de la conversión, y que existe una analogía formal entre la conversión y la concientización en cuanto a la manera en que ocurren en la experiencia humana. La diferencia es más bien de énfasis: «En la conversión, se pone el acento en la acción de Dios mientras que en la concientización se enfatiza la iniciativa humana ... el proceso es similar y el Espíritu Santo puede actuar y de hecho actúa a través de ambas ... En la teología clásica de la reforma la fe era presentada bajo tres acápites diferentes ... Estos mismos elementos son evidentes en la tipología freireana del proceso de concientización: *logos*, o toma de conciencia crítica, se corresponde con *notitia*; *praxis*, o compromiso a reflexionar-actuar, es similar a *assensus*; y *utopia*, el yo y el mundo, se corresponde con *fiducia*. Juntos, estos conceptos constituyen la misma globalidad fundamental en el proceso de la vida», pp. 122-125. La analogía formal que Russell describe pretende incluir también el contenido o la sustancia; se nos dice que el poder o la energía para la trans-' formación es el mismo, esto es, el Espíritu de Dios que de algún modo participa en ambos procesos (la conversión y la concientización). Ambos procesos aparecen prácticamente como idénticos, ya que la diferencia —se afirma— es básicamente de énfasis o de perspectiva. Cf. también las obras posteriores de Russell, como por ejemplo *Growth in Partnership* (Philadelphia: Westminster, 1981), especialmente caps. 3 —«La educación como éxodo»— y 5 —«Pedagogía para opresores».
92. Para una discusión de los movimientos de base en el Brasil, cf. Guillermo Cook, *The Expectation of the Poor: Latin American Basic Ecclesial Communities in Protestant Perspective* (Maryknoll, N.Y.: Orbis, 1985) pp. 62ss. En el capítulo 5 discutiremos el tema del lugar de los pobres y oprimidos, y el contexto de la comunidad eclesial.
93. Paulo Freire, *Pedagogía del oprimido*, pp. 140 ss.
94. José Míguez Bonino, «Five Theses Towards an Understanding of the 'Theology of Liberation'», *The Expository Times* 87:7 (abril 1976) pp. 196-200. Para una buena introducción a la teología de la liberación, cf. José Míguez Bonino, *La fe*

en busca de eficacia (Salamanca: Sígueme, 1977). También Leonardo Boff y Clodovis Boff, *Liberation Theology: From Confrontation to Dialogue* (San Francisco: Harper & Row, 1986) y *Cómo hacer teología de la liberación* (Madrid: Ediciones Paulinas, 1986). Una de las descripciones más completas y sucintas de los supuestos, experiencias y principios que, en conjunto, definen el «mundo» de la teología de la liberación, aparece en Roger Haight, *An Alternative Vision: An Interpretation of Liberation Theology* (New York: Paulist Press, 1985) cap. 1. En castellano, y desde perspectivas evangélicas y latinoamericanas, cf. Samuel Escobar, *La fe evangélica y las teologías de la liberación* (El Paso: Casa Bautista de Publicaciones, 1987); y Emilio A. Nuñez, *Teología de la liberación. Una perspectiva evangélica* (Miami: Caribe, 1986).

95. Gustavo Gutiérrez, *Teología de la liberación*, p. 38.

96. Dennis McCann, *Christian Realism and Liberation Theology: Practical Theologies in Conflict* (Maryknoll, N.Y.: Orbis, 1981) p. 176.

97. *Ibíd.*, pp. 157-172. Algunas implicancias prácticas de la correlación existente entre el proceso de la concientización y la estrategia y la táctica de la evangelización liberacionista, se tornan evidentes de manera inmediata. Veamos: 1) los teólogos de la liberación y los agentes de pastoral en las comunidades eclesiales de base funcionarán de una manera similar a los coordinadores de los círculos de cultura en los proyectos educativos de base; 2) hacer teología de la liberación significará primordialmente «problematizar» la experiencia de la comunidad, codificándola y decodificándola de acuerdo con el «tema generador» de opresión/liberación; 3) el Dios liberador de la Biblia y el privilegio epistemológico de los pobres y oprimidos se convierten en principios hermenéuticos centrales. Estos y otros temas relacionados se discuten en detalle en los capítulos 4 y 5.

98. James Michael Lee, «The Authentic Source of Religious Instruction», Norma H. Thompson, ed., *Religious Education and Theology* (Birmingham, Ala.: Religious Education Press, 1982) pp. 164-165.

99. Lee argumenta que el rol de «muchacho de los mandados» y «traductor» que a menudo se le atribuye a la educación religiosa tiende a privarla de su carácter profético. Una de las tareas medulares de la instrucción religiosa es la de apresurar el futuro, y generar progresos de manera directa en las actividades cognitivas y afectivas, y en el estilo de vida de las personas y las sociedades... *«La instrucción religiosa pierde su peculiar carácter y fuerza proféticos cuando la gente trata de convertirla en teología»* (*Ibíd.*, p. 164). Los liberacionistas latinoamericanos coincidirían con estas afirmaciones sobre la base del testimonio de Paulo Freire, y del énfasis que ellos ponen en el hecho de que la teología es «acto segundo». De hecho, Lee cita a Gutiérrez al afirmar que la teología se genera al caer el sol, esto es, cuando ya ha cesado la actividad de naturaleza eclesial y no eclesial.

100. Sobre este punto, cf. Thomas H. Groome, *Christian Religious Education: Sharing Our Story and Vision* (San Francisco: Harper & Row, 1980) pp. 185-188. Basándose en Paulo Freire, Groome enfatiza la participación de la razón, la memoria y la imaginación en la *reflexión crítica* en cuanto componente principal de su enfoque de la «praxis compartida».

101. Paulo Freire, «Education, Liberation, and the Church», pp. 525-531.

102. *Ibíd.*, pp. 529-531.
103. *Ibíd.*, p. 532.
104. Freire adopta la terminología «necrofílico» y «biofílico» de Erich Fromm (quien a su vez la toma de Miguel de Unamuno); cf. E. Fromm, *The Heart of Man* (New York: Harper & Row, 1973) y *Anatomy of Human Destructiveness* (Greenwich, Conn.: Fawcett, 1973).
105. La crítica de Freire a la religión institucional se tornó más aguda a partir del comienzo de la década de 1970, cuando su orientación marxista es más evidente. Puede hacerse la misma observación respecto a referencias explícitas a las visiones religiosas y teológicas que inspiran su filosofía social. Esta combinación no es sorprendente, si se tienen en cuenta dos fenómenos interrelacionados: primero, la estructura cuasi-teológica y el carácter cuasi-religioso del marxismo, y segundo, la agenda de la teología latinoamericana de la liberación, incluyendo su uso selectivo del análisis marxista.
106. Paulo Freire, «Education, Liberation, and the Church,» p. 545.
107. *Ibíd.*, p. 540.
108. *Ibíd.*, p. 544.
109. Paulo Freire, «Tercer Mundo y Teología», *Fichas Latinoamericanas* 1 (diciembre 1974) p. 55.
110. Paulo Freire, *Pedagogía del oprimido*, p. 100. Parece que Freire y otras liberacionistas presentan, en este sentido, una nueva versión de la vieja y popular teoría de la «guerra justa» y de la justificación del «derecho a la rebelión»: la injusticia social y la opresión socio-política manifiestas y objetivas —esto es, la violencia estructural e institucional— tornan necesaria, y por tanto justificada, la participación del cristiano en una confrontación armada con el propósito de corregir o transformar la situación. Para una discusión práctica de la teoría de la guerra justa, que puede utilizarse en contextos de educación cristiana y teológica, cf. John Howard Yoder, *When War is Unjust* (Minneapolis: Augsburg, 1984).
111. Esta postura representa, por supuesto, un reflejo de la justificación estilo «cristianismo de derecha» de la represión política y armada por parte de muchos regímenes latinoamericanos, especialmente aquellos apoyados por los EE.UU. Además, manifiesta una analogía estructural con la justificación de la intervención directa, y de la agresión militar y de otro tipo, contra regímenes opuestos a las políticas pro-oligarquías, imperialistas y neocoloniales de los EE.UU.
112. Una interesante ilustración de la apropiación de las contribuciones liberacionistas, especialmente la de Freire, con miras a revitalizar la teoría y la práctica de la educación cristiana (en contexto europeo) es la propuesta de Kevin Nichols, «Education as Liberation», Dermot A. Lane, ed., *Religious Education and the Future* (New York: Paulist Press, 1986), pp. 135-147. Nichols subraya cinco puntos que han de servir como fundamento para la reformulación de una teoría de la educación religiosa distintivamente católica: 1) una *opción evangélica por los pobres*, y la búsqueda de formas en que los marginados puedan llegar a ser concientes de sí mismos, concientes de su entorno y capaces de transformarlo; 2) el objetivo educativo de una *conversión triple*, incluyendo la conversión de la mente así como también la conversión moral y religiosa; 3) una visión cristiana de la educación que adopte las formas de *conocimiento con miras a la humani-*

zación; 4) una confianza profunda en la *creatividad humana*, ligada a la convicción de la acción del Espíritu Santo en la transformación del mundo; 5) una interpretación de la *acción en el mundo* como el pivote del enfoque de la educación cristiana. En cuanto a autores latinoamericanos con inspiración liberacionista, cabe mencionar los siguientes: Juan José Sanz Andrados, *Educación y liberación en América Latina* (Bogotá: Univ. Santo Tomás, 1979); Jaime Calderón Manrique, *La teología de la liberación y el educador cristiano* (Bogotá: CIEC, 1980); Daniel S. Schipani, *El reino de Dios y el ministerio educativo de la iglesia* (San José: Caribe, 1983) y Matías Preiswerk, *Educar en la palabra viva. Marco teórico para la educación cristiana* (Lima: CELADEC, 1984).

113. La crítica liberacionista de la concientización es prácticamente inexistente, y la asimilación de la teología de la liberación (Freire incluido) en el campo de la educación tampoco ha estado acompañada de una crítica adecuada. Ver la nota 5 de la introducción.

114. James Michael Lee ha argumentado de manera convincente que la dualidad planteada entre contenido (qué) y método (cómo) en la educación religiosa —o en cualquier tipo de educación, para el caso es lo mismo— involucra el error fundamental de ignorar que *el método es contenido (estructural)*. Esto es así porque «el método es una forma de proceso y el proceso es un contenido plenamente desarrollado por derecho propio», («Process Content in Religious Education», Iris V. Cully y Kendig Brubaker Cully, eds., *Process and Relationship: Issues in Theory, Philosophy, and Religious Education* (Birmingham, Ala.: Religious Education Press, 1978, p. 22). Lee hace referencia a dos formas básicas de contenido molar: a) *el contenido estructural* alude a la forma en que el contenido se pone y se mantiene en actividad, como en el caso de la concientización en cuanto *procedimiento pedagógico; b) el contenido sustantivo* se refiere a la forma en que el contenido aparece (por ejemplo, el contenido que es *producto* de la concientización, esto es, avances tangibles como: una conciencia más profunda, nuevas comprensiones, cambios en la auto-estima, actitudes y estilos de vida transformados, etc; también contenidos sustantivos *cognitivos, verbales, no verbales, inconcientes, afectivos, que guarden relación con proceso o estilos de vida*, pueden ser identificados como contenidos por derecho propio). A la luz de nuestro interés particular, puede afirmarse también que la concientización echa luz sobre la relación de cercanía, complementariedad y tensión que existe entre *contenido-proceso* (sustantivo y estructural) y *contenido-producto* (sustantivo), esto es, entre el proceso concientizador que consiste en promover la toma de conciencia, el despertar, y la toma de conciencia real, incluyendo la voluntad de transformación. La concientización también ilustra, en consecuencia, que el *contenido-proceso* es un tipo de contenido estructural así como también un tipo o modo de contenido sustantivo. El contenido estructural es el tema de la obra de Lee, *The Flow of Religious Instruction* (Birmingham, Ala.: Religious Education Press, 1973), y el contenido sustantivo lo es de *The Content of Religious Instruction* (Birmingham, Ala.: Religious Education Press, 1985).

115. James Michael Lee identifica cinco clases de contenido estructural, que él ubica en una taxonomía que va desde lo más general a lo más específico: estilo,

estrategia, método, técnica, y paso; cf. *The Flow of Religious Instruction*, pp. 34-35.

116. Paulo Freire, *Pedagogía del oprimido*, pp. 98-105.

117. Bruce O. Boston afirma que tomar seriamente los aspectos reflexivos de la educación liberacionista equivale a reflexionar sobre, criticar, redireccionar, y transformar las apariencias de la fe cristiana hasta que comience a tornarse evidente su justificación: «Cada doctrina, cada precepto ético, cada enseñanza de Cristo y/o de la iglesia, cada sector de la tradición será percibido de manera diferente.... Se convertirán en problemas a ser resueltos, y no ya en datos para ser acumulados. Una vez que la justificación comienza a aparecer, comenzaremos a pronunciarnos a nosotros mismos en nuestro propio mundo, y dejaremos de hacernos eco simplemente de las opiniones de los demás ... un estilo reflexivo de educación cristiana significará el reconocimiento auto-conciente de que nuestra práctica educativa corriente es en sí misma un método de politización, socialización, y construcción de la cultura», «Conscientization and Christian Education», *Learning for Living* 13:3 (enero 1974) pp. 100-105. El punto aquí es que, equipados con las herramientas de la concientización, podemos develar nuestras preocupaciones reales, sea que las estemos afrontando, o sea que lo que hacemos en educación cristiana es una forma de esquivar estas preocupaciones en nombre del evangelio.

118. James E. Loder, «Transformation in Christian Education», *Religious Education*, 206ss. En esta sección utilizamos la contribución fundacional de Loder, incluyendo su referencia a las tareas del aprendizaje, en diálogo crítico con la perspectiva liberacionista ya reformulada en términos de creatividad.

119. Revisar la discusión acerca de la concientización en cuanto estímulo a la creatividad, en la primera sección de este capítulo.

120. Loder lo dice con los términos precisos en «Transformation in Christian Education»: «El conflicto último y decisivo no es 'mi sufrimiento', 'el sufrimiento de ellos' o 'nuestro sufrimiento'. Más bien, ¿qué está haciendo Dios en el mundo ... para crear un pueblo de personas que sean auténticamente humanas, en concordancia con la humanidad de Cristo? Este es el conflicto que debemos afrontar y asumir con perseverancia porque, en sus muchas formas particulares que siempre involucran sufrimiento humano, éste es el conflicto que inicia la transformación en cuanto respuesta viviente de Cristo» (p. 218).

121. Acerca del tema del sufrimiento, la liberación, la lucha por la justicia y la espiritualidad de los oprimidos, cf. Gustavo Gutiérrez, *Beber en su propio pozo: En el itinerario espiritual de un pueblo*, 2nda. ed. rev. (Lima: Centro de Estudios y Publicaciones, 1983).

122. La asimilación más consistente del paradigma de acción y reflexión propuesto por la pedagogía y la teología liberacionistas, aparece en el «enfoque de la praxis compartida» que Thomas Groome ha formulado para la educación cristiana. La dinámica descripta en esta sección puede explicarse en los términos de la hermenéutica dialéctica actual, en el cuarto y el quinto movimiento que Groome propone para su secuencia educativa: hermenéutica dialéctica entre la Historia (del pueblo de Dios) y las historias de los participantes, y hermenéutica dialéctica entre la Visión (del Reino de Dios) y las visiones de los participantes. El último

momento en el paradigma de Groome incluye el desafío a tomar una decisión y escoger una respuesta de fe; cf. *Christian Religious Education: Sharing Our Story and Vision*, parte IV. Volveremos a discutir la importante contribución de Groome en los capítulos 3 y 4. Por ahora debemos señalar que el tratamiento que Groome hace de Paulo Freire y del pensamiento liberacionista, no alcanza a tomar adecuadamente en consideración sus debilidades y limitaciones en las áreas de la epistemología y la teología.

Capítulo 2
Visión profética y utópica

«Buscad primero el reino de Dios y su justicia ...».[1]

JESÚS

«El trasfondo de la idea del reino de Dios es la concepción escatoló-gico-apocalíptica según la cual este mundo, tal como se encuentra, está en contradicción con el designio de Dios ... [El seguimiento de Jesús] incluye, ante todo, anunciar la utopía del reino como sentido feliz y pleno del mundo que Dios ofrece a todos. En segundo lugar implica traducir la utopía en praxis encaminada a cambiar este mundo en el plano personal, social, y cósmico ... En tercer lugar, la liberación de Dios se traduce en un proceso de liberación que implica luchas y conflictos asumidos y comprendidos a la luz del doloroso camino de Jesús».[2]

LEONARDO BOFF

«La educación cristiana no consiste primeramente en la transferencia de un conjunto de ideas de una generación a otra, sino más bien en cultivar la voluntad inteligente. La educación cristiana no será exitosa si no incrementa la hermandad, efectiva y no meramente sentimental, en el mundo ... tan efectiva que se pueda medir a través de evidencias concretas, como por ejemplo salud, alimento, leyes, urnas, casas, calles, escuelas, niños felices, y esposos y esposas felices... El educando, en y a través de su participación creciente en la gestación de una sociedad ideal, irá tomando conciencia de su comunión con el Padre ... al hacer la voluntad de Dios para el orden social aun hasta el punto de sufrir con Él».[3]

GEORGE ALBERT COE

INTRODUCCION

La teología de la liberación ha recapturado la centralidad del símbolo bíblico del reinado de Dios,[4] y ha estimulado una asimilación fresca y renovada del mismo en el contexto de un profundo interés por la persona y el ministerio de Jesús. De hecho, una clave importante para entender el carácter y la orientación de este movimiento teológico está en percibir la manera en que visualiza a Jesús y el reinado de Dios.

La cita evangélica de Mateo 6.33 es particularmente adecuada, dado que el contenido del verso es esencial dentro de la enseñanza de Jesús en el «sermón del monte».[5] Es la clave para entender lo que podríamos denominar *el curriculum del reino*, que aparece en los capítulos 5 a 7 del Evangelio de Mateo. El énfasis en el reinado y en la rectitud (o justicia) de Dios tiene un doble significado: apunta a la majestad, el poder y la voluntad divinos, y también se orienta hacia el orden social y el estilo de vida que se genera como respuesta a esa majestad y a ese poder, y en consonancia con la voluntad divina. Jesús no sólo enseña y demuestra que el advenimiento del reinado de Dios crea una nueva manera de vivir y una mejor calidad de vida —por ejemplo, a través de las curaciones, el perdón y la reconciliación, y la capacidad para amar— sino que también habla de *buscar* (o entrar en) el reino. De esta manera, Jesús confronta a sus discípulos con una opción, un compromiso, un involucramiento activo. Además, debemos notar el contraste sorprendente que existe entre la visión y la enseñanza de Jesús acerca del reinado de Dios, por un lado, y la conciencia cultural y la sabiduría convencional predominantes, por otro. Con espíritu subversivo, Jesús critica los valores tradicionales, las preocupaciones cotidianas y las percepciones normativas de la realidad, como también las lealtades personales; y anuncia un camino radicalmente diferente, invitando a los seres humanos a que se le unan en el peregrinaje, potenciados con la nueva visión.

La visión profética y utópica, tan central en el ministerio de Jesús, aparece con particular fuerza en la cristología de la liberación, tal cual lo sugiere la cita de Leonardo Boff al comienzo del capítulo. Para Boff, llegar a ser un discípulo auténtico involucra apropiar y proclamar la utopía evangélica, comprometerse cabalmente con la «praxis del reino», y asumir el camino de cruz y resurrección que el propio Jesús transitó. Esta visión ha de inspirar y orientar la vida y misión de la iglesia, y ha de iluminar su tarea educativa.

La visión profética y utópica busca generar un proceso de aprendizaje creativo y transformador, que implica, en las palabras de George Albert Coe, una «participación creciente en la gestación de una sociedad ideal» y «hacer la voluntad de Dios para el orden social». Frente al problema de la significación y las implicancias políticas y sociales de la fe cristiana, Coe plantea la pregunta crucial: ¿Cuál habrá de ser el propósito primordial de la educación cristiana: transmitir (como por herencia) una religión o crear un mundo nuevo?[6] Resulta evidente que, en su opinión, la educación debe estar orientada hacia la transformación social, dado que «la reconstrucción permanente está en la esencia de la acción divina en los seres humanos y a través de ellos».[7]

En este capítulo seguiremos explorando el carácter profético y utópico de la teología de la liberación, el cual, según lo explica Freire, conduce naturalmente a una acción cultural para la liberación, y por tanto a la concientización.[8] Esta orientación utópica es reivindicada con decisión por Rubem Alves en un ensayo, ya clásico, en el que responde a la crítica de que la teología de la liberación representa una forma de «utopismo blando».[9] Alves articula con lucidez tres presupuestos o «acuerdos silenciosos» que están en el trasfondo de la visión utópica, y lo hace de una manera que resulta útil para nuestra discusión de la teología en diálogo con la educación.[10]

Primero, *el utopismo cristiano no es la creencia en la posibilidad de una sociedad perfecta, sino más bien la convicción del carácter no necesario del presente orden imperfecto.* Si bien no afirma que es posible abolir el pecado, de todas formas sostiene que no hay razón para que aceptemos las actuales estructuras pecaminosas que controlan nuestra sociedad.

Segundo, *el utopismo cristiano entiende la «realidad» no como algo derivado de una necesidad divina o demoníaca, sino como una construcción humana.* Por tanto, siempre que damos el nombre de «realidad» a lo que no es sino un juego social provisorio, construido por los seres humanos, cometemos idolatría, esto es, atribuimos carácter último (divino o demoníaco) a algo que no tiene destino eterno.

Tercero, *las categorías «utópico» e «imposibilidad» no son absolutas sino relativas a los sistemas que es necesario trascender.* Cuando un sistema trata despectivamente ciertas visiones, considerándolas como utópicas o irrealizables, dice poco acerca de la posibilidad o imposibilidad real de estas visiones, pero de hecho confiesa sus propias limitaciones como sistema. La visión profética y utópica cristiana asume que todos los sistemas sociales están bajo el juicio histórico de Dios, y no deben considerarse como criterios últimos para juzgar qué es posible o imposible. En consecuencia, la historia no debe verse jamás como cerrada en sí misma, sino más bien como abierta, en esperanza, a la sorpresa y la transformación.

Discutiremos en primer término el tema clave de Jesucristo liberador, y los rasgos y énfasis centrales de la cristología liberacionista. Luego reflexionaremos sobre la centralidad de la metáfora bíblica del reino de Dios, subrayando las dimensiones políticas y escatológicas del evangelio desde el punto de vista de la educación. Esto nos llevará a reformular el principio rector y el propósito global del ministerio educativo, a la luz de la interacción entre la teología de la liberación y la educación cristiana.

JESUCRISTO EL LIBERADOR

En su estudio de las imágenes de Jesús en la historia de la cultura occidental, Jaroslav Pelikan observa que, paralelamente a las imágenes convencionales de Jesús que lo pintan como fundamento del *statu quo* en la iglesia y el estado, ha existido siempre una tradición que lo presenta como el liberador.[11] En su propio tiempo y en toda época posterior, Jesús ha sido visto por muchos como aquél que desafía a todo orden social y lo llama a rendir cuentas en el marco del juicio divino. Pelikan sostiene que fue, sobre todo, en los siglos diecinueve y veinte que «el Profeta del siglo primero que había predicado la justicia de Dios contra todos los opresores de la humanidad se convirtió en Jesucristo el liberador: y Jesús el liberador se transformó —y en nuestro propio tiempo ha llegado a serlo y lo es— en una fuerza política capaz de destruir imperios, inclusive los así llamados imperios cristianos».[12] Estos conceptos se aplican bien al contexto latinoamericano, en el cual el motivo de «Jesucristo liberador» —más allá de la ambigüedad teológica y política inherente a esta manera de leer el ministerio y el mensaje de Jesús— sigue inspirando el movimiento en pro de la liberación y la justicia. Como lo dice Pelikan, Jesús el liberador se presenta como el gran contrincante de todos los «grandes inquisidores», tanto sagrados como seculares. La afirmación evangélica original acerca del pan y la palabra de Dios (Mt. 4.4) reza ahora que el pan es tan importante como la Palabra. Jesús el liberador no sólo bendice la pobreza espiritual que espera la bendición sobrenatural en el más allá, sino que también camina con los pobres y oprimidos de este mundo en la búsqueda del bienestar humano en esta vida y en esta tierra, inclusive dentro del marco de referencia de una cristología vinculada a la praxis revolucionaria.[13]

La cristología liberacionista afirma de manera consistente esta imagen del Jesucristo liberador. Lo hace al considerar la pregunta clave: ¿Quién es Jesucristo en la América Latina de hoy? Este problema se enfoca en distintos niveles que se intersectan (descripción, análisis, y praxis) y desde distintas perspectivas complementarias (histórico-bíblica, teológica, y pastoral).[14] La reflexión cristológica formulada de esta manera fluye naturalmente de la metáfora central y básica de Dios como liberador. Esta metáfora clave apunta al evento y la historia paradigmáticos del éxodo, acontecimiento que une la creación y la redención en la promesa y la esperanza del cumplimiento histórico. Sin restar ningún valor a las confesiones tradicionales acerca de Jesús de Nazaret como el Cristo y el Hijo de Dios, Dios encarnado, y de Jesucristo como el Señor, importa destacar que la metáfora de la liberación es igualmente esencial para entender la persona y la praxis de Jesús, sobre todo si hacemos una lectura directa —hasta ingenua, podríamos decir— de los evangelios a la luz de la situación presente. Jesucristo efectúa y modela la liberación en su compasión activa y su solidaridad con los pobres, los oprimidos y los marginados; en su proclamación y enseñanza utópicas y proféticas acerca del reinado de Dios; en su confrontación con los poderes terrenales y espirituales; y en su acción global en pro de la transformación y la humanización en amor y en justicia. Jesucristo libera de manera auténtica, y su resurrección confirma la verdad de la vida de Jesús, y la verdad última de su persona.[15] A la vez, la victoria de la resurrección libera el poder de la fe cristiana, de acuerdo con el modelo de «Cristo-liberando-la cultura», como correlación práctica entre la búsqueda de la justicia y la praxis cristiana de solidaridad con aquellos que sufren.[16]

La discusión que sigue se vincula con tres aspectos interrelacionados de la cristología liberacionista. Comenzamos con una visión crítica de las cristologías opresivas y alienantes asociadas, en principio, con el legado hispánico de conquista y colonización. Luego, consideramos otros elementos centrales de esta contribución latinoamericana a la cristología, incluyendo sus debilidades y limitaciones, para finalmente hacer una referencia especial a la resurrección en cuanto liberación total.

Más allá de la cristología de opresión

Jon Sobrino afirma que en la base de la cristología latinoamericana de liberación hay una combinación de indignación ética y sospecha epistemológica. De esta forma, Sobrino subraya el carácter crítico de esta formulación cristológica. En otros términos, la reflexión cristológica no emerge aquí en respuesta a dudas o desafíos vinculados con el misterio de Cristo. Más bien, esta reflexión viene a confrontar, primordialmente, la manipulación de Cristo por parte de los poderosos con la correspondiente distorsión de su mensaje y la justificación de la opresión de los pobres.[17]

Los teólogos de la liberación han encarado la cuestión de «quién es Jesucristo hoy en la América Latina» sobre todo de una manera descriptiva y analítica, enfocando su atención en cómo Jesucristo es de hecho visualizado por el pueblo y cómo podemos comprender las imágenes que de él circulan. La observación cuidadosa de las imágenes predominantes de Cristo confirma la idea de una cristología de opresión presentada magistralmente por Juan A. Mackay casi medio siglo antes de que los liberacionistas comenzaran a discutir el tema.[18] La tipología de estas imágenes comienza con el retrato predominante del Cristo sufriente, derrotado, básicamente pasivo, tal cual se lo pinta en las obras de arte: colgando en la cruz, como un cadáver, o en el seno de María, como un niño indefenso. El otro cuadro clásico de Cristo en la América Latina es aquél del monarca celestial, idealizado y glorificado, presentado en ropaje imperial como el gobernante todopoderoso. Ambas imágenes están históricamente asociadas con el proyecto colonial e imperialista de España en América. Para entender el lado negativo de la herencia hispano-católica y su persistente influencia, es necesario analizar estas imágenes desde una perspectiva crítica. Este análisis crítico es igualmente crucial como pre-requisito para una reformulación de la cristología que pueda servir de base a una educación concientizadora, en el marco de la fe bíblico-profética y de la comunidad eclesial cristiana.

El Cristo del conquistador y el colonizador. Jesucristo fue literalmente traído a la América Latina por Cristóforo (o Cristóbal = «el que
porta a Cristo») Colombo (o Colón = «el que puebla de nuevo», casi
«el colonizador») en 1492.[19] España llevó a cabo su empresa de conquista, colonización y cristianización, con una mística misionera que
tomó la forma concreta de una cruzada religiosa y militar. El simbolis-
mo sorprendente del nombre «Cristóbal Colón» sugiere la mezcla de
cristianización y colonización, fe y política, Cristo y estado, cruz y
bandera, en el proyecto hispánico de expansión y búsqueda de dominación, gloria y riqueza, que los *conquistadores* llevarían a cabo en
representación de la corona. De esta manera, el sueño de una estructura
política y religiosa unificada —un reino católico que ya no podría
concretarse en Europa— fue trasladado a lo que llegaría a ser la
América Latina, bajo la forma de una teocracia colonial.[20] Es precisamente a la luz de esta realidad que el Cristo traído de España se
considera como engañoso y alienante. En los términos de Mackay, ese
Cristo ha servido para reconciliar a la gente con las condiciones de vida
imperantes, les ha enseñado a aceptar la vida tal cual es, las cosas como
son, y la verdad tal como parece ser.[21] Éste es el Cristo español de la
conquista, la colonización y la cristianización, tradicionalmente representado por la doble imagen del señor abatido y el monarca celestial.

   Cristo, señor abatido. Este es el retrato del Jesús vencido, humillado
y derrotado, que ha perdurado como el Cristo sufriente de la piedad
popular. Su evolución ha sido rastreada por Mackay y otros, desde la
época de la sumisión de España bajo los musulmanes hasta la conquista
y colonización, y aún más allá.[22] En este peregrinaje, Cristo, en cuanto
criatura expiatoria sin personalidad ni poder, ha cumplido el papel de
víctima trágica y centro de un culto a la muerte. Le ha enseñado a la
gente cómo morir antes que cómo vivir, por no mencionar la promesa
evangélica de «vida abundante» (Jn. 10.10). Este es el Cristo, identificado en vida como un niño y en la muerte como un cadáver, presidiendo
la Virgen María tanto sobre su infancia indefensa como sobre su destino
trágico. No es extraño, entonces, que las persona dotadas de una pasión
por la vida y la libertad hayan encontrado su inspiración religiosa más
bien en la Virgen María, que nunca había muerto, y que tendió a
transformarse en la verdadera divinidad de la religión popular.[23]
Varias dimensiones de la religiosidad «tradicionalista» (en la tipología
freireana) están asociadas con este Cristo español y luego «criollo»,

como por ejemplo la carencia de un contenido ético e intelectual, y el carácter mágico que asume la relación de los seres humanos con Dios y Cristo.[24] Los liberacionistas han confirmado y radicalizado la evaluación de Mackay. Han observado que cuando los fieles veneran esta imagen de Cristo, cuando su espíritu va siendo insensibilizado a lo largo de toda la vida por una pedagogía de la pasividad y la sumisión, encuentran en esa imagen su propio destino, y lo aceptan y adoran con resignación masoquista.[25] En otros términos, la impotencia del Cristo sufriente es interiorizada o apropiada por los oprimidos, quienes de esta manera convalidan la función de la cristología de subyugación y dominación, de resignación y marginación.

Cristo, monarca celestial. Un segundo retrato de Cristo en la América Latina es el de un monarca glorificado en el cielo, que recuerda a Fernando de Aragón (mientras que la Virgen María, igualmente ataviada con las ropas regias, evoca a una eterna Isabel de Castilla). Esta imagen sirve para simbolizar un poder terrenal que desde hace siglos, en América Latina y en otras partes, organiza la muerte de los aborígenes, la subyugación de los pueblos, y la explotación creciente de los pobres por los ricos.[26] De esta manera, este poder aparece transpuesto y consolidado, y recibe legitimación y aprobación suprema desde «arriba». Para los teólogos latinoamericanos de la liberación, esta situación no hace sino ilustrar un hecho evidente: a los poderosos de esta tierra les interesa que la gente común ame y venere a sus contrapartes celestiales. En la América Latina, la función tradicional de la cristología ha consistido en bautizar y sacralizar la empresa de conquista y colonización y la consiguiente explotación, así como también presentar el sufrimiento como una virtud: se ha afirmado que el sufrimiento conduce a la gloria y es señal de comunión con el Cristo crucificado.[27] En los términos de Freire, la América Latina ha sido básicamente una región subyugada desde los tiempos de la conquista. «Su colonización consistió en un transplante llevado a cabo por los invasores».[28] Para visualizar todavía mejor el rol de la religión y de la educación en este proceso, es necesario considerar las «imágenes» del colonizador y el colonizado.[29] A tono con el colonialismo y otros proyectos políticos de la misma especie, la educación ha jugado un rol funcional con un propósito domesticador y alienante. Lo que Mackay y otros describen en relación con la situación predominante en la historia de la educación religiosa en la América Latina, se corresponde perfectamente con los tipos tradicionalista y misionero de iglesia y religión criticados por Freire, tal cual lo hemos observado en el capítulo primero.[30]

De esta manera se ha establecido diabólicamente una doble distorsión del mensaje de la pascua: el Jesús de la cruz se transfigura en el símbolo de la derrota y la resignación del pueblo; el Cristo resucitado y glorioso se rebaja de hecho al nivel de un ministro de propaganda al servicio de regímenes y sistemas opresivos.[31] Hugo Assmann argumenta que estos retratos de Cristo son, en realidad, las dos dimensiones complementarias de una cristología de opresión. En otros términos, se hace referencia a los mismos Cristos alienantes, enfatizando dos distintas caras o faces que son cada una la contrapartida de la otra. Por un lado está el Cristo de la «impotencia establecida», que estimula una resignación que se niega a luchar, producto de la dominación y la alienación. Por el otro, está el Cristo del «poder establecido», que evoca una subyugación que no necesita luchar dado que ya ha obtenido la victoria.[32]

La interpretación política liberacionista antes mencionada indica que la creación y popularización de tales representaciones de Jesucristo favorece claramente los intereses de los poderosos. Lo que Mackay había percibido y afirmado a la luz de su propia perspectiva, lo reformulan ahora los teólogos de la liberación desde un punto de vista diferente y con la ayuda del análisis marxista. Un Jesucristo liberador debe presentarse, en consecuencia, como el que confronta y transforma las cristologías de opresión. La sociología del conocimiento es fundamental para entender las percepciones globales opuestas de la realidad que surgen de distintas praxis sociales y de opciones ideológicas definidas. Siendo éste el caso, concluye Assmann, el conflicto de las cristologías no puede ser resuelto sino en el marco de la dialéctica de los conflictos socio-políticos, los cuales han sido siempre su factor condicionante por excelencia.[33] Otras aproximaciones al problema están destinadas a fracasar por su exceso de idealismo. El conflicto de las cristologías, condicionado como lo está por las contradicciones históricas de nuestras sociedades, no podrá ser resuelto en el futuro cercano, dado que no hay perspectiva de que las graves contradicciones sociales de nuestra «América cristiana» vayan a encontrar pronta solución.[34] Por tanto, el corolario es que los Cristos reaccionarios y revolucionarios habrán de coexistir, y los primeros seguirán presentándose como las versiones o retratos «autorizados» de Jesucristo, al servicio de la santificación y consolidación del orden imperante. La fe en el Cristo liberador se asocia con la solidaridad con los pobres y oprimidos, y con una opción definida por y con ellos. La principal demanda de los liberacionistas es, en consecuencia, que el poder del Cristo liberador debe descubrirse y realimentarse en medio de la lucha por la liberación y la justicia. Además, el poder concientizador de esta praxis puede liberarnos de una falsa conciencia y de la ideología de la burguesía.

Frente a un Cristo que promueve la acomodación y el conformismo, el Cristo auténtico de la fe bíblica —Aquél, tal vez, que guarda semejanza con «el otro Cristo español»[35]— debe recibirse nuevamente con alegría: éste es el Cristo que invita al pueblo a seguirlo, a la luz de la visión y la vocación liberadoras y re-creadoras del reino de Dios.

La liberación de la cristología

La afirmación de Cristo el liberador lleva a los teólogos de la liberación latinoamericanos no sólo a denunciar y negar la cristología de opresión en la historia y en la experiencia real de su pueblo, sino también a sugerir una alternativa a la «abstracción sublime» de las cristologías clásicas o tradicionales.[36] Esta es la razón por la cual Boff, en su temprana descripción de la cristología en la América Latina, se refiere a la primacía del elemento *crítico* sobre el dogmático. De esta manera subraya la importancia de una apertura permanente hacia el futuro, y la necesidad de refinar y purificar el núcleo de la experiencia cristiana, de forma tal que pueda encarnarse en la situación histórica que estamos viviendo.[37] Esta es, por cierto, otra referencia al motivo liberacionista de la visión profético-utópica, que apunta a una contribución específicamente latinoamericana a la teología nordatlántica.[38]

En esencia, la reformulación cristológica propuesta por los teólogos de la liberación consiste en centrar deliberadamente la atención en el «Jesús histórico» a la luz de la experiencia presente —particularmente la opresión y el sufrimiento— con miras a lograr mayor fidelidad de parte de la iglesia en cuanto a la naturaleza de su misión. En otros términos, hay un interés práctico y una preocupación pastoral al servicio de la renovación de la praxis cristiana y eclesial. Por otra parte, la atención se centra sobre todo en las enseñanzas y el ministerio concreto

de Jesús, particularmente en su permanente confrontación de la injusticia y en su muerte, que resulta, precisamente, de su testimonio liberador en palabra y acción.[39] Debemos también señalar que los teólogos
de la liberación perciben cierta analogía entre las condiciones de
opresión e injusticia que se dan en la situación histórica de Jesús, por
un lado, y las que se evidencian en la situación latinoamericana de
sufrimiento masivo, a la que califican de situación pecaminosa, por
otro.[40] Es precisamente a la luz de esta supuesta correlación que la
cristología de la liberación pone el acento en el evangelio del reinado
de Dios y en la postura cristiana de solidaridad con los pobres y
oprimidos. A partir de aquí emanan tres énfasis principales: la primacía
de la ortopraxis, la preeminencia de la dimensión social, y la centralidad
del futuro utópico y esperanzado. Los tres son especialmente significativos desde la perspectiva de la educación. A continuación nos concentraremos en ellos para señalar tanto las virtudes como las limitaciones
de la visión liberacionista.

La ortopraxis: un asunto de estilo de vida. La reflexión cristológica
provee más contenido sustantivo al énfasis global que los liberacionistas ponen en la «ortopraxis» (esto es, el involucramiento activo en la
tarea de llevar a la práctica la fe bíblica o el evangelio del reinado de
Dios), al cual hemos hecho alusión en el capítulo previo. Para los
liberacionistas, la principal preocupación es si esta reflexión se correlaciona con un estilo de vida y una ética específicamente cristianos, y
los orienta a ellos. En suma, la verdad es una cuestión de experiencia y
vida más que de creencia. Por tanto, como lo expresa Boff, la acción
correcta a la luz de Jesús el Cristo tiene primacía por sobre el pensamiento o la creencia correcta (es decir, la «ortodoxia») acerca de él. De
aquí se sigue también que el hacer teología debe estar al servicio de
crear nuevos hábitos de acción y de vida en el mundo.[41] El énfasis en la
ortopraxis en este contexto es otra manera de afirmar la importancia del
discipulado —el seguimiento fiel de Jesús— que se centra en el amar
a Dios y al prójimo en medio de la situación histórica concreta. La
reivindicación, bíblicamente fundada por cierto, es que la ortopraxis
tiene mayor peso como prueba de cristianismo auténtico que la ortodoxia. O, como lo expresó Jesús al referirse a la cuestión de los profetas
falsos y verdaderos, «por sus frutos los conoceréis» (Mt. 7.20).

Las dimensiones éticas y epistemológicas se intersectan aquí, dado
que, en las palabras de Sobrino, la única manera de conocer verdadera-

mente a Jesús es seguirlo en la vida concreta de cada día. Esto implica tratar de identificarnos con las preocupaciones históricas de Jesús, e intentar darle forma concreta al reino en nuestro medio. En consecuencia, «sólo desde la praxis cristiana es posible acercarnos a Jesús».[42] Seguir a Jesús es la precondición para conocer a Jesús. Por tanto, la cristología de la liberación pretende echar luz no sólo sobre el contenido sustantivo referido a Jesucristo, que ha de aprehenderse bajo la forma de creencias y preceptos éticos, sino también sobre la mismísima manera —proceso y contexto— de conocer a Jesús.

Las dimensiones y expresiones sociales de la fe cristiana. En estrecha relación con la ortopraxis, se plantea el problema de la primacía de la dimensión social del evangelio de Jesucristo, que discutimos con mayor detalle en la sección sobre el reino de Dios. Desde una perspectiva crítica, este énfasis en la ortopraxis balancea en cierta forma el sesgo casi exclusivo hacia el individuo y la interioridad que, según los liberacionistas, distorsiona la fe cristiana y, en consecuencia, aliena. La comprensión alternativa pone el acento tanto en la comunidad eclesial cristiana (con las metáforas del pueblo de Dios, el cuerpo de Cristo, el templo del Espíritu, que son evocativas de la Trinidad) como en el papel de la iglesia en el contexto social y cultural más amplio. En consecuencia, la espiritualidad comunitaria tiene primacía sobre la espiritualidad individual, y la transformación social se convierte en una preocupación y un objetivo primordial. Por otra parte, las comunidades cristianas de base se ven como paradigmas de la iglesia profético-utópica, y como modelos vivientes del reino de Dios que viene, ofrecidos a la sociedad en su conjunto.

Un futuro utópico y esperanzado. El tercer elemento fundamental de la cristología liberacionista está íntimamente asociado tanto con la ortopraxis como con la dimensión social del evangelio. Boff se ha referido a este componente como la primacía de lo utópico sobre lo real. Los liberacionistas intentan trascender el prolongado (y mayormente europeo) pasado colonialista, para avanzar hacia la concreción de un futuro alternativo y esperanzado. De esta manera afirman la función activadora de la utopía, con una apertura permanente a la transformación.[43] Una fe auténtica en Jesucristo, tal cual la entiende la teología de la liberación, implica tanto la promesa como la concreción o demostración parcial de la nueva creación que ha de realizarse plenamente en Cristo.

Limitaciones y debilidades de la cristología de la liberación

Antes de señalar limitaciones específicas, debemos tomar nota de que, en muchos sentidos, estamos en presencia de una teología sumamente ortodoxa en lo que se refiere a afirmaciones doctrinales básicas para la fe cristiana.[44] Por tanto, la primera observación crítica que puede hacérsele a la cristología de la liberación tiene que ver no con que sea «poco ortodoxa», sino más bien con el *riesgo de separar la ortopraxis de la ortodoxia.* La tendencia a subrayar excesivamente la ortopraxis no hace justicia a la correspondencia, complementariedad y hermenéutica recíproca que existen entre la praxis y el mensaje de Jesús. La unidad interna de acción y palabra debe mantenerse: ambas no pueden considerarse aisladamente.[45] Está en juego una percepción más cabal del carácter multifacético de la fe cristiana, comprensión que es esencial, entre otras cosas, para el ministerio de la educación. Como lo explica Juan Alfaro, los aspectos de la fe que tienen que ver con lo confesional, las decisiones y la praxis están todos unidos unos con otros, y sólo su unidad constituye la plenitud de la fe; lo mismo se aplica a la vinculación entre ortodoxia y ortopraxis.[46] Una formulación correctiva, consistente con la epistemología liberacionista, podría ser que la ortodoxia y la ortopraxis deben también ser vistas en una relación de influencia recíproca, en una vinculación dialéctica. Además, la «ortopraxis» debe incluir de manera explícita el dominio afectivo: se trata de un estilo de vida definido en perspectiva auténticamente integral, como lo indicaremos en el próximo capítulo.

Una segunda observación crítica es que el énfasis combinado en la praxis y en las expresiones sociales de la fe cristiana se convierte en una limitación potencial, toda vez que *la misión de la iglesia se entienda de manera restringida* en términos de la emancipación social y la reivindicación de los oprimidos socio-económica y políticamente. De hecho, éste es un problema eterno del cristianismo radical, que tiende a definir la fe bíblica casi exclusivamente en términos de la lucha por un nuevo orden social. En otros términos, una reacción demasiado violenta contra el individualismo y la interioridad puede resultar en otra forma de desequilibrio en la comprensión de Jesús y del evangelio. Al subrayar de manera unilateral el carácter corporativo y estructural del mal y el pecado, podemos perder de vista el carácter concretamente

personal que asumen la alienación y la perdición de los seres humanos.
En conexión con este riesgo, debemos tomar nota de que a menudo se
identifica demasiado fácilmente —se confunde, podríamos decir— la
declaración política —«la situación de dependencia requiere liberación»— y la afirmación teológica —«la subyugación bajo el pecado
requiere liberación».[47] Además, el acento en la influencia de las circunstancias sobre los actos de violencia e injusticia, a menudo lleva a
*subestimar las cualidades penetrantes y destructivas del pecado que
está enraizado en los seres humanos.* Observamos también la grave
cuestión antropológica implícita en los comentarios previos, juntamente con el problema de la obra redentora de Cristo: el significado de la
cruz aparece indebidamente restringido a la interpretación política
(correcta pero parcial) de la injusta muerte de Jesús, el profeta revolucionario.[48] Y esto a la vez plantea el problema de la *selectividad
hermenéutica* que pretende hacer a Jesús normativo primera y exclusivamente como el profeta que confronta y subvierte el orden social.[49] Su
vocación específica de transitar el camino de la cruz y la creatividad de
su visión quedan, de esta forma, dejadas de lado o al menos minimiza-
das, incluyendo por cierto su peculiar rechazo de la violencia.[50]

Finalmente, debemos notar que los teólogos de la liberación tienden
a presentar una escatología abierta y no calificada, que emana de
la praxis presente o de la lucha histórica concreta en favor de la
liberación y la justicia. Cuando se afirma un *futuro profético en lugar
de un futuro apocalíptico* (que irrumpe desde el futuro hacia el presente), se corre el riesgo de colapsar la escatología.[51] Esto se debe a que
estas posturas generan una obsesión entusiasta por el significado y la
dirección de la historia, junto al deseo y la preocupación social por hacer
que la historia se encamine en la dirección correcta.[52] El intento concreto
de controlar el curso de la historia conlleva ciertos presupuestos, los
que a menudo se filtran sin sufrir crítica o cuestionamiento alguno,
como por ejemplo: a) todas las relaciones de causa y efecto son evidentes, comprensibles y manejables, de modo tal que si hacemos nuestras
opciones de acuerdo con nuestras esperanzas para el futuro de la
sociedad, ésta realmente se moverá en la dirección correcta; b) estamos
adecuadamente equipados con los conocimientos y las herramientas
necesarios como para fijar para nosotros y el resto de la sociedad el
objetivo utópico hacia el cual queremos que la historia se mueva; c) la

eficacia que manifestemos en el proceso de aproximarnos al objetivo fijado es, en sí misma, un criterio moral.

Todos aquellos presupuestos, y otros relacionados con éstos, se fundan en el axioma que afirma que hacer mover la historia en la dirección «correcta» es por cierto un bien mayor.[53] Lo que reclamamos en primer término es, en consecuencia, una postura más consistente con el impulso liberacionista global de concientización y reflexión crítica y, segundo, una integración de las dimensiones profética y apocalíptica de la visión escatológica. Hasta cierto punto, el tratamiento de la resurrección, que discutiremos brevemente a continuación, ilustra la dirección que sugerimos.

La resurrección como liberación total

Una apropiación más completa del motivo pascual —más completa de lo que sugerirían las referencias esquemáticas a la pascua que han aparecido previamente en esta obra— ha llevado a los teólogos de la liberación a trabajar de manera más constructiva con ciertos temas teológicos, particularmente la nueva creación y la resurrección. De hecho, podría argumentarse que la *resurrección*, más que la liberación como tal, es el modelo bíblico definitivo de la salvación.[54] La resurrección, la nueva creación y la nueva humanidad son temas neotestamentarios claves que echan luz sobre la cuestión de la libertad, entendida no sólo como emancipación sino también como libertad capacitante para servir y para crear. Los comentarios siguientes ponen de manifiesto el lugar crucial que la resurrección ocupa en la cristología de la liberación.

Leonardo Boff discute la resurrección en términos de la «realización de la utopía humana».[55] Visualiza la resurrección como una escatologización de la realidad humana, la entrada inicial de la persona humana total en el reino de Dios, la realización completa de las capacidades que Dios otorga a los seres humanos. Por tanto, todos los elementos alienantes que truncan y desfiguran la vida, como por ejemplo el odio, el dolor, el sinsentido, el pecado y la muerte, son aniquilados. En la resurrección de Jesús, la esperanza humana se cumplió y va cumpliéndose ya en toda persona. Frente a la pregunta acerca de qué ha de acontecer a la humanidad, la fe cristiana —continúa Boff— responde con gozo: el destino de la humanidad es la resurrección, en cuanto transformación plena de la realidad humana corporal y espiritual.[56]

Además, la resurrección de Jesús debe entenderse como estrechamente ligada a su vida, su anuncio del reino de Dios y su muerte en la cruz. Hay una conexión esencial entre la liberación, la resurrección y el evangelio del reino de Dios. «Reino de Dios» connota liberación total; la vida de Jesús fue una vida liberada y liberadora, y su muerte fue la ofrenda completamente libre y voluntaria de esa vida; en consecuencia, su resurrección realiza y completa su programa en forma escatológica.[57] La intención última de Dios para la creación se revela en la resurrección. Se trata de la victoria de la vida: allí se tornan explícitas todas las potencialidades de la vida en cuanto regalo de la gracia divina. En otros términos, la resurrección apunta al sueño y objetivo de todo genuino proceso de liberación: alcanzar la libertad definitiva y completa. Y gracias a su propia resurrección, Jesús continúa ministrando entre los seres humanos, especialmente a través de su Espíritu y de la iglesia. Por tanto, todas las instancias del emerger humano, como por ejemplo el crecimiento de la justicia y de la libertad para la creatividad —esto es, la plenificación de la vida y del sentido de comunidad—, representan maneras en que la resurrección se realiza aquí y ahora, mientras que su cumplimiento futuro se prepara y se espera.[58]

La importancia del motivo de la resurrección en su ligazón con el destino y la historia humanos es iluminada también por Jon Sobrino. Se le ofrece a la humanidad una nueva clase o calidad de vida, fundada en el amor y la esperanza: En cuanto la resurrección es también confirmación de la vida de Jesús, se nos ofrece ahora la posibilidad de vivir un estilo de vida particular en las pisadas de Jesús. Podemos y debemos vivir como seres humanos nuevos y resucitados aquí y ahora en la historia.[59] En otros términos, la resurrección de Jesús es esencial para formular una alternativa cristiana efectiva y esperanzada frente a la realidad presente. La reivindicación cristiana de que la era mesiánica de paz, justicia y reconciliación ha irrumpido ya en el marco de la vieja edad, se funda en la convicción de que Dios levantó a Jesús de entre los muertos. Y precisamente gracias a la resurrección, el evangelio del reino de Dios no es una fantasía ingenua sino la utopía y la promesa confiables de Dios.

Sobrino discute la resurrección también desde un punto de vista hermenéutico, y sugiere cuatro consideraciones interrelacionadas.

Primero, la expresión «resurrección de los muertos» indica la transformación total de los seres humanos y de la historia a la luz del modelo bíblico de la esperanza *contra* (y no meramente *más allá de*) la muerte y la injusticia.[60] Segundo, para captar el significado de la resurrección es necesario tener una conciencia histórica que interprete la historia no sólo como promesa sino también como misión para ser cumplida. Tercero, con la resurrección de Jesús, algo radicalmente nuevo ha entrado en el mundo. La experiencia de la resurrección capacita a los discípulos para comprometerse en la praxis histórica del seguimiento de Jesús. Como Jesús, sus seguidores deben ponerse al servicio del proyecto de hacer nuevas todas las cosas y establecer un nuevo orden bajo el auspicio del Espíritu de Dios, que es creativo y liberador. Cuarto, conocer la resurrección de Jesús, al igual que conocer a Dios, no es un evento que acontece una vez y para siempre. El horizonte de percepción debe forjarse siempre de nuevo. La praxis de amor y de esperanza cristiana debe mantenerse viva y operativa en todo tiempo y bajo todas las circunstancias. Esta es la forma de entender la resurrección de Jesús como la resurrección de las «primicias», y como la promesa de que la historia habrá de alcanzar su cumplimiento y plenificación.[61]

La cristología de la liberación converge en este punto con la confesión de Pablo y de cualquier otro apóstol-discípulo comprometido: «Y ciertamente, aun estimo todas las cosas como pérdida por la excelencia del conocimiento de Cristo Jesús ... por amor del cual lo he perdido todo, y lo tengo por basura ... a fin de conocerle, y el poder de su resurrección...» (Fil. 3.8-10). En términos dialécticos, este poder reside en el hecho de que la *resurrección niega radicalmente la negación de la vida*.[62] Es el poder para la transformación y la participación en el proyecto liberador y re-creador del reino de Dios en medio de la historia.

EL EVANGELIO DEL REINO DE DIOS

Indicamos en la introducción que la teología de la liberación ha recapturado la centralidad del símbolo bíblico del reinado de Dios, y ha estimulado una apropiación fresca y renovada de éste. En realidad, la teología de la liberación sostiene que afirmar la pertinencia del evangelio del reino y la esperanza del reino venidero de Dios, es esencial para entender la globalidad del mensaje bíblico y el significado mismo de la fe cristiana. Por tanto, debemos discutir ahora las implicaciones de esta concepción, y especialmente sus dimensiones políticas y *escatológicas*.[63] Centraremos la atención en la obra de Boff y de Segundo, en la línea de nuestra evaluación de virtudes y limitaciones desde la perspectiva del ministerio educativo.

El reino o reinado de Dios simboliza la liberación divina, y la acción, la voluntad y la promesa re-creadoras de Dios, tal cual se presentan en la Biblia, particularmente en el ministerio de Jesús. El prometió y produjo signos del cumplimiento de la utopía de la liberación total en cuanto realidad introducida por Dios en la historia: la derrota de la alienación y el mal, y la aniquilación de las consecuencias del pecado (el sufrimiento, la violencia y la muerte). El reino de Dios sería la manifestación de la soberanía divina sobre todo y sobre todos. Boff sostiene que se trata de una transformación total, global y estructural de la realidad humana (esto es, una transformación que tiene a Jesucristo como paradigma). Y el reino es también el cosmos completamente transformado, lleno de la realidad de Dios. De hecho, el reino de Dios es el viejo mundo transformado en uno nuevo. El reino que Jesús anuncia no es meramente liberación de las penurias económicas, la opresión política, el pecado u otros males específicos. El reino no puede ser restringido a un aspecto o dimensión particular. El conjunto de la vida y la realidad será transformado por Dios. En este contexto, las palabras «He aquí el reino de Dios está entre vosotros» (Lc. 17.21) significan que tenemos acceso ya al nuevo orden que Dios ha introducido.[64]

En las siguientes tres secciones, consideraremos tres tipos de implicaciones (formales, material-críticas, y material-constructivas) de la centralidad del evangelio del reino de Dios.[65] La discusión establecerá fundamentos bíblico-teológicos para la educación cristiana y teológica, los cuales echarán luz sobre los temas del principio rector y del propósito global de este ministerio en términos de la contribución liberacionista.

Jesús, la historia y la obediencia política

Las implicaciones formales de la centralidad del evangelio del reino pueden sintetizarse en tres consideraciones interrelacionadas que discutiremos brevemente a continuación. Se refieren a la persona de Jesús, la historia y la comunidad, y la obediencia política.

La persona de Jesús. La proclamación del reino de Dios demanda que reconozcamos seriamente a aquel que reina. Una hermenéutica bien orientada enfocará la atención en la persona de Jesús, como alguien que tenía la percepción escatológica de que su misión era participar en el advenimiento del gobierno de Dios. Jesús no centra su enseñanza ni en su persona ni en la iglesia, sino en el reinado de Dios. Este símbolo bíblico, que es también el anhelo de Israel, constituye el centro y la clave de su mensaje. Jesús promete que ya no será un sueño utópico, sino una realidad introducida por Dios. Inclusive, la globalidad del ministerio de Jesús debe verse a la luz del reino de Dios que está viniendo. Por tanto, los milagros y el perdón de pecados son señales de que el reino está despuntando y fermentando dentro del viejo mundo; la opresión es vencida y tiene lugar la transformación radical. Estas y otras señales apuntan a la voluntad y la acción liberadora y re-creadora de Dios. La presencia personal y la acción de Jesús niegan la negación de la vida: los demonios impuros son desalojados por el Espíritu de Dios (Mt. 12.28), las enfermedades son curadas (Mt. 8.16-17), los pecados son perdonados (Mr. 2.5), la muerte se transfigura en sueño (Mr. 5.39), y el conflicto desemboca en victoria y gozo (Mr. 5.41-43; Lc. 7.11-17). El reinado de Dios implica la liberación total operada por la gracia y el poder divinos. Se trata del reino *de Dios* y —como lo remarca Boff— Jesús se entiende a sí mismo no sólo como un profeta de este evangelio, sino también como un elemento clave de la nueva situación transfor- mada: él es la nueva persona humana, el reinado de Dios presente ya aunque velado en debilidad; por tanto, el compromiso con Jesús el Cristo es una condición indispensable para participar en el nuevo orden que Dios introduce.[66]

Jesús enseña y proclama el reino de Dios, y él es también la nueva manera de entrar en el reino. Sobrino deduce la naturaleza de la conciencia distintiva de Jesús a partir de su praxis, y sugiere que: a) *El está consciente de que en su persona, y a través de ella, el reino de Dios está acercándose,* tal cual se pone de manifiesto en las «señales» antes mencionadas (Lc. 11.20), y en sus enseñanzas (Mt. 5.22, 28, 32, 34, 39, 44), especialmente en las parábolas del reino (Mr. 4.30ss.). b) *Jesús es lo suficientemente atrevido como para afirmar que la salvación esca- tológica depende de la postura que se adopte ante su propia persona* (Mr. 8.38; Lc. 12:8ss.).[67] En la enseñanza de Jesús, el seguimiento o discipulado tiene una función salvífica en cuanto servicio dentro del reino de Dios, y está ligado a su propia persona (Mt. 8.19-22; Mr. 8.34ss.). Además, los evangelios manifiestan con claridad que Jesús está consciente no sólo de tener una misión en nombre del reino de Dios, sino también de poseer una comunión especial con Dios como Padre.

Por último, a la vez que proclama un mensaje de liberación radical de toda alienación y opresión, Jesús mismo aparece como el nuevo ser humano, el paradigma de la nueva humanidad. Boff subraya la imaginación creadora como una de las cualidades esenciales de Jesús, dado que la imaginación creadora es una forma de libertad que emerge en confrontación con la realidad y el orden establecido: «surge del inconformismo frente a una situación dada y establecida ... La [imaginación] postula creatividad, espontaneidad, y libertad».[68]

La historia. El reino de Dios involucra a la historia real y concreta. El ministerio de Jesús confirma el propósito de Dios de estar presente y activo entre los seres humanos y por medio de ellos. Por tanto, el reino no es algo que esté fuera de este mundo, o algo que sea puramente trascendente o «espiritual». Se trata, más bien, de la totalidad de este mundo social y físico, que se incorpora a la esfera del gobierno de Dios. Es la expresión de la liberación y la vida nueva para la globalidad de la creación (Ro. 8.18ss.). El símbolo del reino de Dios sugiere que Dios da significado último a este mundo, y que la intervención divina traerá la restauración y «un cielo nuevo y una tierra nueva» (Apocalipsis). Aquello que todavía no existe plenamente, la *utopía*, se convierte en *topía*, esto es, aquello que existe en algún lugar. Sin embargo, el reino no puede regionalizarse en ningún sistema social ni tampoco en la iglesia, dado que ningún proceso de liberación en la historia puede definir la forma última del reino de Dios, que es un regalo escatológico.[69] Al mismo tiempo, debe subrayarse que existe una sola historia, y un solo proceso de liberación que culmina en Jesucristo. Por tanto, el reino de Dios es esencialmente una realidad histórica que debe buscarse, visualizarse, valorarse, proclamarse, compartirse y celebrarse, *en perspectiva escatológica*.[70] Esto demanda que afirmemos el conflicto y la complementariedad entre el presente y el futuro: el núcleo de la dimensión escatológica del evangelio reside en la tensión de lo que ha de venir, la expectativa de una nueva acción que demanda una mirada fresca al presente y una participación activa en el aquí y ahora.

El reinado de Dios involucra a la historia en cuanto formación y transformación de *comunidad humana*. Las referencias paulinas a la «nueva creación» (2 Co. 5.17) y al «nuevo hombre» (Ef. 2.15) apuntan a la nueva humanidad en el proceso de convertirse en el pueblo y la familia de Dios. «Reino» simboliza una nueva manera de ser en el ámbito de las relaciones sociales, que implica una renovación total en los seres humanos mismos y en las estructuras sociales. El objetivo final es la *reconciliación* total, que confronta y transforma la realidad presente en la dirección de la *justicia*. En las palabras de Sobrino, efectuar la reconciliación es hacer justicia, porque «Jesús ... no pretende dejar al hombre como está, consolándole en su situación; sino que pretende realmente hacerle justicia, re-crear su situación ».[71]

Obediencia política. No debe separarse la fe de la obediencia, ni la teología de la ética. El anuncio del reino de Dios (Mt. 4.23) va seguido de la presentación de un nuevo modelo ético (Mt. 5-7). Por tanto, el evangelio del reino de Dios requiere *un discipulado radical* e involucra *una política del reino*.

Los documentos bíblicos establecen una correlación entre ontología, epistemología y ética: «Dios es» y «Dios existe» significan e implican que «Dios reina»; la realidad esencial de Dios está inseparablemente unida a la realidad operativa del reinado de Dios. Y, como lo discutiremos en el próximo capítulo, tener fe —conocer a Dios— significa e implica obediencia o fidelidad a Dios; o en otros términos, estar a tono con la voluntad divina (o con el gobierno de Dios). De manera análoga, Sobrino afirma que nuestra relación con Jesús debe tener el mismo carácter relacional: sólo a través de la praxis cristiana nos es posible identificarnos con Jesús y acercarnos a él; seguir a Jesús es la precondición para conocer a Jesús. La relación intrínseca de Jesús con el reino implica que nuestra comunión con él se hará realidad sobre todo mediante el seguimiento de Jesús al servicio del reino de Dios.[72] El reino de Dios presupone la transformación radical de los patrones de vida y de las relaciones humanas. El Sermón del Monte presenta, de manera programática, el nuevo estilo de vida de los discípulos auténticos. Involucra amor ilimitado, y seres humanos verdaderamente liberados para logros mayores y creativos.[73] La esencia y el corazón mismo del «curriculum del reino» presentado por Jesús es la afirmación de que el amor, el servicio y la verdad constituyen la única clase de poder capaz de anticipar el reino de Dios. En otros términos, el núcleo de este mensaje es el mandamiento de amar a los enemigos, que expresa la radicalidad absoluta del discipulado en el contexto del reino.[74] El evangelio del reinado de Dios también apunta a *la política*: se trata de un mensaje que tiene relación con las estructuras, los intereses, el poder, y los proyectos socio-económicos y políticos. Por tanto, el presupuesto erróneo de la neutralidad cristiana, a menudo criticado por Freire y otros, involucra no sólo una postura reaccionaria que contradice la dimensión social amplia del amor al prójimo, sino también el error hermenéutico de pasar por alto la pertinencia política de Jesús.[75] El símbolo del reino de Dios es eminentemente político, si se lo visualiza a la luz de la larga y rica tradición de la fe bíblica.[76] Sin embargo, Jesús corrige las expectativas mesiánicas y apocalípticas de la gente al desafiar las posturas nacionalistas, aunque cabe reconocer que probablemente el mesianismo político fuera una tentación muy poderosa para él (Mr. 1.12ss.; 11.10; 15.26; Lc. 24.21). El gran desafío que Jesús tuvo que afrontar a lo largo de su vida, afirma Boff, consistió en tratar de quitarle contenido ideológico a la expresión «reino de Dios», y lograr que el pueblo y sus propios discípulos entendieran que él apuntaba a algo más profundo, esto es, a la conversión personal y a la transformación radical de las relaciones humanas.[77] El carácter político del reinado de Dios involucra una realidad más globalizante, que se pone de manifiesto tanto en la negación o subversión de las estructuras presentes como en la visión de alternativas creativas que plenifican la vida y construyen la comunidad humana. La noción bíblica de *shalom*, que connota paz, plenitud, bienestar, e incluso salvación,[78] se corresponde perfectamente con el símbolo del reino. El gobierno de Dios es el reinado de *shalom*, que determina tanto el contenido como el proceso de la política de Dios.

El reino, el poder y el servicio

Queremos considerar ahora las implicaciones materiales de la centralidad del reino de Dios. Reflexionaremos críticamente sobre las demandas de exclusividad que plantea este reino, la peculiaridad radical del reinado de Dios, y la asociación entre poder y servicio que este reino postula.

Sólo un reino. Hemos dicho antes que hay una sola historia. Debemos agregar ahora que, dentro de esta única historia, puede haber distintos reinos. La referencia al reino de Dios implica que establecemos una distinción respecto de otros reinos, que son inferiores. La confesión de que Jesucristo gobierna (en otros términos, que él es Señor)[79] involucra que otros no gobiernan de la misma manera. Esto es, la obediencia radical a Jesús requiere que otros compromisos y lealtades se tornen secundarios, o inclusive sean cancelados en caso de que se plantee alguna contradicción. Esta es, por cierto, una afirmación de la naturaleza exclusiva, conflictiva y confrontativa del reino de Dios, que puede llegar a implicar la desobediencia civil. Pedro lo decía en estos términos: «Es necesario obedecer a Dios antes que a los hombres» (Hch. 5.29). De hecho, los auténticos discípulos de Jesús siempre serán, en cierta forma y hasta cierto punto, extranjeros en medio de «reinos» menores, cuyas estructuras culturales y económico-políticas tienden a presentar múltiples y variadas negaciones de la vida que el reino de Dios fomenta.[80] La ambivalencia, cierta incomodidad y el conflicto se tornan entonces moneda corriente para el discípulo y ciudadano del reino que está en camino hacia un mundo más justo y humano, más cercano a la voluntad y la intención de Dios.[81] El gobierno de Dios confronta y cuestiona los intereses parciales e inmediatos, sean sociales, económicos, políticos o religiosos. De esta manera conserva la globalidad y universalidad que le son propias.[82] La demanda radical del discipulado debe verse a la luz de las alternativas mutuamente excluyentes que el reino de Dios presenta frente al orden establecido. En las palabras de Sobrino, estas alternativas pueden describirse en términos teológicos (Dios o el dinero), cristológicos («el que no está conmigo está contra mí»), o antropológicos («el que gana su vida, la pierde, y el que la pierde por causa de mí y del evangelio, la gana»).[83]

El reino de Dios: el «reino del revés».[84] Una segunda observación crítica acerca del reino de Dios tiene que ver con la transformación social y personal que la expresión connota. Como lo afirma Boff, Cristo plantea dos demandas fundamentales: requiere la conversión personal y postula una reestructuración integral del mundo humano.[85] La subversión de este mundo de los seres humanos, la constitución de «avanzadas del reino» con señales eficaces de que la voluntad de Dios está llevándose a la práctica, afecta sin duda al orden normal y a las convenciones sociales, y confronta a los poderes alienantes y opresivos. Por otra parte, la conversión es esencial no sólo en la primera fase de este proceso de transformación y de emerger humano. Los discípulos deben permanecer alertas y vivir a tono con la acción liberadora y re-creadora del Espíritu de Dios y de Cristo, que puede hacerse evidente a través de formas que resultan ilógicas, poco prácticas, carentes de eficacia, o inclusive ridículas; pensemos, por ejemplo, en la exhortación a amar a «los que no pueden ser amados», esperar lo imposible, o no buscar venganza frente a manifestaciones de violencia. Este es también un llamado a sostener una *epistemología anormal*[86] que desafía a la sabiduría convencional. De hecho, el anuncio del reino de Dios que está viniendo requiere una manera alternativa de conocer y apropiar la verdad. Aquellos que quieren ser receptivos frente a la revelación divina no pueden simplemente dictar o predeterminar los contornos futuros que adquirirán la liberación y la salvación. Si pretendieran hacerlo, se toparían con desagradables sorpresas, desilusiones y frustraciones, como las que experimentaron dramáticamente los contemporáneos de Jesús respecto del cumplimiento de las expectativas mesiánicas: en la medida en que el *servicio* define el nuevo contexto para entender el símbolo del reino de Dios, Jesús cambia radicalmente el sentido y las connotaciones de la «realeza» y el «reinado». Se hace explícita una inversión fundamental de los valores: Jesús el Cristo es el Señor Siervo (Mt. 20.25-30; Lc. 22.25-30; Jn. 13.13ss.). La realeza aparece definida en términos de servicio, y el evangelio del reino de Dios se afirma sólo cuando hay disposición para compartir el camino de la cruz y el poder de la resurrección.

Poder y servicio. Dado que Jesús no se impone por la fuerza, un corolario del motivo de la realeza-como-servicio es que el evangelio del reino se ofrece en amor y con respeto por la libertad humana. Al mismo tiempo, la proclamación del evangelio del reino requiere de nosotros que reconozcamos el lugar central que ocupa la cuestión del *poder.* La tentación del poder —o, en otros términos, de convertirse en un rey/señor típico y «normal»— parece haber sido crucial y frecuente para Jesús, quien, sin embargo, fue capaz de rechazarla decididamente. Por tanto, en la medida en que Jesús es normativo, se impone una doble toma de posición: primero, la sospecha frente a los «señores» inferiores, sean líderes morales o políticos, o quienquiera que practique el tipo de autoridad rechazada por Jesús; y segundo, la invitación a participar en la creación de alternativas viables para la transformación social —los «inéditos viables», como diría Freire—, bajo la orientación del modelo de vida del reino de Dios.

Un aspecto importante en la enseñanza de Jesús es la relación entre la esencia del poder y la esencia del pecado. En este sentido, Jesús discute tanto los aspectos personales del pecado como sus dimensiones sociales y estructurales. Sobrino afirma que, para Jesús, el pecado consiste en rechazar el reino, y que la base antropológica del pecado es la autoafirmación de las personas, que las lleva a ejercer su propio poder de manera negativa (por ejemplo, asegurándose a sí mismas contra Dios y oprimiendo a otras). «Jesús admite como único poder válido para anticipar el reino el poder del amor, del servicio, del sacrificio, de la verdad.»[87]

La creatividad, el discernimiento y la comunidad mesiánica

En este conjunto final de consideraciones sobre la centralidad del evangelio del reino, enfocamos la atención sobre ciertas implicaciones materiales constructivas de carácter fundamental, que involucran el poder para la transformación, el discernimiento crítico, y la cuestión de la iglesia como comunidad mesiánica.

Poder creativo. El anuncio del evangelio del reino involucra el poder creativo para la transformación. En esencia, esta proclamación implica una sensibilidad y preocupación especial por el sufrimiento humano, juntamente con la crítica del orden imperante y la promesa de la potencia transformadora del perdón, el amor y el servicio. El reino de Dios concierne a la totalidad de la experiencia humana, no sólo a sus dimensiones estructurales o globales; está en juego el espectro total de las experiencias y las relaciones humanas, desde las diversas facetas de la vida cotidiana hasta los órdenes socioeconómicos y políticos. Además, la presencia misma de una comunidad eclesial noconformista y alternativa, a la que consideraremos portadora peculiar de este evangelio, representa en sí misma un agente de cambio que crea y sugiere modelos sociales e interpersonales de la existencia humana auténticamente novedosos.

En última instancia, la salvación —o la liberación total y la resurrección— y la venida del reino de Dios son dones de la gracia divina en Jesucristo. Sin embargo, las realizaciones históricas consistentes implican un compromiso y una participación activa de parte de los seres humanos. Existe amplio espacio para la esperanza y las expectativas más allá de las visiones imperfectas (esto es, carentes de sabiduría) de los seres humanos. En esta línea, Rubem Alves critica al protestantismo tradicional por haber llegado a la conclusión —según Alves— de que no hay lugar para la creatividad humana en la historia. La gracia, en lugar de liberar a los seres humanos para la creatividad, hace que la creatividad se torne superflua o imposible.[88] Alves propone la necesidad de afirmar tanto la gracia como la creatividad humana: «La gracia divina, en lugar de hacer que la creatividad humana se torne superflua o imposible, es por tanto la política que la hace posible y necesaria».[89] No se trata de que Dios dependa de los seres humanos para darle forma a la utopía divina que viene, sino, más bien, de que el don divino del reino incluye la invitación, la capacitación y la potenciación para que los seres humanos se transformen en socios o colaboradores en el proyecto divino de liberación y re-creación. En consecuencia, todo programa auténticamente desalienante y humanizador necesita la gracia divina y el poder en el Espíritu del Cristo resucitado. Es a la luz de estas consideraciones que debe entenderse el desafío a que nos involucremos en la construcción del nuevo orden. Somos desafiados a cumplir nuestra «vocación ontológica» humana, como dice Freire, esto es, la de ser sujetos que hacen la historia y forjan al futuro.

Discernimiento crítico. El evangelio del reino de Dios también afirma que su esencia ética debe ser el criterio para discernir qué significa e implica ser consistentes con la política de Dios. En la feliz expresión de Paul Lehmann, se trata del poder para querer lo que Dios quiere, o sea lo que es necesario para hacer y mantener humana la vida humana.[90] Este evangelio apunta a una calidad de vida que es imposible si el reino de Dios no está viniendo (Mt. 3.2ss.; Lc. 3.11-14; 4.18-21). El «ya» del reino de Dios puede discernirse toda vez que descubrimos que se comparte con el necesitado, que hay perdón, que se vence con el bien el mal, y que se generan alternativas más justas y humanizantes. El discernimiento crítico ilumina todas estas situaciones históricas y concretas, en la medida en que se corresponden con aquel criterio de «hacer más humana la vida humana». Lo que se afirma aquí es que hacer referencia a la esencia ética del evangelio del reino en cuanto criterio, es menos subjetivo y menos ideológico que buscar criterios asociados con el «orden» (por ejemplo, preconcepciones reaccionarias de derecha), o la «revolución» (por ejemplo, proyecciones dogmáticas de izquierda sobre lo que será el curso de la historia), o la mera «lectura» de la historia en términos del éxito o el fracaso relativos de un determinado movimiento social.[91]

A la luz de los documentos bíblicos, la calidad de vida que se corresponde con el reinado de Dios —y, por tanto, posee significado escatológico— puede entenderse, como ya lo hemos indicado, en términos de *shalom y resurrección* con sus manifestaciones específicas:

justicia y amor, y libertad para crear y construir comunidad sobre la base del servicio y el trabajo. La evaluación y la crítica del orden imperante requieren la utilización de criterios que se derivan del evangelio del reino de Dios,[92] el cual apunta a la plenificación última de toda la creación, esto es, a la forma definitiva de la liberación y la salvación. Por tanto, la cuestión es hasta qué punto nuestro mundo y nuestra praxis actual están a tono con la política de Dios en cuanto a las señales del reino. El reinado de Dios provee criterios para discernir tanto la negación como la afirmación de la nueva creación, en la sociedad en su conjunto así como dentro de la misma iglesia. También despierta esperanzas, sueños y objetivos para realizaciones futuras. En otros términos, el contenido moral del reino de Dios, anunciado y esperado, es el criterio fundamental para la reflexión y el discernimiento crítico. El Sermón del Monte, por ejemplo, describe los fundamentos de la originalidad ética del reino de Dios: se trata de una nueva calidad de vida que se corresponde con el reino que viene. Además, el reino puede discernirse —aunque no se mencione a Dios— toda vez que los acontecimientos reflejen aquella definición de lo que significa «hacer más humana la vida humana».[93]

La comunidad mesiánica. La convicción sobre el reino que viene va de la mano con la declaración de que la comunidad eclesial ha sido llamada a convertirse en paradigma de la vida del reino y en sacramento de la historia. La vocación de la iglesia se funda en una realidad: aquello que fue evidente en Jesús debe serlo también en la comunidad de sus discípulos. En las palabras de Boff, la comunidad eclesial debe caracterizarse por la apertura total a Dios y a los demás, un amor indiscriminado y sin límites, y un espíritu crítico que cultiva la imaginación creadora y desafía las estructuras culturales en nombre del amor y de la libertad de los hijos de Dios.[94] En su vida y misión, la comunidad eclesial debe anunciar el evangelio del reino en medio de la historia humana a través del carácter mismo de la adoración, compartiendo en hechos y palabras el evangelio de *shalom*, y actualizando la experiencia de la comunión humana (*koinonía*), con un estilo de vida noconformista y un modelo liberador de servicio social. La iglesia está llamada a convertirse en una comunidad sanadora de reconciliación, donde el evangelio de Jesús sea adecuadamente contextualizado en términos de la situación histórica concreta. Gutiérrez afirma que en cuanto «comunidad sacramental» —o signo revelatorio— la iglesia encuentra su sentido en su potencial para significar aquella realidad en función de la cual existe; y, de hecho, la iglesia está orientada hacia la plenificación de la realidad del reino de Dios que ha irrumpido ya en la historia.[95] El llamado de la comunidad eclesial es a convertirse en una *sociedad-contraste*,[96] en el sentido de una comunidad alternativa con una conciencia contracultural, en las palabras de Walter Brueggemann.[97] El advenimiento del reino es, por necesidad, una realidad temporal, histórica y social, cuyo anuncio profético involucra la creación de estructuras de libertad, justicia, paz y comunidad. Se espera que tales realidades sociales concretas se manifiesten primeramente dentro de la comunidad de fe que confiesa el señorío del Cristo resucitado. Este es el sentido de ciertas metáforas claves que Jesús utilizó, como por ejemplo, las de la sal de la tierra, la luz del mundo y la ciudad sobre un monte (Mt. 5.13-16). En palabra y acción, el anuncio que la iglesia hace del reino de Dios revela al resto de la sociedad la mismísima aspiración de liberación y justicia, en la medida en que apunta a formas nuevas del emerger humano. Aunque se trata siempre de realizaciones parciales e imperfectas, tales expresiones de un nuevo orden que va tomando forma pueden, tal vez, contribuir a alimentar el sueño y la esperanza de la liberación y la salvación plenas.

EDUCACION PARA EL REINO DE DIOS

La teología de la liberación, y especialmente la reflexión teológica en torno al reino de Dios, constituye una suerte de comentario desafiante sobre el sentido y las implicaciones de aquella exhortación de Jesús: «buscad primero el reino de Dios y su justicia». Como lo hemos indicado antes, esta reflexión —y la obra global de la teología de la liberación— tiene el propósito de generar mayor fidelidad de parte de la iglesia y su misión. En este contexto, el interés práctico y la preocupación pastoral al servicio de la renovación de la praxis cristiana y eclesial afectan directamente la tarea de la educación. Se trata de una reflexión teológica que pretende ser tanto *trasfondo* como *clave* —en los términos de Randolph Crump Miller[98]— para el ministerio educativo. En este sentido, puede proveer, por ejemplo, buena parte del contenido sustantivo o temático para el proceso de enseñanza y aprendizaje en el currículo. En consecuencia, hay un mensaje evangélico que debe re-descubrirse y compartirse; la historia de la obra liberadora y recreadora de Dios debe ser aprendida en la praxis cristiana concreta, juntamente con la visión del reino que viene. Y este contenido sustantivo está íntimamente relacionado con aspectos del contenido estructural (o enfoque metodológico) y el contexto. En consecuencia, la contribución liberacionista puede también desempeñar un cierto papel rector[99] en la evaluación teológica de la tarea educativa, por ejemplo a través de la crítica teológica de los Cristos alienantes que se enseñan, o de las técnicas de instrucción indoctrinantes; o mediante la fundamentación teológica del diálogo, el discernimiento crítico y la orientación utópico-esperanzada.

Debemos reconocer que la visión profética y utópica, en cuanto argumento central de los liberacionistas, ha inspirado y dado forma, de hecho, a un buen número de correctivos, énfasis y nuevas orientaciones en el campo de la educación cristiana en los Estados Unidos, entre los que podemos mencionar los siguientes. Thomas H.Groome pone el acento sobre la necesidad de un «principio crítico» y una redefinición vocacional en términos de la tarea profética.[100] Tomando elementos de las teologías de la liberación y la esperanza, Mary Elizabeth Moore subraya la esperanza y las dimensiones futuras en la educación con miras a integrar el tratamiento de la tradición histórica y la experiencia contemporánea.[101] John L. Elias propone que la educación cristiana provea visiones esperanzadas para el futuro, y estimule la imaginación social y política que nos capacite para visualizar y entender la sociedad en un contexto histórico más amplio.[102] Con fundamentos teológicos similares, Michael Warren aboga por la politización en el contexto del ministerio a la juventud y de la educación para la paz y la justicia.[103] William Bean Kennedy, por último, presenta críticas radicales y explora futuros alternativos para la educación cristiana en una variedad de escenarios.[104]

En cuanto al panorama de América Latina, podemos mencionar nuevamente las contribuciones de CELADEC(nota 30) y especialmente el trabajo de Matías Preiswerk en torno de la educación cristiana liberadora. Preiswerk presenta un argumento incisivo y consistente a favor de tal educación, la cual está ligada a la construcción de una sociedad nueva y más justa. Esta se define en términos de un replanteo de la fe cristiana como «praxis evangélica» (o sea, el seguimiento de Jesús en solidaridad con los pobres en un proceso de transformación social), y se implementa principalmente como *educación popular* (o sea, como tarea de reconstrucción cultural a partir del pueblo como agente creativo a quien los educadores «acompañan»).[105]

Los fundamentos liberacionistas, claramente detectables en esas y en otras contribuciones, conducen a redefinir el principio guía o rector y el propósito global de la educación cristiana y teológica en términos del foco en el evangelio del reino. En las próximas dos secciones discutiremos la significación concreta y ciertas ramificaciones prácticas de tal propuesta.[106]

Un principio guía para la educación cristiana y teológica

La reflexión teológica liberacionista se centra en la interrelación de tres focos de interés, que son la Palabra y el Espíritu de Dios, la comunidad eclesial, y la situación socio-histórica. De hecho, los teólogos de la liberación asumen explícitamente un compromiso triple en términos de estas realidades distintas pero muy íntimamente relacionadas, de forma tal que podemos identificar tres conjuntos de agendas interconectadas para la reflexión teológica, tal cual lo representamos a continuación:

La articulación de los tres vectores converge o se intersecta en el evangelio del reino, el cual apunta al don, la promesa y las demandas de la realidad de la nueva creación que irrumpe bajo el gobierno de Cristo.

La contribución teológica puede ayudar a clarificar tres preocupaciones centrales de la educación en el contexto eclesial, como son la interpretación de las Escrituras y de la acción del Espíritu de Dios, la comprensión de la naturaleza y la misión de la iglesia, y la perspectiva cristiana de la situación histórica. De esta forma, el reino de Dios no se percibe como una realidad del otro mundo, trascendente, ni se sitúa de algún modo en la mente de Dios, y sin embargo se postula como la

voluntad y el sueño divino, la dádiva y la promesa de la nueva creación
en Cristo. Por su parte, la Biblia no presenta una definición clara o un
cuadro completo del reino; sin embargo, las Escrituras proveen claves
e ilustraciones indispensables de la acción liberadora y re-creadora de
Dios y de los seres humanos, y lo hace a través de las narraciones,
símbolos, enseñanzas y confesiones que apuntan a la vida de libertad,
justicia y paz. Por último, la iglesia no debe ser identificada con el reino
de Dios; sin embargo, está llamada a convertirse en signo, anticipo y
avanzada del reino que emerge con su estilo de vida y sus valores.
Ningún orden social podrá jamás equipararse con el reino de Dios; sin
embargo, este reino debe realizarse y discernirse en medio de estructuras históricas, socio-culturales y político-económicas concretas.

Además, la integridad e interrelación de estos vectores, así como
también el compromiso triple, deben ser mantenidos, como en el caso
del proceso de «circulación hermenéutica» que discutimos en el capítulo 4. Por ahora, podemos indicar de manera más específica qué
queremos decir con las «agendas» mencionadas que pueden orientar la
tarea de la educación religiosa. Podemos hacerlo con la ayuda de otro
diagrama, que se apoya sobre el anterior:[107]

A la luz de los documentos bíblicos, el discernimiento de la acción
de Dios que promueve el reino de *shalom*, corresponde a la «agenda
que Dios revela» en Palabra y Espíritu, en diálogo con las otras dos. La
historia, la tradición y la trayectoria viviente del pueblo de Dios,
incluyendo la vida concreta y el ministerio actual de una determinada
comunidad eclesial, constituyen el núcleo de la «agenda de la iglesia»,

también conectada con las otras dos. Y el contexto global, natural y social, con sus dimensiones culturales, políticas y económicas, conforma la «agenda del mundo», igualmente asociada con las otras dos. Es obvio que cada una de estas dimensiones debe verse tanto en interrelación múltiple como en una cierta tensión con las demás. Lo que hemos denominado «la agenda del emerger humano» se ha situado deliberadamente en el centro del esquema, debido a que significa la vida, el aprendizaje, el crecimiento, y la transformación de personas y grupos concretos que participan en el proceso educativo o que, de alguna manera, se ven afectados por él.

Esta centralidad redescubierta del evangelio del reino inspira un principio rector para el ministerio educativo de la iglesia que es consistente con la vida y la misión de la comunidad eclesial. La teoría y la tarea de la educación pueden iluminarse, dirigirse y evaluarse sobre la base de este principio, tal cual lo ha explicado D. Campbell Wyckoff.[108] La elección del evangelio del reino de Dios se ajusta a todos los criterios establecidos para el principio guía, en las áreas de la teoría, la práctica y la comunicación.[109] No se trata sólo de que este evangelio ocupe un lugar central en la teología contemporánea; más importante aún es que haya estado en el corazón mismo de la enseñanza y el ministerio de Jesús, cuya visión utópica y escatológica queremos remarcar. Además, la persona misma de Jesucristo se presenta con perfiles nuevos en la cristología de la liberación, sobre todo en la medida en que esta última centra su atención en las dimensiones políticas y escatológicas del evangelio frente al mundo de hoy. El principio rector evoca la tensión entre el «ya» y el «todavía no» del reino de Dios, así como también la experiencia de alienación y esperanza en medio de las estructuras sociales vigentes. Sugiere también alternativas correctivas frente a las prácticas de instrucción imperantes, las cuales fomentan la pasividad, el conformismo y la domesticación de la conciencia.

«Buscad primero el reino de Dios y su justicia» significa, en este contexto, que el don, la promesa y las demandas de la nueva creación se convierten en el valor principal, el foco de preocupación y la fuerza motora de la vida de la comunidad eclesial en el marco de nuestra situación histórica. Si esto es realmente así, *la tarea educativa de la iglesia debe ser entendida, dirigida y evaluada a la luz del evangelio del reino de Dios.* Este es el principio rector, o sea, el núcleo esencial sobre cuya base podemos estructurar todas las facetas de la educación en forma significativa y relevante.

El propósito global del ministerio educativo

Las categorías y los principios medulares de la educación pueden verse como ramificaciones del principio guía. Esto incluye, en retrospectiva, nuestra discusión ilustrativa acerca del enseñar y el aprender en el contexto de la concientización y la creatividad, así como las otras consideraciones prácticas que formularemos en los próximos capítulos. De hecho, sus interconexiones se tornan más evidentes cuando se ven desde esta perspectiva.

La cuestión del propósito u objetivo global es aquí el tema fundamental, que puede expresarse a través de distintos interrogantes: ¿Por qué (o para qué) involucrarnos en la tarea de la educación? ¿Cuál es el fin hacia el cual apunta el ministerio educativo en el contexto eclesial? Este objetivo puede definirse básicamente en términos de las personas, los procesos y el alcance de esta tarea. Señala la dirección que ha de seguir tal ministerio, funciona como el criterio principal para establecer metas y planear actividades de instrucción, y sirve como herramienta de evaluación.[110] En términos simples y generales, a la luz de nuestro principio guía, *el propósito global del ministerio educativo es hacer posible que los seres humanos se apropien del evangelio del reino de Dios, que lo hagan suyo.* En este contexto, «apropiación» connota tanto el proceso de la conversión como el crecimiento en un estilo de vida auténticamente cristiano; tanto la transformación como la formación y la potenciación en términos de una fe vivida en respuesta al don, la promesa y las demandas de la nueva creación. Este es un enfoque ciertamente global, y su carácter comprensivo puede visualizarse desde distintas perspectivas: en relación con las personas, en la medida en que toda la comunidad eclesial debe estar involucrada; con respecto a los procesos diversos y multidimensionales que están en juego, tanto a nivel de los grupos como a nivel de los individuos; y en términos del alcance, por cuanto todo el ámbito de la vida y la conducta humana deberá interpretarse y afectarse a la luz del reino de Dios que viene.

Otra observación general que debemos reiterar es que el propósito global de la educación cristiana y teológica es, en este caso, explícitamente consistente con la misión de la iglesia de ser un signo de las buenas nuevas del reino. Por esto, el objetivo de la educación puede definirse también como servir en la formación, transformación y potenciación de la comunidad eclesial alternativa a la luz del evangelio del reino de Dios. Desde esta perspectiva, la centralidad de esta tarea y de este ministerio puede verse como un habilitar para la *adoración*, equipar para la *comunidad* y potenciar para la *misión*.[111] Y este papel central de la educación en la comunidad eclesial debe correlacionarse, a la vez, con referencias más específicas a aquel propósito global que mencionamos más arriba. Para ello, debemos volver a las cuatro «agendas» interrelacionadas, con miras a definir más precisamente el significado y las implicaciones del propósito global.

1) Hacer propio el evangelio del reino de Dios implica *responder existencialmente a Jesucristo y cumplir la vocación del discipulado*. Los cristianos sostenemos que el reinado de Dios ha sido inaugurado en Jesucristo. Su persona, su enseñanza, su ministerio, su cruz y su resurrección, en cuanto expresiones del don, la promesa y las demandas de la nueva creación, son normativos para el emerger humano. De aquí que, desde el punto de vista de la comunidad eclesial, sea esencial crecer hacia la realización de la imagen de Cristo (o la forma de Cristo, en el sentido de con-formación), lo cual requiere participación en la vida y el ministerio de la comunidad.

2) Hacer propio el evangelio del reino de Dios implica *promover la transformación social con miras a la expansión de la libertad, la justicia, y la paz*. Esto implica involucrarse en la acción liberadora y re-creadora de Dios en la sociedad y en la historia. A la luz de la «agenda del mundo», el propósito de la educación es auspiciar el desarrollo de una conciencia crítica, la solidaridad cristiana y el compromiso social. La transformación social para la libertad, la justicia y la paz puede concretarse de maneras diversas: denunciando la opresión y la alienación, y las ideologías, valores y prácticas que las sostienen; involucrándose en distintos proyectos de servicio y acción social; guiando y asistiendo opciones vocacionales coherentes por parte de personas y grupos; discerniendo y promoviendo alternativas más humanizantes, y convirtiéndose en paradigma («la ciudad sobre el monte») o sacramento del reino de Dios.

3) Hacer propio el evangelio del reino de Dios implica *conocer y amar a Dios* como Creador, Redentor y Espíritu Santo. Este es el Dios cuya voluntad es *shalom*, y que ofrece tanto la libertad de la opresión y la alienación como la libertad para cuidar y servir y para crear. (Inten-

tamos aquí un correctivo doble frente a visiones distorsionadas del carácter de Dios, y frente a nociones defectuosas sobre el proceso y el contexto en el que se desarrolla la comunión con Dios.) La comunión con Dios —esto es, el «amar y conocer a Dios»— debe verse en términos de fidelidad, compromiso y obediencia («ortopraxis»), lo cual apunta a las referencias previas al propósito global con relación al discipulado y al servicio.

4) Hacer propio el evangelio del reino de Dios implica, en los términos de Freire, *llegar a ser más humanos, o «ser más»*. La conversión (*metanoia*) y el desarrollo de un estilo de vida cristiano orientado hacia el servicio suplen el contenido básico de tales conceptos. En el nivel personal, el don de la salvación —en esencia, otro nombre para el don del reino— involucra la auto-afirmación y la integración así como también la capacitación para cuidar, servir y crear, en cuanto expresiones de la identidad y la vocación. «Llegar a ser más humanos» significa acercarnos a Jesucristo como miembros de la comunidad profético-mesiánica de fe que sirve al mundo, y crecer en el conocimiento de Dios y en el amor a Dios.

Estas cuatro manifestaciones del propósito global de la educación de la iglesia deben entenderse como estrechamente correlacionadas. De hecho, deben considerarse en conjunto, porque sólo así es posible afirmar la naturaleza integral del propósito general. Además, debemos tomar nota de que este objetivo cuádruple se aplica análogamente a las personas involucradas en el ministerio educativo y a la comunidad eclesial como tal, así como también a su emerger comunitario hacia la realización de la imagen o la forma de Cristo. En última instancia, el principio rector evoca la vocación de la iglesia de ser una comunidad revolucionaria de Jesucristo, llamada para ser anticipo y promesa de la nueva humanidad y la nueva sociedad. Se espera que el ministerio educativo sostenga y comunique esta visión, y facilite y estimule su apropiación, su comprensión y su fiel cumplimiento. Para sintetizar toda esta discusión, podemos decir que *el propósito global del ministerio educativo es facilitar que las personas se apropien del evangelio del reino de Dios, respondiendo existencialmente al llamado a la conversión y al discipulado en medio de la comunidad de Jesucristo, la cual debe promover la transformación social para el aumento de la libertad, la justicia y la paz, hacer accesibles el conocimiento de Dios*

y el amor a Dios, y fomentar el emerger, la integridad y la plena realización de los seres humanos.
    Puede sostenerse que el impulso auténticamente liberador del propósito educativo global reside en el hecho de que, a través de él, se promueve el emerger humano en términos del reino de Dios que está viniendo. Esta afirmación subraya una vez más las dimensiones políticas y escatológicas del evangelio, a las cuales nos hemos referido en nuestra discusión de la visión profética y utópica como motivo central de la concepción liberacionista. Desde la perspectiva de la educación, lo que se percibe así es una potente exhortación a reafirmar la postura profética y el compromiso con la transformación. La paz y la justicia se convierten en metáforas nucleares[112] en el enfoque liberacionista del ministerio educativo. Este enfoque requiere, a la vez, una redefinición de la fe como participación en la tarea de Dios, y una reformulación de la epistemología en términos de praxis y obediencia. Esta es la agenda para la próxima fase del diálogo, en el capítulo 3, entre la teología y la educación.

NOTAS

1. Mateo 6.33.
2. Leonardo Boff, «Una cristología desde la periferia», *Jesucristo y la liberación del hombre* (Madrid: Cristiandad, 1981) pp. 26, 35.
3. George Albert Coe, *A Social Theory of Christian Education* (New York: C. Scribner's Sons, 1917) p. 56.
4. Utilizaremos a menudo la expresión «*reinado de Dios*» porque se trata de una metáfora dinámica (esto es, más cercana al símbolo original de la enseñanza y la predicación de Jesús), carente de las connotaciones geográficas, demasiado estructuradas y, para algunos, sexistas que tiene la palabra «reino».
5. «La enseñanza sobre el monte» sería tal vez una denominación mucho más apropiada. El relato evangélico de hecho comienza y termina con referencias específicas a la enseñanza moral y religiosa de Jesús (Mt. 5.1-2; 7.28-29). Comienza con las bienaventuranzas y, al final del texto, afirma que la gente se maravillaba de la enseñanza de Jesús, «porque enseñaba como quien tiene autoridad, y no como los escribas». Por otra parte, Mateo (y Lucas 6.20, en el texto paralelo que podría ser denominado «el sermón del llano») pone de manifiesto que la instrucción ética de Jesús está dirigida primeramente a sus discípulos, de quienes se espera que hagan realidad el nuevo orden social del pueblo de Dios, planeado para la totalidad de Israel y, en última instancia, para el conjunto de la humanidad. Sobre este tema cf. Gerhard Lohfink, *Jesus and Community: The Social Dimension of Christian Faith* (Philadelphia/New York: Fortress/Paulist, 1984) pp. 26ss.

6. George Albert Coe, *What is Christian Education?* (New York: C. Scribner's Sons, 1929) p. 29. Coe es, sin duda, uno de los principales teorizantes de la educación cristiana del siglo, y su contribución a este campo refleja claramente la presencia de ciertos fundamentos teológicos y educativos. Influenciado por el Evangelio Social y la teología liberal, Coe visualizaba los contornos del nuevo orden social, en cuya gestación la educación habría de desempeñar un papel preponderante, en términos de la «democracia» (antes que el «reino») de Dios.
7. *Ibíd.*, p. 35.
8. Paulo Freire, «Carta a un joven teólogo», *Fichas Latinoamericanas* 1 (diciembre de 1974) pp. 54-55.
9. Thomas G. Sanders, «The Theology of Liberation: Christian Utopianism», *Christianity and Crisis* 33:15 (17 de septiembre de 1973) pp. 167-173. Basándose en Reinhold Niebuhr, Sanders considera a la teología de la liberación como una ideología moralista bajo forma utópica. Al formular su interpretación del realismo cristiano, Niebuhr planteó objeciones al moralismo utópico sobre la base de que a) el utopismo contradice la visión bíblica de la naturaleza humana (esto es, los cristianos, si bien han sido liberados del pecado, siguen siendo humanos y pecadores) y de la historia humana (es decir, la historia no es el desarrollo progresivo de ciertas aspiraciones morales, sino —más bien— una dialéctica permanente entre las esperanzas humanas y las contradicciones que hacen abortar su concreción); b) el utopismo no toma suficientemente en consideración la ambigüedad moral que caracteriza a todas las formas de la existencia social (esto es, todo sistema social será siempre imperfecto, y los logros relativos en el campo de la libertad y la justicia emanan de un balance precario entre los sectores de poder en un contexto social determinado).
10. Rubem A. Alves, «Christian Realism: Ideology of the Establishment», *Christianity and Crisis*, pp. 173-176. Alves argumenta que el realismo cristiano aceptó los axiomas del positivismo, y que su rechazo de las utopías «es un signo de que participa de la revuelta contra la trascendencia que caracteriza a la civilización occidental». También acusa al realismo (incluyendo al pragmatismo) de ser una ideología norteamericana, funcional respecto del sistema, que contribuye a su preservación y le otorga justificación ideológica y teológica. Rubem Alves es no sólo un teólogo de la liberación sino también un poeta y un filósofo. En su *A Theology of Human Hope* (St. Meinard, In.: Abbey Press, 1969), Alves discute la importancia del lenguaje y presenta una visión de la teología en cuanto lenguaje de libertad. Su *Hijos de mañana: Imaginación, creatividad, y renacimiento cultural* (Salamanca: Sígueme, 1976) provee una crítica aguda de la cultura occidental y de la manera en que ésta suprime la imaginación. Cf. también Rubem A. Alves, *La teología como juego* (Buenos Aires: La Aurora, 1984); *What is Religion?* (Maryknoll, N.Y.: Orbis, 1984); y *I Believe in the Resurrection of the Body* (Philadelphia: Fortress, 1986).
11. Jaroslav Pelikan, *Jesus Through the Centuries: His Place in the History of Culture* (New Haven: Yale University Press, 1985) pp. 206-219. Pelikan presenta una galería de las distintas encarnaciones culturales de Jesucristo que han sido preferidas por las diversas épocas a lo largo de los siglos. Sugiere que cada época ha creado un Jesús a su imagen y semejanza; en consecuencia, una clave para

entender una época determinada es observar la imagen de Jesús que ella ha elaborado.

12. *Ibíd.*, p. 209.
13. *Ibíd.*, p. 218.
14. Cf. José Míguez Bonino, «¿Quién es Jesucristo hoy en América Latina?», José Míguez Bonino, ed., *Jesús: Ni vencido ni monarca celestial* (Buenos Aires: Tierra Nueva, 1977) pp. 9-17.
15. Jon Sobrino, *Jesús en América Latina: Su significado para la fe y la cristología* (Santander: Sal Terrae, 1982) p. 33.
16. Sobre la cuestión de «Cristo-liberando-la-cultura», cf. Rebecca S. Chopp, *The Praxis of Suffering: An Interpretation of Liberation and Political Theologies* (Maryknoll, N.Y.: Orbis, 1986) cap. 7, especialmente pp. 130-133. Chopp observa que el modelo de Cristo-liberando-la-cultura se apoya en dos argumentos teológicos importantes y específicos de la teología de la liberación: a) la razón por la cual los cristianos se vinculan con la cultura en la praxis liberadora de solidaridad con aquellos que sufren, es que *Dios ha hecho una opción en favor de los oprimidos*; b) el segundo argumento que fundamenta el modelo de Cristo-liberando-la-cultura afirma que *la justicia es una analogía primordial de la fe* (se trata de la fe que libera del pecado, y libera para Dios y para el mundo; es la fe que actúa a través del amor, y produce justicia humana por medio de la transformación estructural y personal).
17. Jon Sobrino, *Jesús en América Latina*, p. 28.
18. Juan A. Mackay, *El otro Cristo español* (México: CUPSA, 1952; segunda edición, con prólogo y cronología de Mackay, 1988). El estudio de Mackay (originalmente publicado en inglés, en 1932) ilumina el condicionamiento histórico de la situación latinoamericana que se produjo al trasplantarse y establecerse la religión cristiana. Sus principales observaciones son —a pesar de su diferente trasfondo cultural y religioso— consistentes con los hallazgos posteriores en los campos de la historia y la antropología. El *propósito* de la obra ya clásica de Mackay era proponer una visión pionera y global de la situación religiosa en América Latina, caracterizada por la evidente contradicción entre una cristiandad masiva y nominal, por un lado, y la necesidad de re-evangelización radical y educación cristiana y teológica, por otro. Su *hipótesis* central era que, para poder apreciar el peregrinaje espiritual del continente, es necesario conocer «las fuerzas psíquicas que, emanando de España y Portugal, han forjado la vida y la historia todas de los países que lo componen desde los tiempos de la Conquista hasta hoy» (p. 24). En distintos puntos, el enfoque de Mackay se aproxima a lo que se ha denominado la perspectiva «psico-histórica» (cf., por ejemplo, Erik H. Erikson, «On the Nature of Psycho-Historical Evidence: In Search for Ghandi», Bruce Mazlich, ed., *Psychoanalysis and History* [New York: Universal Library, 1971] pp. 181-212). Lo que falta, sin embargo, en la obra de Mackay es una evaluación crítica del movimiento misionero protestante en América Latina, que está en correlación con la expansión neocolonial del Reino Unido y los Estados Unidos. (Sobre este tema, cf. José Míguez Bonino, «The Recent Crisis in Missions», G. H. Anderson y T. F. Stransky, eds., *Missions Trends* 1 [New York: Paulist, 1974], pp. 37-48.) Muchos proyectos misioneros protestantes en América Latina

y en otros lugares han reproducido, de manera atenuada y sutil, un patrón en cierta forma análogo al de la colonización y la evangelización católicas: desde el «Cristo-de-la-cultura» en la metrópoli hasta el «Cristo-transformador-de-la-cultura» en los así llamados campos de misión [cf. la tipología de Richard Niebuhr en *Christ and Culture* (New York: Harper & Row, 1951) caps. 3 y 6].

19. El año 1492 es, por cierto, doblemente crucial para España: después de ocho siglos, culmina la guerra contra los árabes-musulmanes, y Fernando e Isabel determinan que la España unificada y expandida será para Cristo y los cristianos; Cristóbal Colón, rara combinación de místico y aventurero, «descubre» un nuevo mundo para la corona de España y, en consecuencia, para el «reino de Dios». Cf. Saúl Trinidad, «Cristología-conquista-colonización», José Míguez Bonino, ed., Jesús, pp. 98ss.

20. *Ibíd.*, pp. 101-103. Sobre un excelente estudio de la historia de la iglesia en este contexto, cf. Enrique D. Dussel, *Historia de la iglesia en América Latina: Coloniaje y liberación (1492-1973)* (Barcelona: Nova Terra, 1974). Véase además Luis N. Rivera Pagán, *Evangelización y violencia. La conquista de América* (San Juan: CEMI, 1990).

21. Mackay, *El otro Cristo español*, p. 141.

22. *Ibíd.*, primera parte.

23. *Ibíd.*, pp. 121, 131. El antropólogo Eric Wolf recogió la observación de Mackay acerca de la Virgen María y la confirmó en el caso, importante por cierto, analizado en su interesante estudio «The Virgin of Guadalupe: A Mexican National Symbol», *Journal of American Folklore* 71 (1958) pp. 34-39. Wolf concluye que existe, en realidad, una identificación simbólica de la Virgen con la salud, la esperanza y la vida, mientras que Cristo se identifica simbólicamente con la derrota, la desesperación y la muerte. Wolf señala también que, en la tradición artística hispánica en general, Cristo rara vez se presenta como un hombre adulto; más bien, aparece como un niño indefenso e inofensivo o, más frecuentemente, como una figura derrotada, torturada y asesinada. Sobre otras referencias a la Virgen de Guadalupe, cf. Victor Turner, *Dramas, Fields, and Metaphors: Symbolic Action in Human Society* (Ithaca: Cornell University Press, 1974) cap. «Hidalgo: History as Social Drama».

24. Mackay, *El otro Cristo español*, pp. 128ss. Mackay incluye la gestación de un sentimiento de temor como otro de los rasgos de esta religiosidad alienante que fomenta lo que podríamos denominar un Cristo *necrófilo* (que ama la muerte). Curiosamente, Erich Fromm —uno de los pensadores que inspiró a Freire— afirma que él tomó el término *necrófilo*, presente también en algunos escritos de Freire, de Miguel de Unamuno (quien había inspirado antes a Mackay). Cf. Erich Fromm, *Anatomy of Human Destructiveness* (Greenwich, Conn.: Fawcett, 1973) p. 368.

25. Georges Casalis, «Jesús: Ni vencido ni monarca celestial», José Míguez Bonino, ed., *Jesús*, p. 120.

26. *Ibíd.*, pp. 121-122.

27. Saúl Trinidad, «Cristología-conquista-colonización», pp. 90ss.

28.

Paulo Freire, «Cultural Freedom in Latin America», Louis Colonnesse, ed., *Human Rights and the Liberation of Man in the Americas* (Notre Dame: University of Notre Dame Press, 1970) p. 169.

29. Cf. Albert Memmi, *Portrait of the Colonizer and the Colonized* (New York: Orion, 1965). Véase también Franz Fanon, *The Wretched of the Earth* (New York: Grove, 1968). Hay versiones castellanas.

30. Entre los católicos de todo el mundo, la educación religiosa refleja el trasfondo de distintas aproximaciones al problema de la misión de la iglesia en la sociedad. El enfoque más *tradicionalista* —predominante todavía en muchos lugares— bien puede asociarse con el viejo motivo de «cristiandad», que identifica al cristianismo con una cultura o una ciudadanía nacional en particular, promueve una postura fuertemente sacramental, y apunta a la formación de una mentalidad «cristiana» en conjunción con el poder establecido, civil o militar. Este enfoque ha sido dirigido básicamente a las masas populares, y esconde un carácter adoctrinador y represivo, como el que puede discernirse en los viejos modelos catequéticos.

Un enfoque de «nueva cristiandad» se corresponde con el tipo *modernizante* de iglesia y religión. Este nuevo enfoque manifiesta la influencia de Jacques Maritain, particularmente desde la década de 1930. Apunta a la creación de instituciones cristianas, como por ejemplo, partidos políticos, escuelas y sindicatos. Dotada de un carácter no tan militantemente «religioso» como las alternativas tradicionales, esta visión ha atraído a un sector importante de las elites intelectuales y políticas, precisamente a aquel sector interesado en una reforma sociopolítica. En este caso, la educación religiosa provee apoyo y fundamento para estas iniciativas, en cuanto instrumento eficaz para la formación de ciudadanos e instituciones democráticos ejemplares.

Un importante movimiento de renovación en el campo de la educación ha tenido lugar a partir de la Conferencia de Obispos Católicos en Medellín, Colombia, en 1968. Las principales tendencias de este movimiento han sido caracterizadas de la siguiente manera: a) una catequesis antropológica —en el sentido de «catequesis situacional»— como punto de partida; b) un énfasis cristocéntrico, en el marco del cual Jesucristo se proclama como liberador más allá de cualquier deformación «pietista»; c) un enfoque comunitario centrado en las congregaciones o comunidades de base; d) un énfasis más coherente en el estudio bíblico; e) una educación orientada hacia la promoción de la transformación social frente a la pobreza y a la injusticia. Cf. Cecilio de Lora, «A Fuller Account of Catechetics in Latin America since Medellín», *Lumen Vitae* 30:3-4 (1975) pp. 357-374. Una de las prioridades de estos esfuerzos es la «re-evangelización» de los adultos, la mayoría de los cuales son católicos «nominales». El énfasis global tiende a reflejar una aproximación «reconstruccionista», especialmente de parte de aquellos involucrados activamente en la transformación y adaptación de la tarea educativa de la iglesia. Los papeles y objetivos de la instrucción cristiana son interpretados en términos de las siguientes categorías: formar seres humanos, servir a los pobres, proclamar a Cristo como el liberador, constituir comunidades misioneras, proveer una instrucción progresiva y continuada en la fe, y evangelizar las culturas. El entrenamiento de los catequistas ha de ser especializado, encarnado, comunitario y permanente. Cf. Enrique García Ahumada, «The Training of Catechists for Latin America», *Lumen Vitae* 38:2 (1983) pp. 219-229. Las «comunidades eclesiales de base» ofrecen un paradigma significativo de este enfoque *profético*, tal cual lo explicamos en el capítulo 5 de este volumen. Debe señalarse también que, paralelamente a la confrontación de las cristologías mencionada más arriba, existe a menudo una polarización entre visiones y prácticas que representan enfoques «tradicionalistas» o «modernistas» y «proféticos». Esto también ocurre, por supuesto, en otras denominaciones cristianas, en las que la coexistencia de modelos de educación divergentes, o incluso contradictorios, genera a menudo severas tensiones.

En el caso de los evangélicos, la situación de la educación cristiana tiende a presentar un pobre reflejo del modelo de educación «bancaria» que predomina en la escuela pública y que ha sido tan criticado por Freire. Otra característica es la apropiación acrítica de currículos, métodos, y formas de organización diseñados sobre todo por agencias misioneras y casas de publicación norteamericanas. Buena parte del cristianismo protestante revela la influencia de la iniciativa misionera que ha plantado y apoyado a las iglesias. En consecuencia, la educación eclesial ha reflejado un *enfoque teológico tradicional* Cf. Harold W. Burgess, *An Invitation to Religious Education* [Birmingham, Ala.: Religious Education Press, 1975] cap. 2), preocupado básicamente por la transmisión de un mensaje divino de salvación, el cual se presenta como incuestionable y revela, además, el sesgo teológico de las «iglesias madres» y sus juntas de misiones. Gerson A. Meyer identifica ciertos patrones bien estructurados de educación cristiana que se han heredado de Europa y los Estados Unidos mediante un transplante acrítico e indiscriminado. Esta importación de elementos culturales, que se imponen a la gente sin adecuada consideración de su herencia cultural y social específica, ha representado sin duda un problema de tremendo porte; no menos importantes han sido las dificultades que surgen a raíz de ciertos rasgos propios de los patrones de educación trasplantados: una aproximación conservadora a la Biblia y a la doctrina cristiana; una mentalidad de gueto; irrelevancia casi total respecto de la realidad social; falta de perspectiva en la fijación de objetivos; y una gran fragmentación en los programas de educación cristiana. Cf. «Patterns of Church Education in the Third World», Marvin J. Taylor, ed., *Foundations for Christian Education in an Era of Change* (Nashville: Abingdon, 1976) pp. 231-233.

En general, los esfuerzos por mejorar la educación cristiana han estado encaminados a lograr resultados cuantitativos con una consideración mínima de las necesidades de fondo en las áreas de currículo, métodos de aprendizaje, enseñanza y administración. Los logros de los últimos tiempos aun reflejan serias fallas en lo que respecta a la solidez que se requiere en las formulaciones educativas y teológicas. Existen oportunidades para aumentar las contribuciones y los proyectos cooperativos interdenominacionales, los cuales deben aprovecharse al máximo.

Cabe aquí mencionar la «Comisión Evangélica Latinoamericana de Educación Cristiana» (CELADEC). Este organismo ecuménico fue formado en 1962, con el propósito de asistir a las iglesias en el desarrollo de su tarea educativa mediante una variedad de programas y actividades. CELADEC ha pasado por varias etapas caracterizadas por énfasis particulares, entre las que se destacan la etapa de la educación cristiana, en sentido restringido, cuyo producto más significativo fue el *Curso Nueva Vida en Cristo*, especialmente diseñado para comunicar el Evangelio a personas analfabetas y semianalfabetas del continente; la etapa de la *educación liberadora*, para desafiar a las iglesias y colaborar en el desarrollo de una educación cristiana que propicie un compromiso concreto y crítico con la situación latinoamericana; y la etapa de *educación cristiana-educación popular*, encaminada a hacer una contribución a la liberación de los sectores oprimidos del continente. CELADEC ha hecho varias contribuciones específicas en relación con la educación teológica y con las escuelas evangélicas. Además ha creado una variedad de recursos para el diseño de materiales, formación de maestros y otras dimensiones de la tarea y del proceso educativo. Cf. CELADEC, *Educación cristiana, educación popular* (Lima: CELADEC, 1982) y *Realidad latinoamericana y alternativa pedagógica* (Lima: CELADEC, 1981).

31. Georges Casalis, «Jesús: Ni vencido ni monarca celestial», p. 122.
32. Hugo Assmann, «La actuación histórica del poder de Cristo», José Míguez Bonino, ed., *Jesús*, p. 201.
33. *Ibíd.*, p. 189.
34. *Ibíd.*
35. Este es el presupuesto básico de Mackay acerca de una «tradición subterránea» en la historia espiritual de España. Según su visión, a esta tradición habrían pertenecido los grandes místicos del siglo dieciséis, y otros «rebeldes» y profetas cristianos hasta el presente. El Cristo pro-vida («biofílico») es presentado en esta corriente con rasgos que lo vinculan con la espiritualidad personal y que constituyen un paradigma para la ética social. Otros rasgos del «otro Cristo español» que necesita redescubrirse son: una definida postura profética y utópica, una experiencia religiosa que afirma el conflicto, nuevo poder para vivir, y una visión de Jesucristo como mediador real de la vida y la muerte. Cf. *El otro Cristo español*, cap. 8: «El otro Cristo español en la España moderna».
36. Esta expresión, elocuente por cierto, proviene de Jon Sobrino, en el prefacio añadido a la versión en inglés de *Cristología desde América Latina* (México: Centro de Reflexión Teológica, 1976), *Christology at the Crossroads: A Latin American Approach* (Maryknoll, N.Y.: Orbis, 1978) p. xv. La obra de Sobrino presenta dos principios rectores para una cristología latinoamericana de liberación: (1) la centralidad del Jesús histórico; (2) el discipulado —o seguimiento de Jesús— como el camino básico para el conocimiento de Cristo. Agrega, luego, que la cristología latinoamericana no es una cristología completa en el sentido tradicional del término, dado que no trata todos los temas abordados en las cristologías clásicas. Aclara, por otra parte, que la cristología de la liberación generalmente toma como punto de partida al Jesús histórico, para recién después moverse hacia las distintas cristologías neotestamentarias, conciliares y tradicionales. Por último, Sobrino y otros señalan que la cristología de la liberación —como toda cristología— debe enriquecerse con las formulaciones del Nuevo Testamento y del magisterio eclesiástico acerca de Cristo. Cf. *Jesús en América Latina*, pp. 22-23.

Otras contribuciones latinoamericanas pueden agruparse en las siguientes categorías: Sobre una reflexión cristológica en términos de espiritualidad, cf. Segundo Galilea, *Religiosidad popular y pastoral* (Madrid: Cristiandad, 1979); para una presentación erudita del Jesús histórico, que el propio Segundo califica de alguna manera como una «anticristología», cf. Juan Luis Segundo, *El hombre de hoy ante Jesús de Nazaret*, vol. II/1 (Madrid: Cristiandad, 1982), vol. II de una serie de cinco. Aquí Segundo intenta determinar qué contribución hace el Jesús histórico —y la tradición que se desprende de él— al proceso de humanización. El objetivo explícito de Segundo es presentar a Jesús de tal manera que la gente pueda abrirse a verlo como un testimonio de una vida humana más humana y liberada. Y, lo que llama su *anticristología* busca abrir un camino entre Jesús de Nazaret y nuestra realidad presente, en medio de las muchas cristologías. Busca conectar a Jesús con los problemas de nuestra fe antropológica.

37. Leonardo Boff, «Jesucristo, liberador. Ensayo de cristología para nuestro tiempo», *Jesucristo y la liberación del hombre*, p. 80.

38. Este punto aparece confirmado por Claus Busmann, *Who Do You Say?: Jesus Christ in Latin American Theology* (Maryknoll, N.Y.: Orbis, 1985). Busmann presenta un completo estudio de la cristología de la liberación hasta 1980. En las observaciones finales, afirma que nunca más volverá a ser posible hacer cristología si falta una conciencia clara de la realidad social en medio de la cual esta cristología debe formularse —la realidad de los vínculos entre el Primer Mundo y el Tercer Mundo— o si se carece de una reflexión sobre el significado y las implicaciones políticas de la vida y la misión de Jesús y de la iglesia (p. 144). Sobre un enriquecedor estudio desde la perspectiva de la cristología contemporánea, cf. Thomas N. Hart, *To Know and Follow Jesus* (New York: Paulist, 1984).

39. Resulta evidente que esta visión del Cristo sufriente es muy diferente de aquellas de las «cristologías de opresión» que hemos discutido antes. Los liberacionistas aluden al Siervo Sufriente que es activamente obediente a Dios, aun hasta la muerte, en solidaridad con el predicamento humano; sufre porque confronta al mal, y porque lucha por la liberación y la salvación (es decir, no es una víctima pasiva y derrotada que asume el sufrimiento como virtud en sí mismo).

40. Jon Sobrino, *Cristología*, pp. 9-10.

41. Leonardo Boff, «Jesucristo, liberador», p. 81.

42. Jon Sobrino, *Cristología*, pp. VIII-IX. Cf. también Sobrino, *Jesús en América Latina*, pp. 35-37, 152ss., y especialmente el capítulo 5, «El seguimiento de Jesús como discernimiento cristiano», pp. 209ss. Para Sobrino, un elemento típico de la cristología de liberación es su afirmación de que el seguir a Cristo —el discipulado— es indispensable para conocer a Cristo. La idea no es tan novedosa, sin embargo; había sido presentada con gran convicción, por ejemplo, en la Reforma Radical del siglo dieciséis, como puede apreciarse en las palabras de Hans Denck: «Nadie puede conocer verdaderamente a Cristo a menos que lo siga en vida (*mit dem Leben)»*, citado en Cornelius J. Dyck, «Hermeneutics as Discipleship», Willard M. Swartley, ed., *Essays on Biblical Interpretation: Anabaptist-Mennonite Perspectives* (Elkhart, Ind.: Institute of Mennonite Studies, 1984) p. 30.

43. Leonardo Boff, «Jesucristo, liberador», pp. 79-80.
44. Así, por ejemplo, Jon Sobrino, en su *Jesús en América Latina*, reafirma de manera explícita conceptos teológicos tradicionales, como la divinidad de Cristo, el carácter normativo de los dogmas cristológicos tradicionales de la iglesia, la plenitud metahistórica de la escatología cristiana, y la naturaleza integral y omnicomprensiva de la salvación en cuanto liberación total y final.
45. Este punto es señalado acertadamente por Juan Alfaro en su prefacio a la obra de Sobrino, *Jesus in Latin America* (Maryknoll: Orbis, 1987), p. XI.
46. *Ibíd.*, p. XII.
47. Esta es una de las pocas observaciones críticas que aparecen en Claus Busmann, *Who Do You Say?*, p. 143.
48. Cf. Andrew Kirk, *The Good News of the Kingdom Coming: The Marriage of Evangelism and Social Responsibility* (Downers Grove, Ill.: InterVarsity, 1985) pp. 20ss. Otras críticas a la teología de la liberación y a las teologías de la revolución aparecen en J. Andrew Kirk, *Liberation Theology: An Evangelical View from the Third World* (Atlanta: John Knox, 1979), y *Theology Encounters Revolution* (Downers Grove, Ill.: InterVarsity, 1980). Véase también Emilio A. Núñez, *Teología de la liberación: una perspectiva evangélica* (San José: Caribe, 1986) cap. 8, «Jesús el liberador».
49. El problema se torna evidente ya en el caso de Gustavo Gutiérrez. Cuando discute el tema de Jesús y el orden político, en el núcleo mismo de su análisis de la escatología y la política en su *Teología de la liberación*, Gutiérrez se concentra en tres temas principales: la actitud de Jesús hacia los líderes judíos, su relación con los zelotes, y su muerte en manos de las autoridades políticas. Gutiérrez subraya la confrontación profética, sin hacer referencias sustanciales a las alternativas constructivas que Jesús propone a la luz de la proclamación y la venida concreta del reino de Dios tal cual él (Jesús) lo entendía.
50. Cf. John Howard Yoder, *Jesús y la realidad política* (Buenos Aires: Certeza, 1985) p. 75. Toda la cuestión de los vínculos entre transformación social y violencia es ciertamente compleja, y los teólogos latinoamericanos de la liberación han tendido a seguir la tradición cristiana predominante, que considera la «guerra justa» (o la «revolución justa» en este caso) como el mal menor. Con pocas excepciones (como por ejemplo Dom Helder Camara y Adolfo Pérez Esquivel, quienes sostienen que la violencia física es siempre incompatible con el discípulo cristiano), los liberacionistas no han sido capaces de encarar creativamente el problema de la violencia y de los caminos prácticos alternativos para el logro de la transformación social. Resulta irónico, aunque comprensible, que el pensamiento pro-liberacionista de la revolución justa tenga la misma lógica, y las mismas falencias, que la argumentación de la guerra justa, que es conservadora y a menudo anti-liberacionista. Un asunto vinculado con éste, que los teólogos de la liberación no han tomado seriamente en consideración, es la permanente tentación del «constantinianismo» que se manifiesta en la iglesia, es decir, la tendencia a aferrarse a las estructuras de poder con el propósito de establecer un orden «cristiano» para todos, independientemente de los compromisos personales con el discipulado cristiano. Sobre estos temas, cf. John Howard Yoder, *Christian Attitudes to War, Peace, and Revolution: A Companion to Bainton*

(Elkhart, Ind.: Goshen Biblical Seminary, 1983), especialmente, pp. 511ss. Cf. también John Howard Yoder, *The Priestly Kingdom* (Notre Dame: University of Notre Dame Press, 1984) cap. 7, «The Constantinian Sources of Western Social Thinking».

51. El tema de la escatología profética y apocalíptica en la teología de la liberación fue planteado originalmente por Orlando Costas en *The Church and Its Mission: A Shattering Critique from the Third World* (Wheaton, Ill.: Tyndale, 1974). Costas afirma que, en la teología de la liberación, la esperanza no está fundada en un Dios que está adelante, viene hacia nosotros, y nos atrae hacia sí mismo, sino más bien en un Dios que ha marchado con nosotros y nos conduce hacia un futuro que está en el proceso de plasmarse. Costas concluye que tanto la visión apocalíptica como la profética parecen encontrar su fuente y fundamento en el Nuevo Testamento, y que ambas perspectivas escatológicas están integradas en el ministerio del Espíritu. «Por un lado, él es la continuación de la encarnación, aquel que hace presente a Cristo en las situaciones históricas de la vida. Por el otro, él es el espíritu de la promesa» (p. 261).

52. John Howard Yoder, *Jesús y la realidad política*, pp. 166ss.

53. *Ibíd.*, p. 168.

54. Desde la perspectiva de la tradición cristiana ortodoxa, este asunto ha sido tratado por Paul Verghese, en *The Joy of Freedom* (Richmond: John Knox, 1967) y en *The Freedom of Man: An Inquiry into Some Roots of Tension between Freedom and Authority in Our Society* (Philadelphia: Westminster, 1972).

55. Leonardo Boff, «Jesucristo, liberador», cap. 7. Parecería que los teólogos de la liberación asumen una postura «pre-bultmanniana» al tratar el tema de la resurrección. Sin embargo, ellos argumentarían que su interpretación es de hecho «*post-bultmanniana*». En realidad, los teólogos de la liberación critican a Bultmann como «el heredero más trágico de la teología y ... la espiritualidad solitaria de las tradiciones pietistas que van desde Lutero hasta Kierkegaard»; cf. Georges Casalis, *Correct Ideas Dont't Fall From the Skies: Element of an Inductive Theology* (Maryknoll, N.Y.: Orbis, 1984) pp. 65-66, 74. (Hay versión castellana.) Casalis y otros critican severamente a Bultmann por ignorar la historia y no ser capaz de integrarla en la investigación hermenéutica. Los liberacionistas consideran que su esfuerzo de «desmitologización» no consigue entender las Escrituras y la narrativa del poder. Concluyen que una comprensión cabal de la Biblia —incluyendo los grandes mitos que las interpretaciones historicistas y existencialistas encuentran inaceptables— sólo puede hallarse en la historia, la política y la praxis.

56. *Ibíd.*, pp. 156-157.

57. Leonardo Boff, «Una cristología desde la periferia», pp. 34-35.

58. *Ibíd.*

59. Jon Sobrino, *Cristología*, pp. 288-289.

60. *Ibíd.*, pp. 290-291.

61. *Ibíd.*, p. 291.

62. Estoy en deuda con James E. Loder respecto de esta concepción. Este autor se refiere a la resurrección como *negación transformativa* (esto es, la negación de la negación, de forma tal que emerge una integración que implica un avance sobre

la condición o el estado original). Loder reflexiona sobre el Cristo crucificado y resucitado en cuanto paradigma del mediador de la transformación en el nivel de la negación existencial. El evento de Cristo genera un beneficio ontológico para aquellos cuya naturaleza existencial se define por su naturaleza: «Cristo se convierte en la 'gramática' adecuada para la transformación existencial, porque en su crucifixión él asume en sí mismo la aniquilación última, y en su resurrección la negación existencial resulta negada». Cf. «Negation and Transformation: A Study in Theology and Human Development», James Fowler y Antoine Vergote, eds., *Towards Moral and Religious Maturity* (Morristown, N.J.: Silver Burdett, 1980) p. 169. Cf. también James E. Loder, *The Transforming Moment: Understanding Convictional Experiences*, rev. ed. (Colorado Springs: Helmers and Howard, 1989) cap. 6, «From Negation To Love».

63. Sobrino discute con precisión la naturaleza *escatológica* del reino en términos de una descripción que incluye cuatro elementos principales. Primero, escatología significa *crisis* en la medida en que Dios enjuicia la realidad presente con el propósito de re-crearla. Esto es coherente con la demanda básica que Jesús plantea en relación con la necesidad de la conversión (*metanoia*). Segundo, la escatología de Jesús tiene un carácter histórico-temporal: el orden imperante no es la posibilidad última para nosotros. El futuro no es meramente una extrapolación fundada en el presente; es, en cambio, una utopía aún no realizada. Tercero, podemos plantear la cuestión de la relación entre Dios y los seres humanos en términos de la tensión que existe entre darle forma al reino, por un lado, y afirmar que Dios se nos aproxima en gracia, por el otro. Cuarto, la escatología permite comprender a Dios desde una perspectiva nueva: apunta a la relación de Dios con el futuro como un modo del ser mismo de Dios; cf. *Cristología*, pp. 46ss., 271-272.

64. Leonardo Boff, «Jesucristo, liberador», pp. 85-89.

65. Seguiremos de cerca, de tal forma, la discusión de John H. Yoder en su ensayo «La expectativa mesiánica del Reino y su carácter central para una adecuada hermenéutica contemporánea», C. René Padilla, ed., *El Reino de Dios y América Latina* (El Paso: Casa Bautista de Publicaciones, 1975). Nuestro propio pensamiento teológico, que ha sido influido considerablemente por las contribuciones de Yoder, aparecerá integrando críticamente varios aportes cristológicos, con foco en las perspectivas latinoamericanas liberacionistas. Las referencias neotestamentarias que aparecen en las secciones siguientes son sólo ilustrativas.

66. Leonardo Boff, «Jesucristo, liberador», p. 95.

67. Jon Sobrino, *Cristología*, pp. 50ss.

68. Leonardo Boff, «Jesucristo, liberador», pp. 118ss. (Preferimos usar el término *imaginación* creadora, en lugar de «fantasía» creadora que utiliza Boff, porque encaja mejor en el tema de la *visión* profética-utópica que es el foco de este capítulo.) Jon Sobrino afirma también con gran convicción que Jesús es la norma de la liberación, sobre todo frente a la crítica de reduccionismo de que ha sido objeto la teología de la liberación. Para él, uno de los elementos «anti-reduccionistas» de la cristología de la liberación reside en que Cristo se presenta no sólo como quien mueve a la humanidad hacia la liberación, sino también como la *norma* de la praxis liberadora y el *paradigma* o prototipo del nuevo ser humano

hacia el cual apunta la liberación. «Jesús aparece como la *norma normans*, y no la *norma normata*, de la liberación». Cf. *Jesús en América Latina*, p. 28.

69. Leonardo Boff, «Una cristología desde la periferia», p. 27.

70. El redescubrimiento y la revalorización de la dimensión escatológica de la fe bíblica han tenido consecuencias de largo alcance para la teología contemporánea, la cual ha sido llevada a reconsiderar el papel central de la praxis histórica. Gustavo Gutiérrez lo explica con claridad, cuando afirma que la Biblia presenta la escatología como la fuerza motora de la historia salvífica radicalmente orientada hacia el futuro. La escatología resulta ser, por tanto, no meramente un elemento más del cristianismo, sino la clave misma para entender la fe cristiana. Cf. *Teología de la liberación. Perspectivas*, p. 216.

71. Jon Sobrino, *Cristología*, pp. 88-89.

72. *Ibíd.*, pp. VIII-IX, 38.

73. Leonardo Boff, «Jesucristo, liberador», pp. 100-102.

74. Jon Sobrino, *Cristología*, p. 42.

75. Sobre una exposición completa de esta cuestión, cf. John Howard Yoder, *Jesús y la realidad política.*

76. Históricamente, el tema del reino de Dios es central en la literatura postexílica y del período intertestamentario. Para los judíos, poseía sin duda una impronta política, dado que la política y la religión estaban íntimamente ligadas. Para ellos, el poderoso *símbolo* del reino de Dios denotaba liberación de la opresión y la vida misma en su máxima expresión. El gobierno de Dios sobre todo y sobre todos debía demostrarse políticamente: el Mesías inauguraría el reinado de Dios. Norman Perrin establece que el símbolo era verdaderamente efectivo en la medida en que evocaba la historia —o mito, en sus términos— a través de la cual los judíos habían llegado a entenderse a sí mismos como pueblo de Dios, esto es, como los beneficiarios del gobierno divino en el mundo. El símbolo depende del mito, y es efectivo gracias a su poder para evocar el mito. El mito, a la vez, deriva su poder de su habilidad para conferir sentido a la vida del pueblo judío en el mundo. Cf. *Jesus and the Language of the Kingdom: Symbol and Metaphor in New Testament Interpretation* (Philadelphia: Fortress, 1976) p. 23. Sobre un análisis de la contribución de Perrin, cf. Bernard B. Scott, *Jesus, Symbol-Maker for the Kingdom* (Philadelphia: Fortress, 1981). Otras aproximaciones interesantes al tema del reino de Dios aparecen en: G. R. Beasley-Murray, *Jesus and the Kingdom of God* (Grand Rapids, Mich.: Eerdmans, 1986); Bruce Chilton, ed., *The Kingdom of God in the Teaching of Jesus* (Philadelphia/London: Fortress/SPCK, 1984); John Gray, *The Biblical Doctrine of the Reign of God* (Edinburgh: T & T Clark, 1979); George E. Ladd, *Jesus and the Kingdom* (New York: Harper & Row, 1964); Wolfhart Pannenberg, *Theology and the Kingdom of God* (Philadelphia: Westminster, 1969). En castellano, véase además C. René Padilla, ed., *El Reino de Dios y América Latina*; Mortimer Arias, *Venga tu Reino* (México: CUPSA, 1980); Jorge V. Pixley, *El reino de Dios* (Buenos Aires: La Aurora, 1977); Ignacio Ellacuría, *Conversión de la iglesia al Reino de Dios para anunciarlo y realizarlo en la historia* (Santander: Sal Terrae, 1984); y Segundo Galilea, *El Reino de Dios y la liberación del hombre* (Bogotá: Ediciones Paulinas, 1988).

77. Leonardo Boff, «Jesucristo, liberador», pp. 92-93.

78. *Shalom* es un concepto amplio y complejo, que connota una situación de bienestar que resulta de relaciones sanas entre los seres humanos y entre éstos y Dios. Incluye bienestar humano, salud, y prosperidad material y espiritual. Paz, justicia y salvación son, en esencia, sinónimos de *shalom*, es decir, de esta condición de bienestar generada por relaciones sociales justas, o sea, acordes con la voluntad de Dios. Cf. Walter Brueggemann, *Living Toward a Vision: Biblical Reflections on Shalom* (Philadelphia: United Church Press, 1982), y Perry B. Yoder, *Shalom: The Bible Word for Salvation, Peace and Justice* (Newton, KS.: Faith and Life Press, 1987).

79. En los escritos paulinos, el empleo del motivo del reino es más bien limitado (aunque Lucas termina el libro de los Hechos con una referencia al apóstol «predicando el reino de Dios y enseñando acerca del Señor Jesucristo, abiertamente y sin impedimento», en el corazón mismo del imperio romano, cf. Hechos 28.31). Pablo parece establecer una distinción entre el reino de Cristo y el reino de Dios (por ejemplo, en 1 Corintios 15.24). Sin embargo, a la luz de nuestra discusión, podría afirmarse que el señorío o el gobierno es, en esencia, otro símbolo para la misma realidad.

80. Un incisivo análisis profético de la sociedad y la cultura en el «primer mundo», desde la perspectiva de la fidelidad al reino de Dios en medio del sistema capitalista, puede hallarse en John Francis Kavanaugh, *Following Christ in a Consumer Society: The Spirituality of Cultural Resistance* (Maryknoll, N.Y.: Orbis, 1981). Cf. también John Kavanaugh, «Capitalist Culture as a Religious and Educational Formation System», *Religious Education* 78:1 (invierno de 1983) pp. 50-60.

81. Leonardo Boff, «Jesucristo, liberador», pp. 100ss.

82. Leonardo Boff, «Una cristología desde la periferia», p. 27.

83. Jon Sobrino, *Cristología*, p. 95.

84. El significado de este concepto, «el reino del revés», se explora y desarrolla con profundidad en un estudio verdaderamente desafiante sobre el reino de Dios en los evangelios sinópticos, realizado por Donald B. Kraybill, *The Upside-Down Kingdom*, ed. rev. (Scottdale, Pa.: Herald Press, 1990).

85. Leonardo Boff, «Jesucristo, liberador», p. 95.

86. Una discusión sobre este punto aparece en John Howard Yoder, «La expectativa mesiánica del Reino», pp. 110ss.

87. Jon Sobrino, *Cristología*, p. 41.

88. Rubem A. Alves, *A Theology of Human Hope*, p. 142.

89. *Ibíd.*, p. 136.

90. Paul Lehmann, *La ética en el contexto cristiano* (Montevideo: Alfa, 1968) p. 104. En el mismo parágrafo, Lehmann afirma que la *koinonía* cristiana es un signo y un anticipo en el mundo de que Dios siempre ha estado, y está actualmente, haciendo lo que corresponde para tornar y conservar humana la vida humana (sobre este punto, cf. más abajo nuestra discusión sobre la comunidad mesiánica).

91. John Howard Yoder, «La expectativa mesiánica del Reino», pp. 114-115.

92. Thomas H. Groome subraya este mismo punto en su discusión sobre el reino de Dios, *Christian Religious Education: Sharing Our Story and Vision* (San Francisco: Harper & Row, 1980) pp. 35-55.

93. Cf. John Howard Yoder, «La expectativa mesiánica del Reino», p. 115.

94. Leonardo Boff, «Jesucristo, liberador», pp. 123-124.

95. Gustavo Gutiérrez, *Teología de la liberación*, pp. 275ss.

96. Gerhard Lohfink utiliza el concepto de «sociedad-contraste» en su análisis de la iglesia como la comunidad de discípulos de Jesús. Lohfink afirma que ésta es la iglesia *para* el mundo, y no una comunidad elitista; y es precisamente por no pertenecer al mundo (o por no disolverse en el mundo, perdiendo así su identidad) que la iglesia puede servir y transformar al mundo. Argumenta que, en la Biblia, el pueblo de Dios siempre se entiende como una sociedad-contraste, cuya conducta debe corresponderse con la acción y la justicia liberadoras y re-creadoras de Dios. Esto sólo es posible si el pueblo de Dios llega a ser un pueblo santo (Israel, la iglesia) con una ética social distintiva. El llamado a ser un tipo de sociedad alternativa implica un buen grado de resistencia y rechazo, aunque no por el hecho de la oposición en sí. Implica también la perspectiva eficaz de una nueva sociedad, una sociedad que está en franco contraste con los órdenes o los sistemas sociales caracterizados por la voluntad de dominar y controlar. Este último punto guarda estrecha relación con la centralidad del llamado de Jesús a la no violencia y a renunciar al ansia de dominio. Por último, Lohfink afirma que el «contraste» creativo que la iglesia vive y representa no se deriva de una preocupación por la eficacia y el moralismo, sino del milagro del reino de Dios que está viniendo. Cf. *Jesus and Community: The Social Dimension of Christian Faith*, pp. 66ss., 122ss., 157ss.

Sobre una convincente articulación de esta visión eclesiológica y escatológica desde la perspectiva de una ética distintivamente cristiana —con sus implicaciones de largo alcance en el ámbito de la educación—, cf. la excelente contribución de Stanley Hauerwas, en *Vision and Virtue: Essays in Christian Ethical Reflection* (Notre Dame: Fides/Claretian, 1974); *Character and the Christian Life: A Study in Theological Ethics* (San Antonio: Trinity University Press, 1975); *Truthfulness and Tragedy: Further Investigations in Christian Ethics* (Notre Dame: Notre Dame University Press, 1977); *A Community of Character: Toward a Constructive Christian Social Ethic* (Notre Dame: Notre Dame University Press, 1981); *The Peaceable Kingdom: A Primer in Christian Ethics* (Notre Dame: Notre Dame University Press, 1983); *Against the Nations: War and Survival in a Liberal Society* (Minneapolis: Winston, 1985); *Suffering Presence: Theological Reflections on Medicine, the Mentally Handicapped, and the Church* (Notre Dame: Notre Dame University Press, 1986). Sobre la visión que Hauerwas tiene de la iglesia en relación con la educación cristiana, cf. su artículo «The Gesture of a Truthful Story: The Church and Christian Education», *Theology Today* 42:2 (julio de 1985). Sobre un iluminador debate acerca de la contribución de Hauerwas y, en especial, sobre la cuestión del sectarismo sociológico y epistemológico, cf. «Symposium», *Theology Today* 44:1 (abril de 1987) pp. 69-94.

97. La expresión *comunidad alternativa con una conciencia contracultural* proviene de Walter Brueggemann, especialmente de su *The Prophetic Imagination* (Philadelphia: Fortress, 1978). La concepción de Brueggemann acerca de *la tarea del ministerio profético* (incluyendo, por supuesto, la educación profética) es ciertamente apropiada, a la luz de nuestra discusión sobre la concientización y la creatividad en el capítulo primero, y de las consideraciones que hacemos ahora acerca de la visión profética y utópica. Para este autor, el objetivo de este ministerio es nutrir, alimentar y despertar una conciencia y una percepción alternativas a la conciencia y la percepción de la cultura dominante que nos rodea. Además, la conciencia alternativa que ha de nutrirse sirve para *criticar*, al desmantelar la conciencia dominante, y para *potenciar* a las personas y las comunidades, al darles la promesa de otro tiempo y otra situación hacia los cuales la comunidad de fe puede moverse (p. 13). Otras importantes contribuciones de Brueggemann sobre cuestiones bíblicas son las siguientes: *The Creative Word: Canon as a Model for Biblical Education* (Philadelphia: Fortress, 1982); *Hopeful Imagination: Prophetic Voices in Exile* (Philadelphia: Fortress, 1986); y *Hope Within History* (Atlanta: John Knox, 1987). Cf. también sus artículos «Passion and Perspective: Two Dimensions of Education in the Bible», *Theology Today* 42:2 (julio de 1985) pp. 172-180; y «The Legitimacy of a Sectarian Hermeneutic: 2 Kings 18-19», Mary C. Boys, ed., *Education for Citizenship and Discipleship* (New York: Pilgrim Press, 1989) pp. 3-34.

98. Cf. Randolph Crump Miller, «Theology in the Background», Norma H. Thompson, ed., *Religious Education and Theology* (Birmingham, Ala.: Religious Education Press, 1982) pp. 17-41. Miller sostiene que detrás de toda teoría de la educación cristiana subyace una determinada teología, y que, de hecho, la teología es la «clave» para entender y llevar a cabo la tarea del ministerio educativo. La conclusión es que todos los educadores y educadoras deben tener plena conciencia de sus propios presupuestos teológicos. Cf. también Randolph Crump Miller, *The Theory of Christian Education Practice: How Theology Affects Christian Education* (Birmingham, Ala.: Religious Education Press, 1980) especialmente caps. 3 y 9, y «How I Became a Religious Educator Or Did I?», Marlene Mayr, ed., *Modern Masters of Religious Education* (Birmingham, Ala.: Religious Education Press, 1983) pp. 65-86. Sobre una crítica de lo que él denomina «imperialismo y particularismo teológicos», cf. James Michael Lee, «The Authentic Source of Religious Instruction», Norma H. Thompson, ed., *Religious Education and Theology*, pp. 146ss.

Lee afirma, sin embargo, que la teología desempeña un papel importante y necesario, tanto interno como externo, en la educación cristiana. Para él, la teología cumple adecuadamete su papel interno, cuando se convierte en una dimensión del contenido sustantivo de la educación. Y la teología desempeña apropiadamente su papel externo, cuando reflexiona sobre el significado teológico de la educación (pp. 155-156). En el mismo volumen editado por Norma H. Thompson, que es una excelente colección de ensayos, Gabriel Moran afirma que la teología puede proveer sólo una pequeña parte del contenido de la educación, a la manera de un «modesto contribuyente»; sin embargo, en el contexto eclesial, visualiza a la teología cristiana como «casi por definición la mano rectora de la tarea educativa». Cf. «From Obstacle to Modest Contributor», p. 57.

99. Sara Little presenta cinco alternativas respecto de la relación entre la teología y la educación: la teología como el contenido a enseñarse; la teología como norma; la teología como irrelevante; el «hacer teología» como educar; y la educación en diálogo con la teología. Cf. «Theology and Religious Education», Marvin J. Taylor, ed., *Foundations for Christian Education in an Era of Change* (Nashville: Abingdon, 1976) pp. 30-40. Puede argumentarse que la teología de la liberación se vincula con la educación en términos de cuatro de las categorías de Little: el contenido, la norma, el hacer teología y el diálogo. Otra importante discusión sobre la teología y la educación aparece en Norma H. Thompson, «Current Issues in Religious Education», *Religious Education* 73:6 (noviembre-diciembre de 1978) pp. 611-627.

100. Cf. Thomas H. Groome, «The Critical Principle and the Task of Prophecy», *Religious Education* 2:3 (mayo-junio de 1977) pp. 262-272.

101. Cf. Mary Elizabeth Moore, *Education for Continuity and Change: A New Model for Christian Religious Education* (Nashville: Abingdon, 1983) pp. 14ss.

102. Cf. John L. Elias, *Studies in Theology and Education* (Malabar, Fla.: Krieger, 1986) cap. 13, «Social Imagination and Religious Education».

103. Cf. Michael Warren, *Youth and the Future of the Church: Ministry with Youth and Young Adults (Minneapolis: Seabury, 1982); también «Youth Politicization: A Proposal for Education Within Ministry», Religious Education* 77:2 (marzo-abril de 1982) pp. 179-196; y *Youth, Gospel, Liberation* (San Francisco: Harper & Row, 1987).

104. William B. Kennedy, «Toward Reappraising Some Inherited Assumptions about Religious Education in the United States», *Religious Education* 76:5 (septiembre-octubre de 1981) pp. 467-481; «Pursuing Justice and Peace: Challenge to Religious Educators», *Religious Education* 78:4 (otoño de 1983) pp. 467-476; «Ideology and Education: A Fresh Approach for Religious Education», *Religious Education* 80:3 (verano de 1985) pp. 331-344; «The Ideological Captivity of the Non-Poor», *Pedagogies for the Non-Poor, Alice Frazer Evans, Robert A. Evans y William Bean Kennedy, eds. (Maryknoll, N.Y.: Orbis, 1987) pp. 232-256.

105. Matías Preiswerk, *Educar en la palabra viva. Marco teórico para la educación cristiana* (Lima: CELADEC, 1984) especialmente cap. 2 y tercera parte completa.

106. Esta discusión sigue de cerca mi tratamiento del tema en Daniel S. Schipani, *Conscientization and Creativity: Paulo Freire and Religious Education* (Lanham, Md.: University Press of America, 1984) pp. 100ss. Cf. también Daniel S. Schipani, *El Reino de Dios y el ministerio educativo de la iglesia* (San José: Caribe, 1983) pp. 105-112.

107. Esta conceptualización involucra la contribución de la teología de la liberación reformulada constructivamente.

108. El concepto de principio guía o principio rector en la educación cristiana y teológica fue propuesto por D. Campbell Wyckoff, en su clásica obra, *The Gospel and Christian Education* (Philadelphia: Westminster, 1959) pp. 86ss. Este principio se considera como el núcleo o el corazón del contenido que se comunicará

a los participantes en las diversas facetas del proceso. Se trata de un principio esencial que informa los distintos aspectos de la educación, como por ejemplo, la fijación de objetivos, la selección del currículo, y la orientación de la metodología y la administración. Sobre una evaluación de este concepto, cf. Donald B. Rogers, «The Empowering Gospel: Wyckoff's Concept of the Guiding Principle», *Princeton Seminary Bulletin* 5:1 (Nueva Serie 1984) pp. 21-27. James E. Loder, por su parte, propone un principio rector enfocado hacia la transformación, en «Transformation in Christian Education», *Religious Education* 76:2 (marzo-abril de 1981) pp. 204-221. Para Loder, este principio guía formula, de una manera adecuada, desde el punto de vista tanto teológico como de la conducta humana, la naturaleza de esa realidad esencial respecto de la cual deben definirse, dirigirse y evaluarse las distintas subdivisiones y aspectos de la educación cristiana; el principio rector también nos indica cómo nos hemos de ubicar en relación con la realidad fundamental que está en juego (p. 216).

109. D. Campbell Wyckoff, *The Gospel and Christian Education*, pp. 87ss.
110. Cf. James R. Shaefer, *Program Planning for Adult Christian Education* (New York: Newman, 1972) p. 83.
111. Nuestra elección de los términos *adoración, comunidad y misión* es deliberada, por cuanto asumimos que, en conjunto, corresponden a las tres facetas principales de la vida de la iglesia y a su misma razón de ser. Nótese también que adoración, comunidad y misión pueden verse como expresión de la naturaleza trinitaria de la iglesia y, de alguna forma, vinculadas con las metáforas bíblicas de Pueblo de Dios, Cuerpo de Cristo, y Templo/Hermandad del Espíritu, respectivamente.
112. Cf. Jack L. Seymour, «Approaches to Christian Education», Jack L. Seymour y Donald E. Miller, eds., *Contemporary Approaches to Christian Education* (Nashville: Abingdon, 1982) pp. 25ss.

Capítulo 3
Conocimiento fundado en la praxis

«El que quiera hacer la voluntad de Dios, conocerá...» [1]

JESÚS

«Conocer al Señor es orientar la vida propia según la creación de Dios ... La obediencia no es una consecuencia de nuestro conocimiento de Dios, ni tampoco una precondición de este conocimiento: la obediencia está incluida en nuestro conocimiento de Dios ... la obediencia es nuestro conocimiento de Dios. Esto es lo que quiere decirse cuando se subraya la demanda intrínseca de que la verdad cristiana se vuelva histórica, y sea 'verdad en los hechos'. El Dios del pacto ha diseñado, él mismo, un paradigma de acción que puede discernirse con la ayuda de conceptos tales como justicia, rectitud, la protección de los pobres y el amor activo». [2]

JOSÉ MÍGUEZ BONINO

«La naturaleza, el propósito y el contexto de la educación cristiana demandan una manera de conocer que mantenga el pasado, el presente y el futuro en una tensión fructífera, que fomente una fe cristiana libre y libremente vivida, que promueva una relación creativa con una comunidad cristiana y entre esta comunidad y el mundo ... Dado que un conocimiento fundado en la praxis siempre persigue el objetivo de promover una praxis ulterior, el conocimiento que se desprende de un encuentro reflexivo/experiencial con la visión y la historia cristianas parece capaz, por la gracia de Dios, de guiarnos a una fe cristiana vivida con toda intencionalidad». [3]

THOMAS H. GROOME

INTRODUCCION

Según los evangelios, la enseñanza de Jesús despertaba admiración e inspiración en el pueblo. Pero también generaba perplejidad e indignación en aquellos que se veían confrontados o enjuiciados por su enseñanza. Juan 7.14-18[4] arroja luz tanto sobre la enseñanza liberadora y ofensiva de Jesús, como sobre su propia visión de la fuente medular de su ministerio educativo.

La enseñanza de Jesús en medio de esa celebración plena de expresiones de adoración —la fiesta de los tabernáculos— es sorprendente y desgarradora. Pronto surge la pregunta (Jn. 7.15): «¿Cómo sabe éste letras, sin haber estudiado?» (o más literalmente, «¿cómo puede este hombre sin educación leer las escrituras?»). Los judíos se preguntan cómo Jesús puede enseñar si él mismo no ha estudiado bajo un maestro. A la luz de nuestra discusión sobre Paulo Freire en el primer capítulo de esta obra, debemos notar que aquí también se trata, en principio, de un problema de alfabetización o «saber letras». Sus contemporáneos suponen que Jesús es analfabeto. Cuestionan su autoridad como maestro sobre la base de su evidente carencia de una educación formal. El presupuesto en este cuestionamiento es que, para «conocer», un hombre debe ir a una escuela rabínica y aprender de los maestros respetados del pasado bajo la guía de algún educador debidamente autorizado.

En otros términos, Jesús se enfrenta con un cuestionamiento que involucra su educación y su currículo (su *curriculum vitae*, podríamos decir). Su respuesta es sorprendente y brillante: en lugar de encarar el tema de la educación y el currículo, prefiere enfocar su atención sobre la epistemología, es decir, sobre el problema de la verdadera fuente del conocimiento y de la verdad. Afirma simplemente: «si alguno elige *hacer* la voluntad de Dios, esa persona conocerá...», lo que equivale a decir que la práctica de la voluntad divina autentica la enseñanza de Jesús. Esta enseñanza debe ser apropiada existencialmente —es una cuestión de opción y compromiso— y necesita ser probada y convalidada en la práctica concreta.[5] Además, debemos notar que la pregunta planteada por los judíos apuntaba al pasado: ¿de dónde viene Jesús? Su respuesta, en cambio, está orientada hacia el futuro y se centra en la obediencia. De esta forma, Jesús desafía las estructuras educativas y políticas imperantes, no sólo por lo que enseña, sino también en la medida en que reformula el significado de la educación, el aprendizaje y el conocimiento auténticos.[6] Sólo por medio de la acción fiel podemos adentrarnos en la verdad de su enseñanza. En otros términos, podríamos decir también con Jesús «el que practica la verdad, viene a la luz» (Jn. 3.21a).

Las referencias juaninas son particularmente apropiadas a la luz de la agenda del presente capítulo, la cual, por otra parte, aparece claramente expresada en las citas de José Míguez Bonino y Thomas Groome. Esto se debe a las visiones peculiares e intercambiables del conocimiento, la verdad, el amor, la fe y la obediencia, que aparecen en el Evangelio y las Epístolas de Juan. En esencia, lo que encontramos allí es la expresión bíblica más clara de la unidad e integración entre fe y fidelidad, que podemos reformular con la ecuación *conocimiento de Dios = práctica fiel del pacto* (esto es, la práctica del amor y la justicia coherente con la voluntad y la palabra de Dios). De acuerdo con Juan, para Jesús ésta es una cuestión de vida o muerte, o mejor, se trata de pasar de la muerte a la *vida eterna* (el equivalente juanino del símbolo del reino de Dios).[7] Interesa destacar que es precisamente en este sentido que las expresiones *creer en Dios/conocer a Dios* (Jn. 5.24; 17.3) y amar (1 Jn. 3.14) están asociadas con la vida eterna. Y esta calidad de vida especial es hecha posible por los eventos históricos de la vida, el ministerio, la cruz y la resurrección de Jesús, el *verbo* hecho carne (Jn. 1.1, 14), la *luz* del mundo (Jn. 1.9; 8.12) y el *verdadero camino* a Dios (Jn. 14.6). Por otra parte, la nueva vida descrita en lo que Juan a menudo denomina las «palabras», las «enseñanzas» y los «mandamientos» de Jesús, se define inequívocamente en términos de amor (por ejemplo, Jn. 13.1-20; 15.17; 1 Jn. 2.3-5). A la vez, el amor es visto como una forma de acción concreta e histórica, que tiene que ver con nuestra relación con seres humanos concretos (1 Jn. 3.17-18); al mismo tiempo, el amor es identificado con la rectitud y la justicia (1 Jn. 2.29; 3.10; 4.7). En síntesis, Juan establece de manera clara y explícita aquello que es también evidente en la auténtica fe bíblica y en la totalidad de los escritos bíblicos, es decir, que no existe algo así como un «conocimiento de Dios» teorético, abstracto, o meramente contemplativo. Más bien, conocer y amar a Dios —objetivo central de la educación cristiana, como lo indicamos en el capítulo precedente— es una cuestión de opción, convicción y compromiso personales; están en juego la confianza y la fidelidad; se trata de un compromiso coherente y activo con la política del reino de Dios a la luz del pacto.[8]

Este tercer capítulo actúa como un pivote en nuestro análisis del encuentro entre la teología y la educación. Lo hemos ubicado deliberadamente en el centro de este libro, porque encara de manera más explícita ciertos temas claves como el conocimiento, la verdad y la fe cristiana, problemas que de hecho calan el tratamiento general de nuestro tema en los capítulos restantes. Comenzaremos con una referencia global a la epistemología de la praxis defendida por la teología de la liberación, epistemología que apunta a reformular y contextualizar lo que se postula como la «manera específicamente bíblica de conocer». Allí ponemos un doble énfasis: en la obediencia a la voluntad de Dios y en el discipulado —esto es, el seguimiento fiel, concreto y cotidiano de Jesucristo— como el medio para el discernimiento ético y epistemológico de la voluntad divina en medio de la presente situación histórica. Luego, enfocaremos la atención en la correspondiente visión performativa o praxiológica —es decir, orientada hacia la praxis— de la fe cristiana, nuevamente con un doble énfasis: en el hacer justicia y en el participar en el proyecto recreador y liberador de Dios en el mundo y para el mundo. Finalmente, luego de una breve evaluación crítica de la epistemología liberacionista de la praxis, indicaremos algunos principios para la teoría y la *práctica* del ministerio educativo que se derivan de la confrontación dialógica con la teología de la liberación.

UNA EPISTEMOLOGIA DE LA PRAXIS

Nuestra discusión de la filosofía de la educación de Paulo Freire en el primer capítulo de esta obra pone de manifiesto el fuerte basamento epistemológico de su pensamiento y su trabajo. De hecho, Freire entiende la educación como una cierta forma de conocimiento, y también como una teoría del conocimiento llevada a la práctica. Además, presenta una visión del aprendizaje y la educación que tiene una perspectiva epistemológica explícita.[9] La noción de praxis en cuanto relación dialéctica entre acción y reflexión crítica es central en esta perspectiva. A la manera marxista, Freire afirma que la auténtica liberación sólo puede alcanzarse mediante un proceso de transformación social por medio del cual los seres humanos efectivamente van forjando su propio destino. Desde esta perspectiva, la praxis es la actividad humana esencial para transformar al mundo frente a la injusticia, la opresión y el sufrimiento. De esta forma, al articular su propia postura liberacionista enfocada hacia la praxis y desde un punto de vista cristiano, Freire contribuye a establecer los fundamentos para el enfoque metodológico de la teología latinoamericana de liberación. Inclusive, en concordancia con el enfoque freireano de la concientización, los teólogos de la liberación definen el área teológica como *reflexión crítica sobre la praxis cristiana a la luz de la Palabra.*[10]

En el segundo capítulo discutimos la visión profética y utópica. Señalamos allí que nuestra reflexión sobre las dimensiones políticas y escatológicas del evangelio del reino de Dios proveía de contenido sustantivo al énfasis global que los liberacionistas ponen en la *ortopraxis* (es decir, el compromiso activo de practicar concretamente la fe cristiana; o el seguimiento fiel de Jesucristo en medio de la situación existencial e histórica). La reflexión cristológica de los liberacionistas adquiere un carácter fundacional en relación con nuestro presente análisis de la epistemología de la praxis, especialmente a la luz de los dos principios rectores de esta clase de epistemología: (a) un interés radical y bíblico en el Jesús histórico *vis à vis* la experiencia presente, particularmente la opresión y el sufrimiento, y (b) el discipulado entendido como el camino fundamental para conocer verdaderamente a Cristo y discernir la voluntad de Dios. El enfoque cristológico mencionado adquiere, a la vez, una preocupación práctica y pastoral al servicio de la renovación de la praxis cristiana y eclesial. En la teología de la liberación, el compromiso con la praxis connota en esencia un compartir la vida y las luchas de los pobres y oprimidos en su búsqueda de liberación, justicia y paz. Esa opción sociopolítica demanda, a la vez, la afirmación de una postura epistemológica que presuponga el privilegio paradójico de los pobres y oprimidos, y la correspondiente necesidad de conversión y solidaridad como requisitos para el conocimiento y el aprendizaje transformadores y para el teologizar creativo.[11]

En este punto debemos escudriñar más profundamente la epistemología de la praxis de los liberacionistas a la luz de su propia agenda crítica y constructiva. Por tanto, debemos considerar, en primer término, el rechazo de la concepción idealista (y racionalista) del conocimiento y de la verdad que se manifiesta en la teología tradicional y académica, juntamente con el énfasis en la necesidad de recapturar el énfasis epistemológico que la Biblia pone en la obediencia. En segundo lugar, debemos prestar atención a la cuestión, ligada a las anteriores, del discernimiento fiel de la voluntad de Dios en cuanto proceso pautado de discipulado.

El conocimiento como obediencia

Los teólogos de la liberación han confrontado una concepción clásica de la verdad que consideran en estado de crisis en el campo de la teología y la educación. Critican la perspectiva clásica porque no hace justicia a la comprensión bíblica del conocimiento y de la fe; además, redefinen la teología misma en términos de compromiso con la praxis. La principal preocupación de los liberacionistas en este sentido tiene que ver con la relación entre la verdad y la práctica histórica concreta, o entre el conocimiento y la obediencia.

Más allá del idealismo y del dualismo. Los liberacionistas atacan la concepción de una verdad cristiana absoluta y atemporal (entendida como conjunto de «principios»), que estaría de alguna manera contenida y conservada en las escrituras y en las enseñanzas de la iglesia. Semejante concepción supone que existen, por otra parte, aplicaciones más o menos imperfectas de la verdad. Desde esta perspectiva, la verdad pertenece a un ámbito peculiar, una suerte de universo completo en sí mismo y reproducido o copiado luego en proposiciones «verdaderas» o «correctas», o en una teoría que se corresponde con esa verdad universal. Estos principios universales y abstractos luego se aplican, cuando las circunstancias lo requieren, para ofrecer respuestas correctas a exigencias particulares. Esta visión, llamada clásica, falla al suponer que la verdad es pre-existente a su eficacia histórica, e independiente de ella.[12] La perspectiva teológica clásica relega el ámbito de la historia y la acción a un segundo nivel de importancia, como si se tratara de inferencias y consecuencias de la «verdad», entendidas en términos de la correspondencia entre ciertas formulaciones conceptuales y ciertos principios o ideas universales.

José Míguez Bonino enumera tres problemas serios que percibe muy profundamente enraizados en la epistemología de la tradición teológica clásica: (a) promueve la discusión entre teorías e ideas sin prestar atención a los cursos históricos de acción con los que se relacionan esas concepciones intelectuales; (b) presenta las ideas como flotando en un cielo de abstracciones, como si fueran concebidas de la nada, sin vínculo alguno con las condiciones existenciales de los pueblos y grupos que las han generado; (c) crea los dilemas éticos clásicos, al asumir que existen «cursos de acción ideales» que se derivan del firmamento conceptual de la verdad, preguntando luego por el grado de compromiso que es aceptable con miras a hacer justicia a las condiciones reales en las cuales la acción ha de ser emprendida.[13] Esta perspectiva idealista ha sido coherentemente rechazada por los teólogos de la liberación. La han descalificado al afirmar, en esencia, que no hay tal cosa como una verdad, más allá o fuera de la situación histórica concreta que involucra a los seres humanos como agentes y que, en consecuencia, no puede haber conocimiento excepto en la acción misma, en el proceso de transformar el mundo por medio de la participación en la historia.[14] Los ensayos liberacionistas más tempranos son particularmente enfáticos en este sentido, como lo ejemplifica la importancia que Gustavo Gutiérrez asigna a la «ruptura epistemológica» orientada hacia la praxis,[15] o el rechazo que Hugo Assmann hace de «todo *logos* que no sea el logos de una *praxis*»,[16] o el intento de José P. Miranda de correlacionar e integrar las visiones epistemológicas del marxismo y de la Biblia.[17] Un énfasis epistemológico fundamental, compartido por todos los teólogos de la liberación, sin excepción, tiene que ver con la necesidad de recapturar y reapropiar una visión *bíblica* del conocimiento y de la verdad tanto en la teología como en la educación.

La visión bíblica. Desde la perspectiva liberacionista, no cabe duda de que la perspectiva clásica (idealista y racionalista), que ha dominado buena parte del escenario teológico, ético y educativo, no se corresponde con la comprensión bíblica del conocimiento y de la verdad. La distinción dualista entre un conocimiento teorético de la verdad y las aplicaciones prácticas de ella, simplemente carece de toda base bíblica, en la medida en que los textos bíblicos señalan que el conocimiento correcto es contingente respecto de la acción fiel. En otros términos, el conocimiento que realmente importa y cuenta —el conocimiento de Dios— se revela en la acción correcta. El mal obrar equivale a ignorancia y descreimiento; por otra parte, no hay tal cosa como un conocimiento neutral (o la falta de él).

El énfasis liberacionista básico en que el verdadero conocimiento de Dios equivale a obrar en conformidad con la voluntad divina encuentra apoyo a lo largo de toda la Biblia, y muy especialmente los escritos proféticos del Antiguo Testamento y la literatura juanina en el Nuevo Testamento, a la que hemos hecho referencia en la introducción al presente capítulo. En ambos casos, como lo indica Míguez Bonino, conocer a Dios no es conocimiento teorético y abstracto, sino más bien obediencia activa a la voluntad divina; la obediencia *es* nuestro conocimiento de Dios. No existe un momento *noético* separado en nuestra relación con Dios. Puede haber, sí, una fe imperfecta, un fe que flaquea, pero lo que no puede existir es una desobediencia *creyente*, a menos que se trate de la «fe muerta» de la cual habla Santiago y que «no aprovecha para nada» (Stg.2.14-26).[18]

En esta misma línea, la visión bíblica de la Palabra de Dios no es cuestión de comunicación conceptual, sino de la realidad de un evento creativo y liberador, con «pronunciamientos» que hacen historia y redimen, con la expresión suprema y definitiva en Jesús, el Verbo-hecho-carne. La verdad inherente de esta Palabra de Dios no consiste en su correspondencia con una idea, sino en su poder para cumplir la promesa de Dios y llevar a cabo el juicio divino. En consecuencia, lo que se espera del pueblo de Dios no es una inferencia ética, sino más bien una participación activa —que involucra tanto sufrimiento como servicio— en la acción creativa y liberadora de Dios en el mundo.[19]

Los liberacionistas ponen el acento particularmente en la identificación que los profetas establecen entre conocer a Dios y practicar la justicia a la luz de la afirmación bíblica del carácter de Dios (o de Yahvéh) (cf. por ejemplo Jer. 9.23-24). En consecuencia, conocer a Dios es modelar la vida propia de acuerdo con la manera de actuar y pensar de Dios. El auténtico conocimiento bíblico, por tanto, es intrínsecamente ético en cuanto a su naturaleza, y la yuxtaposición de conocer y hacer justicia (cf., por ejemplo, Jer. 22.14-16; Os. 4.1-6; 6.6; 10.12; 12.6) se funda en la naturaleza de Dios y en su acción en la historia (Os. 14.3). Además, en la Biblia la práctica de la justicia abarca mucho más que las relaciones interpersonales y la virtud social; es la esencia misma del pacto con Yahvéh, quien practica de manera coherente la misericordia y la justicia.[20] En consecuencia, la distorsión epistemológica del pensamiento teológico tan característica de la teología académica de Occidente involucra también la perversión de la doctrina bíblica de Dios, lo cual acarrea dos consecuencias de gran magnitud, tal como lo expresa Míguez Bonino: (a) se le roba a Dios su identidad divina peculiar (es decir, Dios se objetiva en nuestro pensamiento como una realidad separada de la acción divina; así, nos hacemos una imagen desconectada de las palabras y mandamientos por medio de los cuales

Dios ha definido los términos del pacto); (b) el hecho de que la identidad de Dios se nos revela precisamente por medio de acciones-anuncios que involucran específicamente al prójimo y al mundo (por ejemplo, invitando, ordenando, prohibiendo), se ignora totalmente o inclusive se contradice en la visión clásica del conocimiento y de la verdad.[21]

En suma, éstas son las consideraciones fundamentales que apuntan a una profunda revisión epistemológica, bíblicamente fundada, que debe servir de base tanto para la tarea teológica como para el ministerio educativo.[22]

Una teología de la praxis. El rechazo liberacionista del enfoque teológico idealista y racionalista implica una crítica más amplia a la teología europea (y norteamericana) por haber sido, mayormente, un vano ejercicio académico desconectado de la realidad. Desde esta perspectiva, la teología nordatlántica o del Primer Mundo ha asumido erróneamente la posibilidad de construir una teología «pura» derivada de la Escritura y la tradición eclesiástica. Se trata de una teología que fue primeramente sistematizada y recién después aplicada a las cuestiones éticas, pastorales, y prácticas de la vida real. Descubrimos una vez más el presupuesto de que es posible adquirir y desarrollar un conocimiento de la verdad separado de la acción verdadera o de la práctica de la verdad. La revelación queda así reducida, de manera inevitable, a la comunicación de «verdades divinas» y la fe se intelectualiza. La teología de la liberación propone que el quehacer teológico consiste en proclamar la verdad que se denomina evangelio, con miras a la obediencia de la fe. Por tanto, se torna indispensable una reformulación epistemológica.

Jon Sobrino compara lúcidamente la teología «europea» con la «latinoamericana», por decirlo en términos globales, definiendo dos maneras de concebir la labor teológica que se han desarrollado dentro de las fronteras fijadas por el desafío epistemológico de la Ilustración. Su reflexión explica el pretendido carácter «liberador» de las teologías contemporáneas, y echa luz sobre el problema de la relación entre la teoría y la práctica.[23] Sobrino se refiere a dos fases distintas de la Ilustración, representadas por Immanuel Kant y Karl Marx. Kant encarna la liberación de la razón respecto de toda autoridad, y el coraje de emplear la inteligencia humana: ésta es la primera fase o el primer movimiento de la Ilustración. La segunda etapa centra la atención en la liberación de la condición desgraciada del mundo real, más que en la liberación en cuanto autonomía de la razón, a partir de la cual habría de gestarse la liberación total de la persona humana. Esta perspectiva liberacionista de inspiración marxiana requiere no sólo una manera de pensar autónoma, sino también una nueva manera de actuar. En otros términos, la liberación de la mente se presenta en relación dialéctica con la liberación de la miseria abyecta de la situación histórica concreta. Sobrino sostiene que, en términos generales, la teología europea moderna se ha orientado hacia el primer movimiento de la Ilustración, el movimiento *kantiano*, sobre todo al subrayar el papel liberador del pensamiento teológico frente a la arbitrariedad dogmática y a todo autoritarismo. Además, esta teología ha seguido interesada en la tarea tradicional de explicar la verdad de la fe y clarificar su sentido en caso de que no resultara fácilmente comprensible.[24]

Por su parte, la teología latinoamericana de la liberación intenta responder al desafío presentado por la segunda fase de la Ilustración, la fase *marxiana*. El foco de su interés teológico es la voluntad de liberación. Por tanto, «la reflexión crítica sobre la praxis cristiana a la luz de la Palabra» equivale a cooperar en el proyecto de la liberación humana en medio de la situación sociohistórica. Sobrino nota en este caso la evidente influencia marxiana sobre la interpretación del carácter liberador de la teología. Tan fuerte es esta influencia que los liberacionistas parafrasean la decimoprimera de las *Tesis contra Feuerbach*: el paradigma para la dimensión y la significación liberadoras de la teología consiste en la voluntad de transformar la realidad en la dirección de la política del reino de Dios. La transformación trasciende ampliamente la mera explicación o reordenamiento intelectual de la realidad: implica trabajar para la creación de otra realidad, a la vez que el orden presente es confrontado teológicamente de la manera más realista y a-ideológica posible. La perspectiva teológica, en consecuencia, es inseparable del ámbito práctico y ético, y no puede ser reducida a la mera producción de una explicación.[25] De hecho, la inmersión teológica en la realidad de injusticia, opresión, sufrimiento y conflicto, que demanda una transformación radical, viene en primer lugar; es decir, el compromiso teológico es anterior a la reflexión sobre las implicaciones teológicas de la acción. En otros términos, esta «teología de la praxis» demanda una reformulación fundamental del método teológico.[26] Y esta reformulación involucra una afirmación más, que está incluida en el rechazo de la epistemología racionalista e idealista, y que puede sintetizarse así: una auténtica evaluación y comprensión de la teología de la liberación misma requiere una comprensión previa del proceso histórico concreto de liberación de los oprimidos, y una participación activa en ese proceso.[27]

El discipulado como discernimiento

Debemos explorar más profundamente la cuestión del conocimiento y la obediencia, enfocando la atención sobre ciertas claves cristológicas propuestas por la teología de la liberación. Desde la perspectiva de la educación cristiana y teológica, podemos presentar varias proposiciones vinculadas con la «ruptura epistemológica» en la espiritualidad cristiana y en el método teológico, y con la estructura y el proceso de discernimiento entendido como epistemología de obediencia.

Ruptura epistemológica. Como ya lo indicáramos en el capítulo precedente de esta obra, una afirmación bíblica fundamental de la cristología de la liberación es que la única manera de llegar a conocer a Jesús (y por tanto, de conocer y amar a Dios) es seguirlo en la vida cotidiana. De hecho, para Jon Sobrino, el seguimiento de Jesús —que es *la* precondición para conocerlo— es la fuente epistemológica de la teología y la cristología, generalmente ignorada en la teología sistemática contemporánea y reafirmada por los liberacionistas.[28] Inclusive, el *camino* de Jesús —y Jesús es la «verdad» en la medida en que es el «camino»—[29] ilumina y correlaciona el método teológico y la auténtica experiencia religiosa de la espiritualidad cristiana. Por tanto, la cristología de la liberación intenta presentar no sólo un contenido sustantivo acerca de Jesucristo, que debe aceptarse con fe y conocerse (por ejemplo, bajo la forma de instrucción para la conducta ética), sino también la manera de conocer a Cristo que define en realidad a la *fe* misma. En otros términos, si bien es importante apropiar todo lo que puede conocerse acerca de Jesús, desde bloques de información correcta hasta formulaciones ortodoxas, es el discipulado, o el seguimiento concreto de Jesús —afirma Sobrino—, lo que debe verse como indispensable para conocer realmente a Cristo.[30]

La «ruptura epistemológica» consiste en el seguimiento histórico y existencial de Jesús que resulta en un conocimiento fundado en la praxis, el cual es no sólo *distinto* de la «comprensión natural» que tenemos de las cosas, sino también *contrario* a ella.[31] Esta es, por cierto, otra manera de hacer referencia a la «epistemología anormal» del «reino del revés», que hemos discutido brevemente en el capítulo dos de esta obra; allí subrayábamos el desafío radical a la sabiduría convencional y la demanda de una manera alternativa de conocer y apropiar la verdad. Semejante ruptura epistemológica está simbolizada dramáticamente en el llamado a la conversión (*metanoia*) que plantea Jesús. Por su parte, también Pablo interpreta esta ruptura en términos de escándalo y locura, cuando se refiere a Cristo como la sabiduría y el poder de Dios.[32] A la hora de integrar la ruptura epistemológica en la comprensión teológica, los liberacionistas sostienen que la diferencia entre la contribución europea y la latinoamericana reside en el hecho de que, para la última, la ruptura es más un asunto de experiencia y praxis que de pensamiento reflexivo.[33] Y esto es así a tal punto que el discipulado —el seguimiento concreto de Jesús— se ve en términos de discernimiento, tal como lo explicamos a continuación.

El discernimiento: proceso y estructura. El discipulado como discernimiento es la realización concreta, existencial e histórica, de la reivindicación que Jesús plantea de que él es el verdadero camino de vida (Jn. 14.6). El discernimiento cristiano puede definirse, en consecuencia, como «la búsqueda concreta de la voluntad de Dios, no sólo para ser captada, sino para ser realizada ... proceso en el cual la voluntad de Dios realizada verifica también la voluntad de Dios pensada».[34] Además, si ser cristianos significa llegar a ser hijos de Dios en el Hijo, entonces el discernimiento cristiano debe tener una estructura análoga a la del discernimiento de Jesús, y aquel discernimiento sólo puede ser alcanzado a través del seguimiento de Jesús. Por tanto, para Sobrino y otros, la propia experiencia de Jesús provee el *prototipo* de todo discernimiento cristiano, en la medida en que él es el creyente por antonomasia, «autor y consumador de la fe» (He. 12.2). Sin embargo, debe notarse que, sobre la base de las propias opciones y compromisos históricos de Jesús, aprendemos no tanto soluciones específicas para nuestros discernimientos sino más bien cómo discernir. Por tanto, paralelamente a la visión que Jesús tiene de Dios como amor que toma partido por los pobres y oprimidos, vemos su evaluación del amor divino como incondicionalmente situado entre un «no» (la negación efectiva del pecado deshumanizante en todas sus formas) y un «sí» (la afirmación efectiva del proyecto utópico divino de liberación y reconciliación). El discernimiento de Jesús se orientaba primeramente a guardar correspondencia con la objetividad *en* la historia del «no» y del «sí» divinos *a* la historia.

En consecuencia, con todo lo difícil que puede resultar el discernimiento de lo que debe hacerse en situaciones particulares, para Jesús existía al menos un criterio claro de discernimiento. En la medida en que se aplica al prójimo y tiene que ver con el amor, la voluntad de Dios no es en realidad un misterio. El primer paso hacia el discernimiento cristiano es, por tanto, escuchar el «no» claro y definido que Dios pronuncia al mundo de pecado que deshumaniza a los seres humanos (y que, por cierto, no tiene nada de misterioso), y, sobre todo, *extender* esta negación a lo largo de la historia sin ahogar ni suavizar esta voz en modo alguno. El segundo paso es escuchar el «sí» divino a un mundo que debe ser reconciliado y, sobre todo, extender este «sí» utópico como una tarea que nunca debe abandonarse, aunque la historia la cuestione de manera radical. Por tanto, el discernimiento debe ser ejercido permaneciendo plenamente abiertos a la praxis del amor y a la superación del pecado objetivado en la historia. En otros términos, no se trata fundamentalmente de purificar nuestras intenciones en cuanto al amor ni de reconciliar a los pecadores en su interioridad.[35]

El paradigma de Jesús nos provee cuatro criterios adicionales para el discernimiento fiel en la praxis del amor cristiano. El primero es la *encarnación que toma partido*; para Jesús, encarnarse significó elegir ese lugar particular en la historia —el lugar existencial de los pobres y oprimidos— que podía conducirlo a la totalidad de Dios. Afirmaba que los pobres y oprimidos constituían el contexto apropiado a partir del cual es posible discernir la praxis del amor. El segundo criterio es el de los *signos efectivos o mediaciones* en la praxis del amor; Jesús intentaba hacer la voluntad de Dios buscando soluciones efectivas y particulares. Su vida pública, su enseñanza, sus milagros, el perdón que impartía, sus controversias, su confrontación con el mal: todo manifestaba su intención de convertir las buenas nuevas en una buena realidad. Tercero, la *praxis del amor sociopolítico*, o el amor que se hace justicia, es decir, el principio de que la eficacia del amor debe aplicarse a la configuración del conjunto de la sociedad, en la medida en que el evangelio es la buena nueva del reino de Dios que busca la liberación y recreación completa de todo el ser humano, de todos los seres humanos, y de la creación. La justicia es la forma de amor que se corresponde con esta clase de totalidad social. El cuarto criterio se deriva de los otros tres (amor que toma partido, que es efectivo, y que tiene una dimensión sociopolítica), y es el *amor conflictivo*. El amor cristiano es *para* todos; sin embargo, su corporización privilegiada es primera y fundamentalmente *con* los oprimidos, *contra* los opresores, para la humanización de todos, para que todos lleguen a ser miembros de la familia de Dios.

Por último, debemos notar varios rasgos *formales* en el discernimiento practicado por Jesús en su búsqueda de la voluntad divina. Algunas de las características formales de este discernimiento, y por tanto del verdadero discipulado, son las siguientes: (a) involucra un proceso de aprendizaje que tiene un desarrollo histórico (etapas en la toma de conciencia, opciones y compromisos, por ejemplo); (b) demanda radicalidad (se presentan alternativas: no puede servirse a dos señores, no puede ganarse la vida y conservarla al mismo tiempo; se requiere el ejercicio de la voluntad crítica); y (c) requiere apertura a la verificación (por ejemplo, la cuestión de los «frutos»; las señales del servicio y del sacrificio, la persecución; el moldear la vida según el ideal del Sermón del Monte). Como cristianos, ejercemos nuestro discernimiento dentro del carril histórico y existencial del discipulado, al seguir a Jesús mediante valores y criterios identificables, sujetos a verificación. Dentro de este cauce, escuchamos las exigencias del Espíritu, que nos ha sido dado para capacitarnos para seguir haciendo la historia y extender el reino de Dios en situaciones particulares.[36]

A la luz de las consideraciones previas, el conocimiento fundado en la praxis de los liberacionistas bien puede reformularse como una epistemología de la obediencia, que nos recuerda poderosamente la visión del discipulado y del conocimiento defendida por la Reforma Radical. Desde esta perspectiva, que es recapturada y contextualizada por la teología de la liberación, conocer y hacer se convierten en una experiencia recíproca de entender y obedecer. La falta de obediencia no equivale sólo a una falta de amor, sino también a una ausencia de conocimiento.[37] Esta perspectiva, por tanto, afirma la noción bíblica de que la fe no es una *gnosis* sino un *camino* (es decir, un estilo de vida que tiene dimensiones interpersonales y sociopolíticas), un andar en obediencia concreta a la voluntad de Dios. En consecuencia, la fe cristiana se ve en la práctica como equivalente al discipulado, esto es, al seguimiento de Jesús, un seguimiento dinámico, dialógico y discernidor.

REDEFINIENDO LA FE CRISTIANA

Nuestros comentarios sobre la concepción liberacionista de la fe echan luz sobre el tema de la epistemología de la praxis. De hecho, la teología de la liberación presenta un enfoque performativo de la fe cristiana, es decir, orientado hacia la praxis, coherente con una visión profética y utópica del reinado de Dios y con las dimensiones político-escatológicas del evangelio. En consecuencia, la teología de la liberación critica el carácter incompleto e inadecuado de las teologías de la fe predominantes, que pasan por alto o subestiman el énfasis que la Biblia pone en el compromiso histórico y en la acción fiel u obediente. Esta crítica se dirige también contra ciertas nociones populares, como por ejemplo, la que sostiene que la fe vincula directamente al «creyente» individual con Dios (especialmente cuando se ven las creencias objetivas como mediación entre la persona y Dios, o inclusive como sinónimo de fe). Por otra parte, los liberacionistas critican también las nociones clásicas de la fe que se manifiestan en la tradición cristiana y en la teología europea, con sus énfasis intelectualistas y fiduciales sobre tópicos tales como el asentimiento y la confianza, característicos de la perspectiva católica y protestante respectivamente.[38] Las concepciones intelectualistas y fiduciales de la fe cristiana, así como también otras nociones (la mística o iluminacionista, por ejemplo), son de esta forma reemplazadas —o, al menos, complementadas— por una concepción que subraya la praxis histórica de liberación. Así, podemos señalar dos énfasis principales interrelacionados en la reformulación constructiva de la teología de la fe, que los liberacionistas encaran: la justicia como analogía primaria de la fe bíblica, y la fe como el modo de participación actual de los cristianos en el reinado de Dios.

La fe en cuanto práctica de la justicia

Los liberacionistas latinoamericanos han enfocado de manera coherente la reflexión teológica hacia la realidad apremiante del sufrimiento humano masivo. De la misma forma, han señalado que la práctica de la justicia debe integrar la fe y el amor cristianos en una preocupación responsable y eficaz por la libertad en el nivel de las estructuras sociales. De hecho, la teología de la liberación afirma que la práctica de la justicia define el perfil distintivo de la fe en nuestra situación histórica presente.

Varios principios que se derivan de esta argumentación ponen el énfasis sobre dos realidades que tienden a converger en una: el amor cristiano para la transformación social y el discipulado para el reino de Dios.

El amor cristiano para la transformación social. A la luz de los textos bíblicos, muy especialmente los referidos a las enseñanzas éticas y al ministerio de Jesús, la fe se identifica en la práctica con el amor al prójimo.[39] Desde esta perspectiva, la existencia histórica concreta de Jesús provee el fundamento histórico para la estructura de la fe cristiana. La naturaleza histórica, moral y plena de amor de la fe sugiere que la responsabilidad y la acción voluntaria son intrínsecas a la realidad plena e históricamente mediada de la fe cristiana. Por otra parte, el agudo desafío del sufrimiento humano demanda que la preocupación por la justicia social sea una forma intrínseca y necesaria de la fe cristiana auténtica. Esto es así porque semejante preocupación es la forma determinante que estructura el amor al prójimo que caracteriza a la fe.[40]

En síntesis, la justicia es aquella forma concreta del amor que «busca eficazmente humanizar, dar vida y darla con plenitud, a las mayorías pobres y oprimidas de la humanidad ... es aquella forma de amor imprescindible para que se haga ya realidad histórica inicial el reino de Dios o para que sea un reflejo en la historia de la utopía trashistórica de dicho reino».[41] Sobrino continúa su argumentación subrayando distintos aspectos históricos que diferencian a la justicia del amor en general, y que, desde su punto de vista, pueden generar un conjunto de valores esenciales al evangelio y a la revelación en términos globales. Estos aspectos son los siguientes: (a) La justicia toma en serio la existencia de las mayorías (y las minorías) oprimidas y, en consecuencia, también toma en serio el hecho primordial del *mundo creado* en su forma presente. (b) La injusticia y la opresión producen la destrucción del orden creado y la muerte de los seres humanos, lo que constituye la negación más radical de la voluntad y la persona de Dios. La justicia, por tanto, lleva concretamente al redescubrimiento del *pecado*. (c) La justicia intenta recrear a los seres humanos, y hacer que la *vida* sea posible para ellos. (d) Dado que opera dentro de la historia, la justicia requiere la adopción de una *perspectiva partidista* (en favor de los débiles, los pobres, los oprimidos) *y subjetiva* (desde abajo, desde el reverso de la historia) en la práctica del amor. (e) Al fomentar la solidaridad objetiva con los pobres, la justicia promueve una *kenosis objetiva*, esto es, un autovaciamiento y la adopción de una actitud humilde. (f) La práctica del amor en cuanto justicia a menudo conduce a una *conversión* radical y personal (es decir, los pobres y oprimidos a menudo prestan un servicio a aquellos que están tratando de crear condiciones de justicia que los beneficien; de esta forma, los primeros actualizan su potencial «evangelizador» privilegiado, como lo indicaremos en el capítulo 5 de esta obra). (g) La justicia subraya el *servicio* como una característica fundamental del amor; en el contexto del servicio, la gratificación no siempre emerge como dimensión afectiva inmediata (es decir, el aspecto servicial de la justicia subraya el hecho de que el amor tiende a dar antes que a recibir). (h) En la práctica de la justicia, salimos al encuentro de los pobres y oprimidos, incondicionalmente y con un sentido de urgencia, para hacerlos nuestros prójimos; por tanto, la justicia recupera la noción bíblica del *prójimo* no sólo como alguien que está muy próximo a nosotros, sino también como alguien a quien *hacemos* nuestro prójimo. (i) De manera más clara que en otras formas de amor, la justicia tiende a desembocar en la *persecución* de aquellos que la practican (es decir, el pecado manifiesta de esta forma su fuerza y poder en su realidad histórica contra aquellos que practican la justicia y están dispuestos a «tomar su cruz», o a asumir los costos del discipulado). Estos rasgos históricos ponen de manifiesto que la fe, en cuanto práctica de la justicia, es una demanda básica del evangelio, esencial al seguimiento de Jesús en el día de hoy.[42]

Los liberacionistas argumentan con fuerza que la justicia es una corporización necesaria e históricamente privilegiada del amor cristiano. Para convalidar este argumento se aducen distintas razones: Primero, dado que el reinado de Dios involucra la totalidad de las relaciones humanas, el conformarse al Dios de toda la historia requiere que visualicemos el amor cristiano en términos de la totalidad de las cosas que están implicadas en el ideal de la justicia. Segundo, la concreción del amor bajo la forma de la justicia ha significado, hablando históricamente, hacer justicia a los pobres, que constituyen la mayoría de la raza humana; la justicia es una forma eficaz y necesaria de encarnar la verdad bíblica de que Dios toma partido por los pobres y oprimidos. Tercero, hacer que el amor adopte el perfil concreto de la justicia equivale a reconocer el papel unificador y mediador de las cosas materiales (es decir, las personas no son espíritus puros que se relacionan unos con otros sin mediaciones materiales). Cuarto, la injusticia revela la magnitud cabal de ese mal que es el pecado, y la justicia tiene que ver con esa clase de relaciones interpersonales y sociales opresivas que es pecaminosa por excelencia (esto es, con la usurpación de una prerrogativa de dominio o señorío, que pertenece exclusivamente a Dios). Quinto, la justicia y la injusticia involucran la totalidad de las relaciones humanas, y su impacto afecta las formas que estas relaciones adquieren en otros tipos de agrupaciones, a nivel personal, familiar y de las instituciones intermedias. Sexto, en la práctica de la justicia la paradoja cristiana de la impotencia del amor se torna manifiesta con una intensidad única o especial (por ejemplo, cuando consideramos los riesgos y las consecuencias potencialmente dolorosas de actuar en forma justa). Séptimo, el amor en cuanto justicia es una necesidad histórica a la luz de la situación presente de la raza humana, por un lado, y de la responsabilidad, sólo parcialmente asumida, que la iglesia tiene de corporizar esta forma de amor, por otro (en otros términos, la justicia es una clave para la conciencia cristiana de nuestro tiempo, y el movimiento en la dirección de la justicia puede ayudar a que la iglesia recupere sus raíces bíblicas).[43] En suma, la fe y la justicia deben ser consideradas en conjunto como dos dimensiones distintas, pero recíprocamente vinculadas, de la respuesta cristiana integral a la actividad creativa y liberadora de Dios en favor del mundo. Aclarémoslo bien: la práctica de la justicia no excluye que otras expresiones de amor auténtico también contribuyan a definir el papel de la fe en la existencia cristiana. Sin embargo, la práctica de la justicia es necesaria para que la fe esté a la altura no sólo de su propio contenido (el misterio de Dios) sino también de las demandas de la situación presente (el sufrimiento humano masivo). [44] Aparece reafirmada de esta manera la concepción de la fe como una forma de praxis; se trata, por cierto, de una afirmación fundacional, sobre todo a la luz de la definición de la teología como reflexión crítica sobre la praxis cristiana («praxis cristiana en busca de comprensión», por decirlo así).[45] En este mismo tenor, ninguna comprensión de la fe que pase por alto la justicia como una cualidad o forma intrínseca de la fe, puede ser una representación auténtica de la fe cristiana. Además, toda fe que carezca de una preocupación por la justicia social y la transformación social es incompleta y sospechosa.[46]

El discipulado para el reino de Dios. En la perspectiva liberacionista, cualquier discusión sobre la fe cristiana debe necesariamente reiterar la centralidad de su estructura crística, así como también su preocupación por el reino de Dios que Jesús enseñó, y por el cual vivió y murió. La fe es, en consecuencia, un estilo de vida práctica concebido en términos de compromiso, seguimiento y acción, es decir, discipulado orientado hacia el reino que viene. Como lo indicáramos más arriba en nuestra discusión sobre el discernimiento, el discipulado consiste en permitir que el paradigma o la lógica de la vida y la enseñanza de Jesús revele o devele una relación con Dios, mediante la adopción de (o la participación en) ese modo de vida redentora que es liberada y liberadora. En otros términos, la forma primera y fundamental de conocer y amar a Dios a través de Jesucristo consiste en entrar en el paradigma develador de su vida, una vida caracterizada por el amor en nombre del reino de Dios que está viniendo.[47] Para Sobrino y otros, el énfasis en el discipulado para el reino de Dios provee una clave para resolver el problema de cómo relacionar fe y justicia. Unos pocos comentarios adicionales sobre esta cuestión pueden resultar de ayuda.

La unidad primera y fundamental de la fe cristiana es que el reino de Dios —una realidad en la cual los seres humanos realmente se convierten en hermanos y hermanas, y en hijos de Dios— debe manifestarse. Por otra parte, en la realidad del reino, que abarca todas las áreas de la vida humana, se integran la historia y la trascendencia, así como también se unifican las dimensiones verticales y horizontales de la existencia cristiana, y dos aspectos fundamentales de la persona humana: el buscar sentido y el crear sentido. Los seres humanos apropian sentido cuando permiten que Dios se comunique con ellos; y crean sentido al cooperar en la construcción del reino de Dios. De esta manera, la fe y la justicia se funden en el curso de la historia, es decir, en la interacción entre construir el reino y construirlo en obediencia, en concordancia con la voluntad divina: la justicia es la forma en la cual el reino se construye y se convierte en una realidad. La fe es la manera en que el reino existe en concordancia con Dios, así como también la forma en que encontramos el sentido en el proceso de construir, porque el sentido viene de Dios.[48] Sobrino sugiere, por otra parte, que la conexión entre la gratuidad de la fe y los requerimientos de la práctica ética aparece claramente expresada en el nuevo mandamiento del amor, tal cual lo formulan los escritos juaninos con un enfoque original del vínculo entre fe y justicia: Dios ha tomado la iniciativa al amarnos primero; nosotros respondemos al amor divino conformándonos a su actitud y amando a «los hermanos» (Jn. 13.34; 15.12-17; 1 Jn. 4.10, 19, 21; los evangelios sinópticos siguen un patrón parecido al afirmar la unidad del doble mandamiento del amor; cf. Mt. 22.36-40; Mr. 12.28-34; Lc. 10.27). La fe es, en consecuencia, no sólo una respuesta humana al amor inicialmente manifestado por Dios, sino también una conformidad o sintonía concreta, histórica y existencial con ese amor. Y el amor, más que un requerimiento o una consecuencia del amor que Dios manifiesta en primer término hacia nosotros, es también un factor constitutivo que hace posible la respuesta de fe. No existe oposición alguna, por tanto, entre la gratuidad (la gracia divina operando en nosotros) y la actividad humana, porque la expresión más cabal de esta gratuidad son las «manos nuevas» para hacer, para modelar la historia al servicio del reino de Dios.[49] Finalmente, la continuidad entre la plenitud del reinado de Dios y la historia ha de hallarse no en el pensamiento, sino en el discipulado concreto, en el seguimiento fiel de Jesús. El discipulado tiene como consecuencia el vivir y modelar una realidad, un reino que está «a la mano», a partir del cual, al menos en esperanza, adquiere sentido una realidad última.[50]

La fe como participación en el reinado de Dios

El conocimiento fundado en la praxis, que defienden los teólogos de la liberación, implica una visión peculiar de la fe cristiana, que se caracteriza por su fuerte énfasis en la práctica de la justicia, como lo hemos discutido. Desde esta perspectiva, la fe se entiende a la luz de la naturaleza procesual y dinámica del reino de Dios que viene y se desarrolla con sus dimensiones subjetivas y objetivas. Objetivamente, la fe que hace justicia se corresponde con la misión de construir el reino de Dios, que es evangelización en el sentido más cabal del término (es decir, evangelizar equivale a presentar las Buenas Nuevas que están convirtiéndose en una Buena Realidad).[51] Subjetivamente, en el sentido de los sujetos cristianos activos que responden a (y participan en) la acción de Dios, el punto es que uno llega a ser un discípulo cristiano en el proceso mismo de participar concretamente en la construcción de una realidad «cristiana», es decir, realidad que agrada a Dios. El llegar a ser y el construir deben ser vistos como un proceso.[52] Por tanto, una redefinición liberacionista de la fe cristiana sugiere que *la fe es el modo en que los cristianos participan hoy en la continua y permanente acción creadora y liberadora de Dios en el mundo.* Tener fe o, mejor todavía, ser fiel, connota que el reinado de Dios efectivamente toma control de las personas y opera en ellas. Ser fieles equivale a convertirnos en instrumentos de la curación y reconciliación transformadoras de este mundo quebrantado; implica convertirnos en agentes de paz y justicia, y en portadores del poder del reino de Dios. En consecuencia, más que mero asentimiento intelectual o esperanza en lo que Dios hará sin nosotros, la fe es también la participación presente en lo que Dios está haciendo, es decir, en la tarea de producir *shalom*.[53] Esta concepción de la fe es particularmente significativa a la luz del encuentro dialógico entre la educación y la teología.

Los liberacionistas proponen con gran convicción una interpretación teológica normativa y radical de la fe. Esta propuesta es coherente con una epistemología de la praxis bíblicamente fundada que incluye, como lo hemos indicado, dimensiones éticas y escatológicas en una clave cristológica. Los liberacionistas presentan también un cierto número de criterios o pistas para interpretar y evaluar la fe o, en otros términos, para evaluar qué constituye, de hecho, una participación fiel u obediente y apropiada en la acción de Dios a la luz de la misión de la iglesia en el contexto de la situación histórica. Por tanto, la significación potencial de la contribución liberacionista a la educación cristiana y teológica se vuelve evidente de manera inmediata, si se tiene en cuenta que el ministerio educativo de la iglesia tiene que ver en esencia con despertar, nutrir, hacer crecer y transformar la fe. Esto es así porque, desde el punto de vista de la comunidad eclesial cristiana, la visión de la fe debe emerger desde la misma comunidad de fe. En otros términos, la iglesia y su ministerio educativo requieren una comprensión bíblico-teológica de la fe, que involucra, primordialmente, una tarea teológica.

La perspectiva teológica liberacionista, y su enfoque performativo o praxiológico de la fe, pueden yuxtaponerse con otras nociones adoptadas y expuestas por los educadores. Un particular interés en este sentido reviste la comprensión de la fe que propone Craig Dykstra, quien entiende la fe cristiana como participación intencional y apropiada en la continua actividad redentora de Dios en el mundo.[54] Si bien reconoce que la fe es una realidad de múltiples dimensiones que no se agota en un solo significado, Dykstra afirma que la fe implica conocer y responder a la actividad redentora de Dios participando en ella, y que esta participación se promueve y se verifica primordialmente en el contexto eclesial.[55] En términos globales, Dykstra propone un cierto enfoque performativo de la fe que resulta compatible con una teología liberacionista de la fe. La noción de «*participación* intencional y apropiada» de hecho involucra mucho más que la praxis y el hacer justicia que proponen los teólogos de la liberación.[56] Sin embargo, podemos encontrar un alto grado de complementariedad en términos de lo que hemos denominado discipulado para el reino de Dios. Dykstra subraya la correlación entre el don de la fe y el carácter y la acción de Dios en favor del mundo, a la vez que visualiza la fe como una respuesta apropiada y voluntaria, esto es, como una actividad que implica un conocer y un vivir de parte de una persona que es un sujeto intencional y activo. Además, afirma que la participación en la actividad redentora de Dios es transformadora por naturaleza. Esta participación —que incluye confianza, lealtad, convicción, compromiso y, muy especialmente, acción— consiste en encontrar la nueva vida y seguir el nuevo camino que Dios nos ha regalado y ha hecho posible.[57] De aquí se desprenden varias implicaciones que son relevantes para el desarrollo de la fe y la educación cristiana y teológica: (a) El crecimiento o el cambio en la fe involucra un cambio en el conocer y el vivir; este crecimiento o cambio no es necesariamente progresivo. (b) El crecimiento en la fe requiere distintas prácticas peculiares en las áreas de la adoración, la comunidad y la misión, incluyendo ciertos esfuerzos intencionales, como por ejemplo, el estudio bíblico y el desarrollo de disciplinas espirituales. (c) Estas prácticas son, en parte, expresiones de una fe en crecimiento, así como también experiencias a través de las cuales la fe crece. (d) Dado que la participación en la actividad redentora de Dios es una actividad inagotable, no hay fin para el crecimiento en la fe. (e) La intencionalidad es un rasgo esencial de la fe cristiana; en consecuencia, la orientación global dominante de la persona debe estar incluida en el proceso de formación, transformación y potenciación en Cristo. (f) Se requiere un cierto número de capacidades para llevar a cabo la actividad de la fe; y corresponde a la descripción teológica de la fe el determinar cuáles capacidades son necesarias, así como también el establecer los criterios para discernir la participación apropiada.[58]

Resulta evidente que semejante comprensión de la fe, derivada del campo del ministerio educativo, puede complementar la perspectiva liberacionista. Por su parte, la teología de la liberación puede proveer un buen complemento a aquella comprensión, sobre todo a la luz de su preocupación por el sufrimiento y la opresión, su interés por la libertad y la justicia social, y su compromiso con la política del reino de Dios.

CONOCIMIENTO FUNDADO EN LA PRAXIS Y EDUCACION CRISTIANA

En lo que va de nuestra discusión, hemos puesto en evidencia el valor y las virtudes específicas de la perspectiva epistemológica liberacionista, así como también sus limitaciones implícitas. De hecho, se hace necesario examinar, desde el punto de vista de la educación, tanto sus contribuciones como sus debilidades en estrecha relación unas con otras. Comenzaremos esta sección final con una evaluación crítica de la teología de la liberación, indicando sus principales limitaciones y algunas formas de corregir o complementar su enfoque. Luego, señalaremos ramificaciones ulteriores de la interacción entre ambos campos.

Una evaluación crítica

La interpretación liberacionista del conocimiento y de la fe cristiana presenta ciertas limitaciones que son de particular interés para la educación. Hemos optado por subrayar tres de ellas: el peligro del pragmatismo, la multidimensionalidad y la ortopraxis integral. Las consideraciones críticas que presentamos en estos tres ámbitos deben ser vistas, por supuesto, en estrecha interconexión.

El peligro de un pragmatismo situacional. Apreciamos ciertamente el énfasis liberacionista en las dimensiones históricas y existenciales de la verdad, y especialmente el lugar central asignado a la praxis en cuanto obediencia en busca de comprensión. Se presenta, sin embargo, un interrogante fundamental en torno de si es posible evaluar la praxis cristiana sobre la base de una norma situada, de alguna manera, fuera de la praxis histórica misma.[59] En la medida en que asumimos que el fin no justifica los medios —de hecho, dicotomizar «fines» y «medios» sería una falacia de todas formas—, se plantea el desafío de cómo evitar la trampa del pragmatismo situacional, es decir, cómo eludir la justificación de una praxis funcional —praxis que «funciona»—, por ejemplo, en relación con el problema de la relevancia o eficacia política. Es cierto que la fe cristiana no es una gnosis sino un estilo de vida. Sin embargo, la fe cristiana es, específicamente, el estilo de vida de Jesucristo, especialmente informado por la Palabra de Dios. Por tanto, todavía hay un mensaje que es un logos a ser apropiado; por otra parte, debemos afirmar el contenido sustantivo de la epistemología de la obediencia en términos de la confesión fiel del señorío de Cristo. En consecuencia, la praxis debe ser evaluada a la luz de criterios derivados de la revelación, y particularmente de la revelación bíblica;[60] de otra forma, *obrar* la verdad puede convertirse en un *crear* la verdad a través de la praxis histórica, lo cual es diferente de *practicar* la verdad que, en última instancia, nos es revelada. [61] En otros términos, la praxis en cuanto obediencia de la fe debe tener lugar en un diálogo histórico y contextual con la Escritura, con la historia global del pueblo cristiano y con la visión del reinado de Dios, incluyendo la enseñanza y el discernimiento de la iglesia.[62] La apropiación de la revelación y la reflexión sobre ella deben interactuar con la reflexión crítica sobre la praxis. Por tanto, para tener un diálogo fructífero con un interlocutor teológico, la educación debe confrontar no sólo los riesgos de las teologías racionalistas e idealistas preocupadas por la «ortodoxia» (definida en términos muy estrechos), sino también las limitaciones de las teologías pragmáticas preocupadas por la «ortopraxis» (definida en términos igualmente estrechos). Antes que subrayar la unidad de la teoría y la práctica, es preferible, por tanto, poner de manifiesto de manera coherente la integración del *conocer* (de la naturaleza que fuere) y el *obedecer*, con un énfasis doble y simultáneo en la fidelidad a la Palabra de Dios, por un lado, y la relevancia respecto de la situación histórica, por otro. La praxis podrá ser entendida, entonces, no sólo como reflexiva y contemplativa, sino también como bíblicamente anclada. Además, antes que cambiar el mundo por medio del activismo social, la política y los programas como primera prioridad, el desafío para el ministerio educativo será aprender y crecer en obediencia en todas las áreas y los niveles de la vida, incluyendo, por supuesto, las esferas socioeconómica y política.

Fe multidimensional. La epistemología y la interpretación de la fe cristiana según los liberacionistas, ambas fundadas en la praxis, aportan sin duda correctivos necesarios a las perspectivas epistemológicas tradicionales y populares. En este sentido, adquiere peculiar significado el énfasis en el compromiso activo de practicar concretamente la fe bíblica o el evangelio del reinado de Dios (es decir, de hacer realidad el seguimiento fiel de Jesús en medio de la situación histórica y existencial). Sin embargo, como lo indicáramos en el capítulo precedente, existe el riesgo de subrayar demasiado la «ortopraxis», perdiendo así de vista la naturaleza integral y multidimensional de la fe cristiana, elemento esencial en el ministerio educativo. En relación con ésta, otras dos limitaciones deben ser superadas. Primero, deberíamos evitar el subsumir «ortodoxia» bajo «ortopraxis»; ambas deben ser vistas en una relación dialéctica o de influencia recíproca. Además, si bien debemos subrayar la unidad dialéctica de la ortodoxia y la ortopraxis en la realidad de la vida de fe, debemos también reconocer que esta unidad dialéctica es una unidad en la distinción (es decir, «palabra» y «obra» están ambas involucradas).[63] Segundo, debemos eludir la reafirmación de un dualismo de oposición planteado en términos de «ortopraxis» versus «ortodoxia»; después de todo, en los textos bíblicos (especialmente en Juan), creer verdaderamente equivale en la práctica a vivir fielmente. Estos dos principios pueden ayudarnos a reafirmar el carácter multidimensional de la fe cristiana desde el punto de vista de la educación, más allá del enfoque performativo liberacionista.[64] En otros términos, dimensiones de la fe tales como la convicción y la creencia, por un lado, y la confianza personal, por el otro, no deberían subestimarse;[65] por otra parte, la dimensión de interioridad en la vida de fe debería ser correctamente apreciada en el contexto de una comprensión más amplia de la espiritualidad, comprensión que los propios liberacionistas de hecho postulan.[66] Tercero, la afirmación del carácter multidimensional de la fe bíblica nos lleva, a la vez, a subrayar la naturaleza tanto *personal* como *comunitaria* de la verdad, tal cual la presenta por ejemplo Parker Palmer en su epistemología y espiritualidad de la educación.[67]

Ortopraxis integral. Podemos plantear todavía un interrogante adicional en relación con la visión liberacionista de la ortopraxis. Este interrogante, importante por cierto, tiene que ver con el papel concreto de la cognición en una respuesta de fe y en un estilo de vida bien equilibrado e integral. Dado el énfasis constante que los teólogos de la liberación ponen en la reflexión crítica,[68] podría darse por sentado que, de alguna manera, el conocimiento (en su dimensión puramente cognitiva) puede estimular de manera directa la acción fiel. Este presupuesto, sin embargo, ya no es aceptable desde el punto de vista educativo, como lo han demostrado William Kennedy y otros.[69] Puede resultar irónico, pero el presupuesto en cuestión equivale a reivindicar la perspectiva psicológica y epistemológica según la cual la dimensión puramente cognitiva del conocimiento es un pre-requisito suficiente para la acción. Esto, por otro lado, es rechazado por los liberacionistas.[70] En todo caso, y desde el punto de vista de la educación, debe corregirse la visión de un estilo de vida en lo cognitivo fundado en sentido estrecho. Necesitamos una visión más integral que incorpore distintos registros del comportamiento (y en especial, el rico y complejo ámbito afectivo), que ponga de manifiesto el papel de la imaginación creadora,[71] y que involucre de hecho una comprensión más holística, tal cual lo connota el concepto mismo de discipulado.

Educación para la justicia y la paz

Nuestro análisis del fundamento epistemológico de la praxis se relaciona directamente con el encuentro dialógico entre la educación y la teología, que hemos presentado en los primeros capítulos de esta obra. De hecho, nuestra agenda presente desarrolla y expande los principales temas que introdujimos antes. En el primer capítulo enfocamos la atención sobre los principios del proceso liberador de enseñanza y aprendizaje en el contexto de la discusión global sobre la concientización, la liberación y la creatividad. En el segundo capítulo nos concentramos en el símbolo paradójico del reino de Dios, que nos conduce a una reformulación fundamental del principio guía y del objetivo principal de la educación cristiana y teológica; finalmente manifestamos la necesidad urgente de reafirmar la postura profética y el compromiso con la transformación. De hecho, la justicia y la paz se convierten en núcleos claves del enfoque liberacionista del ministerio educativo. A la luz de la epistemología liberacionista de la praxis, el principio guía y el propósito general del ministerio educativo apuntan al compromiso de hacer justicia y trabajar por la paz. Semejante compromiso demanda una reorientación de nuestro centro de atención, el desarrollo de un enfoque metodológico apropiado, y una redefinición de la identidad de los discípulos cristianos como agentes de cambio compasivos y responsables.

Reorientando el foco de atención. Una dimensión esencial del propósito global de la educación cristiana es la *apropiación del evangelio del reinado de Dios mediante la promoción de la transformación social para el desarrollo de la libertad, la justicia y la paz,* como lo explicamos en el capítulo precedente. Este objetivo específico del ministerio educativo, visto en el contexto de una interpretación de la iglesia como siervo y profeta, demanda que la educación se interese explícitamente y se involucre en los ámbitos socioeconómicos y políticos de la sociedad.[72] La teoría política correspondiente debe enfrentar y encarar adecuadamente una serie de temas tales como la cuestión de los usos y abusos del poder, las expresiones múltiples de la opresión y de la lucha por la paz y la justicia, el papel de la ideología y de los intereses, la dinámica del conflicto social, y las estrategias educativas y políticas. Esta es la agenda que Brian Wren y otros educadores han articulado.[73] En esta área adquiere particular interés el trabajo de Suzanne Toton con respecto al carácter perverso del hambre en el mundo, y al desafío que éste representa en relación con la responsabilidad pública y política de la educación. Toton sugiere que aquellos educadores cristianos que estén comprometidos con la lucha por la justicia deberían ir más allá de la educación «concientizadora» (en el sentido estrecho del término) y orientada a la transformación de los valores. Sostiene que si la justicia ha de tener un papel central en la educación religiosa, esta última debe desempeñar un papel clave en el proceso de efectuar transformaciones estructurales, sistémicas e institucionales. En otros términos, la participación real en la creación de un nuevo mundo debe convertirse en preocupación y objetivo medulares de la educación cristiana y teológica.[74] Esta tarea demanda una adaptación del análisis social,[75] el discernimiento de las posibilidades específicas de cambio y de las dimensiones de la responsabilidad frente a una situación dada, y una acción concreta por la justicia y la paz: todos éstos serían elementos constitutivos del proceso educativo.

Reorientando el enfoque. La educación para la justicia y la paz requiere el paradigma de la acción-reflexión en cuanto proceso dialéctico global de aprendizaje, enseñanza y transformación. El paradigma de acción-reflexión es más que una mera estrategia pedagógica, y abarca un amplio espectro de actividades a tono con la misión misma de la iglesia en el mundo. «Creer» y «hacer» deben visualizarse en conjunto, en una relación dinámica de influencia mutua. Así, Sara Little indica que debe remarcarse el hacer la verdad evangélica con una actitud de pensamiento crítico y reflexivo que moldee y evalúe la acción; la «obra» obediente debe modelar y confirmar la «palabra» creyente. De esta forma, la «praxis», en cuanto interacción dialéctica entre acción y reflexión crítica, puede convertirse en un medio para hacer posibles las relaciones entre las dimensiones cognitivas, volitivas y conativas de la persona.[76] Aquí está incluida una serie de procesos, como por ejemplo, la inmersión en una situación dada y la «conversión» (es decir, una explicitación de los valores o una reorientación hacia los valores); la observación y la descripción; el análisis y la utilización tanto de la Escritura y la tradición como de las disciplinas contemporáneas; la problematización y la resolución de problemas; el examen y la revisión de los presupuestos; y la acción y la reflexión ulteriores.

En este paradigma de acción-reflexión que se aplica a la educación para la justicia y la paz, las cuestiones vinculadas con el proceso sustantivo guardan estrecha relación con aquellas otras que tienen que ver con los principios de la enseñanza per se (contenido del proceso estructural) y con el *status* y el papel del educador, como lo señalamos en el primer capítulo de esta obra. En suma, y en palabras de Thomas Groome, dado que el propósito último del ministerio educativo consiste en motivar al pueblo a que camine en la dirección del reino de Dios, es necesario *educar con justicia y para la justicia.*[77]

Los discípulos cristianos como sujetos activos. Desde una perspectiva crítica, la educación para la justicia y la paz implica confrontar los hábitos y valores del conformismo, la comodidad y la respetabilidad, que predominan en buena parte de la educación, con la ideología de clase media en el presente en América. De hecho, la formación, transformación y potenciación de discípulos jóvenes y adultos involucra, por un lado, confrontar la domesticación (esto es, las estrategias para la acomodación y la condescendencia), la indiferencia o el silencio, y la conformidad y complicidad, con las estructuras de injusticia y opresión. Por otro lado, está implícita una exhortación a participar activamente en el reinado de Dios como *agentes de cambio compasivos y responsables.* Así, Michael Warren propone que imaginemos de nuevo la vida y el papel de los jóvenes en la iglesia y en la sociedad de acuerdo con el paradigma de la imaginación de Jesús. Ayudar a los jóvenes a darle un nuevo nombre a la realidad, cuestionar las metáforas que interpretan la realidad, y encontrar formas de acción política se convierten en objetivos coherentes para la educación cristiana de los jóvenes, especialmente en el contexto de un programa de «politización» orientado a estimular una conciencia crítica y un compromiso activo con la paz y la justicia.[78]

Resulta evidente que el compromiso compasivo y responsable con la justicia y el cambio social presenta un formidable desafío para la educación. Esto es así probablemente por tres razones: la educación para la transformación social es la más difícil de impartir, corresponde al área más débil de los currículos, y es la que debe impartirse de manera más urgente. Desde la perspectiva liberacionista, la educación para la justicia y la paz en América del Norte y el Primer Mundo debe encarar, por lo menos, dos temas interrelacionados: primero, las estructuras socioeconómicas y políticas que mantienen y justifican la alienación y la opresión internas de pobres y no pobres;[79] y segundo, las estructuras de dominación en términos de las políticas imperialistas y neocolonialistas (ligadas con el sistema del mercado mundial), particularmente en lo que respecta a la América Latina. Ciertos modelos de educación «transformativa» que han sido presentados como pedagogías para los no-pobres, nos ofrecen valiosas pistas para desarrollar discípulos cristianos como agentes de cambio en una amplia gama de contextos.[80]

Finalmente, al centrar su atención en la formación, capacitación y potenciación de discípulos cristianos como agentes de cambio compasivos y responsables, la educación cristiana y teológica apunta a fomentar no sólo la transformación social sino también la maduración misma de la propia fe.[81] Puede afirmarse que el trabajo en pro de la justicia social es un componente necesario del crecimiento de la fe, como lo afirma Ronald Marstin apelando a la teoría del desarrollo de la fe formulada por James Fowler.[82] De hecho, puede sostenerse también que, más allá de la perspectiva evolutivista y cognitivo-estructuralista de Fowler, un compromiso integral con la justicia social y la paz es también necesario para la maduración de la fe, entendida esta última como participación en la actividad creativa y liberadora de Dios en favor del mundo.

Definiendo el modelo que emerge. Este capítulo sugiere, entonces, una serie de principios para la práctica y la teoría, a la luz del encuentro entre la educación y la teología, y del enriquecimiento recíproco que resulta de esta interacción. En los próximos dos capítulos presentaremos otros materiales para completar nuestra visión de la educación en clave liberadora; mientras tanto, podemos caracterizar el modelo educativo resultante como *socio-político radical*; enraizado en una tradición *revisionista*; y dotado de un *enfoque teológico contemporáneo* con una perspectiva teórica *inmanentista.*

En primer lugar, percibimos una reafirmación de la educación para la liberación, la creatividad, la paz y la justicia, de inspiración freireana —esto es, una educación «concientizadora»—, que privilegia explícitamente, tal cual lo expresa Kenneth Barker, una aproximación *política* a la educación para la libertad. Esta posición es adoptada por aquellos que critican la visión privatista de la libertad humana, y subrayan las dimensiones sociopolíticas de la libertad entendida como emancipación —libertad «de»— y como capacitación y potenciación —libertad «para» participar en la obra del reino de Dios que está viniendo y que reivindica la paz y la justicia.[83] Además, dado que se trata de una educación para generar poder y liberación, representa un enfoque reconstruccionista (orientado a la transformación social)[84] y sociopolítico radical,[85] en los términos de John L. Elias, especialmente en el caso de la educación cristiana y teológica con jóvenes y adultos.

Segundo, este modelo liberacionista que se perfila a partir de nuestras reflexiones, puede ser visto también como una contribución formulada desde un enfoque *revisionista* del ministerio educativo. Este enfoque, o tradición, se caracteriza, tal cual lo explica Kieran Scott, por ir más allá de la socialización eclesiástica, y promover la investigación crítica interna de las tradiciones y la reflexión externa sobre el ámbito de lo público. De hecho, la perspectiva revisionista fomenta una respuesta dialéctico-crítica e intencional a las fuerzas históricas que condicionan la vida de la comunidad eclesial y de su contexto sociocultural.[86]

Tercero, si lo definimos como un ministerio educativo *eclesial,* la práctica y la teoría de la educación en clave liberacionista requiere una sólida contribución de parte de la teología, como ya lo indicáramos en el capítulo dos, lo cual encaja perfectamente en la descripción del *enfoque teológico contemporáneo* según la tipología de Harold Burgess.[87] Semejante enfoque de hecho centra la atención en la relación orgánica que existe entre el ministerio educativo, por un lado, y la comunidad eclesial en la que la contribución y la reflexión teológicas desempeñan un papel normativo, por otro. En nuestro caso, resulta evidente que la visión liberacionista pone énfasis en la historia y en la inmanencia de lo sobrenatural (por ejemplo, en el poder divino para la libertad y la creatividad, que está presente entre nosotros). Por el otro lado, la perspectiva liberacionista minimiza las distinciones entre lo sagrado y lo secular, y entre los efectos de la gracia divina y del esfuerzo humano, por mencionar sólo algunos dualismos muy comunes. Como lo expresa Ian Knox, la meta-perspectiva teológica liberacionista puede ser descrita en tal sentido, como *inmanentista.*[88] En el trabajo en pro de la liberación, la justicia y la paz, los discípulos cristianos participan con

Cristo en este mundo en la realización del reinado de Dios dentro de la historia.

En suma, el encuentro entre la educación y la teología hace emerger un modelo educativo que es dialógico y concientizador, que comporta una visión profética y escatológica, y que se orienta hacia la praxis. Podemos anticipar también que este modelo demanda una perspectiva hermenéutico-crítica y un contexto eclesial comunitario al servicio de la misión de Dios en el mundo. En los próximos dos capítulos, concentraremos nuestra atención en estas dos últimas características.

NOTAS

1. Juan 7.17.
2. José Míguez Bonino, *Christians and Marxists: The Mutual Challenge to Revolution* (Grand Rapids: Eerdmans, 1976) pp. 40-41.
3. Thomas H. Groome, *Christian Religious Education: Sharing Our Story and Vision* (San Francisco: Harper & Row, 1980) p. 149.
4. Notemos, de paso, que este texto evangélico guarda estrecha relación con aquel que seleccionamos para el primer capítulo de esta obra (Jn. 8.31-32). El contexto es la fiesta de los tabernáculos (o de las chozas, o refugios), que era un festival de una semana, pleno de alegría y de acción de gracias, celebrado por los israelitas en otoño después de terminada la cosecha. Se trataba de un festival de liberación —recordemos que el éxodo fue la clave del viaje hacia la tierra prometida— que conmemoraba la protección brindada por Dios a Israel durante la travesía del desierto (Lv. 23.39-43; Neh. 8.13-18). A partir de 7.1, Juan pone en evidencia que Jesús está afrontando una oposición agresiva y una hostilidad abierta de parte de «los judíos». Jesús no está seguro acerca de si debe ir a Jerusalén o no. Finalmente, va en secreto (7.6-10), y pronto después lo encontramos enseñando en ese contexto hostil. Para un excelente análisis de la praxis y la enseñanza de Jesús, que se refiere en detalle a las cuestiones de la libertad, la verdad liberadora y el discipulado radical, cf. C. Hugo Zorrilla, «The Obedient Disciple: Agent of Liberation (John 8:31-32)», Daniel S. Schipani, ed., *Freedom and Discipleship: Liberation Theology in Anabaptist Perspective* (Maryknoll, N.Y.: Orbis, 1989) pp. 17-33 (versión castellana en preparación).
5. Frederick Herzog lo expresa correctamente: Jesús ni se promueve ni se «autoriza» a sí mismo. Más bien, su enseñanza, inverificable por medio de argumentos intelectuales rebuscados, debe encontrar comprobación en la vida misma. La gente debe obrar su transición hacia una nueva manera de pensar, antes que pensar su transición hacia una nueva manera de obrar. Esta es una preocupación central del cuarto evangelio. Cf. *Liberation Theology: Liberation in the Light of the Fourth Gospel* (New York: Seabury, 1972) p. 111.
6. Es importante subrayar aquí que Jesús confronta una estructura cultural y política que a menudo resulta opresiva, es decir, la asociación de la educación y la

autoridad formales con una cuestión de poder que incluye prestigio, credibilidad intelectual y respetabilidad social. De hecho, aún hoy, docentes de primera línea se convierten con frecuencia en «amos y señores»: sus estudiantes, a la vez, reciben honores por el privilegio de estudiar *bajo* la guía de semejantes personalidades (lo cual implica, por otro lado, que a menudo estos estudiantes se convierten en ayudantes cargados de servilismo, como en muchos programas doctorales). Semejante situación hace que los discípulos abriguen la esperanza, e inclusive la exterioricen, de convertirse algún día en maestros y amos, dotados de conocimiento que habrán de transmitir a otros, mientras disfrutan del poder y del reconocimiento público.

7. José Míguez Bonino, *Christians and Marxists*, pp. 35-36.

8. *Ibíd.*, pp. 37-38. Sobre esta cuestión, cf. también el análisis de Groome en *Christian Religious Education*, pp. 143-144.

9. Freire afirma (ya en sus trabajos tempranos [1967]) «Para nosotros, la educación como práctica de la libertad, es sobre todo y antes que todo una situación verdaderamente gnoseológica ... que solidariza educador y educando como sujetos cognocentes, abre a éstos, múltiples e indispensables caminos para su afirmación como seres de praxis». Cf. Paulo Freire, *¿Educación o comunicación?: La concientización en el medio rural* (México: Siglo Veintiuno, 1973) pp. 89-90, 98. La contribución de Freire a la filosofía de la educación se debe, en parte, a que la relación entre filosofía y educación se torna particularmente evidente en el ámbito de la teoría del conocimiento y la teoría del aprendizaje. De hecho, la epistemología —la disciplina filosófica que se ocupa de la fuente y la naturaleza del conocer, y de la validez y confiabilidad del conocimiento— ha sido siempre una fuente fecunda para un amplio espectro de concepciones educativas. Las razones de este papel fundacional y relevante de la epistemología en relación con la filosofía de la educación son, por lo menos, tres: (a) la epistemología estudia de qué manera los seres humanos se apropian del mundo; (b) la epistemología es un patrón necesario para medir la credibilidad del conocimiento, y es a la vez un cuerpo de teoría fundamental referida a la naturaleza y el funcionamiento de la mente humana; (c) las teorías del conocimiento y la verdad apuntan directamente hacia las teorías del aprendizaje (y obviamente la teoría del aprendizaje es medular en toda tarea educativa). Cf. Van Cleve Morris y Young Pai, *Philosophy and the American School: An Introduction to the Philosophy of Education* (Boston: Houghton Mifflin, 1976) pp. 169-170.

10. Analizamos esta cuestión en profundidad en el próximo capítulo. Allí nos ocuparemos en detalle del compromiso con la praxis, la ruptura epistemológica y la «mediación práctica» como movimiento metodológico, así como también del principio de la primacía de la ortopraxis en la interpretación bíblica.

11. Estos temas, y otros relacionados, se tratan en el último capítulo, en conexión con el problema más global del contexto eclesial que ofrecen las comunidades eclesiales de base.

12. José Míguez Bonino, *La fe en busca de eficacia* (Salamanca: Sígueme, 1977) p. 114.

13. José Míguez Bonino, *Christians and Marxists*, p. 30.

14. José Míguez Bonino, *La fe en busca de eficacia*, p. 114.

15. Gustavo Gutiérrez, *Praxis de liberación y fe cristiana* (Lima: CEP, 1973) p. 16.
16. Hugo Assmann, *Teología desde la praxis de la liberación* (Salamanca: Sígueme, 1976) p. 63.
17. José P. Miranda, *Marx y la Biblia: Crítica a la filosofía de la opressión* (Salamanca: Sígueme, 1971).
18. José Míguez Bonino, *Christians and Marxists*, p. 40.
19. José Míguez Bonino, *La fe en busca de eficacia*, p. 115.
20. José Míguez Bonino, *Christians and Marxists*, p. 35.
21. *Ibíd.*, p. 40.
22. Resulta evidente que la educación cristiana y teológica debe priorizar la adopción de una manera de conocer que sea coherente con la misma razón de ser y los propósitos del ministerio educativo. Thomas Groome define su propia interpretación de la manera bíblica de conocer, que armoniza bien con la comprensión epistemológica liberacionista, discutida en el presente capítulo. Groome subraya lo siguiente: la fe y el conocimiento bíblicos son de naturaleza profundamente vivencial y relacional; Dios toma la iniciativa en la relación de conocimiento y amor con el pueblo; conocer a Dios requiere un reconocimiento activo del gobierno de Dios y, a la vez, demanda obediencia a la voluntad divina (es decir, a Dios se lo conoce verdaderamente en la experiencia y en la respuesta obediente); bíblicamente hablando, la ignorancia es sinónimo de culpa. En síntesis, Groome afirma que, desde la perspectiva bíblica, uno llega a conocer a Dios en medio de la experiencia histórica, reflexionando sobre la actividad de Dios en la historia, entrando en una relación con Dios y con su pueblo, y respondiendo vivencialmente a esta relación. Groome agrega que este conocimiento está moldeado por (y es interpretado a través de) la Historia que ha surgido del «conocer» previo del pueblo de Dios, así como también por las esperanzas que los seres humanos tenemos con relación al cumplimiento de las promesas divinas. Por tanto, en perspectiva bíblica, «la educación cristiana debería estar fundada en una forma de conocimiento relacional/vivencial/reflexiva, moldeada por la historia de fe de los cristianos que nos precedieron y por la visión hacia la que apunta esta historia»; cf. *Christian Religious Education*, pp. 141-145.
23. Jon Sobrino, *Resurrección de la verdadera iglesia* (Santander: Sal Terrae, 1984) pp. 24-53.
24. *Ibíd.*, pp. 25, 34-35. Sobrino afirma que en la «teología europea» el punto de partida es el presupuesto clásico y familiar de que hay un depósito de verdad que debe ser transmitido, explicado e interpretado, de forma tal que tenga sentido para quienes lo aprenden. Además, afirma que es en respuesta al desafío planteado por la primera fase de la Ilustración, que esta teología ha producido el movimiento de despositivización, los avances histórico-críticos en la exégesis, la interpretación del dogma, y el desarrollo de diferentes hermenéuticas, todo esto con el propósito de liberar la fe y la teología de errores históricos, del autoritarismo y el mito, y del riesgo de oscurecer el significado de la fe cristiana. Se supone que la teología es liberadora, porque explica la verdad de la fe y restaura el sentido de la fe cuando éste se ve amenazado. En otros términos, las crisis en el mundo real son vistas como crisis de sentido. (Para los teólogos latinoamericanos, sin embargo, el interés primordial reside en la liberación del mundo real respecto de

su estado miserable, por cuanto las situaciones objetivas de opresión y sufrimiento oscurecen el sentido de la fe. En otros términos, antes que restaurar el sentido de una fe amenazada, los teólogos de la liberación asumen el desafío de restaurar el sentido de la realidad misma, contribuyendo en la transformación de su condición pecaminosa.)

25. *Ibíd.*, pp. 29-30.

26. La cuestión del método en la teología de la liberación es encarada en detalle en el próximo capítulo de esta obra, como una continuación de nuestro análisis de la epistemología fundada en la praxis. Cf. también las dos primeras secciones del capítulo 5, referidas a la solidaridad y la praxis del sufrimiento, y ciertas cuestiones vinculadas, que son ramificaciones de la perspectiva metodológica paradigmática de la teología latinoamericana de liberación. Uno de los tratados más integrales sobre el fundamento epistemológico de la teología de la liberación, es el libro de Clodovis Boff, *Theology and Praxis: Epistemological Foundations* (Maryknoll, N.Y.: Orbis, 1987). Para una discusión amplia acerca de la praxis y el método teológico, cf. Matthew Lamb, ed., *Creativity and Method: Essays in Honor of Bernard Lonergan* (Milwaukee: Marquette University Press, 1981), particularmente los ensayos de David Tracy, «Theologies of Praxis», pp. 35-51, y de Matthew Lamb, «Praxis and Generalized Empirical Method», pp. 53-77. Cf. también Matthew Lamb, *Solidarity with Victims: Toward a Theology of Social Transformation* (New York: Crossroads, 1982).

27. Leonardo Boff y Clodovis Boff, *Cómo hacer teología de la liberación* (Madrid: Paulinas, 1986) p. 18.

28. Jon Sobrino, *Resurrección de la verdadera iglesia*, pp. 37-38.

29. *Ibíd.*, p. 39.

30. Jon Sobrino, *Jesús en América Latina* (Santander: Sal Terrae, 1982) p. 36.

31. Jon Sobrino, *Resurrección de la verdadera iglesia*, p. 40.

32. Cf. 1 Corintios 1.18-31. Resulta interesante notar que Pablo yuxtapone dos epistemologías «normales», que son diferentes, pero — a la vez, y hasta cierto punto— complementarias: la de los judíos, que demandan señales milagrosas, y la de los griegos, que buscan sabiduría; ambas son, a su juicio, igualmente contrarias al poder y a la sabiduría de Dios en Cristo, y particularmente opuestas a la cruz. Tanto los «judíos» como los «gentiles» consideran la cruz de Cristo como un «escándalo» (o piedra de tropiezo) y una «locura»: la única forma de recibir este mensaje, señala Pablo, es convertirse y seguir el camino de la cruz (produciendo frutos de santidad, rectitud y redención, 1 Co. 1.30).

33. Jon Sobrino, *Resurrección de la verdadera iglesia, p. 42.*

34. Jon Sobrino, *Jesús en América Latina*, p. 209. En esta sección sobre el proceso y la estructura del discernimiento cristiano, presentamos en esencia una síntesis de las consideraciones claves de Sobrino, que aparecen en el capítulo 5 de su obra: «El seguimiento de Jesús como discernimiento cristiano», pp. 209-221.

35. *Ibíd., p. 215.*

36. *Ibíd.*, p. 221.

37. La referencia a una «epistemología de la obediencia» proviene de la obra de Cornelius J. Dyck sobre el anabautismo del siglo dieciséis. Dyck ha observado que los anabautistas creían en la existencia de una correlación entre la obediencia

a la voluntad conocida de Dios, por un lado, y el pensamiento y la comprensión bíblica adecuados, por otro: entre la obediencia y la experiencia de recibir más revelación. En otros términos, la obediencia radical era vista como un presupuesto fundamental para la comprensión de la Biblia. Por otra parte, el aprehender nuevas verdades de la fe (el conocer, la «ortodoxia») se vincula directamente con la fidelidad concreta en el discipulado, en el seguimiento de Jesús (el hacer, la «ortopraxis»). Por tanto, el discipulado (*Nachfolge Christi*) adquiere relevancia epistemológica con relación al pensamiento correcto (*vera theologia*), y se convierte en mucho más que una mera cuestión de piedad y ética en el sentido estrecho de estos términos. Además, el discipulado, es decir, la manera de conocer a Cristo por medio del convertirse y transitar el «camino de la cruz», se transforma en participación en la naturaleza misma de Dios por medio de la gracia potenciadora del Espíritu Santo. Esta epistemología, en consecuencia, plantea una correlación positiva entre la obediencia «práctica» y el conocimiento «espiritual». Cf. C.J. Dyck, «Hermeneutics and Discipleship», Willard M. Swartley, ed., *Essays on Biblical Interpretation: Anabaptist-Mennonite Perspectives* (Elkhart, Ind.: Institute of Mennonite Studies, 1984) pp. 29-44. En el mismo volumen, cf. también Ben C. Ollenburger, «The Hermeneutics of Obedience», pp. 45-61. Acerca de un enfoque integral, crítico y dialógico de las concepciones liberacionistas a la luz de la tradición de la Reforma Radical-Iglesia de Creyentes, cf. Daniel S. Schipani, ed., *Freedom and Discipleship*.

38. Respecto de este tema y otros relacionados, cf. el excelente análisis de Avery Dulles sobre las visiones liberacionistas de la fe, «The Meaning of Faith Considered in Relationship to Justice», John C. Haughey, ed., *The Faith That Does Justice* (New York: Paulist, 1977) pp. 10-46. Dulles concluye que la teología de la liberación entiende la fe como una transformadora aceptación de la Palabra, que viene como un don gratuito de Dios, y que irrumpe en la existencia humana por medio de los pobres y oprimidos, con quienes Cristo se identifica a sí mismo. Dulles toma la perspectiva liberacionista al proponer el entrelazamiento dialéctico de la praxis y la contemplación, en una visión dinámica de la fe con un sólido fundamento bíblico. También afirma que la teoría liberacionista de la fe, que actúa como un correctivo, es capaz de hacer frente al desafío planteado por la civilización sociotécnica. Además, Dulles sostiene que la visión liberacionista armoniza bien con la creciente conciencia del poder de la iniciativa humana para moldear la vida en esta tierra al servicio del reinado de Dios, y que, por otra parte, está a tono con el cada día más patente sentido de la responsabilidad humana por el futuro del mundo. (Las objeciones de Dulles a la visión liberacionista de la fe se mencionan más abajo, en la nota 65.)

39. Cf. Gustavo Gutiérrez, *Teología de la liberación. Perspectivas* (Salamanca: Sígueme, 1972) pp. 254-265.

40. En este análisis, tengo una deuda parcial con Roger Haight y con su análisis de la comprensión liberacionista de la fe. Cf. *An Alternative Vision: An Interpretation of Liberation Theology* (New York: Paulist, 1985) cap. 4, «The Theology of Faith and the Ultimate Concern for Justice», pp. 64-82. Haight analiza los temas principales que caracterizan a la visión liberacionista de la fe, como por ejemplo, el enfoque existencial e histórico, la identificación de fe y amor, la cuestión de

la fe como praxis cristiana, el discipulado y el reino de Dios. Hace algunas generalizaciones sobre estos tópicos y articula una cierta teología de la fe, que incluye la contribución liberacionista e intenta ser relevante para todos los cristianos del presente.

41. Jon Sobrino, *Resurrección de la verdadera iglesia*, pp. 63, 69.

42. *Ibíd.*, pp. 66-68.

43. *Ibíd.*, pp. 92-94.

44. *Ibíd.*, p. 71.

45. Gustavo Gutiérrez, *Praxis de liberación y fe cristiana*.

46. Haight, *An Alternative Vision*, pp. 78, 80. Haight está de acuerdo con los liberacionistas en que la preocupación por la justicia para todos los alienados, marginados y oprimidos en un marco de sufrimiento e injusticia social, en cuanto forma intrínseca de fe, es una enseñanza novedosa que se corresponde con la nueva conciencia histórica y social que caracteriza a nuestro tiempo. Agrega que esta enseñanza depende de la toma de conciencia de que las estructuras y las situaciones sociales son modificables, de la interdependencia social, y de las formas en que todos los seres humanos pueden participar en estas situaciones. Haight sostiene luego que la preocupación por la justicia social guarda continuidad con la propia enseñanza de Jesús acerca del reinado de Dios (y no va más allá de ella), y la manifestación de la tremenda influencia de este símbolo en la vida de Jesús. Por último, la urgencia y la centralidad de esta preocupación aparecen incrementadas cuando recordamos la primacía de la dimensión moral de la fe como indicador de la realidad y autenticidad de la fe. «La preocupación activa por otros seres humanos en el nivel social, aunque de ninguna manera excluye la preocupación por otros niveles de la libertad personal y trascendente, constituye la unión real con Dios por medio de una fe implícita» (p. 80).

47. *Ibíd.*, pp. 76, 81. Al lector le podría resultar útil revisar la discusión sobre Jesucristo liberador y el evangelio del reinado de Dios, en el segundo capítulo de nuestra obra.

48. Jon Sobrino, *Resurrección de la verdadera iglesia*, pp. 89-90.

49. *Ibíd.*

50. Jon Sobrino, *Jesús en América Latina*, pp. 152-153. Para Sobrino, el seguimiento de Jesús constituye el foco primordial de toda la epistemología cristiana y, en consecuencia, también de la comprensión escatológica. Afirma que la tensión *conceptual* entre el don de Dios y la acción humana se disuelve en el discipulado de Jesús, donde la gracia es *experimentada*, no sólo a través de nuevos oídos para oír las buenas nuevas, sino también —y, sobre todo, como plenitud de la gracia— en la forma de nuevas manos para participar en el hacer la historia con miras al reino venidero de Dios. Para él, la tensión *conceptual* entre el presente y el futuro del reino es *experimentada* como una esperanza que no muere. En la *praxis* del amor y la justicia comprendemos que el reino está a la mano, está haciéndose presente, y en la *praxis* conflictiva en medio del pecado del mundo mantenemos la esperanza en el futuro de Dios (*Ibíd.*)

51. Jon Sobrino, *La resurrección de la verdadera iglesia*, pp. 90-91.

52. *Ibíd.*

53. Esta comprensión performativa y liberacionista de la fe cristiana es subrayada también por Avery Dulles en «The Meaning of Faith Considered in Relationship to Justice», pp. 43-44.

54. Que la fe es *participación en la actividad redentora de Dios* es la primera de las cinco tesis presentadas por Dykstra acerca de una visión para el ministerio educativo de la iglesia, en «No Longer Strangers: The Church and Its Educational Ministry», *The Princeton Seminary Bulletin* 6:3 (noviembre de 1985) pp. 188-200. En ese ensayo, Dykstra establece una conexión fundamental entre la iglesia y la fe. Afirma que «en Cristo, por el Espíritu, y en la iglesia, somos llamados, guiados, integrados a la participación en la constante actividad redentora de Dios en el mundo. No reemplazamos a Dios en esta actividad. No agotamos esta actividad. Pero estar integrados en ella significa, por cierto, que llegamos a conocer de ella y se nos llama a responder a ella, viviendo nuestra vida y desarrollando nuestra propia actividad en el mundo, de una forma tal que, al estar tan regida y orientada por la actividad divina, lleguemos a participar de hecho en esta actividad redentora juntamente con Dios», p. 192.

55. *Ibíd.* Para Dykstra, por tanto, la comunidad de fe es el contexto privilegiado de participación (tesis 2); y el crecer en la fe implica profundizar y ampliar nuestra participación en la vida y la misión de la iglesia (tesis 3). Además, dada la naturaleza peculiar de las prácticas eclesiales, la participación apropiada e intencional requiere aprendizaje y enseñanza (tesis 4); finalmente, la educación cristiana es el proceso dialógico de enseñanza y aprendizaje por medio del cual la comunidad de fe llega a conocer y a participar más plenamente en la transformación redentora de la vida personal y social que Dios está llevando a cabo (tesis 5).

56. Cf. el ensayo de Dykstra, «What is Faith?: An Experiment in the Hypothetical Mode», Craig Dykstra y Sharon Parks, eds., *Faith Development and Fowler* (Birmingham, Ala.: Religious Education Press, 1986) pp. 45-64. Dykstra propone aquí su propia comprensión de la fe como una alternativa a la visión de la fe presentada por James W. Fowler desde una perspectiva estructural-evolutivista. En el mismo libro, Fowler sostiene que el enfoque de Dykstra es ciertamente enriquecedor en la medida en que es una alternativa que viene a complementar su propia teoría del desarrollo de la fe, y se une a Dykstra en la afirmación de que la «fe es un 'hacer', una praxis espiritual que involucra capacidades, intencionalidad, y acción fiel». Cf. «Dialogue Towards a Future in Faith Development Studies», p. 285.

57. *Ibíd.*, pp. 55-57.

58. *Ibíd.*, pp. 59-62.

59. Respecto de estas observaciones acerca del peligro del pragmatismo en la epistemología liberacionista, estoy parcialmente en deuda con C. René Padilla, «Liberation Theology: A Critical Appraisal», Daniel S. Schipani, ed., *Freedom and Discipleship*, pp. 34-50.

60. Este desafío es abordado por los teólogos de la liberación en términos de su redefinición de la teología como una tarea hermenéutica que consiste en reflexión crítica sobre la praxis cristiana *a la luz de la Palabra.* Estudiamos detalladamente este tema en el próximo capítulo de la presente obra.

61. René Padilla, «Liberation Theology», pp. 40-43.

62. En conexión con esta referencia a la evaluación de la praxis, Groome ha propuesto algunas directrices para el discernimiento del sentido de la actividad divina en la historia y las respuestas de fe apropiadas. Esas directrices se refieren a la *continuidad* (orientación hacia el pasado), las *consecuencias* (orientación hacia el futuro) y la *iglesia/comunidad* (orientación hacia el presente). Groome argumenta que si (a) mantenemos continuidad con la historia del pueblo cristiano, y somos fieles a ella, (b) elegimos una respuesta que sea coherente con la visión del reinado de Dios, y (c) somos moldeados por la enseñanza y el aprendizaje de la totalidad de la iglesia, y por el discernimiento de nuestro propio grupo, entonces, con la ayuda del Espíritu Santo (el Espíritu de la verdad que nos guiará a toda la verdad, de acuerdo con la enseñanza de Jesús, Jn. 16.13), tendremos grandes probabilidades de discernir cuál es la voluntad de Dios para nosotros y cuál debería ser nuestra respuesta; cf. *Christian Religious Education*, pp. 197-201.

63. A esta altura parece justo señalar que una reafirmación del énfasis liberacionista en la unidad de la teoría y la práctica (o, más bien, del conocimiento y la obediencia, como lo sugerimos más arriba) es en sí misma, al menos parcialmente, también una expresión de la tradición teológica occidental tan castigada por los liberacionistas. Inclusive, a la luz de esta tradición intelectual, la fe se convierte a menudo en una ideología al servicio del cambio social estructural, entre otras cosas. Reflexionaremos más profundamente sobre la ideología y la cautividad ideológica en el próximo capítulo; por ahora, basta indicar que un síntoma de la tendencia de la fe cristiana a operar ideológicamente en la teología de la liberación (así como en otras vertientes teológicas, por cierto) es la ausencia de una autocrítica significativa.

64. Thomas Groome, quien ha adoptado una epistemología de la praxis emparentada con la liberacionista, presenta efectivamente una visión multidimensional de la fe cristiana que incluye tres aspectos esenciales y constitutivas: (a) una convicción que se expresa en términos de creencia (dimensión cognitiva); (b) una relación de confianza (dimensión afectiva); y (c) una vida concreta de agape (dimensión del comportamiento). Para Groome, la fe cristiana experimentada concretamente —en cuanto creer, confiar y hacer— es el propósito inmediato de la educación cristiana (mientras que la educación para el reino de Dios es el propósito último). Cf. Groome, *Christian Religious Education*, pp. 56-66, 73-81.

65. Utilizando un lenguaje un poco distinto, Avery Dulles afirma que la fe involucra tres aspectos: «una convicción firme acerca de aquello que es importante por sobre todo, la dedicación a (o el compromiso con) aquello que uno cree, y un descansar confiado en el poder y la bondad de aquello con lo cual uno se ha comprometido. Los tres componentes de la fe son, en consecuencia, convicción, compromiso y confianza». Cf. Dulles, «The Meaning of Faith Considered in Relationship to Justice», p. 31. Sobre un análisis de estas tres dimensiones, cf. también la obra de Dulles, *The Survival of Dogma* (Garden City: Doubleday, 1973) pp. 15-30. Para Dulles, las teorías de la fe, incluyendo la de la teología de la liberación, pueden ser mutuamente complementarias y correctivas. Sus objeciones al enfoque performativo de los liberacionistas aparecen en el momento en

que percibe que la teología de la liberación adopta las tesis específicas del análisis social marxista. Así, apunta las siguientes preocupaciones: (a) El énfasis liberacionista sobre la actividad externa y el compromiso y la transformación sociales corre el riesgo de minimizar la dimensión de la interioridad en la realidad de la fe. (b) La fe no debe ser vista exclusivamente como una reacción frente a la situación histórica; también es una respuesta a un llamado personal de Dios. Es decir, sin negar la mediación histórica de la fe, debemos seguir insistiendo en que Dios consigue hacerse inmediatamente presente al espíritu humano, como lo muestran los teólogos trascendentales. (c) La correspondencia que supuestamente existe entre el evangelio y el análisis marxista es presentada a veces como demasiado perfecta, de forma tal que uno abriga la sospecha de que la Biblia es leída por quienes ya son de antemano marxistas convencidos (por ejemplo, puede notarse la idealización potencial de los pobres y oprimidos, y la insistencia de algunos liberacionistas en que Jesucristo ha de ser encontrado necesariamente en los pobres y oprimidos). (d) La retórica liberacionista puede engendrar confusión, en el sentido de que parece sugerir que la revolución sociopolítica es un medio esencial para traer a los pobres y oprimidos la salvación prometida por el evangelio. *Ibíd.*, pp. 39-42.

66. Pueden verse distintas expresiones de la espiritualidad liberacionista latinoamericana, en Leonardo Boff, *The Lord's Prayer: The Prayer of Integral Liberation* (Maryknoll, N.Y.: Orbis, 1984); Segundo Galilea, *El camino de la espiritualidad* (Buenos Aires: Ediciones Paulinas, 1984) y *El reino de Dios y la liberación del hombre* (Bogotá: Ediciones Paulinas, 1988); Gustavo Gutiérrez, *Beber en su propio pozo: En el itinerario espiritual de un pueblo*, 2a. ed. (Lima: CEP, 1983). (Podría afirmarse que la teología de la liberación debe entrar en un diálogo serio con la psicología y otras diciplinas científico-sociales, a fin de complementar la fructífera interacción que ya ha tenido con la sociología y la economía. De esta forma podría mejorar su comprensión del predicamento humano y, particularmente, de la naturaleza compleja de la misma fe.) Cf. también John L. Elias, *Studies in Theology and Education* (Malabar: Krieger, 1986) cap. 14, «Liberation Spirituality: Theology and Models».

67. Parker J. Palmer, *To Know As We Are Known: A Spirituality of Education* (San Francisco: Harper & Row, 1983), especialmente los capítulos 1 y 4. Palmer subraya que la tradición cristiana entiende la verdad como corporizada en términos personales, y que una educación moldeada por la espiritualidad cristiana nos conduce hacia una verdad encarnada y personal, es decir, a un conocimiento personal que desemboca en salud y plenitud humana. Afirma también que debemos centrar la atención en la persona completa, cuya auténtica naturaleza se pondrá de manifiesto en las relaciones dialógicas, en un proceso mutuo de transformación en el cual todas las partes se comprometen con lazos de «lealtad» (*troth*) comunitaria. Los vínculos estrechos que existen entre el amar y el conocer (y entre ética y epistemología), implícitos a lo largo de toda la Biblia y explicitados por la literatura juanina, son discutidos lúcidamente por Palmer (pp. 1-18, 47-68).

68. En los capítulos uno y cuatro de la presente obra hacemos otros comentarios críticos respecto del énfasis liberacionista en la reflexión crítica.

69. William Bean Kennedy, «Toward Reappraising some Inherited Assumptions About Religious Education in the United States», *Religious Education* 76:5 (septiembre-octubre de 1981) pp. 467-474. Kennedy afirma que, si bien en términos lógicos tendemos a afirmar una interrelación y un equilibrio dinámicos entre el conocimiento y la acción, o entre el «contenido» y la «experiencia», en el nivel práctico resulta fácil operar con el presupuesto de que existe una relación secuencial. Sostiene que la educación cristiana y teológica debe continuamente evaluar de nuevo, y de manera radical, el presupuesto racionalista de que el conocimiento tiene lugar primero en la cabeza y después en el corazón, las manos y los pies. Por otra parte, sostiene que siguen siendo importantes los intentos de equilibrar lo cognitivo y lo afectivo (y lo físico); de explorar lo que podríamos denominar experiencias vinculadas con el lado derecho y el lado izquierdo del cerebro; y de redescubrir y articular la plenitud del aprendizaje. En otro ensayo, Kennedy analiza dos interrogantes medulares vinculados con la tensión entre el conocimiento cognitivo y la acción correcta: de qué manera las estrategias de educación cristiana han afectado el tema del vínculo conocimiento-acción, y de qué forma los temas morales que están sobre el tapete y demandan una acción ético-religiosa han influenciado en el currículo en la tarea educativa de los educadores cristianos. Cf. «Pursuing Peace and Justice: A Challenge to Religious Educators», *Religious Education* 78:4 (otoño de 1983) pp. 467-476. Cf. también las respuestas al ensayo de Kennedy en el mismo número, pp. 477-524.

70. En el mismo tenor, podríamos manifestar una preocupación análoga, e igualmente seria, respecto del enfoque de la praxis compartida que Groome aplica a la educación. En la conceptualización de este enfoque, la *reflexión* compartida (esto es, la reflexión en términos de la pluralidad de las «praxis» individuales) no va necesariamente acompañada o seguida, en la misma sesión, por una experiencia real de *acción* social como algo intrínseco al proceso. Esta cuestión ha sido recogida por otros autores, como por ejemplo, Dermot Lane, quien señala críticamente que en el enfoque de Groome la continuidad entre la conversión y las decisiones y opciones, que se deriva por cierto de la historia y la visión cristianas, no es suficientemente subrayada en cuanto constitutiva del proceso de educación religiosa. Cf. «The Challenge Facing Religious Education Today», Dermot Lane, ed., *Religious Education and the Future* (New York: Paulist, 1986) pp. 155-156. En otros términos, uno se queda con la impresión de que la reflexión crítica y la hermenéutica dialéctica conducirán, de alguna forma, directamente a la acción, es decir, a la concreción efectiva de las «respuestas de fe» generadas en el quinto movimiento del «enfoque de la praxis compartida». Acerca de una aguda crítica de la contribución de Groome, cf. James Michael Lee, *The Content of Religious Instruction* (Birmingham, Ala.: Religious Education Press, 1985) pp. 72-73, 76-77, 702-703, 740-742. Lee señala repetidamente que la «praxis compartida» no es verdaderamente un enfoque de acción-reflexión, sino, en esencia, un esfuerzo y un método pedagógicos de carácter cognitivo. Además, afirma que no existe evidencia empírica que apoye el argumento de Groome de que la «praxis compartida» es, de hecho, un procedimiento pedagógico efectivo. Cf. también, por ejemplo, James Michael Lee, «The Blessings of Religious

Pluralism», Norma H. Thompson, ed., *Religious Pluralism and Religious Education* (Birmingham, Ala.: Religious Education Press, 1988) p. 117.

71. Ya que hemos manifestado nuestras reservas respecto del enfoque pedagógico de Groome (en la nota anterior), es justo añadir que en escritos posteriores Groome ha sugerido que la educación cristiana deberá promover una forma de conocimiento en la cual la imaginación creadora desempeñe un papel principal. Por ejemplo, en su respuesta a Kennedy («Old Task: Urgent Challenge», cf. nota 69), Groome alude a las contribuciones de Amos Wilder, Kathleen Fischer, James Loder y, especialmente, Sharon Parks. Afirma que la imaginación puede, de hecho, mantener nuestro conocer y nuestro hacer en una unidad dialéctica, y trascender la falsa dicotomía entre ambos. La imaginación es capaz, entonces, de servir de puente entre la fe y la acción, la religión y la vida, el conocimiento y el poder, y la acción «exterior» y la reflexión «interior». En consecuencia, el desafío consiste en alcanzar una comprensión más profunda de los efectos de la imaginación y de cómo involucrar intencionalmente esta dimensión en el contexto de la educación cristiana. Cf. también en el capítulo uno de la presente obra la referencia a la imaginación y la creatividad en la reformulación de la contribución freireana y liberacionista, y el capítulo dos de nuestro libro *Conscientization and Creativity: Paulo Freire and Christian Education* (Lanham, Md.: University Press of America, 1984). Otras correcciones y complementaciones de la visión liberacionista de la fe y del conocimiento fundado en la praxis, que subrayan el papel central del espíritu y la imaginación, pueden ser consultadas en dos ensayos interesantísimos: Maria Harris, «Completion and Faith Development», y Sharon Parks, «Imagination and Spirit in Faith Development: A Way Past the Structure-Content Dichotomy», Craig Dykstra y Sharon Parks, eds., *Faith Development and Fowler*, pp. 115-156.

72. John Elias discute la correlación existente entre el «público» o audiencia de la sociedad (juntamente con el «público» de la academia y la iglesia) y la preocupación por las dimensiones política, socioeconómica y cultural de la realidad social, por un lado, y el modelo eclesial que presenta a la iglesia como siervo del mundo, por el otro. Entre otras cosas, subraya que la educación para la paz y la justicia es una aventura difícil debido no sólo a la oposición externa, sino también a la tendencia hacia la resistencia y las divisiones que se manifiesta dentro de las propias comunidades eclesiales. Cf. John L. Elias, *Studies in Theology and Education*, pp. 23-25; 89-91.

73. Brian Wren, *Education for Justice: Pedagogical Principles* (Maryknoll, N.Y.: Orbis, 1977). También puede consultarse *Religious Education* 78:4 (otoño de 1983), «Education for Social Responsibility», y 79:4 (otoño de 1984), «Pursuing Justice and Peace».

74. Suzanne C. Toton, *World Hunger: The Responsibility of Christian Education* (Maryknoll, N.Y.: Orbis, 1982). Toton correlaciona el análisis social tanto con las enseñanzas de la iglesia como con ciertas comprensiones teológicas derivadas de las teologías políticas y de la liberación. A partir de esta matriz, desarrolla principios para la práctica y la teoría. Contrasta el individualismo y la privatización de la vida que predominan en la sociedad norteamericana, de la mano de la espiritualización de las demandas radicales del evangelio, por un lado, con la

naturaleza pública y política de la fe cristiana y de las exhortaciones evangélicas. Nótese que tal reformulación propuesta por Suzanne Toton en el contexto norteamericano resulta compatible, en principio, con las reformulaciones nuestras en Daniel S. Schipani, *El reino de Dios y el ministerio educativo de la iglesia* (San José: Caribe, 1983) y la propuesta de Matías Preiswerk en *Educar en la palabra viva. Marco teórico para la educación cristiana* (Lima: CELADEC, 1984).

75. Cf. Joe Holland y Peter Henriot, *Social Analysis: Linking Faith and Justice* (Washington, D.C.: Center of Concern, 1983). Resulta interesante que Holland y Henriot propongan un «círculo de praxis» conformado por cuatro fases (inserción, análisis social, reflexión teológica y planificación pastoral), que subraya la dinámica de experiencia-reflexión-acción, y que se parece mucho a la metodología teológica liberacionista que discutiremos en el próximo capítulo de esta obra.

76. Sara Little, *To Set One's Heart: Belief and Teaching in the Church* (Atlanta: John Knox, 1983) pp. 40-41, 76-85. Little analiza y compara cinco enfoques de la enseñanza que se centran en la formación y reconstitución de la creencia y del sistema de creencias: procesamiento de información, interacción grupal, comunicación indirecta, desarrollo personal y acción/reflexión. Para ella, la contribución del paradigma de acción/reflexión a la formación de la creencia consiste en que la fidelidad aparece relacionada con el creer cuando la experiencia concreta existencial e histórica, procesada por medio de la reflexión crítica, se formula como creencia; por lo tanto, actuamos el camino hacia el *creer*.

77. Thomas H. Groome, «Religious Education for Justice by Educating Justly», Padraic O'Hare, ed., *Education for Peace and Justice* (San Francisco: Harper & Row, 1983) pp. 69-82. En el mismo volumen, cf. también los ensayos de David Hollenbach, Mary C. Boys, Padraic O'Hare y Russell Butkus.

78. Michael Warren, *Youth, Gospel, Liberation* (San Francisco: Harper & Row, 1987). Warren presenta una contribución lúcida y esperanzada. Sus perspectivas convergentes sobre los jóvenes, la cultura, el pensamiento liberacionista, el evangelio, la iglesia y la fe cristiana, proveen directrices para el ministerio con los jóvenes —particularmente en el campo de la educación cristiana— frente a la alienación, la opresión, la injusticia y la violencia.

79. No queremos decir, sin embargo, que el pobre y el no pobre estén oprimidos de la misma forma o con la misma intensidad. Por ejemplo, podría argumentarse que la clase media norteamericana forma parte de los «opresores» en virtud de sus niveles de consumo y de su participación privilegiada (aunque inconsciente) en las estructuras de opresión. Sin embargo, podría también sostenerse, por otro lado, que la clase media norteamericana está ella misma sujeta a la acción deshumanizante de las fuerzas y estructuras consumistas, como se pone de manifiesto en la lucha por mantener la frágil seguridad material que le ofrece su riqueza relativa, y en la tendencia alienante a preservar el status —tanto en el orden interno como el exterior— fundado en esa riqueza y poder. Cf. C. Arnold Snyder, «Liberation and the Fleshpots of Egypt: Towards a Pedagogy for the Oppressor», *Conferencia Internacional sobre la Teología de la Liberación*, Vancouver, Canadá (8 de febrero de 1986). Acerca de un tratamiento más

detallado de una *pedagogía para opresores* en el contexto de una teología de liberación del Primer Mundo, cf. Letty M. Russell, *Growth in Partnership* (Philadelphia: Westminster, 1981) especialmente pp. 57-81, 110-134, 151-161.

80. Cf. Alice Frazier Evans, Robert A. Evans, y William Bean Kennedy, *Pedagogies for the Non-Poor* (Maryknoll, N.Y.: Orbis, 1987). Los autores y otros educadores que hacen sus contribuciones en la obra presentan un buen número de modelos de educación «potenciadora», «liberadora» o «transformadora», diseñados para aprender acerca de la injusticia y para comprometerse concretamente con el cambio social en la dirección de la paz y la justicia. El libro incluye varios análisis y reflexiones muy pertinentes y significativos para la educación de jóvenes y adultos como agentes de cambio responsables y compasivos. En América Latina, además de los trabajos señalados en la nota 74, habría que considerar contribuciones católicas varias, tales como CIEC, *Metodología de una educación en y para la justicia* (Bogotá: CIEC, 1980) y J.B. Libanio, *Formación de la conciencia crítica*, 3 vols. (Bogotá: CLAR, 1980).

81. Como lo indicamos en el capítulo dos de esta obra, las cuatro dimensiones del propósito global del ministerio educativo deben verse en conjunto, e influyéndose mutuamente una a otra. Es interesante notar que Dermot Lane desde el contexto del Reino Unido hace una referencia similar a los objetivos de la educación, cuando sugiere el triple propósito de estimular una experiencia y un conocimiento de Dios, fomentar la madurez de la fe, y promover un seguimiento explícito de Jesucristo por causa del reino de Dios. Cf. Dermot A. Lane, «The Challenge Facing Religious Education Today», pp. 160-163.

82. Ronald Marstin, *Beyond Our Tribal Gods: The Maturing of Faith* (Maryknoll, N.Y.: Orbis, 1979). Cf. también las referencias a la teoría del desarrollo de la fe en los capítulos uno y cuatro del presente volumen.

83. Kenneth Barker, *Religious Education, Catechesis, and Freedom* (Birmingham, Ala.: Religious Education Press, 1981) pp. 8-15, 128-159.

84. Cf. la nota 11 en el capítulo uno del presente volumen.

85. John L. Elias, *The Foundation and Practice of Adult Religious Education* (Malabar, Fla.: Krieger, 1982) pp. 171-175, y *Studies in Theology and Education, pp. 161-173.*

86. Kieran Scott, «Three Traditions of Religious Education», *Religious Education* 79:3 (verano de 1984), pp. 323-324, 328-333. Scott propone una triple tipología de tradiciones, como esquema para ordenar el campo de la educación cristiana e instrumento para reflexionar sistemáticamente sobre dicho campo. Juntamente con la tradición «revisionista» (que corresponde a las teorías de educación religiosa cristiana desarrolladas por Thomas Groome y Mary Elizabeth Moore) explora la «enculturación eclesial» (representada por la catequesis, y las teorías de la edificación cristiana y la socialización, tal como aparecen en C. Ellis Nelson, John Westerhoff y Berard Marthaler), y las tradiciones «reconceptualistas» (que apuntan a recuperar y reconstruir el sentido original de la «educación religiosa», cuyos representantes más destacados son Gabriel Moran y Maria Harris).

87. Harold William Burgess, *An Invitation to Religious Education* (Mishawaka: Religious Education Press, 1975). Burgess explora cuatro aproximaciones teóricas (la «teológica tradicional», la «teológica contemporánea», la de las «cien-

cias sociales», y la «sociocultural») en términos de seis categorías interpretativas comunes a toda teorización acerca de la educación religiosa: objetivo, contenido, educador, educando, contexto y evaluación.

88. Ian P. Knox, *Above or Within: The Supernatural in Religious Education* (Mishawaka: Religious Education Press, 1976). Knox examina el tema teológico de la relación entre lo natural y lo sobrenatural, en conexión con el tema de la teoría de la educación religiosa. Plantea y discute el interrogante de si la adopción de cierta metaperspectiva teológica implica una afinidad con una cierta teoría y práctica educativa; o si puede establecerse una correlación entre la perspectiva teológica que uno tiene y el enfoque o postura teórica que uno adopta con respecto a la educación religiosa. Knox estudia la metaperspectiva «trascendentista», la «inmanentista» y la «integralista». Otras referencias a las relaciones entre teología y educación cristiana pueden encontrarse en las notas 98 y 99 del capítulo dos del presente volumen.

Capítulo 4
Tarea hermenéutica y transformación

«A vosotros os es dado saber el misterio del reino de Dios.»[1]

JESÚS

«La diferencia fundamental entre un teólogo académico y un teólogo de la liberación, está en que este último se ve obligado a cada paso a poner juntas las disciplinas que le abren el pasado y las disciplinas que le explican el presente, y ello en la elaboración de la teología, esto es, en su intento de interpretar la palabra de Dios dirigida a nosotros, hoy y aquí.

... la liberación no pertenece tanto al contenido sino al método usado para hacer teología frente a nuestra realidad.»[2]

JUAN LUIS SEGUNDO

«La comunidad interpretadora intenta entender. Lo hace al proclamar y reflexionar sobre el sentido del testimonio comunitario de la fe (pasado, presente y futuro) a la luz de la comprensión lo más profunda posible de su propia experiencia y de la del mundo ...

La comunidad tradicionante intenta también actuar en la iglesia y en el mundo. Intenta actuar en la dirección del reino de Dios, transformando y siendo transformada ...

Los objetivos primordiales de la educación religiosa cristiana son el conocimiento con comprensión y la transformación de las acciones, creencias y valores de los seres humanos ... ninguno de estos objetivos puede ser alcanzado sin el otro.»[3]

MARY ELIZABETH MOORE

INTRODUCCION

La discusión sobre la epistemología fundada en la praxis en el capítulo precedente nos lleva a considerar otro de los principales motivos liberacionistas, como es la reflexión y la comprensión críticas con miras a la transformación. Tal vez el encuentro dialógico entre la educación y la teología pueda producir, en torno de este tópico, material adicional de carácter fundacional así como también sugerentes reformulaciones para los dos campos involucrados.

Los temas del contenido-proceso y del contenido-producto aparecen ahora sobre el tapete con particular fuerza. En este sentido, la cita evangélica de Marcos 4.11, entendida en su contexto bíblico más amplio y en conexión con nuestra presente agenda,⁴ sugiere por lo menos tres criterios de prueba tanto para la educación cristiana y teológica como para la teología de la liberación: (a) la preeminencia del ministerio educativo de Jesús, y la unidad y armonía entre la situación, el proceso y el producto, que se detecta en ese ministerio; (b) el hecho de que la enseñanza de Jesús demanda y estimula un compromiso activo y personal con el tema o materia considerado por los educandos, a la luz de su contexto social presente; y (c) la toma de conciencia de que el don del «secreto del reino de Dios» involucra el producto educativo más integral que pueda concebirse: no se trata meramente de una «comprensión», sino más bien de una praxis y un estilo de vida cristianos, de un discipulado en comunidad.

La cuestión de la interpretación y la comprensión críticas para la transformación, planteada explícitamente en las citas representativas que hemos seleccionado de Juan Luis Segundo y Mary Elizabeth Moore, será tratada en el pantallazo del método de la teología de la liberación que ofreceremos en la siguiente sección. Después enfocaremos la atención sobre la perspectiva liberacionista en su relación con la educación, primero en nuestro análisis del «hacer teología» y, luego, en la referencia a la propuesta de liberación de la Biblia. Finalmente, continuaremos con el análisis y la crítica a fin de identificar otras virtudes y defectos en el enfoque teológico liberacionista desde el punto de vista de la educación.

Un nuevo camino: liberando la teología

Una de las cosas que más se ha dicho acerca de la teología de la liberación es que presenta «una nueva manera de hacer teología», y que todo el edificio de la teología de la liberación se apoya en su metodología. Según las palabras que ya citamos de Juan Luis Segundo, la liberación no tiene que ver tanto con el contenido, sino más bien con el método empleado para teologizar frente a las situaciones de nuestra vida concreta. La cuestión del método es, por cierto, crucial para entender este movimiento teológico, y especialmente si se intenta comprenderlo desde el punto de vista de la educación cristiana y teológica.

Como lo explicamos en el capítulo primero, la obra y el pensamiento de Paulo Freire proveen la clave original y el principio metodológico para la teología de la liberación en términos de su enfoque y su filosofía de la *concientización*. La práctica pedagógica de Freire, juntamente con su reflexión y sus escritos, proveyeron oportunamente un ímpetu doble en Brasil y en otros lugares. Por un lado, la iglesia tendió a comprometerse con los pobres y oprimidos. Por el otro, surgieron nuevas comprensiones de la «praxis» cristiana que se tornaron decisivas en relación con la formulación del método de la teología de la liberación. Al articular su propia perspectiva liberacionista, que afirma la primacía del compromiso y de la praxis, Freire contribuyó a establecer las bases del método teológico adoptado por los teólogos de la liberación. No puede sorprendernos, en consecuencia, que varios de los temas de preocupación de Freire aparezcan también en la agenda teológica de los liberacionistas. Algunos ejemplos de estos temas son: el problema de las ideologías que deben ser tratadas críticamente, la cuestión de la dominación política y económica, y el desafío de trabajar para la humanización de todos los seres humanos en medio de las circunstancias de la historia.

Resulta evidente que esta «nueva manera de hacer teología» involucra mucho más que un mero teologizar alternativo como quehacer intelectual o académico. De hecho, la teología académica tradicional ha sido radicalmente criticada por los liberacionistas,[5] quienes pretenden trascender inclusive las contribuciones progresistas de la teología política europea (mayormente alemana).[6] Como lo afirma Dennis P. McCann, la cuestión del método, una vez que ha sido críticamente planteada por la teología, comienza a ser subversiva respecto de la tradición. No hay necesidad de justificar metodológicamente una tradición no desafiada; pero el intento de criticar la tradición torna indispensable esta justificación metodológica.[7] Dado que esto es así, concluimos que una buena manera de revisar globalmente el método de la teología de la liberación puede consistir en examinar, aunque sea brevemente, la definición de la teología que da Gustavo Gutiérrez: «reflexión crítica sobre la praxis cristiana a la luz de la Palabra».[8] Las tres dimensiones involucradas en esta definición son inseparables en la práctica, al menos en lo que concierne a la metodología. Las caracterizaremos sucintamente en los párrafos siguientes, con el propósito de comenzar a aclarar el sentido de la pretendida «liberación de la teología», que los teólogos latinoamericanos liberacionistas habrían llevado a cabo. En la siguiente sección profundizaremos esta discusión.

«...*una reflexión crítica*...». En la teología de la liberación, la reflexión crítica no es el comienzo de la tarea teológica, sino más bien una forma especial de enfocar los problemas que presupone un compromiso previo con la praxis. En términos simples, la reflexión crítica consiste en una mirada analítica a la situación en la que tiene lugar la praxis cristiana. Su propósito doble es (1) descubrir y comprender el carácter y las causas de la opresión, y (2) entender, tan cabal y claramente como sea posible, la naturaleza y la dinámica de las condiciones imperantes que generan, sostienen, promueven y justifican la opresión. En el caso de América Latina, los principales temas de preocupación han sido, entre otros, la cuestión de las estructuras socioeconómicas injustas, los sistemas políticos represivos asociados con políticas imperialistas, y las ideologías que apoyan y justifican el militarismo y el estado de seguridad nacional. La toma de conciencia del abismo cada vez mayor que separa a los países pobres de los ricos, y la miseria creciente de la amplia mayoría del pueblo, han llevado a los teólogos de la liberación a exponer y denunciar la política fallida y nefasta del neocolonialismo, el desarrollismo y el capitalismo, juntamente con las formas correspondientes de dominación, dependencia, marginación y opresión. Como es obvio, estos análisis han apuntado también a la necesidad de una transformación sistémica radical.[9] Frente a la pregunta de por qué la reflexión crítica en cuanto tarea teológica principal debiera ocuparse de cuestiones tan temporales o mundanas, los teólogos de la liberación han respondido unánimemente que el don divino de la salvación del pecado consiste antes que nada en la liberación integral y holística. La salvación es la plenitud total y completa de la humanidad; por el contrario, la injusticia, la pobreza y la opresión son manifestaciones sociales del pecado, que es la alienación fundamental respecto de Dios y de la humanidad.[10] Obviamente, esta comprensión teológica se correlaciona con la expresión final —«a la luz de la Palabra»— de la definición que estamos analizando, expresión a la cual nos referiremos más abajo. Por otra parte, la comprensión del vínculo entre salvación e historia guarda, a la vez, estrecha relación con el tema de la iglesia, su acción y su pensamiento (o ausencia de ellos), en términos de la educación, el ministerio pastoral, las enseñanzas sociales, y la teología. En otros términos, las críticas políticas e ideológicas involucradas en la reflexión teológica liberacionista, a menudo van de la mano con una crítica a las posturas defendidas por la iglesia, a las actitudes y prácticas referidas a la sociedad y la cultura, y al ámbito de lo político —por ejemplo en términos de una «hermenéutica de la sospecha»[11]— a la luz de los desafíos que se enfrentan (como por ejemplo, la legitimación religiosa de las estructuras y los sistemas predominantes).

«...sobre la praxis cristiana...». El compromiso con la praxis es la clave, en la medida en que la teología de la liberación subraya, como tarea teológica primordial, el hacer la verdad —ortopraxis— antes que el comprender la verdad revelada. La balanza se inclina hacia la ortopraxis antes que hacia la ortodoxia. La reflexión crítica discutida en el párrafo anterior se deriva del compromiso activo y arroja luz sobre tal compromiso, el cual se manifiesta en la vivencia del evangelio, y en el compartir el sufrimiento y la esperanza de los oprimidos, y la lucha por la liberación y la justicia. Esta praxis es acción ponderada y discernida, que ha sido elegida, dirigida y evaluada crítica y reflexivamente. Se trata de un compromiso práctico (como ser, en la planificación para el cambio social y en la implementación de alternativas), que no constituye en sí mismo un criterio definitivo de verdad, dado que la praxis debe estar sujeta a la evaluación comunitaria.

Como lo señalamos en el capítulo precedente, los liberacionistas argumentan que los teólogos académicos europeos de hoy han respondido al «primer movimiento de la Ilustración» (esto es, Kant, o la liberación de la razón respecto del autoritarismo y hacia la autonomía), mientras que los teólogos de la liberación responden al «segundo movimiento de la Ilustración» (esto es, Marx, o el desafío a transformar radicalmente la realidad). Así, para Jon Sobrino, el interés que mueve

a los teológos académicos a hacer teología es *la racionalidad* (el liberar
a la fe de elementos míticos y de errores históricos). En cambio, la
motivación de los teólogos de la liberación en el cumplimiento de esa
misma tarea teológica es la *transformación*. Los liberacionistas perciben la necesidad de confrontar la realidad de la situación pecaminosa
actual, y de hacerlo con el propósito explícito de confrontar la miseria
humana y eliminar la opresión.[12] Por tanto, una epistemología de la
praxis está fuertemente emparentada con el postulado de que la teología
de la liberación de hecho aporta una nueva metodología. Esta pretendida
novedad metodológica es sostenible por dos razones. Primero, los
liberacionistas están primordialmente interesados en la praxis cristiana
frente a la situación presente; no comienzan con las Sagradas Escrituras
o con las enseñanzas de la iglesia, como normalmente lo ha hecho la
teología académica tradicional. Segundo, la teología de la liberación ha
recapturado la noción de que la verdad teológica no puede captarse o
apropiarse a través del mero estudio, sino por medio del compromiso y
del involucramiento activo y comunitario, a tono con el proyecto del
reinado de Dios. No se trata de una mera variación en la metodología
teológica: estamos en presencia de una *transformación básica del
paradigma* en lo que respecta a contexto, experiencia, contenido, e
interpretación de la fe cristiana.[13] Debemos reiterar, en este sentido, que
el análisis de la realidad opresiva concreta demanda las contribuciones
claves que provienen de las ciencias sociales antes que de la filosofía,
dado que lo que está en juego es no sólo la comprensión crítica de la
opresión, sino también la visión socio-científica y la implementación
de modelos específicos de liberación.

Para Sobrino y otros, el método teológico se deriva de la ruptura
epistemológica que consiste en el seguimiento concreto de Jesucristo:
«El 'método', como camino, no se encuentra en la reflexión crítica
sobre el camino del conocimiento, sino en el mismo hacer camino real
... es el seguimiento real de Jesús el que da a conocer la realidad de
Jesús, aun cuando ésta deba ser también esclarecida usando una pluralidad de métodos, análisis, y hermenéuticas. El método, en su sentido
más profundo, es comprendido como contenido».[14] En otros términos,
los teólogos de la liberación conciben el método teológico como un
peregrinar concreto, una recapitulación contextualizada de la praxis de
Jesús, por decirlo así, más que un mero pensar acerca de la praxis. De
esta forma quedan superados varios dualismos, como por ejemplo la

separación entre proceso y contenido y, sobre todo, el dualismo radical
entre teoría y praxis, entre fe e historia.

«...*a la luz de la Palabra.*» La Biblia desempeña un papel medular
en la teología de la liberación, en la medida en que la principal
preocupación de esta vertiente teológica es, precisamente, la relación
entre el evangelio —y especialmente la Palabra de Dios como ha
quedado registrada en las Escrituras— y la praxis histórica actual.[15] Más
adelante formularemos una serie de consideraciones acerca del lugar y
la función de la Biblia en el proceso de teologizar. Por tanto, aquí son
suficientes algunas reflexiones introductorias.

En el teologizar liberacionista tiene lugar un proceso dialéctico a
través del cual la nueva conciencia histórica (como es, por ejemplo, la
conciencia de la dominación y la opresión) viene a asociarse con un
nuevo tipo de experiencias religiosas, con nuevas formas de comprender
a Dios y de vivir la fe. Este proceso dialéctico genera un redescubrimiento de varias dimensiones interrelacionadas del mensaje bíblico,
como lo hemos venido señalando a lo largo de este libro. Algunas de
estas dimensiones son la metáfora de Dios (y, por tanto, de Jesucristo)
como liberador; el símbolo paradójico del reinado de Dios, la visión
profético-utópica y las dimensiones escatológico-políticas del evangelio; el conocimiento fundado en la praxis y la epistemología de la
obediencia y del hacer justicia; y la situación privilegiada de los pobres
y oprimidos (capítulo 5). De hecho, estos temas bíblicos reaparecen
continuamente en la teología de la liberación. El mensaje de las Escrituras ha contribuido sustancialmente a darles una nueva forma tanto a
la fe religiosa como a la comprensión teológica.

EL HACER TEOLOGIA COMO TAREA EDUCATIVA

La liberación de la teología y el modo de reflexión teológica defendido por los liberacionistas, adoptan una forma más específica cuando
los describimos en términos de la experiencia concreta de las comunidades eclesiales de base.[16] De hecho, la «reflexión crítica sobre la praxis
cristiana a la luz de la Palabra» se convierte en un paradigma especial
para la educación que guarda una analogía sorprendente con el enfoque
pastoral —y en Brasil, con la metodología de la Acción Católica—[17]
caracterizado por estos tres movimientos: *ver, juzgar y actuar.* En
conexión con este tema, Leonardo Boff afirma que la Conferencia de

Obispos en Medellín (1968) ratificó y adoptó la metodología de la teología de la liberación, que estaba surgiendo en aquellos momentos. El punto de partida es siempre la evaluación crítica de la realidad («ver») en el contexto de un compromiso activo de parte de los cristianos. El siguiente movimiento consiste en el esfuerzo de echar luz sobre la praxis cristiana a partir de los recursos provistos por la Revelación y la reflexión teológica («juzgar»). En el tercer movimiento, que completa el proceso, se disciernen y determinan las líneas de la acción pastoral apropiada («actuar»).[18] A continuación explicamos este enfoque liberacionista, e incluimos una ilustración sencilla del hacer teología frente a una «situación-límite» tipica de muchos cristianos en América Latina: el problema de la tierra y la cuestión de la reforma agraria.

Ver: la mediación socioanalítica

Antes de que tenga lugar cualquier proceso de reflexión teológica en sí, según la teología de la liberación, es necesario un compromiso previo de parte del teólogo, el pastor o agente de pastoral, junto con el pueblo que está confrontando, real y existencialmente, el problema de la tierra (prioridad definida como tal por el pueblo mismo). Este compromiso puede tomar formas variadas, como por ejemplo, cierta clase de participación activa de parte del teólogo en las comunidades campesinas de base o las asociaciones de trabajadores rurales, y en organizaciones similares. En otros términos, no hay tal cosa como un comenzar desde el nivel teorético para concebir una «teología de la tierra» que deberá luego ser aplicada, adoptada o contextualizada de algún modo, en cierta circunstancia particular. Más bien, esta teología debe ser desarrollada sobre la marcha.

La primera fase de este proceso consiste en un análisis de la situación local a la luz de la propia experiencia de la gente. En el caso de nuestro ejemplo, esto implicaría simplemente observar, discutir y problematizar en detalle el tema del trabajo y la tierra, desde la perspectiva de la situación del trabajador rural. Las luchas concretas de los campesinos y sus familias en esa área, las leyes referidas a la tierra, el comportamiento de los terratenientes y la acción del gobierno (o la ausencia de ella); todas estas cuestiones tendrían un lugar privilegiado en la agenda para el compartir y la discusión. La atención debería enfocarse hacia la forma en que la gente percibe sus propios problemas, y las maneras en que ha tratado de solucionarlos. La «mediación socioanalítica» (mediación en el sentido de medio o instrumento para la construcción teológica) involucrada en este movimiento metodológico consiste en una mirada crítica al mundo de los oprimidos. El objetivo es comprender la naturaleza, las fuentes, y las implicancias de la opresión que está ocurriendo, lo que es otra forma de reiterar que la teología de la liberación comienza con el aquí-y-ahora de la situación histórica concreta. En otros términos, antes de poner en cuestión la opresión y su significado desde la perspectiva de Dios, por decirlo así, el agente de pastoral o el teólogo, juntamente con el pueblo, deben comprender el mundo concreto de la opresión y sus causas. De aquí se deriva el énfasis en que en la raíz misma del método está la sinapsis que vincula la fe con la práctica concreta. En los términos de los hermanos Boff, la teología de la liberación actúa dentro de la dialéctica principal de teoría (fe) y praxis (caridad): la teología de la liberación es siempre un acto segundo, siendo el primero la «fe que obra por el amor» (Gá. 5.6).[19] Por tanto, la toma de conciencia crítica frente al mundo real de la opresión y del sufrimiento en términos de situaciones límite específicas (como las que enfrentan los campesinos expropiados) es una dimensión esencial del proceso teológico global.

Es evidente que este enfoque demanda aportes sustanciales de parte de las ciencias sociales. La tarea involucrada en el proceso de observar, analizar y reflexionar críticamente incluye el discernimiento de explicaciones alternativas. Por tanto, los teólogos latinoamericanos de la liberación han rechazado la comprensión superficial y moralista de la pobreza como un *vicio* (esto es, como el producto de la ignorancia, la indolencia, o la mera malicia humana) y la correspondiente pseudo-solución del «asistencialismo» (desde la limosna hasta diversos programas que convierten a los «infortunados» pobres en objeto de caridad). Han rechazado también la explicación funcionalista de la pobreza y la opresión, que se maneja con la noción de subdesarrollo socioeconómico y sugiere el paliativo del «reformismo», ignorando la naturaleza conflictiva de la opresión y eludiendo confrontar las injustas estructuras sociales. La mediación socioanalítica ha conducido a los liberacionistas a adoptar alguna variante de la explicación histórico-estructural o dialéctica de la pobreza, precisamente en términos de *opresión*: la pobreza se entiende a la luz de la organización política y económica básica de la sociedad. Los pobres y oprimidos son, entonces, considerados como sujetos que emergen en un proceso de transformación social.

A esta altura se hace necesaria otra referencia al marxismo, en la medida en que a menudo se acusa a la teología de la liberación de adoptar acríticamente las perspectivas marxistas y socialistas, y de manipular el evangelio para justificar opciones políticas hechas a priori.[20] Los liberacionistas han sido lo suficientemente cuidadosos como para tomar cierta distancia en su empleo del análisis marxista. Así, en la auténtica teología de la liberación: (a) El análisis marxista está sujeto al juicio y a la causa de los pobres (y no al revés); (b) el marxismo debe ser usado como instrumento, y de manera selectiva, aplicando ciertos indicadores metodológicos que pueden resultar útiles, como por ejemplo, los factores económicos, el concepto de lucha de clases y el análisis del poder mistificador de la ideología; (c) el teólogo debe conservar una relación crítica con el marxismo, considerándolo como compañero de ruta pero nunca como el guía autorizado para marcar el rumbo.[21]

Juzgar: la mediación hermenéutica

La transición hacia el segundo movimiento metodológico se produce cuando se trata de correlacionar la fe cristiana del pueblo con el problema concreto de la tierra. La creencia religiosa de que la tierra es un don de Dios para que todos lo disfruten y lo compartan, la promesa divina de la bendición asociada con el trabajo físico y la cooperación con Dios, la esperanza de una «nueva tierra» en el reino que está viniendo, y la responsabilidad expresada en el compromiso de ejercer una mayordomía responsable respecto de los recursos naturales y los talentos personales, son algunas de las reivindicaciones de la fe que deben reapropiarse a la luz del evangelio. El «juzgar», por tanto, tiene lugar en aquel proceso de interpretación crítica que afirma el papel normativo y rector de la Palabra de Dios, tal cual ha quedado registrada en la Biblia. Obviamente, en este proceso será necesario también tomar en cuenta la enseñanza de la iglesia (esto es, las enseñanzas concernientes a la tierra y las relaciones de mercado, la propiedad privada, la justicia social y el bien común).[22]

Una vez que se ha captado («visto») correctamente la situación de opresión desde la perspectiva de los oprimidos, se plantea la pregunta acerca de cómo la Palabra de Dios habla a esta situación y arroja luz sobre nuestra reflexión y acción. En otros términos, a esta altura se hace necesario tratar el tema de la opresión y la liberación a la luz de la fe cristiana, tal cual ésta se encuentra anclada en las Escrituras. La aproximación a la Biblia no es neutral —un enfoque pretendidamente neutral representaría, por otra parte, una imposibilidad psicológica—, sino que toma como punto de partida la situación concreta y existencial de sufrimiento de los oprimidos, así como también sus esperanzas de un futuro distinto. Es necesaria, en consecuencia, una nueva lectura interpretativa, esto es, la *hermenéutica de liberación*, a la cual nos referiremos con más detalle en la próxima sección. Los liberacionistas reconocen que esta hermenéutica de liberación no es la única lectura posible y legítima que puede hacerse de la Biblia. Sin embargo, este nuevo modo interpretativo es la hermenéutica *privilegiada* para el Tercer Mundo. La nueva hermenéutica subraya ciertos motivos bíblicos especiales, como por ejemplo, el Dios que es autor de la vida y defensor de los oprimidos, la liberación del lugar de esclavitud, la profecía acerca de un nuevo mundo, el reino que ha sido dado a los pobres, y la iglesia de la comunión total. Aunque es cierto que toda la Biblia se reivindica como el texto de la iglesia y el libro del pueblo, resulta evidente, sin embargo, que la aproximación liberacionista requiere cierta selectividad hermenéutica. De hecho, el «juzgar» involucrado en el segundo movimiento metodológico revela una preferencia por los siguientes documentos bíblicos: (a) los textos referidos al *éxodo*, con la historia de la liberación político-religiosa de la esclavitud, y la concreción de la libertad para llegar a ser el pueblo de Dios en la tierra prometida y en el marco del pacto;[23] (b) los *profetas*, con su defensa encendida de Dios como liberador, su denuncia vigorosa de la injusticia, y el anuncio del reinado mesiánico; (c) los *evangelios*, con la presencia normativa y medular de Jesús y su ministerio global de liberación, así como su muerte y resurrección, que establecen el sentido y el propósito definitivos y absolutos de la historia; (d) los *Hechos de los Apóstoles*, con el retrato del ideal de una comunidad cristiana libre y liberadora; (e) la *Revelación o Apocalipsis*, con la descripción simbólica de la lucha del pueblo de Dios confrontando a todas las monstruosidades de la historia. La hermenéutica de liberación combina las cuestiones urgentes y pertinentes en la agenda de los pobres y oprimidos que añoran la «vida abundante» prometida (Jn. 10.10), por un lado, con los temas trascendentes de la conversión, la gracia y la resurrección, por otro.[24] Esta combinación tiene lugar en el proceso de *circulación hermenéutica* que involucra tres elementos: el pueblo, su contexto y el texto bíblico.

A la luz de nuestro interés presente, conviene formular algunos comentarios adicionales sobre la mediación hermenéutica liberacionista. *Primero*, dado que la ortopraxis es la preocupación central, la hermenéutica de liberación utilizada en el movimiento del «juzgar» tenderá a subrayar la comprensión que uno tiene de la aplicación práctica, antes que la mera explicación. Por tanto, más allá de posibles análisis y explicaciones que puedan efectuarse acerca de las situaciones límite que deben enfrentar los campesinos o trabajadores rurales marginados o expropiados, lo que importa por sobre todo es interpretar y comprender el «texto» de la vida concreta de ese pueblo a la luz de las Escrituras. Los sentidos del texto deben ponerse en correlación con los sentidos existenciales y prácticos. *Segundo*, el objetivo fundamental del momento del juzgar consiste en reactivar creativamente la energía potenciadora y transformadora contenida en los textos bíblicos. Por tanto, la interpretación crítica está pensada para promover, a su manera, la conversión, la potenciación y la transformación de los seres humanos. El producto final debe ser la maximización del bien común y la corrección de la injusticia, mediante la evaluación e inclusive el desarrollo de directivas y orientaciones en relación con la situación presente de opresión, en medio de la cual los pobres son explotados o privados de la posibilidad de trabajar la tierra. *Tercero*, la interpretación crítica subraya el contexto social del mensaje bíblico, con el propósito de que la exégesis (o el estudio del texto dentro de su contexto histórico) pueda tener traducción en el aquí-y-ahora del contexto histórico del pueblo. *Cuarto*, la mediación hermenéutica liberacionista pone el acento sobre la clave cristológica, es decir, sobre el seguimiento concreto de Jesucristo como la forma de conocer la verdad y de elegir y experimentar la vida misma (Jn. 14.6), como lo indicamos en el capítulo tercero, en nuestro estudio de la epistemología de la praxis. Por tanto, al afirmar que los Evangelios se sitúan en el nivel más alto de la revelación divina, está ubicándose la visión de los pobres y oprimidos dentro de la visión más amplia del Señor de la historia.[25]

Actuar: la mediación práctica

Puede afirmarse que la mediación socio analítica se orienta hacia el mundo de los oprimidos con vistas a comprenderlo criticando (*ver*), mientras que la mediación hermenéutica (*juzgar*) presta atención al «mundo de Dios» con el propósito de descubrir el plan divino para los oprimidos. La mediación práctica (*actuar*), por su parte, da forma al tercer movimiento metodológico que consiste en explorar, implementar y evaluar aproximaciones operativas que sean coherentes tanto con las esperanzas de liberación que abriga el pueblo como con la voluntad divina revelada de justicia y paz. En el caso de nuestro ejemplo, referido a la tierra, se considerará una serie de alternativas, como por ejemplo el valor y la viabilidad de la organización de los trabajadores rurales en uniones y asociaciones para proyectos especiales (por ejemplo, intentos de que se introduzcan cambios en la legislación o en la aplicación de las leyes vigentes, defensa de aquellos que se asientan en tierras no ocupadas, y establecimiento de cooperativas). Un plan de mayores proporciones podría, inclusive, proponer la redistribución de la tierra en el contexto de la reforma agraria, y diversas formas de movilización social y política a nivel local, regional y nacional. El discernimiento de formas eficaces de acción puede desembocar en la apelación a las estructuras existentes, como por ejemplo agencias gubernamentales y grupos políticos, o, por otro lado, en diversas formas de desobediencia civil.[26] En síntesis, para expresarlo en los términos de Freire, las «situaciones-límite» se confrontarán con «acciones-límite», concretando de esta forma los «inéditos viables» en la búsqueda de libertad y justicia.

La teología de la liberación emerge, así, de la praxis cristiana —la «fe que obra a través del amor»— y conduce a una praxis ulterior. La dialéctica de acción y reflexión crítica es característica de esta forma de hacer teología, y este teologizar define, a la vez, el perfil de la educación cristiana y teológica a nivel de la comunidad de fe. Obviamente, cuanto más cerca esté de un contexto local determinado, tanto más específica tenderá a ser la mediación práctica: podrá efectuar una apreciación más definida de los eventos concretos y de las circunstancias del aquí-y-ahora, y podrá predecir con mayor precisión las consecuencias. De todas maneras, es necesario tomar nota de varios principios metodológicos: (a) La determinación de aquello que es posible o históricamente viable, a través de una identificación cuidadosa del perfil y de las estructuras de la realidad social, incluyendo la potencial resistencia y oposición al cambio. Esto se aplica particularmente a la exploración de alternativas creativas (como por ejemplo, redes locales de apoyo moral y material para los trabajadores y sus familias) frente a las situaciones opresivas e injustas. (b) El discernimiento de estrategias y tácticas prestando especial atención a los medios y métodos no violentos, como por ejemplo, el diálogo y la persuasión, la aplicación de presión moral, y la resistencia pacífica. Este discernimiento implica cierta reflexión acerca de recursos adicionales a la luz de las preocupaciones éticas cristianas, como por ejemplo, la movilización popular en marchas y huelgas, juntamente con otros enfoques activamente confrontativos que expresan protesta y apuntan hacia proyectos sociales alternativos. (c) La articulación de la praxis del pueblo de Dios con la de otras fuerzas históricas presentes en la sociedad, como por ejemplo, ciertas ramas y niveles del gobierno, los partidos políticos y los sindicatos. Esto implica realizar un examen crítico de los eventos que tienen lugar en el escenario local, donde desarrolla su actividad la comunidad cristiana, en correlación con el sistema social, económico y político más amplio. (d) La evaluación permanente de los objetivos y medios, juntamente con una evaluación de los resultados, y el discernimiento de las posibles consecuencias y ramificaciones en relación con la acción y la reflexión ulteriores.

Este método liberacionista de hacer teología no funciona de manera lineal, como si en la práctica concreta cada uno de los movimientos pudiera ser separado del resto. Más bien, el método opera de manera inductiva y dialéctica, y cada movimiento está estrechamente ligado a los otros dos.[27] La mediación *socioanalítica* involucrada en el «ver» incluye ya algunas indicaciones que son relevantes para el «juzgar», que ha de ser llevado a cabo en términos de la mediación *hermenéutica*, así como también algunas sugerencias o pistas preliminares para el «actuar», o sea, la mediación *práctica*. La acción, a la vez, continúa estimulando e influyendo sobre nuevas interpretaciones y observaciones, y así continúa el proceso. En síntesis, estamos en presencia de ciertos elementos que apuntan a definir la teología de la liberación como «*reflexión crítica* (ver, mediación socioanalítica) sobre la *praxis* cristiana (actuar, mediación práctica como punto de partida y de llegada) a la luz de la *Palabra* (juzgar, mediación hermenéutica)». En la articulación de este proceso metodológico podemos observar distintos niveles de especificidad, abstracción, sofisticación e integralidad. Esta diversidad guarda relación, sobre todo, con los variados contextos en que se hace teología (comunidades de fe locales, centros para entrenamiento de líderes, institutos pastorales, seminarios y universidades) y con los talentos y vocaciones de los protagonistas (laicos de las comunidades de base, agentes religiosos o de pastoral, teólogos profesionales).

En el nivel de la gente común reunida en el contexto de las comunidades eclesiales, el «hacer teología» en clave de liberación contribuye en gran medida a la educación cristiana. La contribución reside en el hecho de que su impulso, su contenido y su propósito principales apuntan a la educación concientizadora para jóvenes y adultos. Volveremos sobre este tema en el próximo capítulo.

En el nivel del entrenamiento de líderes y el desarrollo de los ministerios, el «hacer teología» en clave de liberación revisa y reconstituye la educación teológica de manera creativa. La educación teológica vuelve así a verse, sobre todo, como una forma especial del ministerio educativo de la iglesia. Su razón de ser consiste en reflexionar sobre las maneras en que la comunidad de fe puede trabajar para realizar la misión cristiana a la luz del reinado de Dios, y equipar al pueblo para el cumplimiento de este objetivo.[28] Por otra parte, la separación tradicional entre «educación teológica» (en tanto educación para clérigos y pastores, impartida en instituciones teológicas ad hoc) y «educación cristiana» (para el laicado en la iglesia) tiende a ser borrada deliberadamente.[29] La educación requiere el aporte adecuado de la teología. La necesidad de reconciliar e integrar, de manera efectiva, estas dos dimensiones del ministerio educativo de la iglesia, de darle un nuevo perfil a la educación teológica, y de salvar, de alguna forma, el abismo que separa la *academia* de la *ecclesia*, ha sido puesta de manifiesto por Thomas Groome, entre otros. Groome afirma que su enfoque de la educación cristiana, fundado en el concepto de «praxis compartida», es en esencia un intento de llevar al pueblo a hacer teología de una forma totalmente coherente con la perspectiva liberacionista. Y esta perspectiva tiene que ver con los sujetos privilegiados, el lugar y el propósito de la teología y, especialmente, con el cambio hacia un paradigma de unidad dialéctica entre praxis y teoría.[30]

LA LIBERACION DE LA BIBLIA

La «nueva manera de hacer teología» reconoce el lugar privilegiado que le cabe a la Biblia en la vida y en las luchas del pueblo, así como también en la tarea teológica. Es notable el énfasis que los liberacionis-

tas ponen en que la Biblia es el libro de texto de Dios para el pueblo
—una nueva convicción entre los católicos latinoamericanos—; tanto
más importante es el hecho de que la Biblia es leída como nunca antes.[31]
En palabras de Carlos Mesters, la Biblia, que había sido quitada de las
manos del pueblo, hoy le esta siendo devuelta. El pueblo está «expro-
piando a los expropiadores», en la medida en que toma conciencia de
que la Biblia es su libro, escrito para él, y que habla a sus necesidades
aquí y ahora; en suma, la Biblia está volviendo a ser el libro del pueblo.[32]
Una vez más en la historia de la iglesia, las Escrituras están desem-
peñando un papel decisivo en la renovación eclesial, religiosa, y teológica. Sin embargo, desde la perspectiva liberacionista, la Biblia ha de
cumplir una función clave sólo si se la coloca en segundo lugar, por
decirlo así, en posición subordinada respecto de la vida concreta del
aquí-y-ahora, que ocupa el lugar primero. En otros términos, la «mediación hermenéutica» involucrada en la reflexión crítica y en la interpretación para la transformación, centra su atención en la comprensión, la
liberación, y la plenificación de la vida humana aquí-y-ahora, antes que
en la interpretación de la Biblia per se. El eje hermenéutico ha sufrido
un viraje: se trata ahora de interpretar la vida con la ayuda insustituible
de la Biblia.[33]

La visión y la utilización liberacionistas de la Biblia implican
también un interés por el análisis sociológico del mundo del texto y del
mundo de los intérpretes.[34] El análisis social del mundo de los intérpretes se convierte en un requisito previo para la interpretación bíblica.
Así, en la hermenéutica liberacionista, el texto bíblico debe ser visto a
la luz de la realidad socioeconómica del contexto histórico actual.[35] Por
otra parte, el énfasis en el análisis de la situación presente («mediación
socioanalítica») se intersecta con la intención de vincular la praxis y el
proceso de conocer. Para los teólogos de la liberación, el auténtico
sentido de las Escrituras se capta y apropia a la luz de los desafíos que
emanan de la praxis cristiana.

En las tres secciones siguientes, profundizaremos estos comentarios
acerca de la pretendida liberación de la Biblia, y consideraremos
algunas ramificaciones particularmente relevantes desde la perspectiva
de la educación.

Dimensiones de la liberación de la Biblia

La cuestión crucial de la liberación de la Biblia puede considerarse en términos tanto de emancipación —liberación *desde*— como de capacitación y potenciación —liberación *para*. Las preocupaciones centrales en el enfoque liberacionista de las Escrituras están estrechamente ligadas entre sí: *quién* lee e interpreta la Biblia, y *a qué intereses* está sirviéndose en el ejercicio de la erudición bíblica. En relación con estos dos problemas aparece un tercero: la liberación de la cautividad ideológica.

El pueblo, los maestros y los eruditos. La liberación de la Biblia involucra, en primer término, plantear el interrogante acerca de quién lee e interpreta las Escrituras. En su formulación de una teología inductiva, Georges Casalis discute varias dimensiones de la hermenéutica bíblica en cuanto «ciencia de Hermes». Argumenta que el componente más vital e indispensable de la hermenéutica bíblica consiste en reclamar a aquellos que, de manera injustificada, han encerrado bajo llave el texto y su sentido, que los devuelvan inmediatamente.[36] Esta dimensión de la hermenéutica requiere, por tanto, cierta ruptura, y una verdadera conversión hacia el pueblo, de parte de los eruditos bíblicos, en la medida en que la hermenéutica siempre toma partido, y sólo puede ser auténtica si es realmente popular. Casalis agrega que su convicción está en consonancia con la «concientización política a través de la alfabetización» de Paulo Freire.[37]

El propio mensaje de la Biblia estimula su liberación del control de los académicos, teólogos y biblistas, e inclusive del contralor del magisterio eclesiástico. Como lo explica Mesters, en el pasado «nosotros, los miembros del clero, expropiamos la Biblia y conseguimos el monopolio de su interpretación. Sacamos la Biblia de las manos del pueblo, la guardamos bajo llave, y tiramos la llave. Pero el pueblo ha encontrado la llave y está comenzando a interpretar la Biblia.»[38] Por su parte, Paul Lehmann afirma que, si bien la Reforma Protestante puso la Biblia en las manos del pueblo, la «nueva Reforma» —introducida por la teología de la liberación y las comunidades de base— expresa y expone lo que el pueblo ha encontrado.[39]

Al adoptar una hermenéutica liberacionista, los expertos o especialistas en la interpretación bíblica —eruditos, pastores, y maestros— son, también ellos, emancipados del prejuicio y del privilegio, y son liberados para convertirse en recursos útiles y fieles para Dios y para el pueblo. Los «maestros de la Palabra» actúan como facilitadores y siervos (antes que como amos y señores); llegan a ser co-educandos y co-peregrinos juntamente con el pueblo. La cuestión principal en relación con el papel de los expertos y especialistas es en qué medida estimulan o promueven la concientización y la creatividad, como lo explicamos en el primer capítulo de esta obra. En las palabras de David Lockhead, la intuición de cuál es el sentido del texto en su contexto no es primordialmente una cuestión de erudición, sino más bien de visión creativa.[40] No le pedimos al especialista que exponga el texto bíblico, sino que nos dé información acerca de su trasfondo, lo cual nos ayudará a escuchar lo que el texto dice en su contexto. Lockhead sigue diciendo que la experiencia de adentrarnos en el mundo del texto debería ser una forma de concientización. Y agrega que, si bien ningún método puede aportar, de manera automática, esa intuición creativa del sentido del texto, sin creatividad es prácticamente imposible que una lectura de la Biblia pueda resultar liberada y liberadora.[41]

Superando la cautividad ideológica. La expresión «cautividad ideológica» evoca antes que nada el sentido negativo e incluso peyorativo del concepto de ideología, que está asociado con el pensamiento de Karl Mannheim, especialmente cuando se contrasta «ideología» con «utopía».[42] En este sentido, ideología se refiere a los mecanismos mentales que sirven a un determinado grupo o clase, o a ciertos intereses, en la medida en que dichos mecanismos contribuyen a ocultar o sacralizar una determinada situación. Así, la ideología se constituye a partir de justificaciones del interés propio, y es un medio por el cual un grupo busca legitimar el control social que ejerce. En la medida en que las ideologías cumplen este papel funcional, se convierten en una fuerza poderosa que contribuye al conformismo y al mantenimiento del statu quo. La visión profética y utópica defendida por los teólogos de la liberación apunta claramente a exponer, denunciar y reemplazar las ideologías predominantes, las cuales tienden a conservar las condiciones sociales opresivas y alienantes que imperan en el presente. La hipótesis de Juan Luis Segundo es que estas ideologías inconscientemente controlan y guían nuestras nociones teológicas y nuestra práctica pastoral. Sobre la base de esta hipótesis, Segundo adopta de Paul Ricoeur el concepto clave de *sospecha*, que será discutido de manera breve un poco más adelante.[43]

Un sentido algo más neutral de ideología denota las dimenciones socioculturales y político-económicas del punto de vista que uno tiene, y entonces el concepto se emparienta con el de perspectiva o inclusive con el de «prejuicio». En este sentido más global, como sinónimo de «punto de vista», el término ideología puede usarse para subrayar el hecho de que la realidad siempre es conocida desde la perspectiva peculiar del sujeto que conoce. Lo que entendemos refleja no sólo la realidad que es entendida, sino también el punto de vista desde el cual es entendida. Como bien lo explica Robert McAfee Brown, nuestra «cautividad ideológica» consiste en que no somos capaces de reconocer que (a) todos tenemos ciertos presupuestos ideológicos (nadie piensa en categorías puras o desinteresadas); (b) tendemos a usar nuestras ideologías para legitimar la conservación de las cosas tal como están, especialmente cuando nos conviene (por otra parte, detectamos esta tendencia más fácilmente en los otros que en nosotros mismos); y (c) nuestras razones para afirmar lo que afirmamos están, en consecuencia, siempre sujetas a la sospecha (ideológica).[44] El hecho de ser confrontados o desafiados por un punto de vista diferente del nuestro o inclusive opuesto —de forma tal que nos veamos obligados a tomar en serio la visión del otro— es esencial para reconocer nuestra cautividad ideológica. De esta forma se nos mueve a examinar nuestra propias posiciones.[45]

La toma de conciencia crítica respecto de nuestras ideologías sociales y personales es esencial no sólo para nuestra propia liberación, sino también para evitar que hagamos que la Biblia caiga cautiva de nuestros propios prejuicios. Nuestra tentación permanente es forzar las Escrituras para que encajen dentro de nuestras perspectivas y marcos de referencia. Como lo señala Lockhead, nuestra tarea consiste en leer la Biblia de tal manera que la liberemos de nuestra ceguera respecto del carácter relativo de nuestro propio punto de vista. Dicho en otros términos, debemos leer la Biblia de forma tal que ella sea capaz de liberarnos de las cadenas de nuestra propia perspectiva.[46] En otras palabras, nuestras propias ideologías personales, grupales o de clase, no deberían controlar o dominar el texto; más bien, deberíamos permitir que el texto ponga de manifiesto e ilumine los prejuicios que traemos a él. Como resultado, puede surgir una verdadera «hermenéutica dialéctica», una hermenéutica que consista en una interacción mutuamente liberadora entre el lector y el texto bíblico. A la luz de la toma de conciencia de la riqueza y complejidad de la «mediación hermenéutica» y de la «política de la comprensión»,[47] podemos redefinir y reafirmar el papel de los expertos en cuanto recursos. Y esta reafirmación involucra la participación indispensable de la comunidad eclesial, que anticipa una respuesta fiel de discipulado («ortopraxis») al evangelio del reino de Dios que está viniendo. En última instancia, la doble liberación de la Biblia en sus varias dimensiones —entendida como emancipación, por un lado, y como capacitación y potenciación, por otro— debe implicar un compromiso de fe en términos de estilo de vida y transformación comunitaria y social.

Aprendiendo a través de la circulación hermenéutica

La cuestión de la liberación de la Biblia es esencial en el marco de la discusión acerca del método teológico que genera la teología de la liberación. Esta centralidad está implícita en la definición misma de la teología como «reflexión crítica sobre la praxis cristiana *a la luz de la Palabra*», y es tratada explícitamente por Juan Luis Segundo. De hecho, la metodología fundamental de Segundo, tal cual se describe en *La liberación de la teología*, consiste en un «círculo hermenéutico» que involucra un cambio permanente en la interpretación de las Escrituras a la luz de los cambios constantes en la realidad presente.[48]

Antes de describir el proceso de aprendizaje transformador de la circulación hermenéutica, debemos notar que, para Segundo, la Biblia debe ser entendida primeramente como el registro de un proceso educativo dirigido por Dios. De hecho, de acuerdo con su principio hermenéutico básico, la Biblia misma debe ser vista como un proceso educativo religioso y bíblico-teológico, más que como un mensaje fijo o estático. En relación con el énfasis de Segundo sobre la cuestión metodológica, está la noción de que el encuentro con la Biblia invita a aprender-cómo-aprender más bien que a enseñar un contenido bíblico per se. Aunque en principio coincidimos con esta proposición, debemos indicar el error que se comete cuando se establece una dicotomía demasiado tajante entre contenido y método (y al mismo tiempo se sugiere, como lo hace Segundo, que la naturaleza liberadora de una teología, y la mejor esperanza de la teología para el futuro, residen no en su contenido sino en su método).[49] El problema de los encuentros alienantes o domesticadores con la Biblia no puede plantearse en términos de la oposición método/proceso versus mensaje/producto, como parece sugerir Segundo. La cuestión es, más bien, hasta qué punto el proceso de enseñanza-aprendizaje estimula la prescripción y el adoctrinamiento, o promueve, por el otro lado, el diálogo, la reflexión crítica y la creatividad.

La circulación hermenéutica. Segundo define el proceso de circulación hermenéutica como el cambio continuo en nuestra interpretación de la Biblia, condicionado o dictado por los cambios continuos en nuestra realidad cotidiana, tanto individual como social. En otras palabras, la circulación hermenéutica consiste en una interacción entre el texto de la Escritura en su contexto histórico y la comunidad eclesial que lee el texto a la luz de la situación histórica presente. El carácter circular de la interpretación se deriva del hecho de que cada nueva realidad nos obliga a discernir e interpretar de nuevo la Palabra de Dios, transformar la realidad de acuerdo con ella, y luego volver a la Palabra de Dios para reinterpretarla una vez más. La ejecución de este proceso y el completamiento exitoso del «círculo» depende de dos condiciones: (a) la existencia de sospechas y preguntas profundas y fructíferas en relación con las situaciones de la vida real; y (b) una interpretación de las Escrituras igualmente fructífera.[50]

La secuencia de la circulación hermenéutica incluye cuatro movimientos distintos desde la fe hasta la fe, por decirlo así, a través de la sospecha ideológica, la teológica y la exegética. Segundo describe sucintamente los cuatro movimientos. Primero, nuestra nueva manera de experimentar y ver la realidad nos conduce a la sospecha *ideológica*. Segundo, aplicamos nuestra sospecha a toda la superestructura ideológica en general, y a la teología en particular (sospecha *teológica*). Tercero, en la medida en que comenzamos a experimentar la realidad de manera diferente, emerge una sospecha *exegética*: comenzamos a sospechar que la interpretación bíblica tradicional y corriente no toma en consideración importantes porciones del material bíblico. Cuarto, llegamos a una *nueva hermenéutica*, es decir, a una nueva manera de interpretar las Escrituras con los nuevos elementos que tenemos ahora a nuestra disposición.[51]

El sentido o la percepción de problemas o situaciones de conflicto definidos, y el compromiso de enfrentarlos, son esenciales para poner en movimiento el proceso de circulación hermenéutica formulado por Segundo. La frustración y la insatisfacción con la realidad presente nos lleva a generar «sospechas» y cuestionamientos desafiantes, en el camino hacia una transformación efectiva de dicha realidad. En otros términos, el proceso hermenéutico involucra conflicto «en un contexto de rapport» y «problematización», lo cual nos trae a la memoria el enfoque de concientización freireano reinterpretado a la luz de la creatividad. De hecho, puede argumentarse que el círculo hermenéutico es análogo a la concientización en cuanto creatividad y, en realidad, una versión especial de tal proceso que explicamos en detalle en el primer capítulo de esta obra.

En América Latina, el desarrollo del círculo hermenéutico puede ser descrito como lo hacemos a continuación. Los pobres y oprimidos experimentan la realidad en una forma que los lleva a sospechar que las clases dominantes se apoyan en una ideología que esconde la realidad del pobre y del oprimido. Esto, a la vez, conduce a una sospecha teológica, y desde allí a una sospecha exegética, las cuales sugieren que los representantes de las clases y la cultura dominantes hacen teología e interpretan la Biblia para reafirmar sus privilegios y su dominación. Los pobres y oprimidos tienen, así, la oportunidad de releer y reinterpretar las Escrituras y descubrir el mensaje bíblico dentro de su propio contexto actual de opresión. A través de este proceso de aprendizaje transformador, que es circulación hermenéutica, los pobres y oprimidos pueden reafirmar su fe al desenmascarar las ideologías que responden a intereses disfrazados y que, a menudo, se ocultan en la teología tradicional. De aquí, la afirmación que hacíamos más arriba, en el sentido de que nuestra experiencia de la realidad nos obliga a reinterpretar la Palabra de Dios. Esta reinterpretación creativa puede, de hecho, ayudarnos a cambiar nuestra propia realidad, lo cual, a la vez, requerirá una nueva interpretación del evangelio. En consecuencia, el proceso de circulación hermenéutica se convierte en un ingrediente permanente y esencial del quehacer teológico, por un lado. Por el otro, y en estrecha relación con lo anterior, el círculo hermenéutico se incorpora íntegramente al proceso de educación cristiana y bíblico-teológica. En síntesis, tenemos la sospecha ideológica, la sospecha teológica y la sospecha exegética: estas tres sospechas interactivas nos conducen a una nueva manera de leer la Biblia y de interpretar la fe cristiana misma.

En la medida en que anhelan y buscan el cambio estructural, los cristianos latinoamericanos pueden participar en un proceso de circulación hermenéutica en cuanto herramienta importante para nutrir y fortalecer su fe. Paradójicamente, los pobres y oprimidos disfrutan lo que Hugo Assmann ha denominado un *privilegio epistemológico* que es también hermenéutico.[52] Este privilegio resulta del hecho de que la situación de los pobres y oprimidos es análoga a la situación de aquellos a quienes el mensaje bíblico fue originalmente dirigido. Por esta razón, la teología de la liberación sugiere que prestemos atención al lugar y al papel de la Biblia en relación con el hombre y la mujer comunes, así como también, y de manera especial, a la hermenéutica de base, en la búsqueda de claves liberadoras que sean relevantes, tanto para la teología como para la educación.

El texto del pueblo y la hermenéutica de base

La centralidad de la Biblia en las comunidades cristianas latino-americanas, juntamente con su papel medular en la vida, el trabajo y las luchas del pueblo, es un hecho incuestionable. Resulta interesante que la *reubicación* de las escrituras —es decir, el hecho de que la Biblia sea considerada de fundamental importancia y sea tomada seriamente en cuenta a nivel de las bases— involucra ciertas *dislocaciones* dramáticas en relación con las maneras más tradicionales de trabajar con el texto sagrado. En primer término, discutiremos brevemente algunas de estas dislocaciones. Luego, nos referiremos a la hermenéutica de base en los casos de la iglesia popular de Solentiname (Nicaragua), y los «círculos bíblicos» en Brasil. Por último, indicaremos algunos otros rasgos fundamentales de la hermenéutica liberacionista de base desde la perspectiva del ministerio educativo.

Dislocaciones creativas. Cuando la gente del pueblo reapropia la Biblia y su mensaje, un buen número de situaciones cambian sustancialmente. Señalaremos tres de ellas.

(a) El primer desplazamiento creativo consiste en la misma *reapropiación deliberada de la Biblia por parte del laicado.* Incontables relatos apuntan a subrayar el hecho de que el pueblo percibe la Biblia como su propio libro, dirigido primeramente a ellos y ellas; sienten, además, que tienen el derecho de leerlo a su manera y de disfrutarlo en sus propios términos.[53] En el mismo tenor, el lugar y el papel de los «doctores» —fundamentalmente, eruditos y teólogos— debe sufrir una modificación radical. Su «ubicación» existencial cambia en la medida en que se requiere que se sitúen no sólo dentro de los círculos académicos y científicos, sino también en la compañía del «pueblo que lee». Así, el lugar privilegiado donde las Escrituras se leen pasa a ser el lugar de los pobres y oprimidos. Esta es la ubicación en la cual se puede descubrirse y discernirse algo nuevo y diferente.[54] El pueblo fija la agenda para la reflexión bíblico-teológica, al formular las preguntas claves en cuanto «interlocutores» en la hermenéutica bíblica. La exégesis científica debe ocuparse de las preguntas que el pueblo plantea.

(b) La segunda dislocación creativa reside en el *énfasis puesto en el sentido de la Biblia para el pueblo que la lee aquí y ahora,* antes que en el sentido del texto en sí mismo. Esta dislocación es obviamente un corolario de la afirmación liberacionista en el sentido de que debemos trasladar la atención desde el texto bíblico hacia las situaciones de la vida real. En palabras de Carlos Mesters, la Biblia no es la única historia de salvación, sino más bien una suerte de «experiencia paradigmática». Cada pueblo particular tiene su propia historia de liberación y salvación.[55]

(c) La tercera dislocación creativa, producida por la teología de la liberación y las comunidades de base, consiste en el giro desde una comprensión cognitiva abstracta hacia una *afirmación de la fe, la comunidad y la historia, en el proceso de la interpretación bíblica.* Los liberacionistas sostienen que las mujeres y los hombres comunes —los pobres y oprimidos en particular— están ayudando a otros cristianos a darse cuenta de que «sin la fe, la comunidad y la realidad, es imposible comprender el sentido que Dios ha puesto en ese libro antiguo para nosotros hoy».[56] La necesidad de la fe y de la experiencia religiosa, y el redescubrimiento del «sentido de la iglesia» (*sensus ecclesiae*) en la interpretación bíblica, son también esenciales en el giro desde la (pseudo) neutralidad, a menudo postulada, de la exégesis bíblica, hacia una toma de posición a tono con el proyecto del reinado de Dios. Este es un concepto medular en la hermenéutica liberacionista y, juntamente con las otras dislocaciones mencionadas, conforman el telón de fondo de los dos casos de hermenéutica de base que serán comentados en las páginas que siguen.

El caso de Solentiname. Solentiname es el nombre de un archipiélago de treinta y ocho islas, situado en la zona sur del Lago de Nicaragua, en la República de Nicaragua, en América Central. Solentiname es también el nombre de la isla más grande del archipiélago, donde Ernesto Cardenal y dos colegas establecieron una pequeña comunidad o monasterio laico para el retiro contemplativo en 1965.[57] Muy pronto se iniciaron un buen número de proyectos vinculados con el bienestar y el desarrollo sociocultural de toda la isla: una escuela, una clínica, una biblioteca pública y una colección de arte precolombino. En otros términos, las disciplinas de la contemplación espiritual se integraron enseguida con el servicio y la acción en cuanto expresiones de la «fe que obra por el amor».[58] En 1970, la comunidad contemplativa y el pueblo de Solentiname, asociado con ella, eligieron apoyar al movimiento sandinista contra la dictadura somocista sostenida por los Estados Unidos. La solidaridad con los campesinos y pescadores de Solentiname involucraba ahora los riesgos y sufrimientos de un compromiso político en pro del cambio radical. La comunidad fue, de hecho, destruida por el ejército somocista en 1977. El testimonio de la iglesia popular y la hermenéutica de base que han quedado registrados en *El Evangelio en Solentiname*,[59] un verdadero comentario bíblico desde los oprimidos, corresponden precisamente a ese período de fermento y agitación.

Debemos subrayar varios elementos en relación con el caso de la hermenéutica bíblica en Solentiname,[60] comenzando por el hecho de que la lectura y la interpretación de la Biblia tuvieron lugar en *el contexto de adoración y celebración de la comunidad*. La misa dominical y las comidas comunitarias proveyeron el marco de referencia ideal para el diálogo y la reflexión crítica. En segundo lugar, juntamente con la afirmación de la igualdad y la mutualidad, se observa que los participantes desarrollaron *una profunda confianza y respeto hacia el liderazgo* de Ernesto Cardenal como maestro de la palabra. De esta forma, él fue capaz de funcionar como el «experto-siervo» que describíamos más arriba, explicando el contexto histórico-cultural del texto, la perspectiva teológica de los escritores, o el sentido de ciertas palabras y expresiones en el idioma original.[61] Este sentido de confianza y respeto es esencial, entre otras cosas, para que los participantes se abran a los recursos ofrecidos por los métodos críticos, que a menudo desafían preconceptos y creencias muy arraigadas respecto de la Biblia. Una tercera observación apunta a subrayar la *solidaridad activa* de parte de la comunidad eclesial con la sociedad de Solentiname. Esta solidaridad se hizo efectiva en un buen número de proyectos y en la cooperación concreta con los habitantes del archipiélago. De esta forma, se generó una dinámica real de acción y reflexión. En cuarto lugar, otro presupuesto de la hermenéutica de base fue el *compromiso político* orientado hacia el futuro, que tomó la forma de una preocupación por la transformación de las estructuras globales, políticas y económicas, y un involucramiento en tal proceso de cambio.

En síntesis, en Solentiname, la comunidad eclesial se aproximaba al texto bíblico con una conciencia cabal de la realidad histórica de la comunidad, y todo en un marco de adoración y trabajo. Los participantes percibían que la Escritura les hablaba a ellos, y ellos a la vez dialogaban con el evangelio. De esta forma interactuaban la interpretación, la acción y la reflexión (praxis), en un proceso continuo de aprendizaje transformador.

Los «círculos bíblicos» en Brasil. Ya hace varios años que muchos cristianos brasileños están reuniéndose en el marco de un estudio bíblico orientado por los presupuestos liberacionistas. El propósito de estos «círculos bíblicos» es ayudar a las comunidades eclesiales a encontrar pistas y respuestas pertinentes a sus desafíos existenciales, incluyendo tanto los interrogantes como las luchas de la vida cotidiana. Las dislocaciones creativas discutidas más arriba encuentran expresión concreta en los *círculos,* los cuales han producido también comentarios populares muy agudos, bajo la guía de Carlos Mesters[62] y otros líderes.

Mesters explica que la hermenéutica de base consiste en una comunidad de personas que, mientras estudia la Biblia, inyecta la realidad concreta y su propia situación existencial en el proceso. Las tres dimensiones fundamentales de la interpretación de las Escrituras, efectuada a nivel popular en este estudio bíblico liberacionista, son la Biblia misma, la comunidad cristiana y la realidad del mundo circundante. Hemos adaptado la descripción que Mesters hace de esta conversación en varias direcciones,[63] lo cual evoca nuestro propio análisis de las agendas de la reflexión bíblico-teológica:[64]

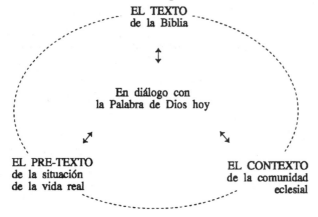

EL TEXTO
de la Biblia

↕

En diálogo con
la Palabra de Dios hoy

EL PRE-TEXTO
de la situación
de la vida real

EL CONTEXTO
de la comunidad
eclesial

Cada una de estas tres dimensiones o factores —texto, pre-texto y contexto— se considera indispensable para escuchar y responder auténticamente a la Palabra de Dios hoy. Por otra parte, no importa si el grupo empieza con la realidad del mundo circundante, con la Biblia o con la comunidad eclesial a la que representa. Lo que sí resulta crucial en la interpretación bíblica, a la luz de las comunidades de base y de los círculos bíblicos en Brasil, es incluir las tres dimensiones, mientras se ayuda a los participantes a que hagan sus propios descubrimientos de manera creativa.[65] La interpretación de las Escrituras no progresa, e inclusive se distorsiona, cuando falta alguno de estos tres factores. La integración dinámica de la Biblia, de las situaciones de la vida real y de la comunidad eclesial facilita un proceso de aprendizaje transformador, centrado en una conversación existencial con la mismísima Palabra de Dios.

Para los sectores populares en América Latina, el mensaje del evangelio o «Palabra de Dios» involucra mucho más que el texto de la Escritura en sí. La Biblia, la comunidad eclesial y las situaciones de la vida real —todas juntas y concertadas—, constituyen la totalidad del mensaje evangélico. La Palabra de Dios ha de ser discernida y escuchada en la comunidad misma y en la realidad, tanto como en el texto de las Escrituras. Si se lee la Biblia en el contexto de la comunidad, puede ayudar a los fieles a descubrir dónde Dios los está llamando en el tumultuoso discurrir de la vida cotidiana.[66] Esto es lo que significa poner la Biblia en segundo lugar, como lo expresamos más arriba. El énfasis no está puesto en interpretar las Escrituras, sino más bien en interpretar y transformar la vida con la ayuda insustituible de la Biblia.

Tres principios derivados de la hermenéutica de base. La cita evangélica de Marcos 4.11, «a vosotros os es dado saber el misterio del reino de Dios», tiene un sentido especial cuando la apropian los cristianos de base en América Latina. Hemos presentado ya, en las páginas precedentes, las implicaciones y ramificaciones de semejante apropiación. A esta altura, podemos indicar tres contribuciones específicas de la hermenéutica de base en perspectiva liberacionista, que son particularmente relevantes para el ministerio educativo: la contextualización profética, la primacía de la ortopraxis, y la integración de la adoración, la comunidad y la misión. Estas contribuciones se derivan de la postura existencial de quienes miran a la Biblia como uno se mira en un espejo, tal cual lo expresa Frei Betto, para ver un reflejo de su propia realidad; no se trata, entonces, de mirar a la Biblia como si se mirara a través de una ventana, con curiosidad por ver lo que pasa afuera.[67] Por otra parte, estos principios se fundan en la aplicación de dos enfoques que se intersectan en una tensión fecunda, como lo subraya Guillermo Cook: la «alta crítica» (al servicio de la fe y de una «teología desde abajo») y la «sabiduría del pueblo» en diálogo comunitario y reflexión crítica a la luz de la Palabra.[68]

(a) La *contextualización profética* en la hermenéutica de base es mucho más que contextualización en el nivel del lenguaje o de la imaginería bíblica para conseguir una mejor adaptación cultural. La contextualización profética apunta a transformar la teología bíblica tradicional en teología política.[69] La Biblia es vista como la narrativa y el registro escrito de las relaciones entre Dios y el pueblo en distintos contextos históricos, lo cual invita a una contextualización ulterior en el marco de la situación presente. La contextualización profética, en consecuencia, provee fundamentación bíblica para forjar la *conciencia contracultural* de la iglesia en cuanto comunidad alternativa de Dios (como lo explicamos en el segundo capítulo de este volumen). La contextualización profética involucra una confrontación disruptiva y disfuncional («denuncia») de la opresión y la injusticia, así como también la búsqueda de alternativas creativas («anuncio») bajo la guía de la Biblia en diálogo con la comunidad eclesial en las situaciones de la vida concreta.

(b) El principio de la *primacía de la ortopraxis* en la interpretación bíblica apunta al hecho de que la verdad de la Palabra de Dios debe ser realmente encarnada en nuestra propia historia concreta. La verdad eficaz involucra tanto creencia correcta («ortodoxia») como acción fiel («ortopraxis»). De hecho, la acción fiel es no sólo la convalidación de la creencia correcta u ortodoxia, sino también la única manera de alcanzar la verdadera creencia correcta en el sentido bíblico del término. En otras palabras, la verdad debe ser verificada en la acción concreta, antes que de manera intelectual y racionalista.[70]

(c) El principio de la *integración de adoración, comunidad y misión* incluye y profundiza los otros dos. Este principio afirma el papel esencial de la interpretación bíblica como forma e instancia especial del quehacer educativo, a la luz de las principales facetas de la vida de la iglesia: adoración, comunidad y misión. De acuerdo con los teólogos liberacionistas que se ocupan de la teología pastoral, el estudio bíblico debe tener lugar en el contexto de la adoración celebrativa (lo cual no equivale necesariamente a celebración litúrgica). De esta forma, el leer y discutir las Escrituras puede convertirse a menudo en una forma de oración y alabanza, en un medio privilegiado para estimular una experiencia religiosa en espíritu de *adoración*.[71] Simultáneamente, la comunidad eclesial reunida en torno de la Biblia busca nutrir la fe (en cuanto crecimiento en el discipulado) por medio de la vida *comunitaria*, así como también de todas las formas del testimonio y del servicio, esto es, de la *misión*. Las tres dimensiones —adoración, comunidad, misión— están obviamente interconectadas. En la medida en que la procurada integración entre las tres efectivamente ocurre, estamos en presencia de una ilustración reveladora de la centralidad misma de la tarea educativa en la iglesia, como lo representamos más abajo en el diagrama.[72] Desde esta perspectiva, la educación desempeña un papel *discipulador*[73] de medular importancia: *debe habilitar para la adoración, equipar para la comunidad y capacitar para la misión*. Dado que esto es así, la hermenéutica de base en clave liberadora representa una manifestación peculiar de la centralidad (asumida aunque no siempre explicitada) de la educación como ministerio.

Con esta observación como trasfondo, completaremos nuestro análisis de la cuestión hermenéutica liberacionista desde la perspectiva del encuentro entre la teología y la educación.

LA LIBERACION Y LA EDUCACION CRISTIANA Y TEOLOGICA

En la introducción de este libro, indicábamos que la teología latino-americana de la liberación presenta una estructura y una orientación pedagógicas que, hasta este momento, no han sido adecuadamente reconocidas y evaluadas, ni por los teólogos ni por los educadores. Esta estructura y orientación se tornan, por cierto, evidentes en un buen número de conceptos y énfasis liberacionistas, como por ejemplo, aquellos que tienen que ver con la normatividad de las enseñanzas de Jesús, la visión de la Biblia como el texto de la iglesia y el libro del pueblo, la dinámica de la fe y del discipulado (es decir, del seguimiento comprometido de Jesucristo), y la interpretación del quehacer teológico esencialmente como una tarea educativa para el ministerio y la misión de la comunidad eclesial. El contenido del presente capítulo arroja más luz sobre tal estructura y orientación pedagógica. Provee, por otra parte, fundamentación adicional para entender por qué la teología de la liberación puede efectivamente aportar tanto un trasfondo como una clave para el ministerio educativo, como lo indicamos en el capítulo dos.[74]

Un buen número de educadores cristianos ha dado la bienvenida a la teología de la liberación, y varios de ellos han formulado una aproximación liberacionista al ministerio educativo.[75] Por ejemplo, desde mediados de la década de los setenta, John Westerhoff sostiene que la teología de la liberación aporta el sistema teológico más útil para la educación cristiana actual.[76] Westerhoff afirma que la teología de la liberación hace posible una nueva síntesis creativa de dos movimientos fundamentales en la historia del pensamiento teológico, la neo-ortodo-xia (con su preocupación por la tradición cristiana histórica) y la teología liberal (con su énfasis en la justicia y el orden social). Subraya igualmente las contribuciones liberacionistas en el campo del método (acción-reflexión crítica), de la interpretación de la experiencia de Dios en la historia, y del tema medular de la humanización de las personas y las instituciones.[77] Escribiendo sobre el tema de la liberación y el futuro de la educación cristiana, Allen Moore afirma que la teología de la liberación cuestiona la interpretación misma de la teología y de su función en la educación cristiana. Continúa explicando que los liberacionistas proponen «un proceso educativo que involucra vivir de las obras de la fe y reflexionar sobre ellas. La implicación aquí es que uno piensa y habla acerca de la fe, no por el hecho de saber algo acerca de la fe, sino por la fe en sí misma».[78] Por nuestra parte, en la siguiente sección indicaremos otras virtudes y defectos de la teología de la liberación desde la perspectiva de la educación en general, y en conexión con la agenda del presente capítulo en particular.

Contribuciones y limitaciones de la visión liberacionista

A lo largo de este libro hemos efectuado numerosas observaciones acerca de las virtudes y defectos de la teología de la liberación, tanto en sí misma como en relación con su encuentro con la educación. A medida que avanzamos en nuestro análisis, podemos traer a la memoria y profundizar las notas críticas que hemos apuntado con respecto a este movimiento teológico.[79]

Virtudes y contribuciones de la «hermenéutica para la transformación». Nuestra revisión de la teología de la liberación con énfasis en su aproximación al hacer teología, requiere una reafirmación de ciertas intuiciones y principios claves que ya habíamos subrayado en el capítulo uno respecto de la reestructuración y el desarrollo cognitivos. Esta revisión debe poner de manifiesto también las contribuciones liberacionistas en términos del proceso educativo y de la interpretación bíblica.

Ampliando las dimensiones cognitivas del emerger humano. En la medida en que constituye una versión peculiar de la concientización al estilo freireano, la metodología liberacionista estimula un proceso de *iluminación o despertar* por medio del diálogo, la reflexión crítica y la «hermenéutica de la sospecha». Quienes participan de la tarea teológica (y de la educación como tal, orientada por los presupuestos liberacionistas) pueden, de esta forma, llegar a comprender de manera mucho más crítica (1) los riesgos permanentes de las formas de manipulación educativa orientadas hacia la opresión (contenido estructural), y (2) las ideologías opresivas y alienantes (contenido sustantivo). Además, la transformación de la visión, perspectiva o paradigma se convierte en un objetivo primordial del aprender a *ver*, juzgar y actuar propio de la tarea teológica de la comunidad eclesial. Puede argumentarse también que la «hermenéutica para la transformación» de los liberacionistas fomenta implícitamente el *desarrollo cognitivo* y promueve de manera explícita una *moralidad posconvencional*. Por último, provee de manera deliberada una base crítico-cognitiva para la promoción del *desarrollo de la fe*.

   Reivindicando el proceso de aprendizaje-enseñanza. Debido a su énfasis en la metodología, y en la interpretación y la comprensión críticas para la transformación, la teología de la liberación provee un fundamento teológico para afirmar la unidad de proceso y producto en la tarea educativa. La visión liberacionista puede, así, aportar materiales de carácter fundacional para una *aproximación hermenéutica* a la teoría y la práctica de la educación cristiana y teológica. Semejante contribución podría, de hecho, fortalecer la hipótesis de que la educación debería ser vista, primordialmente, como un proceso interpretativo o hermenéutico, como ha sido sugerido desde distintas perspectivas.[80] El enfoque hermenéutico-liberacionista subraya la centralidad del *sentido* (juntamente con la *justicia*) en cuanto contenido de proceso sustantivo para la liberación y la humanización.

   Dos educadores que demuestran el valor potencial del enfoque liberacionista son Thomas Groome y Mary Elizabeth Moore. Resulta interesante destacar que, en el caso de Groome, la definición misma del enfoque de la «praxis compartida» revela la influencia potente y directa de la teología de la liberación, no sólo en términos de fundamento teológico sino también en cuanto núcleo estructurador del proceso educativo. No puede sorprendernos, entonces, que la definición de Groome incluya las tres «mediaciones» que analizamos al comienzo del presente capítulo. Para Groome, «la educación cristiana a través de la praxis compartida puede ser descripta como *un grupo de cristianos que comparten dialógicamente su reflexión crítica sobre la acción presente* ['ver'] *a la luz de la Historia y la Visión cristianas* ['juzgar'] *con miras a vivir la fe cristiana* ['actuar']».[81] Por su parte, Mary Elizabeth Moore describe su enfoque como un «modelo tradicionante» («traditioning») de educación cristiana. El «tradicionar» es definido como un «proceso a través del cual la tradición histórica es recordada y transformada, en la medida en que la comunidad cristiana se encuentra con Dios y con el mundo en la experiencia presente, y en la medida en que esa comunidad resulta impulsada hacia el futuro».[82] Moore identifica de manera explícita el modelo tradicionante como portador de dos dimensiones fundamentales, la hermenéutica y la transformativa. De la mano con esto viene su enfoque metodológico fundado en tres conceptos: transmisión, reflexión y transformación. Estos métodos pedagógicos tienen que ver, respectivamente, con el qué, el por qué y el cómo, y son análogos al paradigma hermenéutico-liberacionista de ver-juzgar-actuar.

Reivindicando la centralidad de la Biblia. Juntamente con la reformulación de la cuestión del método teológico, la teología de la liberación hace una contribución peculiar en relación con la centralidad de la Biblia como el libro de texto de la iglesia. De hecho, en las páginas precedentes hemos establecido cierto número de principios en relación con la Biblia y la hermenéutica bíblica que son directamente relevantes desde el punto de vista de la educación. Por tanto, bastan ahora dos comentarios adicionales.

En primer lugar, la teología de la liberación propone una aproximación a la Biblia que se centra en la idea de *proceso*, como lo indicáramos en nuestro análisis de la hermenéutica liberacionista. Tal enfoque se traduce esencialmente en un énfasis doble en la circulación hermenéutica (esto es, la interacción entre el texto en su contexto y la comunidad que lee el texto a la luz de la situación histórica concreta en el aquí-y-ahora) y la hermenéutica dialéctica (esto es, la crítica y la iluminación mutuas entre el texto bíblico y la comunidad que interpreta). Thomas Groome ilustra la importancia de esta contribución liberacionista en relación con la educación cristiana y teológica.[83] Por otra parte, la hermenéutica liberacionista aporta ciertos criterios teológicos para criticar aspectos débiles comunes del currículo y la instrucción en el área de la educación, por ejemplo, en relación con el significado mismo de aprender y enseñar la Biblia. Desde esta perspectiva, el objetivo tan a menudo expresado de la «alfabetización bíblica» a través de la memorización (que no representa sino un enfoque «bancario», en la terminología freireana) debe ser corregido por medio de un énfasis en el aprender a percibir, amar y vivir «bíblicamente», como argumenta James Michael Lee.[84] Además, la Biblia debe ser enseñada bíblicamente, es decir, efectuando una «sinapsis entre los estilos de vida registrados en la Biblia y los estilos de vida de los educandos en el aquí-y-ahora, y entre el estilo de vida que es la Biblia y los estilos de vida de los educandos en el aquí-y-ahora».[85]

En segundo lugar, al centrar la atención en la situación de los pobres y oprimidos, la teología de la liberación invita a los no pobres y no oprimidos a que ejerciten la disciplina espiritual de la receptividad humilde en conexión con el aprendizaje, la edificación y la transformación bíblicas. Los liberacionistas desafían a los no pobres y no oprimidos a que se abran al papel potencialmente mediador de los pobres y oprimidos, a quienes se considera como dotados de un cierto privilegio epistemológico-hermenéutico en relación con las Escrituras. La metáfora de los ojos y los oídos es apropiada para transmitir el significado de este desafío. Somos invitados a leer la Biblia con los ojos de los pobres y oprimidos, tanto como nos sea posible.[86] Además, somos exhortados a escuchar y prestar atención a la voz y al clamor de los pobres y oprimidos para poder captar más cabalmente toda la Palabra de Dios cuando estudiamos la Biblia.[87] Por ejemplo, una lectura liberacionista del relato de Emaús (Lucas 24.13-35), que visualiza la médula de esa historia en el momento en que los discípulos ponen su fe en acción e invitan al extraño a que comparta una comida con ellos (convirtiéndose así en su *compañero*),[88] complementa bien otras lecturas significativas del relato que han intentado los educadores cristianos.[89]

Debilidades de la «hermenéutica para la transformación». El enfoque metodológico de la teología de la liberación presenta también limitaciones y desequilibrios que queremos señalar a continuación. Podemos notar los siguientes: un excesivo énfasis en las dimensiones cognitivas, verbales y racionales de la «comprensión»; la insistencia en el tema de la crítica y la sospecha; y la escasa atención brindada a la tradición y la continuidad.

Sobre la reflexión crítica y la comprensión. La primera observación crítica que podemos hacer desde el punto de vista de la educación reafirma, en cierto sentido, ciertos comentarios previos (capítulo uno) que hemos formulado en relación con el ultracognitivismo en el enfoque liberacionista. Nuestro análisis del quehacer teológico en cuanto tarea educativa, así como también nuestra discusión sobre la interpretación bíblica, muestran que la *reflexión crítica* se considera como el modo principal de aprender y conocer. Sin embargo, el desarrollo de una conciencia crítica, con ser necesario, no es suficiente para una liberación y una humanización holísticas. La toma de conciencia y la comprensión crítica, ciertamente facilitadas y potenciadas en esos procesos cognitivos, pueden moldear o no de manera efectiva las decisiones de fe; de la misma forma, pueden correlacionarse o no con la transformación del estilo de vida y del cambio estructural. En realidad, la investigación empírica realizada al respecto enseña que existe escasa correlación directa entre el conocimiento y las comprensiones a nivel cognitivo, por un lado, y el estilo de vida, por otro. La racionalidad verbal, con facilidad, puede ser excesivamente enfatizada, a la vez que se subestiman los registros no cognitivos del comportamiento. Como lo sugiere Mary Elizabeth Moore, la investigación y la reflexión críticas deben ser integradas con una «reflexión en profundidad», la cual incluye la imaginación afectiva.[90] Un énfasis exagerado en las dimensiones cognitivas impone también limitaciones severas, e inclusive prohibitivas, sobre el repertorio de procedimientos de enseñanza que pueden emplearse.

Para corregir este serio desequilibrio, la visión liberacionista debe tomar en cuenta de manera más coherente la notable experiencia concreta y holística de las comunidades de base en todas sus dimensiones, con miras a seguir redefiniendo la tarea teológica en sí y el posible papel de la teología de la liberación en relación con la educación. Volveremos sobre esta cuestión en el próximo capítulo.[91] Un comentario final, ligado a los anteriores, es que la noción misma de *comprensión* en la teología de la liberación puede ser desafiada y enriquecida desde la perspectiva de la educación cristiana y teológica.[92]

Más allá de la crítica y la sospecha. Existen ciertos riesgos bien definidos en la postura político-confrontativa de la teología de la liberación. Este problema ha sido reconocido, en realidad, por Clodovis y Leonardo Boff, como una de las «tentaciones» del movimiento liberacionista en América Latina. Los hermanos Boff mencionan los riesgos de no tomar nota o pasar por alto las raíces místicas y espirituales de la fe y la praxis cristianas, al sobreevaluar incorrectamente la acción política. Los Boff advierten también sobre la «inflación» de la dimensión política al analizar y discutir la opresión y la pobreza, y al subordinar el «discurso de la fe» a un «discurso de la sociedad», que subestima los elementos específicamente vinculados con lo religioso, y con la vida cristiana en particular.[93] Estas advertencias se aplican, obviamente, tanto a la reflexión teológica como a la hermenéutica bíblica. Así, por ejemplo, en el caso de la circulación hermenéutica, Beatriz Melano Couch ha desafiado a los liberacionistas a que vayan más allá de la sospecha y elaboren una hermenéutica de esperanza y compromiso.[94]

Otra observación vinculada con las anteriores tiene que ver con la sugerencia de James Fowler, en el sentido de que las teologías «ideológicas» de la liberación deben ser complementadas con teologías de la liberación «balanceadas». Según Fowler, esto es crucial para promover un desarrollo de la fe que trascienda la cuarta etapa («fe individuativa-reflexiva»).[95] En otros términos, Fowler sostiene que las teologías «ideológicas» articulan contenido a tono con una fe en etapa 4, que se caracteriza por la toma de conciencia crítica y la «demitologización», por un lado, y por una tendencia a ver las cosas en términos de dicotomías y opciones tajantes, por el otro. Las teologías de la liberación que se centran en la fe en la cuarta etapa apuntan a establecer fronteras firmes y claras, utilizan un lenguaje intencionalmente apasionado, y apelan al compromiso y la acción para la transformación. En contraste, una teología de «balance» percibe la línea que separa al opresor del oprimido, por ejemplo, como una línea que pasa a través de las personas y de los grupos, y no mera y necesariamente como una línea divisoria nítida entre dos grupos o clases sociales. Esto significa que las dicotomías típicas del cuarto estadio son retomadas y visualizadas como tensiones polares y complementarias en el quinto estadio, el de la fe «conjuntiva». Fowler continúa comparando ambos grupos de teologías en relación con el propósito del teologizar, la visión de las relaciones entre Dios y la historia, las perspectivas sobre el tiempo, y las nociones del pecado y el mal. Concluye afirmando la necesidad de mantener ambas posturas —la de las teologías «ideológicas» y la de las teologías «balanceadas»— en diálogo y en tensión dialéctica.[96]

Sobre la transformación y la tradición. Una tercera observación crítica, vinculada parcialmente con los comentarios previos, tiene que ver con la limitada atención que la teología de la liberación brinda a la cuestión de la tradición y la continuidad. Resulta evidente que la visión liberacionista coloca en posición privilegiada el cambio radical en todos los niveles, incluyendo el personal, el comunitario y el social. Esta postura liberacionista se corresponde, a la vez, con la visión profética y utópica de esperanza, promesa y orientación hacia el futuro, es decir, con las dimensiones político-escatológicas del evangelio. Surge, sin embargo, un cierto desequilibrio en la medida en que la tradición y la continuidad no se toman suficientemente en cuenta. Y resulta, en realidad, irónico que, a pesar del énfasis liberacionista en la historia, la dimensión pretérita del proceso histórico tiende a ser subestimada, juntamente con el contenido sustantivo y la dinámica evolutiva de la tradición. Además, cabe destacar aquí el potencial de la «memoria subversiva» en una educación auténticamente liberadora y transforma-dora.[97]

Ciertos educadores influenciados por la teología de la liberación, como Thomas Groome y Mary Elizabeth Moore, han propuesto un enfoque más equilibrado de la cuestión del tiempo y de la historia. Los correctivos propuestos por Groome y Moore afirman tanto la integridad como la integración de la continuidad y la transformación en la tarea discipuladora de la educación cristiana. Estos correctivos apuntan a mantener en tensión dialéctica y fundir en una nueva síntesis creativa las virtudes y contribuciones del modelo de socialización/enculturación y del modelo reconstruccionista de educación cristiana.[98] Estas modi-ficaciones a la contribución liberacionista implican una respuesta afir-mativa al interrogante acerca de si la dicotomía entre «transmitir la tradición» y «cambiar el mundo» puede ser superada en la educación religiosa. En las palabras de Letty Russell, «ambos tienen que ver con la Tradición de Dios».[99]

Principios en torno de la temporalidad en la educación.

Nuestro análisis del encuentro entre la educación y la teología ha estado enfocado hacia los principios centrales que atraviesan estos dos campos de la actividad humana. En el capítulo uno, una revisión integral del trabajo y el pensamiento de Paulo Freire nos llevó a concluir que su contribución inspira un enfoque educativo que es *dialógico* en su espíritu, *profético-escatológico* en su visión, orientado hacia la *praxis*, *hermenéutico* en su naturaleza, y *comunitario* en su perfil. Más especí-ficamente, en el primer capítulo, hicimos referencia al proceso de enseñanza y aprendizaje en términos de concientización y creatividad. En el capítulo dos sugerimos que el tema liberacionista de la visión profética y utópica ayuda tanto a definir la misión de la iglesia como a plasmar de manera adecuada el principio guía o rector del ministerio educativo. También consideramos el objetivo global de tal ministerio en perspectiva liberacionista —«capacitar a las personas para que apropien el evangelio del reinado de Dios»— y describimos cuatro objetivos generales a la luz del principio rector y del propósito global. En el capítulo tres pasamos revista al fundamento epistemológico centrado en la praxis que exhiben tanto la teología de la liberación como ciertas corrientes de la educación cristiana, fundamento que define en buena medida el tipo de encuentro que se produce entre ambos campos.

En el capítulo cinco de este volumen trataremos más profundamente la cuestión del contexto y de las personas involucradas en la tarea educativa.

Nuestro análisis en el presente capítulo contribuye a echar luz no sólo sobre cuestiones vinculadas con el contenido sustantivo (en cuanto proceso y producto) y el contenido estructural (o sea, enfoque y metodología pedagógica), sino también sobre el problema de la *temporalidad* en la educación. Esta categoría se refiere a la cuestión de *cuándo* es que tiene lugar óptimamente la educación cristiana y teológica. En este sentido, el *tiempo* incluye varias dimensiones interrelacionadas.[100] Obviamente, el aprendizaje y lo que hemos denominado el emerger humano ocurren continuamente y, en el nivel de lo personal, en registros variados e interrelacionados del comportamiento humano, incluyendo lo cognitivo, lo afectivo y el estilo de vida. Por otra parte, una secuencia dada de aprendizaje, como lo que hemos descripto en términos de concientización y creatividad, puede ocurrir en distintos marcos de referencia temporales. Sin embargo, el aprendizaje será estimulado y evaluado de manera más cuidadosa si se lo conduce intencional y deliberadamente en aquellas instancias y contextos establecidos de común acuerdo por las personas involucradas. Por tanto, asumiendo como nosotros lo hacemos, la centralidad de la tarea educativa en relación con la adoración, la comunidad y la misión, se plantea un desafío medular a la luz de nuestra discusión presente. Este desafío consiste en hacer accesible la experiencia de la educación de forma tal que el aprendizaje y el emerger humano ocurran continuamente de la mejor manera posible.

Es necesario considerar diversos aspectos vinculados a la cuestión del *tiempo* en el proceso educativo. Entre ellos, podemos mencionar el desarrollo personal, la madurez personal, y el cambio comunitario y social. A la luz de nuestro análisis en el capítulo dos[101] y en el presente capítulo, podemos referirnos brevemente al *tiempo* educativo en términos de las cuatro agendas de reflexión bíblico-teológica en torno al reinado de Dios, y del cuádruple propósito global del ministerio educativo. Como ya lo hemos indicado de manera sumaria, en perspectiva liberacionista, ese propósito global es *capacitar a las personas para que hagan propio el evangelio del reino de Dios, respondiendo existencialmente al llamado a la conversión y al discipulado en medio de la comunidad de Jesucristo, la cual debe promover la transformación social para el aumento de la libertad, la justicia, y la paz, hacer accesible el conocimiento de Dios y el amor a Dios, y fomentar el emerger, la integridad y la plena realización de los seres humanos.*[102]

Una de las dimensiones de la cuestión del *tiempo* debe ser vista en términos de la *experiencia real y presente de la comunidad de fe,* su orientación hacia el *pasado* (la historia y la tradición, especialmente en la medida en que se han corporizado en su historia viviente) y su orientación hacia el *futuro* (la promesa y la esperanza, la anticipación de la voluntad de Dios y la expectativa de la utopía del reino que viene). El discernimiento de los «tiempos» de la iglesia debe llevarse a cabo en conexión con el discernimiento del tiempo en el contexto socio-cultural e histórico, y del tiempo de Dios (*kairos*). El objetivo de este proceso de discernimiento integral, que implica reflexión e interpretación, es descubrir respuestas apropiadas desde el punto de vista del ministerio educativo; se trata de respuestas y alternativas oportunas y en consonancia con los tiempos que corren, es decir, relevantes y fieles a la luz del evangelio del reinado de Dios.

Una segunda dimensión de la cuestión del *tiempo* («cuándo») en la tarea educativa tiene que ver con lo que hemos denominado *la agenda del mundo circundante.* El discernimiento y la evaluación de los acontecimientos presentes y de las corrientes que van surgiendo en las esferas interrelacionadas de lo social, lo cultural, lo religioso y lo político-económico, constituyen componentes esenciales del programa y el currículo educativos de la comunidad eclesial. Obviamente, el discernimiento y la evaluación no están enfocados exclusivamente hacia la existencia de situaciones y factores alienantes y opresivos en la sociedad global. También incluyen el prestar atención a aquellas dimensiones de la realidad que reivindican la vida y promueven la humanización y la comunidad, así como también al movimiento y la acción del Espíritu de Dios fuera de la iglesia. De esta forma, mediante el «probar los espíritus» de esta era, tanto en la iglesia como en la sociedad («...para ver si [estos espíritus] son de Dios...», 1 Jn. 4.1), puede incrementarse el sentido de la *temporalidad,* así como también la conciencia histórica y escatológica. Además, este proceso puede generar cierta motivación para el aprendizaje y la transformación, y puede proveer materia o contenido relevante sobre la marcha.

Una tercera dimensión de la cuestión del *tiempo,* que debe considerarse, se refiere a un tema ciertamente complejo y difícil cual es el del

tiempo o kairos de Dios. Lo que está en juego aquí es la sensibilidad y
el grado de respuesta a la actividad de Dios en medio de la historia —en
la iglesia y en la sociedad, así como también en el conjunto de la
creación— en cuanto preocupación central para la tarea educativa. El
desafío que debe enfrentarse tiene que ver con cómo desarrollar conciencia del movimiento libre de la voluntad divina, creativa y liberadora, en consonacia con la visión escatológica del evangelio del reino.
El programa y el proceso educativos deben, por tanto, afirmar la
esperanza y la expectativa frente al misterio.

Una cuarta dimensión del problema de la *temporalidad* se relaciona
con el *tiempo de los educandos* (es decir, con su predisposición, y con
el ritmo y la secuencia de su crecimiento personal, condicionados por
sus motivaciones, sus planes y opciones) en términos de lo que hemos
denominado «la agenda del emerger humano». La educación cristiana
y teológica debe ser particularmente sensible a la cuestión de la conciencia de sí y el desarrollo personal, es decir, a la situación existencial
concreta de las personas involucradas en la tarea educativa. En consecuencia, el *tiempo* de las personas, grupos y comunidades ejerce una
influencia significativa sobre el contenido sustantivo, así como también
sobre el proceso y el contenido estructural de la educación, en la medida
en que las etapas de la vida y las relaciones y los contextos sociales se
toman efectivamente en consideración. De hecho, el factor tiempo
también puede evaluarse explícitamente a la luz de ciertas manifestaciones subjetivas de la *temporalidad,* como por ejemplo, determinados
recuerdos que reaparecen de manera obsesiva o traumática (como ser
debido a la tortura o el terror vivido), la presencia paralizante de ciertas
situaciones opresivas (como las generan, por ejemplo, los regímenes
represivos militarizados), el impulso hacia adelante generado por las
añoranzas, las visiones y los sueños de liberación, o el sentido del
desafío y de la oportunidad, por mencionar sólo algunas. Un principio
que surge a manera de corolario en este sentido, es que los educadores
deben ser particularmente cuidadosos cuando tratan de explorar y
evaluar las necesidades del pueblo.[103]

Las cuatro dimensiones de la *temporalidad* deben considerarse en
conjunto y en estrecha conexión unas con otras. Al igual que las cuatro
agendas que definen el perfil del ministerio educativo, las cuatro
dimensiones del *tiempo* se encuentran en una cierta tensión dinámica
unas con otras. En la práctica concreta, las oportunidades y los pro-

blemas que se plantean en el desarrollo personal y comunitario deben enfocarse a la luz de los desafíos de los tiempos —es decir, de la situación concreta y real del mundo circundante—, así como también a la luz de la perspectiva histórica de la comunidad de fe, y de la búsqueda de ciertas claves que permitan discernir el *kairos* de Dios. En síntesis, todo el proceso educativo debe ser pautado temporalmente, de manera tal que las personas que están involucradas en el aprender y el emerger humano en libertad, justicia y paz, puedan, juntas y en el contexto de la comunidad de fe, hacer propio realmente el evangelio del reino de Dios.

Hasta este punto, las contribuciones liberacionistas en torno de la concientización, la visión profética y utópica, el conocimiento fundado en la praxis, y la interpretación crítica para la comprensión y la transformación han arrojado luz, todas ellas y de diversas maneras, sobre la tarea de la educación de la iglesia. En el próximo capítulo nos ocuparemos de un quinto motivo liberacionista —la comunidad de base y los oprimidos—, y así completaremos nuestro análisis del encuentro entre la educación y la teología. De esta forma, completaremos también la presentación de nuestra perspectiva acerca de la reformulación de los fundamentos y los principios para la práctica y la teoría del quehacer educativo en clave liberacionista.

NOTAS

1. Marcos 4.11.
2. Juan Luis Segundo, *La liberación de la teología* (Buenos Aires: Lohlé, 1975) pp. 12-13.
3. Mary Elizabeth Moore, *Education for Continuity and Change: A New Model for Christian Religious Education* (Nashville: Abingdon, 1983) pp. 77, 81, 132-133.
4. En su referencia al testimonio del Evangelio de Marcos y a la importancia de la clave hermenéutica política, Segundo subraya el lugar especial que Marcos confiere a aquellos debates y controversias teológicos que reflejan la oposición activa de Jesús al aparato religioso e ideológico responsable de la opresión en Israel. Recalca el hecho de que Jesús asigna a sus discípulos la tarea religioso-política de desenmascarar los mecanismos de opresión ideológica, misión que conlleva tantos riesgos como la suya propia. Desde esta perspectiva, se entiende que Marcos señala que, en repetidas oportunidades, Jesús insistía en que sus discípulos debían *comprender* estos mecanismos. Precisamente a la luz de esta preocupación, Jesús se molesta por el hecho de que sus discípulos no parezcan captar la teología *global* (anti-ideológica) que subyace en todas sus parábolas (Mr. 4.13). Para Segundo, las parábolas no conllevaban la intención de convencer

y convertir a los enemigos del reino, sino más bien la de acentuar el amplio abismo
que separaba a dos universos de valores diferentes y opuestos, estructurados en
función de premisas igualmente opuestas e irreconciliables de naturaleza tanto
ontológica como epistemológica: «Nos sensibilizan precisamente, porque acen-
túan y desenmascaran ese conflicto sin el cual el reino y su programa no causarían
impacto ni tendrían poder. El discipulado de Jesús no se concibe sin la comprensión global de ese conflicto básico. Hay que conocer los 'misterios del reino'...»;
cf. Juan Luis Segundo, *El hombre de hoy ante Jesús de Nazaret*, Tomo I/1
(Madrid: Cristiandad, 1982) p. 206.

5. Evaluaciones críticas de las teologías académicas tradicionales desde una pers-
pectiva liberacionista, aparecen, entre otras, en las siguientes obras: Hugo As-
smann, *Teología desde la praxis de la liberación* (Salamanca: Sígueme, 1976);
Leonardo Boff, *Jesucristo y la liberación del hombre* (Madrid: Cristiandad,
1981); Gustavo Gutiérrez, *Teología de la liberación. Perspectivas* (Salamanca:
Sígueme, 1972); José Míguez Bonino, *La fe en busca de eficacia* (Salamanca:
Sígueme, 1977); Juan Luis Segundo, *Liberación de la teología* (Buenos Aires:
Lohlé, 1975); Silva Gotay, *El pensamiento cristiano revolucionario en América
Latina y el Caribe* (Salamanca: Sígueme, 1981); Jon Sobrino, *Resurrección de
la verdadera iglesia* (Santander: Sal Terrae, 1984).

6. Existe una relación interesante y compleja entre la teología política y la teología
de la liberación, por cuanto esta última asume en principio las orientaciones
hermenéuticas, proféticas y escatológicas de la primera. De hecho, muchos temas
teológicos claves elaborados por los principales teólogos políticos europeos
(Johannes B. Metz, Jürgen Moltmann, Dorothee Sölle) son retomados también
por los teólogos de la liberación. Sin embargo, más allá de estas semejanzas
existen profundas diferencias que se derivan de la aproximación metodológica
de los liberacionistas al quehacer teológico: se trata de un enfoque más fundado
en la experiencia concreta y en la praxis, más específico en el análisis de las
realidades socioeconómicas, y más comprometido con la acción y la transformación. Por otra parte, la naturaleza peculiar del contexto latinoamericano, y
la conexión estrecha con la iglesia y con las comunidades eclesiales de base en
particular, dan cuenta del carácter y la contribución únicos de la teología de la
liberación. Para una presentación sucinta de las diferencias entre estos dos
movimientos teológicos, cf. Francis P. Fiorenza, «Political Theology and Liberation Theology: An Inquiry into their Fundamental Meaning», Thomas M.
McFadden, ed., *Liberation, Revolution, and Freedom* (New York: Seabury,
1975) pp. 3-29. Rebecca S. Chopp, *The Praxis of Suffering: An Interpretation of
Liberation and Political Theologies* (Maryknoll, N.Y.: Orbis, 1986), realiza
valiosos estudios interpretativos acerca de Gustavo Gutiérrez, Johannes B. Metz,
José Míguez Bonino, y Jürgen Moltmann. Afirma, con razón, que un área
principal tanto de consenso como de disenso entre la teología política alemana y
la teología latinoamericana de la liberación es la visión de la fe (y de la iglesia)
actuando en relación crítica con el mundo, y la cuestión, vinculada con ésa, de la
naturaleza de la teología en cuanto actividad política: «Al interpretar la actividad
crítica de la iglesia a través de su actividad política, educativa, y social con los
pobres, la teología latinoamericana de la liberación se comprometió a sí misma

no sólo con la interpretación crítica del mundo, como su contrapartida alemana, la teología política, sino también con la transformación de ese mundo» (p. 20). Los propios teólogos latinoamericanos liberacionistas coinciden, por cierto, con este juicio, ya desde la temprana controversia generada por Moltmann y su «Carta abierta a Míguez Bonino». Cf. *Taller de teología*, Vol. 1, no. 1., 1976.

7. Dennis P. McCann, *Christian Realism and Liberation Theology: Practical Theologies in Creative Conflict* (Maryknoll, N.Y.: Orbis, 1981) p. 150. Estas palabras aluden correctamente al desafío que enfrenta la teología de la liberación con respecto a su método: «La criticidad en teología debe encarar cierta forma de reflexión metodológica, en la medida en que el objetivo es dar cuenta de la incoherencia teorética y de la irrelevancia práctica de la tradición, de forma tal que queden disponibles algunas alternativas plausibles. Si de esta manera puede alcanzarse una mayor coherencia y relevancia, los resultados de semejante criticidad serán eventualmente considerados como constructivos antes que como subversivos y, a su debido tiempo, se convertirán en parte de la tradición. Aquí reside precisamente la diferencia entre los profetas y los herejes» (*Ibíd.*).

8. Gustavo Gutiérrez, *Teología de la liberación*, p. 36.

9. Todas las principales contribuciones liberacionistas incluyen referencias convergentes al desafío del cambio social revolucionario a la luz de las condiciones objetivas de injusticia y estructuras opresivas (cf. la nota 5).

10. Gutiérrez explica que el pecado está en la base de toda forma de alienación y, en consecuencia, ninguna expresión de alienación puede contenerlo adecuadamente. Por otra parte, el pecado demanda una liberación radical y global (la cual, a la vez, implica necesariamente liberaciones particulares y prácticas). En el mismo tenor, la salvación no puede ser reducida a una instancia específica de transformación, plenitud o liberación humanas o identificada con ella. Sin embargo, en relación con el pecado, la salvación involucra ciertas mediaciones radicales, prácticas y redentoras por medio de cumplimientos parciales en la historia. Gutiérrez analiza más profundamente la conexión íntima que existe entre salvación y liberación en su referencia a los *tres niveles de la liberación*, incluyendo: (1) liberaciones particulares o políticas; (2) el proceso de liberación de la humanidad a través de la historia; y (3) la liberación respecto del pecado y hacia la libertad de la solidaridad con Dios y con la humanidad. En otras palabras, la liberación incluye eventos particulares y es intrínseca a la salvación (pero ningún acto singular de liberación puede ser identificado plenamente con la profundidad e integralidad de la salvación). En consecuencia, la liberación se entiende como inherente a la naturaleza y al propósito de la historia, que es la transformación continua de la nueva humanidad. La liberación en situaciones concretas se corresponde con la plenitud de la salvación que es, en última instancia, don de Dios, como el don mismo del reino. Cf. *Teología de la liberación*, cap. 9. Cf. también Leonardo y Clodovis Boff, *Salvation and Liberation* (Maryknoll, N.Y.: Orbis, 1984) acerca de una explicación extensa de estas nociones fundamentales de la teología de la liberación.

11. La «hermenéutica de la sospecha» constituye la dimensión crítica de la contribución de Juan Luis Segundo a la cuestión del método, en su *La liberación de la teología*.

12. Jon Sobrino, *La resurrección de la verdadera iglesia*, pp. 24-44.

13. Rebecca S. Chopp, *The Praxis of Suffering*, p. 134. Chopp presenta una reformulación constructiva y creativa del método para la teología de la liberación, cuyos diversos aspectos son distinguidos y vinculados entre sí a través de seis tesis: (1) las dos fuentes de la teología de la liberación son la existencia humana y la tradición cristiana; (2) la fuente de la existencia humana es interpretada políticamente, utilizando, entre otras disciplinas, todas las ciencias sociales con el objetivo de reflexionar en perspectiva holística sobre el carácter concreto de la existencia histórica; (3) la teología emplea una hermenéutica de liberación que incluye un proyecto de ideologización en relación con la fuente de la tradición cristiana; (4) el método de la teología de la liberación puede ser caracterizado como una correlación crítica fundada en la praxis, donde la praxis es a la vez el fundamento y el propósito de la hermenéutica teológica; (5) este método de la correlación crítica fundada en la praxis es, por su propia naturaleza, una forma de ideología crítica; (6) la teología de la liberación debe desarrollar una teoría social adecuada para dar cuenta del sentido pleno de la praxis (pp. 134-148). Cf. también Matthew L. Lamb, *Solidarity with Victims: Toward a Theology of Social Transformation* (New York: Crossroads, 1982). Lamb analiza el giro que se produce en el paradigma hacia una unidad dialéctica entre praxis y teoría en el quehacer teológico y, especialmente, el tipo «correlación crítica fundada en la praxis» de relación entre teoría y praxis, tal cual se refleja en el método de la teología de la liberación (pp. 86ss.).

14. Jon Sobrino, *Resurrección de la verdadera iglesia*, pp. 37-38. En el área de la educación, James Michael Lee ha argumentado, desde una perspectiva diferente, que el método es contenido por derecho propio (contenido estructural, en la terminología de Lee).

15. Una valiosa colección de ensayos representativos aparece en Norman Gottwald, ed., *The Bible and Liberation: Political and Social Hermeneutics* (Maryknoll, N.Y.: Orbis, 1983).

16. El carácter de las «comunidades eclesiales de base» será discutido detalladamente en el capítulo 5, especialmente en términos de la cuestión de personas-en-contexto en la educación cristiana y teológica.

17. La Acción Católica es un movimiento que se originó en Italia en las décadas de los veinte y los treinta. Su propósito consistía en movilizar a los laicos para que se comprometieran en la acción sociopolítica bajo la égida del Vaticano. (Debe recordarse que, desde la absorción de los estados papales por el recién constituido estado italiano en los primeros años de la década de 1870, el Vaticano había sido privado de influencia política efectiva, y se sospechaba inmediatamente del clero italiano cuando éste intentaba extender su poder político; Luigi Sturzo fue la excepción.) La Acción Católica —por definición, siempre bajo el control del Vaticano y de los obispos— se extendió a España, Francia, Bélgica y, después de la Segunda Guerra Mundial, a los Estados Unidos. Los líderes principales de la Acción Católica manifestaban una muy marcada influencia filosófica y teológica del escolasticismo. Adoptaron, naturalmente, como su modus operandi triple el procedimiento sugerido por el más notable exponente de la escolástica, Tomás de Aquino: (1) observar, (2) juzgar y (3) actuar. Este método en tres etapas

adquirió su máxima fama en el período anterior a la guerra, gracias al movimiento Jocista, fundado en Bélgica por Joseph Cardijn. En el Brasil, la Acción Católica se convirtió en el brazo activo de la Conferencia Nacional de Obispos del Brasil, y estas dos instituciones constituyeron la respuesta de la iglesia frente a los nuevos desafíos sociales que se percibían a comienzos de la década de los sesenta. Acerca de un análisis detallado del surgimiento y desarrollo de una nueva conciencia social, de un compromiso en el área de la realidad socioeconómica del pobre, y de nuevas estrategias pastorales, cf. Charles Antoine, *Church and Power in Brazil* (Maryknoll, N.Y.: Orbis, 1973); Thomas C. Bruneau, *The Political Transformation of the Brazilian Catholic Church* (London: Cambridge University Press, 1974); Emmanuel de Kadt, *Catholic Radicals in Brazil* (London: Oxford University Press, 1970); IDOC, *The Church at the Crossroads: From Medellín to Puebla (1968-1978)* (Roma: 1978).

18. Leonardo Boff, *Teología desde el lugar del pobre* (Santander, Sal Terrae, 1986) p. 33. De hecho, el Papa Pablo VI parece hacerse eco de una aproximación análoga en su *Octogesima Adveniens* (1971), n. 4.

19. Leonardo Boff y Clodovis Boff, *Cómo hacer teología de la liberación* (Madrid: Ediciones Paulinas, 1986) p. 34.

20. Por ejemplo, el documento del Vaticano «Instrucciones sobre Algunos Aspectos de la 'Teología de la Liberación'» (septiembre de 1984) asume, en general, tanto las virtudes del compromiso con los pobres y oprimidos como la reacción contra las estructuras sociales imperantes en América Latina. Pero el documento rechaza de manera enfática cualquier cosmovisión sistemáticamente marxista como incompatible con una cosmovisión cristiana y aun opuesta a ella. Cf. especialmente vii, «Análisis marxista» y viii, «Subversión del sentido de la verdad y la violencia». Acerca de una respuesta a este aspecto particular de la Instrucción, cf. Leonardo Boff y Clodovis Boff, *Teologia da libertaçao no debate atual* (Petropolis: Vozes, 1985) cap. 14. Algunas de las críticas más ideológicamente motivadas y articuladas, dirigidas contra la teología de la liberación, se encuentran en la mayoría de los ensayos editados por Ronald Nash, *Liberation Theology* (Milford, Mich.: Mott Media, 1984). Acerca de una defensa abierta del capitalismo y una presentación de una «teología norteamericana de la liberación» supuestamente corporizada por la «sociedad liberal», cf. Michael Novak, *Will It Liberate? Questions About Liberation Theology* (Mahwah, N.J.: Paulist Press, 1986).

21. Leonardo Boff y Clodovis Boff, *Cómo hacer teología de la liberación*, pp. 40-41. Sobre un análisis equilibrado del marxismo en perspectiva liberacionista, cf. José Míguez Bonino, *Christians and Marxists: The Mutual Challenge to Revolution* (Grand Rapids: Eerdmans, 1976). Arthur F. McGovern sintetiza correctamente el impacto del marxismo sobre el cristianismo, con particular referencia a América Latina, en el quinto capítulo de su excelente obra, *Marxism: An American Christian Perspective* (Maryknoll, N.Y.: Orbis, 1980). Como respuesta al interrogante acerca de en qué medida la praxis y la demanda de liberación de la teología de la liberación están fundadas en el marxismo, McGovern indica, a nuestro juicio con razón, lo siguiente: (a) La teología de la liberación en sí misma contiene relativamente poco análisis socioeconómico como tal, y las referencias

explícitas a escritos de orientación marxista son más bien escasas. (b) Los obispos latinoamericanos (Medellín, 1968; Puebla, 1979) *están, también ellos, convencidos del fracaso del capitalismo (es decir, puede afirmarse que existe consenso acerca del ver* la situación como una de dependencia injusta, *juzgarla* como «pecaminosa» a la luz del evangelio, y afirmar el desafío para los cristianos a *actuar* con el objetivo de superar esta situación y establecer la justicia y la paz). McGovern concluye su evaluación afirmando que la teología de la liberación no está fundada en el marxismo, sino en la experiencia de los pueblos latinoamericanos y en la reflexión de la fe. El marxismo es utilizado «heurísticamente», en la medida en que ciertas comprensiones (como por ejemplo, con respecto a la relación entre teoría y praxis, a las causas político-económicas del «subdesarrollo», y a los vínculos entre ideología y estructuras sociales) se emplean para iluminar tanto situaciones sociales específicas como la fe cristiana en sí misma. Finalmente, puede identificarse en este contexto las contrapartidas específicamente cristianas de las contribuciones marxistas, como por ejemplo, el compromiso a practicar la fe y a reflexionar sobre la experiencia religiosa, las denuncias bíblicas de la injusticia, y las críticas a la iglesia de todos los tiempos por no actuar sobre la base de las demandas de justicia y liberación, entre otras.

22. Una doble actitud de crítica y redescubrimiento o reivindicación puede observarse en los teólogos católicos de la liberación con respecto a la tradición teológica de la iglesia en general, y al magisterio en particular. Por un lado, los blancos de la crítica son las tendencias teoreticistas, dualistas, elitistas y ahistóricas de la teología tradicional, tendencias que carecen de sensibilidad hacia la situación social de los pobres y oprimidos, y su liberación (histórica). Un ejemplo aquí sería buena parte de la teología escolástica y ciertas orientaciones de la espiritualidad clásica. Por otro lado, ciertas contribuciones, como el concepto unitario de la historia de salvación, el énfasis en las demandas sociales del evangelio, y la toma de conciencia acerca de la dimensión profética de la misión de la iglesia, son afirmadas e incorporadas juntamente con el testimonio paradigmático de santos, profetas y mártires.

23. La significación del motivo del éxodo para la teología de la liberación no puede ser pasada por alto. La obra seminal de J. Severino Croatto, *Liberación y libertad: Pautas hermenéuticas,* rev. ed. (Lima: CEP, 1978), reviste un carácter fundacional para la hermenéutica liberacionista latinoamericana. Croatto, influenciado por Paulo Freire y Paul Ricoeur entre otros, intenta desarrollar un método para releer la Biblia desde la perspectiva de su propia situación latinoamericana, situación que encuentra un punto focal y una fuente de interpretación en el libro de Exodo. El mensaje que puede encontrarse allí es un símbolo de una teología de la liberación que, para Croatto y muchos otros, representa el núcleo de todo el mensaje bíblico. Un comentario bíblico sobre el exodo en perspectiva liberacionista es el de George V. Pixley, *Exodo: Una lectura evangélica y popular* (México: CUPSA, 1983). Pixley propone una lectura «evangélica» y «popular» del Exodo, sobre la base de un trabajo exegético científico sobre el texto y a la luz de los contextos reales de opresión en los cuales la Biblia es leída, discutida e interpretada.

24. Leonardo Boff y Clodovis Boff, *Cómo hacer teología de la liberación,* pp. 46-50.

25. *Ibid.*, p. 50.
26. Algunos casos interesantes de movilización popular con la participación de las comunidades eclesiales de base en el Brasil, se describen en Clodovis Boff, *Comunidades eclesiales de base y prácticas de la liberación* (Bogotá: Indo-American Press Service, 1981) pp. 9-19. Los ejemplos provistos en este libro incluyen situaciones de resistencia y solidaridad activas frente a la injusticia perpetrada por los ricos y poderosos terratenientes.
27. Buenas descripciones del método de la teología de la liberación como un método operativo a nivel de las comunidades eclesiales de base, pueden encontrarse en Fray Betto, *Lo que son las comunidades eclesiales de base* (Bogotá: Indo-American Press Service, 1981), y Joao B. Libanio, *Formación de la conciencia crítica*, 3 vols. (Bogotá: CLAR, 1980).
28. La redefinición liberacionista de la teología estimula una revisión fundamental en el campo de la educación teológica. Así, podemos identificar un buen número de principios o líneas rectoras que apuntan en direcciones nuevas, tales como lo hemos hecho concretamente en Daniel S. Schipani, «Pautas epistemológicas en la búsqueda de alternativas para la educación teológica en América Latina», *Boletín Teológico* 20 (julio a septiembre de 1985), pp. 32-60: (a) La tarea teológica de la iglesia corresponde a toda la familia de Dios. Por tanto, la búsqueda de nuevas alternativas en el terreno de la educación teológica debería comenzar con el reconocimiento efectivo de la participación y contribución del pueblo creyente. Esto, a la vez, requiere obviamente una reestructuración y una expansión considerables del currículo teológico, incluyendo una reorientación radical de la epistemología y la metodología.
(b) El reconocimiento de que en la tarea teológica existen múltiples sujetos sugiere una responsabilidad doble: por un lado, los distintos niveles del teologizar deberían ser distinguidos y apreciados en su peculiar riqueza y complejidad; por el otro, y simultáneamente, las diversas contribuciones teológicas deberían ser correctamente integradas. En este sentido, Pablo Richard afirma que los teólogos profesionales necesitan ser liberados por el potencial evangelizador de los pobres, y deben desarrollar su creatividad teológica en el contexto de las comunidades eclesiales de base y a su servicio: Los teólogos deben desarrollar una *teología profesional* comenzando con la *teología espiritual* del pueblo pobre y creyente, y con la *teología orgánica* de la iglesia de los pobres. Cf. «Para entender la teología de la liberación», *Teología de la liberación: Documentos sobre una polémica* (San José, Costa Rica: DEI, 1984) p. 105. La idea es, en consecuencia, que la educación teológica desarrolle medios y recursos para estimular, re-conocer, evaluar y re-apropiar la «teología espiritual» de los creyentes y las «teologías orgánicas» —más o menos explícitas y coherentes— de las comunidades de fe locales y de base. Sobre este punto, cf. también Leonardo y Clodovis Boff, *Cómo hacer teología de la liberación*, capítulo 2.
(c) Las comunidades eclesiales tienen un inmenso potencial para desarrollar su teología en cuanto expresión de una fe madura, y también al servicio de esa fe a la luz del reinado de Dios. De hecho, no existe tal cosa como una comunidad de fe sin «teología» (o, inclusive, «teologías» más o menos complementarias o contradictorias). En consecuencia, un desafío especial para la educación teológica

es participar en la construcción y re-creación de teologías locales de acuerdo con modelos contextuales. Se asume que toda la comunidad desempeña un papel protagónico en el desarrollo de teologías «orgánicas» locales, y que estas teologías (como toda auténtica teología) deben estar al servicio de la iglesia misma en el marco de referencia del proyecto global del reinado de Dios. Respecto de una metodología apropiada para hacer frente a este desafío, cf. Robert J. Schreiter, *Constructing Local Theologies* (Maryknoll, N.Y.: Orbis, 1985). Schreiter propone un modelo sistémico que combina una consideración cuidadosa de los factores vinculados con la comunidad de fe, con el evangelio, y con la realidad sociocultural.

(d) La educación teológica ha de estar inspirada por un «paradigma eclesio-comunitario» antes que por un «paradigma clerical». La dispersión y fragmentación del currículo, así como también los riesgos de la «profesionalización» y de la concepción individualista del ministerio, entre otros problemas, deben ser corregidos. Así, en lugar de concentrar los esfuerzos en la formación ministerial de líderes que habrán de funcionar de manera profesional, *el principio rector clave para la educación teológica y la imagen integradora del ministerio pasa a ser ahora la formación y transformación de la comunidad de fe.*

Se impone aquí una nota adicional de clarificación. El trasplante de parámetros y estructuras desde la región nordatlántica a América Latina parece dar cuenta de la analogía observable entre América del Norte y América Latina con respecto al análisis y la crítica de la teología y la educación teológica, tal cual aparecen formulados, por ejemplo, en Edward Farley, *Theologia: The Fragmentation and Unity of Theological Education* (Philadelphia: Fortress, 1983). La visión que tiene Farley del «paradigma clerical» en el ministerio, reviste particular interés para nosotros. Cf. también Edward Farley, «Theology and Practice Outside the Clerical Paradigm», Don S. Browning, ed., *Practical Theology: The Emerging Field in Theology, Church and World* (San Francisco: Harper & Row, 1983) pp. 21-41. Otros análisis valiosos vinculados con este tópico se encuentran en James F. Hopewell, «A Congregational Paradigm for Theological Education», *Theological Education* 21:1 (otoño de 1984) pp. 60-70; James N. Poling y Donald E. Miller, *Foundations for a Practical Theology of Ministry* (Nashville: Abingdon, 1985); C. René Padilla, ed., *Nuevas alternativas de educación teológica en América Latina* (Buenos Aires: Nueva Creación, 1986); y Joseph C. Hough Jr. y Barbara F. Wheeler, eds., *Beyond Clericalism: The Congregation as a Focus for Theological Education* (Atlanta: Scholars Press, 1988).

(e) La adopción del paradigma eclesio-comunitario en la educación teológica presupone que, en lo que concierne al contenido, adquiere relevancia primordial la consideración de la realidad rica y compleja que es la vida y misión de las comunidades de fe reales y concretas. Entre otras cosas, esto requiere diálogo y cooperación entre las instituciones teológicas y las iglesias y parroquias locales, así como también el desarrollo de perspectivas interdisciplinarias. Al centrar la atención en la comunidad eclesial de base, la reflexión teológica toma nota de la historia y la visión cristianas en su carácter concreto, es decir, tal como se manifiestan en medio de situaciones histórico-culturales particulares a través de microcosmos representativos de la iglesia y la sociedad.

(f) El paradigma eclesio-comunitario requiere una reformulación radical del currículo y el método, en torno de la así llamada «teología práctica» o «teología aplicada al ministerio». Por un lado, ya no puede mantenerse la disociación entre los componentes «teoréticos» y los «prácticos», según la cual las «disciplinas teológicas» (Biblia, teología, historia) meramente influyen sobre el ministerio y se traducen en él (por ejemplo, en la educación cristiana en la iglesia). Por otra parte, en la medida en que la tarea y el ministerio teológicos se convierten ahora, esencialmente, en responsabilidades de todo el pueblo de Dios, el entrenamiento de líderes deberá ser reorientado y reconcebido; por ejemplo, este entrenamiento deberá concentrarse más en la formación de la comunidad que sana e interpreta, que en el desarrollo profesional de las capacidades terapéuticas y hermenéuticas del líder pastoral per se.

(g) El paradigma eclesio-comunitario presenta un desafío particular para la escuela y otras instituciones de educación teológica, en el sentido de invitarlas a un cambio sustancial en su carácter y en su autodefinición. Dos aspectos se destacan con relación a este punto, y ambos deben ser vistos como estrechamente interconectados. Primero, las instituciones en cuestión son desafiadas a ser, ellas mismas, «comunidades de fe» (aunque no necesariamente en el sentido de la congregación eclesial a nivel local). Segundo, desde esta perspectiva la educación teológica debe ser llevada a cabo en el contexto de la formación y transformación de la comunidad en el marco de su misión en el mundo. Lo ideal sería, en consecuencia, que existiera una analogía sustancial entre el ministerio y la formación de la comunidad en las escuelas de teología y fuera de ellas (en las iglesias o en cualquier otro lugar).

29. Hacer teología a nivel de la comunidad de fe local puede convertirse en un proceso pedagógico liberador en términos de reflexión y acción, que incluye por supuesto liberación respecto de estructuras y modelos de educación cristiana alienantes y domesticadores. Esta cuestión se relaciona directamente con el problema del «paradigma clerical» para el ministerio y la educación teológica, al cual nos referíamos en la nota anterior. La distancia y la brecha entre la educación «teológica» y la educación «cristiana» no son un fenómeno superficial sino, más bien, parte de las estructuras profundas de la autocomprensión de la iglesia, que incluye ciertos presupuestos básicos acerca de la fe, la teología, el aprendizaje y la educación. Edward Farley clarifica estas cuestiones en «Can Church Education be Theological Education?», *Theology Today* 42:2 (julio de 1985), pp. 158-171. El paradigma eclesio-comunitario, al cual aludíamos antes, sugiere que la tarea teológica debe integrarse efectivamente con el proceso de crecimiento y maduración de la comunidad de fe, no como un fin en sí misma, por supuesto, sino —más bien— con miras al cumplimiento de la misión cristiana. Por tanto, el ministerio educativo —y esto se aplica particularmente a la educación de jóvenes y adultos— puede ser visto como parte de una educación bíblico-teológica verdaderamente transformadora y potenciadora (es decir, *concientizadora*), dentro del marco de referencia más amplio de la triple razón de ser de la iglesia —*adoración, comunidad y misión*—(cf. la nota 110 del capítulo 2 y la página 209, en el presente capítulo). Los procesos educativos y la re-creación bíblico-teológica que tienen lugar en las comunidades eclesiales de base son paradigmáticos en este sentido,

como lo estudiaremos en el capítulo 5. Hablando en términos negativos, nos enfrentamos aquí con el rechazo del presupuesto comúnmente aceptado de que la educación eclesial no puede ser también «educación teológica». El desafío, por tanto, es descubrir maneras de colocar los recursos ricos y variados —teológicos y de otro tipo— a disposición de la iglesia, recursos que facilitan, por ejemplo, la exégesis y la hermenéutica bíblicas, así como también el análisis y la interpretación críticas en el terreno de lo histórico, lo psicológico, lo literario y lo social, siempre en consonancia con la mencionada centralidad del ministerio educativo. En otros términos, aquí tenemos otra faceta del desafío liberacionista a tomar muy seriamente la educación en la iglesia.

30. Thomas H. Groome, «Theology on Our Feet: A Revisionist Pedagogy for Healing the Gap between Academia and Ecclesia», Lewis S. Mudge y James N. Poling, eds., *Formation and Reflection: The Promise of Practical Theology* (Philadelphia: Fortress, 1987) pp. 55-78.

31. En las últimas dos décadas ha habido una proliferación de traducciones, así como también una promoción y una distribución crecientes de Biblias, incluyendo la producción de «versiones populares» en el vernáculo actual. Este fenómeno está en correlación, a la vez, con el crecimiento de la erudición bíblica en el continente latinoamericano.

32. Carlos Mesters, «The Use of the Bible in Christian Communities of the Common People», Sergio Torres y John Eagleson, eds., *The Challenge of Basic Christian Communities* (Maryknoll, N.Y.: Orbis, 1981) p. 205.

33. *Ibíd.*

34. El análisis sociohistórico y sociológico del mundo del texto bíblico y del mundo del intérprete, provee un material fundamental para una aproximación significativa e influyente en el campo de la interpretación bíblica, como queda ilustrado en una amplia gama de contribuciones que aparecen en Norman K. Gottwald, ed., *The Bible and Liberation: Political and Social Hermeneutics.* Juntamente con las contribuciones que provienen de América Latina, debemos tomar en consideración dos corrientes fundamentales de hermenéutica liberacionista:

(a) La *exégesis materialista* —que tuvo sus orígenes en la Europa latina, especialmente en Portugal y Francia, y combina el materialismo histórico con el estructuralismo— comparte varios énfasis de los latinoamericanos. Los escritos representativos de esta escuela exegética subrayan que (1) los pobres constituyen un motivo central de preocupación en los documentos bíblicos, y deben ser rescatado de manos de los poderosos, y (2) las Escrituras deben ser leídas con miras a discernir la praxis política. Cf. Fernando Belo, *A Materialist Reading of the Gospel of Mark* (Maryknoll, N.Y.: Orbis, 1981), y Michel Clevenot, *Materialist Approaches to the Bible* (Maryknoll, N.Y.: Orbis, 1985).

(b) La *hermenéutica liberacionista feminista*, que tiene sus principales representantes mayormente en Norteamérica, comparte el rasgo global de los liberacionistas de «ver desde el reverso de la historia». Sin embargo, esta corriente liberacionista feminista no se relaciona directamente con la orientación filosófica y socioeconómica materialista/marxista, como lo hacen las otras dos (la teología latinoamericana de liberación y la aproximación exegética materialista). La perspectiva feminista en el trabajo exegético ha aportado intuiciones nuevas, rescatando aspectos del texto que los intérpretes varones de la Biblia habían sido incapaces de visualizar. Cf., por ejemplo, Phyllis Trible, *God and the Rhetoric of Sexuality* (Philadelphia: Fortress, 1978); Elisabeth Schüssler Fiorenza, *In Memory of Her: Theological Reconstruction of Christian Origins* (New York: Crossroads, 1983); y Letty M. Russell, ed., *Feminist Interpretation of the Bible* (Philadelphia: Westminster, 1985).

Tanto la hermenéutica de la Europa latina como la feminista afirman el valor de la sociología del conocimiento. Demuestran que la situación social del intérprete afecta sustancialmente la lectura del texto; en consecuencia, *ambos*, el texto y el intérprete, deben ser sometidos a un escrutinio profundo. Acerca de un valioso análisis de estos tópicos y otros relacionados, cf. Willard M. Swartley, «Beyond the Historical-Critical Method», Willard M. Swartley, ed., *Essays on Biblical Interpretation: Anabaptist-Mennonite Perspectives* (Elkhart, Ind.: Institute of Mennonite Studies, 1984) pp. 248ss. En América Latina también están impulsándose la lectura y la hermenéutica bíblica desde la situación de la mujer, tal como lo atestiguan valiosos esfuerzos recientes, como ser los impulsados por Irene Foulkes y Elsa Támez desde el Seminario Bíblico Latinoamericano en San José, Costa Rica.

35. Cf. el estudio pionero de José Porfirio Miranda, *Marx y la Biblia: Crítica a la filosofía de la opresión* (Salamanca: Sígueme, 1971). Desafortunadamente, el trabajo de Miranda tiende a presentar una interpretación bíblica sesgada y sobresimplificada. A menudo impone a la Biblia un marco de referencia marxista, y así su enfoque se torna vulnerable a la crítica de reduccionismo político-económico.

36. Georges Casalis, *Correct Ideas Don't Fall from the Skies: Elements for an Inductive Theology* (Maryknoll, N.Y.: Orbis, 1984) p. 62. (Original en francés, hay traducción castellana.)

37. *Ibíd.*, p. 63. «Concientización política a través de la alfabetización» se refiere al proceso transformador de aprender a «leer» (es decir, a interpretar críticamente) la realidad y a «escribir» la historia personal (es decir, a darle forma al futuro), mientras uno va alfabetizándose.

38. Carlos Mesters, «The Use of the Bible in Christian Communities of the Common People», pp. 202-203. Cf. también Mesters, *Flor sem defesa: Uma explicaçao da Biblia a partir do povo* (Petropolis: Vozes, 1983).

39. Paul Lehmann, «Foreword», Richard Shaull, *Heralds of a New Reformation: The Poor of South and North America* (Maryknoll, N.Y.: Orbis, 1984) p. x.

40. David Lockhead, «The Liberation of the Bible», Norman K. Gottwald, ed., *The Bible and Liberation: Political and Social Hermeneutics*, p. 83.

41. *Ibíd.*, p. 88.

42. Karl Mannheim, *Ideology and Utopia* (New York: Harcourt, Brace and World, 1936). Para Mannheim, el concepto de ideología se refiere a un descubrimiento que se deriva del conflicto político, cual es el hecho de que los grupos dominantes pueden llegar a estar tan ligados por sus intereses a una situación dada, que en su pensamiento y su visión de la realidad estarán ciegos a ciertas cuestiones que socavarían su sentido de dominio: «En la palabra 'ideología' está implícita la intuición de que en ciertas situaciones el inconsciente colectivo de ciertos grupos

oscurece la condición real de la sociedad tanto para sí mismos como para otros, y de esta forma la estabiliza», p. 40.

43. Debería recalcarse que la relación entre fe e ideología es tratada a lo largo de la obra de Juan Luis Segundo, *La liberación de la teología*, en cuanto tema dominante del libro. Cf. también del mismo Segundo, *Fe e ideología*, vol. I de *El hombre de hoy ante Jesús de Nazaret* (Madrid: Cristiandad, 1982). Segundo analiza un sentido algo más neutral del término *ideología*, y afirma que la fe y la ideología no pueden ser separadas en la práctica, aunque sí pueden ser distinguidas. Así, por ejemplo, la fe puede ser reconocida: (1) por su pretensión de valor absoluto objetivo, mientras que la ideología carece de esta pretensión, y (2) por el hecho de que la fe involucra una asociación más fuerte con el *objetivo* (significación), mientras que la ideología apunta más directamente al *medio* para alcanzar el objetivo (eficacia). Cf. Alfred T. Hennelly, *Theologies in Conflict: The Challenge of Juan Luis Segundo* (Maryknoll, N.Y.: Orbis, 1979) pp. 123ss. El libro de Hennelly es una excelente introducción y estudio interpretativo de la contribución teológica de Segundo hasta 1979. Sugiere que la verdadera tesis fundamental —aunque no esté expresada— de la obra de Segundo, *La liberación de la teología*, es que «el milenio y medio de cristiandad constantiniana ha involucrado una ideologización gradual y masiva del evangelio en favor de intereses poderosos y privilegiados en la sociedad occidental», p. 135.

44. Robert McAfee Brown, *Theology in a New Key: Responding to Liberation Themes* (Philadelphia: Westminster, 1978) pp. 79-80.

45. La confrontación con una perspectiva radicalmente diferente en cuanto oportunidad para una transformación y liberación de la perspectiva respecto de la «cautividad ideológica», es presentada y demostrada agudamente por Robert McAfee Brown, en *Unexpected News: Reading the Bible with Third World Eyes* (Philadelphia: Westminster, 1984). Entre los eruditos latinoamericanos, podemos citar a Elsa Támez, por ejemplo, y sus estudios *La Biblia de los oprimidos* (San José: DEI, 1979) y *Santiago: Lectura latinoamericana de la epístola* (San José: DEI, 1985).

46. David Lockhead, «The Liberation of the Bible», p. 80. Lockhead discute también la «liberación» de la Biblia en un sentido público (es decir, cómo es presentada la Biblia en los medios de comunicación masivos, por ejemplo). Por otra parte, analiza la relación que existe entre liberar a la Biblia de sus distintas cautividades y el proceso de liberación personal. Lockhead afirma que los mecanismos que permiten que la Biblia sea llevada en cautividad ideológica están incorporados en la naturaleza misma del acto de comprender. Dice Lockhead: «Hemos constatado que la autocrítica y la concientización son absolutamente necesarias en todo intento de encarar una lectura liberada de la Biblia» (p. 87).

47. *Ibíd.*, pp. 80ss. El comprender es político en el sentido de que lo que «conocemos» o «comprendemos» siempre tiene lugar en un contexto social constituido por un sistema complejo de relaciones sociales, que incluye relaciones *de poder*. En palabras de Lockhead, «No hay escapatoria de esta suerte de política del comprender ... las relaciones de dominio y sumisión aparecen a todo nivel. *¿Quién selecciona el texto? ¿Por qué se selecciona precisamente ese texto? ¿Qué intereses aparecen reflejados en los recursos que el grupo utiliza? ¿Para servir*

a los intereses de quién leemos el texto de la manera en que lo hacemos? ¿Por qué analizamos la realidad contemporánea en la forma en que lo hacemos? ¿Por qué aplicamos el texto de cierta manera y no de otra? En relación con todas estas preguntas, debemos plantear el interrogante central: ¿A qué intereses estamos sirviendo?» p. 86.

48. La expresión «círculo hermenéutico» ha sido aplicada antes para describir la aproximación exegética de Rudolf Bultmann. Sin embargo, Segundo argumenta que su propio método teológico se corresponde más apropiadamente con el sentido estricto de este «círculo». Por nuestra parte, preferimos la expresión *circulación hermenéutica*, utilizada por Georges Casalis en *Correct Ideas Don't Fall from the Skies: Elements for an Inductive Theology*, pp. 67-70. «Circulación» denota un proceso hermenéutico dinámico, que es precisamente lo que Segundo propone.

49. Acerca de una referencia a la cuestión del contenido y el proceso, cf. capítulo 1, nota 114, en el presente volumen.

50. Juan Luis Segundo, *La liberación de la teología*, pp. 8ss.

51. *Ibíd.*, p. 9. Segundo continúa explicando de qué manera pensadores críticos claves, como Harvey Cox (*La ciudad secular*), Karl Marx (*El manifiesto comunista*) y Max Weber (*La ética protestante y el espíritu del capitalismo*), comenzaron el círculo pero, una vez alcanzado cierto nivel de sospecha, interrumpieron el proceso sin aventurarse a una nueva hermenéutica y a una reafirmación de su fe. Segundo propone que, por el contrario, James Cone (*A Black Theology of Liberation*) completó exitosamente las cuatro etapas del círculo hermenéutico. Bien podría plantearse la desafiante pregunta acerca de si todos los teólogos de la liberación completan siempre *el círculo de manera coherente y efectiva*.

52. Hugo Assmann, «Statement by Hugo Assmann», Sergio Torres y John Eagleson, eds., *Theology of the Americas* (Maryknoll, N.Y.: Orbis, 1976) p. 300. En el próximo capítulo discutiremos en detalle la cuestión del privilegio epistemológico/hermenéutico de los pobres y oprimidos.

53. José Míguez Bonino, «Reading the Biblical Text from a Liberation Theology Perspective: Implications for the Church, Christian Education, and Ministry», ponencia inédita presentada en AMBS (Associated Mennonite Biblical Seminaries) el 3 de noviembre de 1986. Cf. también Guillermo Cook, *The Expectation of the Poor: Latin American Basic Ecclesial Communities in Protestant Perspective* (Maryknoll, N.Y.: Orbis, 1985) cap. 7.

54. La cuestión del aprendizaje transformativo a la luz del privilegio epistemológico/hermenéutico de los pobres y oprimidos, es tratada también en el próximo capítulo.

55. Carlos Mesters, «The Use of the Bible in the Christian Communities of the Common People», p. 208.

56. *Ibíd.*, p. 209.

57. Ernesto Cardenal, quien fuera el Ministro de Cultura del gobierno sandinista nicaragüense, recibió orientación espiritual de Thomas Merton en el monasterio trapense de Nuestra Señora de Getsemaní, en Kentucky, EE.UU.

58. En la línea de Merton, Cardenal asumió una espiritualidad y una visión del evangelio que integra la redención espiritual con la social. Además, según el

TEOLOGIA DEL MINISTERIO EDUCATIVO

propio Cardenal, Merton le dijo que en América Latina, la persona contemplativa no podía sustraerse a la lucha política. Ernesto Cardenal, «Lo que fue Solentiname (carta al pueblo de Nicaragua)», *Nuevos estilos de vida* (Lima: CELADEC, CCPD número 5) ii (1978) p. 22.

59. Ernesto Cardenal, *El evangelio en Solentiname*, vols. 1-4 (Salamanca: Sígueme, 1975-1979). Cf. también Philip y Sally Sharper, eds., *The Gospel in Art by the Peasants of Solentiname* (Maryknoll, N.Y./Dublin: Orbis/Gill and Macmillan, 1984).

60. En cuanto a estas observaciones respecto de los presupuestos básicos en la hermenéutica de base en Solentiname, estoy parcialmente en deuda con Héctor Rubén Sánchez Fernández, quien fue mi colega en el Seminario Evangélico de Puerto Rico.

61. Por ejemplo, al estudiar la lección «Jesús enseña cómo orar», Cardenal explica que Mateo usa la palabra griega *battalogein*, que es como decir «...no andemos con mucho *bla, bla, bla*, como los paganos...» (Mt. 6.7). Cardenal afirma también que Jesús utilizó la palabra «papá» (*Abba*), más familiar, en lugar de la más formal, «padre». Un buen número de interesantes comentarios efectuados por los participantes en Solentiname tienen que ver con el significado de la comunión con Dios y del amor espontáneo y simple hacia él, de la cercanía a Dios que quita todo temor, etc. Estos comentarios son complementados luego por agudas observaciones acerca de la espiritualidad genuina, la comunidad y la justicia. Lo que podemos observar, en consecuencia, es una fusión de la educación *bíblico-teológica* con la educación *cristiana* (en sentido limitado), en la medida en que las personas aprenden acerca de la Biblia y son desafiadas también a aprender la Biblia (es decir, a aprender a ver, sentir y actuar bíblicamente). Cf. Ernesto Cardenal, *El evangelio en Solentiname*, cap. 24.

62. Carlos Mesters es un pastor y teólogo católico de origen holandés que trabaja en Brasil. Como erudito en Biblia y filólogo, ha dedicado sus notables capacidades y su conocimiento a servir al pueblo brasileño, ayudándole a entrar en un diálogo fructífero con las escrituras. Sus numerosos ensayos acerca de la Biblia incluyen comentarios, manuales para maestros, y otros materiales en esta área. Un caso interesante es, por ejemplo, su comentario popular sobre el libro de Rut: Carlos Mesters, *Rute: Uma história da Biblia* (Sao Paulo, Brasil: Ediçóes Paulinas, 1985). Este pequeño libro tiene un subtítulo fascinante: Pão, Familia, Terra! Quem va por aí não erra!» (¡Pan, familia, tierra! ¡Quien va por ahí no erra!). Para todos los que tendemos a asociar la historia bíblica de Rut principalmente con una situación familiar de la antigüedad —¡donde encontramos, además, algunas claves para llevarse bien con la suegra de uno!—, el comentario de Mesters es sorprendentemente revelador. Materiales como éste se originan en fructíferos diálogos, reflexiones e intuiciones, promovidos en los *círculos bíblicos*. Mesters y sus colegas reordenan las observaciones más sistemáticamente, e incluyen la necesaria información de trasfondo y unas pocas ayudas exegéticas tomadas de la exégesis y la hermenéutica «científicas». Así, el material queda listo para volver al pueblo, por decirlo así, para seguir siendo procesado y enriquecido. Véase también de Mesters, *Lecturas bíblicas: Guías de trabajo para un curso bíblico* (Navarro: Verbo Divino, 1987).

63. Carlos Mesters, «The Use of the Bible in Christian Communities of the Common People», p. 199.
64. Puede revisarse nuestro análisis de la reflexión bíblico-teológica en el segundo capítulo (pp. 114-120 y nota 110). Nótese que esta representación de la herme-néutica de base en el Brasil bien puede ser puesta en correlación con nuestro presupuesto acerca de la centralidad de la tarea educativa en la iglesia.
65. Carlos Mesters, «The Use of the Bible in Christian Communities of the Common People», pp. 200, 203.
66. *Ibíd.*, p. 205.
67. Frei Betto, «Church Born of the People», LADOC 12:3 (enero-febrero de 1982) pp. 1-19.
68. Guillermo Cook, *The Expectation of the Poor: Latin American Basic Ecclesial Communities in Protestant Perspective*, pp. 110-111.
69. *Ibíd.*, p. 123.
70. *Ibíd.*, p. 125.
71. Carlos Mesters, «The Use of the Bible in Christian Communities of the Common People», p. 206. Las comunidades eclesiales estimulan la producción de versio-nes populares de textos bíblicos significativos en la composición de canciones para la adoración, la proclamación y la edificación.
72. La educación es vista, por tanto, como una forma peculiar y esencial de ministe-rio, como una herramienta facilitadora, por decirlo así. Esa educación no existe en función de sí misma, sino más bien en función de la adoración, la comunidad y la misión, que constituyen las principales facetas de la vida de la iglesia y su misma razón de ser. Las flechas invertidas representan una relación recíproca que involucra a las tres: adoración, comunidad, misión. Estas tres realidades incluyen en sí mismas dimensiones educativas que pueden, a la vez, ser integradas, reformuladas y redirigidas, durante la ejecución del proceso educativo.
Estas nociones, y otras relacionadas, fueron desarrolladas en el contexto del Grupo de Trabajo sobre Modelos Futuros de Educación Congregacional, un proyecto inter-menonita en el que tuvimos activa participación. En cuanto a la articulación de estos conceptos, estoy en deuda con este grupo y, especialmente, con mi colega y amiga Marlene Y. Kropf.
73. «Discipular» significa aquí sencillamente el proceso de formación, transfor-mación y potenciación de discípulos cristianos, tanto a nivel personal como a nivel comunitario. Es otra forma de referirse al proceso a través del cual la fe es despertada y nutrida, proceso éste que parte de una visión bíblica de la fe (en cuanto estilo de vida) y que se lleva a cabo en el ministerio educativo de la iglesia, y a través de él.
74. Cf. pp. 112-113 y las notas 98 y 99 en el segundo capítulo.
75. Además de los autores citados en el capítulo dos —particularmente Thomas Groome, John L. Elias y William Bean Kennedy— debemos mencionar aquí a Malcolm L. Warford, *The Necessary Illusion: Church, Culture and Educational Change* (Philadelphia: Pilgrim, 1976).
76. John H. Westerhoff III, *¿Tendrán fe nuestros hijos?* (Buenos Aires: La Aurora, 1979) p. 46.

77. *Ibíd.*, pp. 45-48. Westerhoff estaba a la búsqueda de un marco de referencia teológico para la educación cristiana, y de ciertos fundamentos para establecer una alternativa al «paradigma de escolarización e instrucción». Sin embargo, hasta ese momento no había delineado ni el perfil de tal marco de referencia ni los contornos educativos de ese paradigma alternativo. De manera implícita, Westerhoff parece incorporar, años después, varias dimensiones de un enfoque liberacionista, por ejemplo, en *Living the Faith Community: The Church that Makes a Difference* (Minneapolis: Winston, 1985). En este libro Westerhoff analiza, entre otras cosas, la cuestión de la iglesia como comunidad de base, su conciencia profética alternativa, y su pasión por el extranjero y el oprimido.

78. Allen J. Moore, «Liberation and the Future of Christian Education», Jack L. Seymour y Donald E. Miller, eds., *Contemporary Approaches to Christian Education* (Nashville: Abingdon, 1982) p. 117. Moore propone que la educación cristiana se convierta en una educación profética que desafíe las estructuras sociales opresivas desde la perspectiva de la escatología cristiana. En consecuencia, un tema central que debe ser encarado es el del estilo de vida, definido como un patrón de creencias, valores y actitudes, que pueden describirse y que se ponen de manifiesto en el modo de vivir que la gente elige. Moore concluye que, como cristianos, debemos aprender a ver el mundo a través de los ojos de la fe, como Jesús lo veía (p. 121). Varios colaboradores desarrollan ésas y otras nociones relacionadas, en el libro editado por Allen J. Moore, *Religious Education as Social Transformation* (Birmingham: Religious Education Press, 1989).

79. Podría ser útil para el lector revisar las secciones donde analizamos explícitamente las contribuciones y limitaciones de la teología de la liberación, en los capítulos previos y también en el capítulo cinco.

80. Por ejemplo, desde la perspectiva de la hermenéutica bíblica, una aproximación hermenéutica a la educación se encuentra en Edward Everding, «A Hermeneutical Approach to Educational Theory», en Marvin J. Taylor, ed., *Foundations for Christian Education in an Era of Change* (Nashville: Abingdon, 1976) pp. 41ss. Desde la perspectiva educativa, una aproximación interpretativa aparece en Jack L. Seymour y Carol A. Wehrheim, «Faith Seeking Understanding: Interpretation as a Task of Christian Education», en Jack L. Seymour y Donald E. Miller, eds., *Contemporary Approaches to Christian Education*, pp. 123ss.

81. Thomas H. Groome, *Christian Religious Education: Sharing Our Story and Vision* (San Francisco: Harper & Row, 1980) p. 184.

82. Mary Elizabeth Moore, *Education for Continuity and Change: A New Model for Christian Religious Education*, p. 121.

83. Cf. Thomas H. Groome, *Christian Religious Education: Sharing Our Story and Vision*, pp. 195-197, 217-223. También, Mary C. Boys y Thomas H. Groome, «Principles and Pedagogy in Biblical Study», *Religious Education* 77:5 (septiembre-octubre de 1982) pp. 486-507.

84. James Michael Lee, «Process Content in Religious Education», Iris V. Cully y Kendig Brubaker Cully, eds., *Process and Relationships: Issues in Theory, Philosophy, and Religious Education* (Birmingham, Ala.: Religious Education Press, 1978) p. 27. Cf. también el ensayo de Lee, «Religious Education and the Bible: A Religious Educationist's View», Joseph S. Marino, ed., *Biblical Themes*

in Religious Education (Birmingham, Ala.: Religious Education Press, 1983) pp. 1-161.

85. James Michael Lee, *The Content of Religious Instruction* (Birmingham, Ala.: Religious Education Press, 1985) p. 641.

86. Robert McAfee Brown, *Unexpected News: Reading the Bible with Third World Eyes*, Introducción.

87. Edesio Sánchez-Cetina, «Listening to Other Voices», John C. Purdy, ed., *Always Being Reformed: The Future of Church Education* (Philadelphia: Geneva, 1985) pp. 87ss.

88. Robert McAfee Brown, *Unexpected News: Reading the Bible with Third World Eyes*, p. 27.

89. Diferentes eruditos enfocan de manera distinta la historia de Emaús. Así, Thomas Groome analiza el ejemplo del Cristo resucitado como maestro en la historia de Emaús, en *Christian Religious Education: Sharing Our Story and Vision*, pp. 135-136. También incluye la historia como una de las ilustraciones que contribuyen a explicar su «enfoque de la praxis compartida», pp. 207-223. Acerca de un profundo análisis epistemológico del evento de Emaús desde la perspectiva de la creatividad y la transformación, cf. James E. Loder, *The Transforming Moment*, 2da ed. (Colorado Springs: Helmers & Howard, 1989) pp. 97-120. Loder analiza la historia en cuanto paradigma de un «conocer conviccional», definido como el «proceso pautado a través del cual el Espíritu Santo transforma todas las transformaciones del espíritu humano». Y James Michael Lee se refiere al ejemplo de Jesús como maestro a la luz de la narración de Emaús en *The Content of Religious Instruction*, pp. 742-743. Lee subraya el éxito final de la pedagogía de Emaús, y sostiene que éste se relaciona con el hecho de que Jesús haya introducido deliberadamente el contenido sustantivo multidimensional en esa situación pedagógica.

90. Mary Elizabeth Moore, *Continuity and Change: A New Model for Christian Religious Education*, pp. 129-130. El enfoque de Moore —el «modelo tradicionista»— incluye los siguientes objetivos globalizantes: conocimiento con comprensión, y transformación de las acciones, creencias, y valores de las personas. Por otra parte, entre las características de su modelo, ella incluye explícitamente: creatividad, curiosidad, sorpresa y esperanza, y la integración del pensamiento, el sentimiento, y la acción.

91. Cf. la nota 28 en el presente capítulo, y también, en el capítulo cinco, el análisis sobre la educación cristiana y el teologizar, en las pp. 258-260, 272-273.

92. Siete *significados* y cuatro *modos* (sensorio-motor, emocional, analítico y sintético) del comprender se analizan en el trabajo de Charles F. Melchert, «'Understanding' as a Purpose of Religious Education», *Religious Education* 76:2 (marzo-abril 1981), pp. 178-186. En su respuesta a Melchert en el mismo volumen, Craig Dykstra agrega algunos comentarios muy valiosos sobre la *dinámica* del comprender. Dykstra se refiere también a la cuestión crucial acerca de *qué* queremos que la gente comprenda cuando se alcanza el objetivo de la educación. Dykstra discute luego el tema de poner en cuestión ciertos patrones del comprender humano desde la perspectiva de la fe bíblica. Por último, Dykstra visualiza el «comprender» como un propósito necesario y penúltimo de la

educación cristiana, y sostiene que «el tipo de comprensión que está en la médula de la educación religiosa es una comprensión de aquello que conduce a los misterios situados en las profundidades de la vida humana y hacia el encuentro con las realidades que sacan a relucir los límites de nuestra comprensión» cf. Craig Dykstra, «Understanding the Place of 'Understanding' », p. 194.

93. Clodovis Boff y Leonardo Boff, *Cómo hacer teología de la liberación*, p. 83.
94. Citado en Robert McAfee Brown, *Theology in a New Key: Responding to Liberation Themes*, pp. 88, 97-100. Beatriz Melano Couch ha escrito una de las mejores introducciones al pensamiento de Paul Ricoeur, bajo el título *Hermenéutica metódica: teoría de la interpretación según Paul Ricoeur* (Buenos Aires: Docencia, 1983).
95. James W. Fowler, «Black Theologies of Liberation: A Structural-Developmental Analysis», Brian Mahan y L. Dale Richesin, eds., *The Challenge of Liberation Theology: A First World Response* (Maryknoll, N.Y.: Orbis, 1981) pp. 69-90. Si bien está enfocado hacia las teologías negras de liberación, el ensayo de Fowler es muy relevante para nuestra discusión, como ya lo sugerimos en el capítulo uno (nota 45).
96. *Ibíd.*, pp. 87-88. Podría argumentarse, en realidad, que muchos teólogos de la liberación han avanzado significativamente más allá de las posturas liberacionistas «ideológicas» de la primera época. Por ejemplo, los hermanos Boff hacen una breve referencia a otras «tentaciones» de la teología latinoamericana de liberación, entre las que podemos citar: (a) la absolutización de la teología de la liberación en desmedro de la debida consideración que debería brindarse a otras teologías; (b) la incapacidad para apreciar adecuadamente dimensiones de la opresión distintas de la pobreza económico-social; (c) un énfasis excesivo en la confrontación y la discontinuidad, que va de la mano con una desconsideración del potencial dialógico y de mutuo enriquecimiento que puede existir en la interacción con otras corrientes teológicas, incluyendo el magisterio oficial católico; cf. Clodovis y Leonardo Boff, *Cómo hacer teología de la liberación*, pp. 83-84.
97. Sobre el tema de las «memorias subversivas» en la educación, véase Russel A. Butkus, «Dangerous Memories: Toward a Pedagogy of Social Transformation», Allen J. Moore, ed., *Religious Education as Social Transformation*, pp. 201-233.
98. El propósito del modelo «tradicionante» de educación religiosa cristiana es maximizar tanto la continuidad como la transformación. Cf. Mary Elizabeth Moore, *Continuity and Change: A New Model for Christian Religious Education*, pp. 17-18, 121ss. Thomas Groome analiza también perspectivas explícitamente equilibradas del tiempo, la tradición y el cambio y la continuidad, en su *Christian Religious Education: Sharing Our Story and Vision*, pp. 5-19, 185-187, 198-199.
99. Letty M. Russell, «Handing On Tradition and Changing the World», Padraic O'Hare, ed., *Tradition and Transformation in Religious Education* (Birmingham, Ala.: Religious Education Press, 1979) pp. 73-86. Otros capítulos en esta obra tratan el mismo tema, particularmente aquellos escritos por Mary Boys, Maria Harris, C. Ellis Nelson y Dwayne Huebner.
100. En este análisis, me ciño a los comentarios sobre la cuestión de la *temporalidad* que realicé en Daniel S. Schipani, *Conscientization and Creativity: Paulo Freire*

and *Christian Education* (Lanham, Md.: University Press of America, 1984) pp. 138ss. Cf. también Daniel S. Schipani, *El Reino de Dios y el ministerio educativo de la iglesia* (San José: Caribe, 1986) pp. 182-185.

101. Cf. especialmente pp. 114-120.

102. Cf. pp. 119-120.

103. Sobre el tema de la evaluación de las necesidades, cf. Maurice L. Monette, «Paulo Freire and Other Unheard Voices», *Religious Education* 74:2 (septiembre-octubre de 1979), pp. 543-554. Monette analiza los presupuestos éticos y políticos del enfoque de evaluación de las necesidades para la planificación del programa de educación de adultos. Argumenta de manera convincente en contra de variadas maneras de prescribir unilateralmente las «necesidades» de otros, y de meramente proveer de forma indiscriminada para sus carencias y necesidades, lo cual promueve una ética individualista que nada tiene que ver con la conciencia y la responsabilidad sociales. Concluye que una educación religiosa diseñada para promover la justicia estará fundada, administrativa y programáticamente, en un proceso de escuchar y prestar atención, que conducirá a un análisis *crítico* de las necesidades como son percibidas por el educador y por los educandos.

Capítulo 5
Los oprimidos y la comunidad de base

«Bienaventurados los pobres...»

JESÚS[1]

«La fe se hace viva en el dinamismo de las buenas nuevas que nos permiten reconocernos como hijos del Padre y hermanos y hermanas los unos de los otros, y crean una comunidad, una iglesia, el signo visible para otros de la liberación en Cristo.

La proclamación del evangelio ... tiene lugar desde dentro de una opción de solidaridad real y activa con los intereses y las luchas de los pobres, las clases explotadas. El intento de ubicarse a uno mismo en este lugar ... demanda una conversión a otro mundo, una nueva manera de comprender la fe, y conduce a una reformulación del mensaje del evangelio.»

GUSTAVO GUTIÉRREZ[2]

«La vida convertida es una existencia revolucionaria frente al statu quo, una vida comprometida con una visión de la comunidad venidera de Dios, una comunidad de liberación, justicia, paz, comunidad plena y bienestar para todos los seres humanos ... Dios llama a su pueblo a ser un signo de shalom, la vanguardia de la comunidad venidera de Dios, una comunidad de cambio cultural ... El pueblo de Dios está llamado a vivir para esta visión, y el ministerio educativo de la iglesia tiene la responsabilidad de transmitir y reivindicar esta visión, y estimular su comprensión.»

JOHN H. WESTERHOFF III[3]

INTRODUCCION

Existe una relación muy estrecha entre el capítulo previo y éste, como lo sugieren las referencias evangélicas —«a vosotros os es dado saber el misterio del reino de Dios» y «bienaventurados los pobres»— entendidas en perspectiva liberacionista. Hemos acabado de discutir la cuestión de la reflexión crítica y de la interpretación bíblica, centrando nuestra atención sobre todo en las categorías educativas de contenido-producto y de contenido-proceso. Ahora nos concentraremos en los sujetos principales de la teología de la liberación, el pueblo oprimido, los pobres.[4] ¿Cómo hemos de interpretar la bienaventuranza pronunciada por Jesús, y recogida en Lucas 6.20?

Cuando miramos esta enseñanza desde un punto de vista liberacionista y con los ojos de los pobres concretos que creen, dos ideas interrelacionadas se perfilan con nitidez.[5] Primero, cuando Jesús declara que el reino pertenece a los pobres, llama nuestra atención al hecho de que los pobres pueden revelar de manera más adecuada lo que ocurre a nuestro alrededor. Por tanto, los pobres son canales de la revelación divina y facilitadores de aprendizajes transformativos, como por ejemplo, la revisualización de la realidad social en la dirección del reinado de Dios, caracterizado por la justicia y la paz (*shalom*). Segundo, la bienaventuranza no se refiere tanto a las inclinaciones espirituales internas de los pobres, sino más bien a las inclinaciones de Dios, es decir, a la forma en que Dios está predispuesto en favor de los débiles, las víctimas, los marginados, los oprimidos. Hay aquí, en consecuencia, una referencia a la misericordia y a la justicia que caracteriza al reinado de Dios. La enseñanza de Jesús no deja lugar para una exégesis moralizante o espiritualizante, ni siquiera en la versión de Mateo, que dice «...pobres *en espíritu*».[6] De hecho, los mismos textos bíblicos que hablan acerca de los pobres mencionan a los hambrientos, los que están en prisión, los ciegos, y otros desvalidos y rechazados de la sociedad, para no mencionar las maldiciones explícitas contra los ricos, que Lucas incluye después de las bienaventuranzas.

A la luz de este tipo de fundamentación bíblica, la teología de la liberación plantea un llamado doble y urgente: a la transformación y a la comunidad. Y semejante llamado, que aparece explícito en las citas de Gustavo Gutiérrez y John Westerhoff al comienzo del capítulo, será analizado sobre todo en términos de una categoría específica de la educación religiosa: personas-en-contexto.[7]

El diálogo entre la teología de la liberación y la educación religiosa en torno de este punto particular, nos llevará a recapitular, en cierta forma, el análisis desarrollado a lo largo de todo el libro. En perspectiva histórica, puede rastrearse una conexión interesante entre la génesis y el crecimiento de las comunidades eclesiales (o cristianas) de base (o básicas), designadas generalmente con la sigla CEBs, y el movimiento de educación de base inspirado por Paulo Freire en el Brasil. En ambos casos, los líderes católicos progresistas, en particular varios obispos, apoyaron y promovieron el trabajo pedagógico con el pueblo y entre el pueblo, que incluía programas de educación religiosa orientados hacia la concientización. Conviene recalcar aquí, una vez más, la sorprendente vinculación que existe entre un enfoque y una práctica pedagógicos —tanto a nivel de la educación general «popular» como a nivel de la educación religiosa— y la renovación eclesial y teológica, que incluye la reformulación y revitalización de la catequesis, particularmente desde la conferencia de los obispos en Medellín (1968).[8]

Antes de proseguir con nuestro análisis, debemos clarificar una cuestión. Hoy día, la vinculación entre la teología de la liberación y las CEBs es considerada como un hecho indiscutible. Sin embargo, podría argumentarse que la confluencia entre estos dos movimientos —en lo que respecta a un objeto explícito, coherente y sistemático del teologizar— se remonta sólo hasta la conferencia de los obispos en Puebla (1979). Antes de este evento, es posible identificar distintos cuerpos de literatura, diferentes pensadores y estructuras institucionales, e inclusive fuentes distintas en Medellín. El movimiento de las comunidades de base, que surgió principalmente en Brasil, y la expansión significativa en América Central del ministerio de los laicos católicos que actuaban como educadores religiosos (delegados de la palabra), se produjeron bajo el ímpetu creativo de ciertas corrientes de pensamiento en el área específica de la teología pastoral y la educación religiosa, en un momento en que los liberacionistas estaban, ellos mismos, dedicados sobre todo a las tareas pastorales. Puebla sancionó oficialmente tanto el tema central de la teología de la liberación —la «opción preferencial por los pobres» (aunque la teología de la liberación no fue asumida como tal)— como el movimiento de las CEBs.[9] En este sentido, y sobre la base de las aclaraciones precedentes, uno puede coincidir con Harvey Cox, cuando afirma que la eclesiología es la clave para entender la teología de la liberación, porque «su visión de la iglesia se deriva en buena medida de la realidad empírica de las comunidades de base».[10]

Exploraremos en primer término lo que la teología de la liberación denomina la posición privilegiada de los pobres. Luego, centraremos la atención en el potencial transformador de la fe de los oprimidos. Finalmente, describiremos el carácter de la iglesia profética tal como ésta toma forma en las CEBs, y encararemos el problema de la comunidad de fe en cuanto contexto para la educación religiosa. Nuestra aproximación dialógica y crítica a la yuxtaposición entre la teología de la liberación y la educación religiosa, será mantenida y operativizada a lo largo de todo el capítulo y, en consecuencia, incluiremos referencias específicas a las limitaciones de la perspectiva liberacionista.

LOS POBRES Y SUS PRIVILEGIOS

Es difícil exagerar la vinculación existente entre los pobres y la teología latinoamericana de liberación. Esta teología ha sido articulada a la luz de y como respuesta a estos sufrimientos de los pobres, y continúa fundiéndose con su lucha por la liberación y la justicia. Para presentar la perspectiva liberacionista acerca de los pobres, necesitamos discutir brevemente su conexión con la enseñanza oficial y el trabajo pastoral de la iglesia, la fundamentación bíblica, el tema de los pobres como lugar teológico, y el significado de los pobres en cuanto «base».

Medellín, Puebla y más allá

Los obispos latinoamericanos han declarado: «Afirmamos la necesidad de que la iglesia se convierta a una opción preferencial por los pobres, una opción orientada a su liberación integral». Esta opción es descrita en detalle en el Documento Final de la Conferencia de Puebla, que incluye una consideración de los objetivos, los medios y el compromiso.[11]

El hecho es que los pobres han venido siendo objetos de preocupación y misericordia para la iglesia.[12] En América Latina, esta suerte de situación privilegiada de los pobres ha sido subrayada y especificada de manera dramática en términos del contexto social, económico y político, sobre todo después del Concilio Vaticano II, como lo registran las enseñanzas y documentos. Leonardo Boff alude a cinco líneas teológico-pastorales de reflexión y acción, que han sido asumidas por la iglesia desde Medellín y Puebla: (a) Se ha dado prioridad a la situación de los pobres, que constituyen la vasta mayoría (más o menos el 80%) de la población latinoamericana, y esta prioridad se ha manifestado en el hecho de que la iglesia se ha convertido en una iglesia no sólo *para* los pobres y *con* los pobres, sino también *de* los pobres. Esta identificación tiene lugar especialmente en la medida en que la jerarquía y el liderazgo toman mayor conciencia del mundo de la opresión, se identifican más con él, y, simultáneamente, los pobres se convierten en participantes más activos en la vida y el ministerio de la iglesia. (b) En relación estrecha con el punto anterior se encuentra la interpretación de la salvación como liberación integral antes que como redención espiritual solamente. Esto implica una búsqueda concreta de justicia socioeconómica y política, así como también de libertad y creatividad culturales y religiosas. En consecuencia, la salvación involucra un proceso que es percibido como necesaria mediación histórica, realización y avanzada del reinado de Dios. (c) Las CEBs han proliferado y crecido. Estas comunidades de base son entendidas, en términos generales, como representantes del nuevo nacimiento de la iglesia en términos de la fe del hombre común, particularmente de los pobres y oprimidos. Por otra parte, las CEBs proveen el contexto existencial en el cual los pobres practican verdaderamente la libertad y la creatividad, y se organizan para profundizar la liberación a la luz del evangelio. (d) Otra línea de acción y reflexión tiene que ver con el compromiso con la causa de los derechos humanos, entendido sobre todo como «una preocupación preferencial por defender y promover los derechos de los pobres, los marginados, y los oprimidos» (Puebla, 1217). (e) Se vislumbra también una opción por los adolescentes (que constituyen más del 50% de la población latinoamericana), que aparece como línea rectora en Puebla, descrita en estos términos: «una preocupación preferencial por los jóvenes de parte de la iglesia, que vio en ellos una fuerza para la transformación de la sociedad» (Puebla, 1218).

Lo que resulta novedoso (o, al menos, más radical) en la perspectiva liberacionista es que va un paso más allá que la enseñanza oficial de la iglesia en la descripción del *status* privilegiado de los pobres. Afirma que los pobres son también, y primordialmente, *sujetos*, y de hecho «los principales sujetos históricos en la realización del proyecto del pobre de Nazareth», en palabras de Boff.[13] Se subraya, en consecuencia, que la irrupción activa de los pobres en el escenario social y eclesial, confrontados con las estructuras opresivas, es una manifestación del poder de la fe y de la relevancia del evangelio. De hecho, Gustavo Gutiérrez testifica que aquellos que estaban trabajando para la evangelización de los pobres y explotados, llegaron a darse cuenta de que estaban siendo evangelizados por los oprimidos, convalidando así la referencia de Puebla al «potencial evangelizador de los pobres». Estos últimos son reconocidos, entonces, no sólo como los destinatarios privilegiados del mensaje del evangelio, sino también como sus portadores por excelencia.[14]

Una perspectiva bíblica

Como ya lo sugerimos en el capítulo cuatro, el estudio y la reflexión bíblicos desempeñan un papel medular tanto en el método teológico como en el proceso de educación religiosa que corresponden a la teología de la liberación. No es sorprendente, en consecuencia, que la comprensión de la pobreza y la identificación con los pobres, que manifiestan los teólogos de la liberación (y que incluye un vivir con y entre ellos), asuman una sólida fundamentación bíblica. Estos teólogos reivindican una perspectiva bíblica sobre los pobres y la pobreza, que fortalece el argumento en favor de la «opción preferencial» y facilita la comprensión del *status* privilegiado de los pobres.

En el Antiguo Testamento, Dios es el Dios de los pobres y los oprimidos, que toma partido del lado de la víctima, defendiendo su caso e identificándose con ella. En el Nuevo Testamento, el mismo Dios se encarna no en un hombre rico e influyente, dotado de una buena reputación, sino en un judío que pertenece a la clase baja y trabajadora, y que, de manera coherente, comparte su suerte con los pobres hasta que los poderosos se las arreglan para asesinarlo. Por otra parte, en los documentos bíblicos la pobreza no es presentada meramente como un hecho de la vida, sino más bien como el resultado del pecado de los poderosos. El ser pobre está determinado por la opresión y provoca la ira de Dios.[15] En consecuencia, cuando los pobres y oprimidos, que son creyentes, y aquellos que se identifican con ellos, pasan del conformismo a la reivindicación de la justicia y a alguna clase de resistencia y lucha por la transformación, se produce una suerte de conversión. En el mismo tenor, aceptar la pobreza como voluntad divina o como cierta clase de fenómeno natural, se convierte en una manifestación de incredulidad. Además, en la reinterpretación dialéctica de los textos bíblicos a la luz del contexto histórico y de la praxis liberadora, se descubre que los pobres son el lugar especial de la presencia y la acción divinas. En consecuencia, los pobres desempeñan un papel medular y privilegiado en el cumplimiento del plan y del sueño de Dios para la humanidad y la creación (esto es, la reconciliación y recreación cósmicas a través de Jesucristo, Ef. 1.10; Col. 1.20). Los oprimidos desempeñan un papel mediador, por decirlo así, en el reinado venidero de Dios. Esta es la razón por la cual, después de reafirmar la noción de que toda teología genuina se deriva de alguna espiritualidad concreta (es decir, de un encuentro existencial con Dios en la historia), los liberacionistas pueden afirmar que su teología «tiene su origen en la confrontación de la fe con la injusticia perpetrada contra los pobres».[16]

Los pobres como lugar teológico

El encuentro con los pobres, la identificación y el compromiso con ellos, constituyen el momento primero e indispensable para la investigación y la reflexión teológicas. Los pobres no sólo conforman el contexto y el punto de partida necesarios, sino que son también los interlocutores privilegiados de los teólogos, como lo indica Robert McAfee Brown en su análisis del «desafío a las armonías establecidas», que plantea la teología de la liberación.[17] El compromiso teológico presupone el «privilegio epistemológico» de los oprimidos, al cual hemos aludido en nuestra breve referencia a la interpretación de la bienaventuranza («bienaventurados los pobres»), en el sentido de que la percepción del mundo que los pobres tienen es más cercana a la realidad del mundo, que la visión de los ricos y los poderosos. Por otra parte, la reflexión teológica debe reconocer y responder a los interrogantes planteados por los oprimidos, y entrar en diálogo con ellos.

Distintos elementos fortalecen el argumento de que los pobres se han convertido en el contexto o «lugar» primario del teologizar. Gustavo Gutiérrez subraya que su presencia real y su papel activo están comenzando a ser percibidos en el proceso histórico de la América Latina, principalmente en las luchas de liberación del hombre común, y en la nueva conciencia histórica que va de la mano con estas luchas.[18]

No puede pasarse por alto el simple hecho de que la mayor parte de la población latinoamericana es pobre, e inclusive más pobre que antes, después de décadas de proyectos político-económicos fracasados. Además, si los pobres y oprimidos han estado, en cierta forma, «ausentes» o «silenciosos» en los tiempos pasados, ahora están confrontando su explotación y su despojo, ocasionados por un orden social doméstico injusto, sujeto al imperialismo y sus aliados. El cambio desde la aceptación pasiva de su destino hacia las diversas formas de confrontación y resistencia, ha sido gestado, en parte, por el proceso de modernización. Este proceso desestructura el estilo de vida tradicional del pobre, y abre sus ojos a las realidades estructurales y globales, especialmente en la medida en que el pobre participa en las comunidades cristianas de base que fomentan iniciativas de concientización de raíz freireana. Frecuentemente, su resistencia ha provocado, a la vez, reacciones violentas y diversas formas de represión de parte de grupos derechistas y dictaduras sostenidas por los Estados Unidos. Esta «irrupción de los pobres», que puede ser entendida, en todo su dramatismo, como participación activa en la vida y el ministerio de la iglesia, toma la forma de proyectos alternativos para la renovación y la transformación en diversos contextos (iglesia, sociedad) y en distintos niveles (barrio; estructuras políticas locales, nacionales, del Estado). La afirmación de que los pobres y oprimidos constituyen un lugar teológico privilegiado debe ser vista, en consecuencia, a la luz de esta realidad social compleja y dinámica.

Los teólogos de la liberación comprenden que asumir el «lugar» del pobre equivale, principalmente, a reconocer y apoyar sus intereses y su causa, su lucha por la justicia y por nuevas formas de llevar a la práctica la vida en comunidad. Por tanto, esta reubicación teológica es, primordialmente, un movimiento de *solidaridad*[19] que define tanto la praxis como la reflexión. En otros términos, el lugar o contexto de la investigación y el análisis teológico se correlaciona con el compromiso y la participación en los escenarios históricos concretos de alienación, marginación y opresión, en los cuales la iglesia debe adoptar un nuevo perfil y una nueva orientación. Dice Boff: «En América Latina se ha planteado el siguiente interrogante: ¿cuál es el mundo en el cual la iglesia debe situarse preferentemente en cuanto sacramento de salvación? Y la respuesta es: es el mundo de los pobres, el 'submundo' donde vive la amplia mayoría de nuestro pueblo.»[20] En el marco de la solidaridad, este compromiso con la praxis histórica de liberación constituye el «acto primero» desde la perspectiva liberacionista, mientras que el teologizar es el «acto segundo». Consistente con su visión del conocimiento en cuanto fundado en la praxis, que hemos analizado en el capítulo 3, Gutiérrez explica que aquí está en juego mucho más que una cuestión de metodología en sentido estricto: «cuando decimos 'acto primero' y 'acto segundo' ... estamos hablando de estilo de vida, de una manera de vivir la fe. En el último análisis, estamos refiriéndonos a la espiritualidad en el mejor y más auténtico sentido del término ... en la teología de la liberación, nuestra metodología es nuestra espiritualidad, un proceso de vida en vías de cumplimiento.»[21] Uno podría afirmar, por tanto, que ambos «actos» —el «primero» y el «segundo»— deben ser ejecutados en el mismo nivel, que es la situación concreta de los pobres y oprimidos.

Conviene hacer aquí una referencia final a las connotaciones de la afirmación acerca de que los pobres constituyen un lugar teológico y religioso privilegiado, un contexto privilegiado para la praxis y la reflexión cristianas.[22] En primer lugar, está implícito que los pobres y oprimidos constituyen el lugar en el que el Dios de Jesús está presente de manera especial, planteando un desafío doble: iluminación y conversión. Inicialmente, la presencia especial de Dios en los pobres y oprimidos está escondida, o es poco atractiva, más bien perturbadora y desconcertante, como lo era en el Jesús histórico. La presencia divina en los pobres es tanto profética (que denuncia y anuncia) como apocalíptica (que introduce a una nueva era). En segundo lugar, «lugar teológico» transmite también la idea de aquella situación que resulta más apropiada y conducente para la experiencia religiosa de fe en Jesús y la correspondiente praxis de discipulado. Y tercero, está implícita la noción de que la posición de los pobres es la situación más adecuada para reflexionar acerca de la fe cristiana, para hacer teología. Así, el principio liberacionista es afirmado una vez más: el lugar óptimo de revelación y fe es también el lugar óptimo de la praxis liberadora y salvífica, y de la praxis teológica.

«La base» son los pobres

Antes de describir de manera breve el sorprendente fenómeno de las comunidades *de base* como configuración novedosa de la iglesia en América Latina, es necesario poner en claro que «base» se refiere, primordialmente, a las «clases populares», los cristianos pobres, oprimidos y creyentes, y a sus vínculos de clase, raza y cultura. Gutiérrez insiste en que el punto central de referencia para entender el sentido de «base» tiene que ver con el mundo dentro del cual la iglesia está presente, y en el cual la iglesia da testimonio del amor de Dios. «Base» significa entonces los peldaños más bajos de la escalera social, esto es, todo el rango de clases explotadas, de razas marginadas y de culturas despreciadas. La «base» apunta también a los «pobres evangélicos», es decir, a aquellas personas que, por solidaridad y compromiso, hacen propia la vida, los intereses y las aspiraciones de los pobres y oprimidos.[23]

En su excelente estudio de las comunidades de base, Guillermo Cook incluye la definición dialéctica de *base* (entendida como aquella gente a la cual se le niega su propio futuro), que Roger Garaudy ofrece y que involucra cuatro niveles interrelacionados: opresión *social* (personas privadas de propiedad, de poder y de conocimiento); manipulación *económica* (carencia de poder para determinar la orientación de su trabajo y la distribución de los frutos del trabajo); expropiación *política* (falta de participación efectiva en la toma de decisiones políticas); y alienación *cultural* (ausencia de autodeterminación cultural: la ideología de la clase dominante, que legitima el orden establecido, determina la cultura de la *base*). Cook cuestiona, con razón, este último punto, demostrando que la cultura de la *base* no está totalmente determinada por la clase dominante, y que los pobres rehúsan renunciar a su propio futuro.[24]

Juntamente con estas connotaciones primordialmente *sociológicas*, Joao B. Libanio ha sugerido dos conjuntos adicionales de dimensiones interrelacionadas, incluidas en la palabra española y portuguesa *base*: por un lado, el sentido *psicológico* y *cultural*, que apunta a lo «nuclear», lo «medular», lo «fundamental», y por el otro, el sentido *teológico*, asociado con la *koinonía* o comunión cristiana, la «textura cristiana elemental» del laicado.[25]

Además, no deberíamos subestimar el hecho de que los oprimidos y creyentes se reúnen en comunidades intermedias relativamente pequeñas, facilitando así las relaciones primarias y la experiencia de la igualdad, la mutualidad y la participación. Todo esto está incluido en la palabra «base». El énfasis aquí reside en la afirmación del *status* privilegiado de los pobres y oprimidos, cuya fe evangélica orienta y determina los contextos eclesiales y comunitarios, dotándolos de una experiencia única de adoración, cuidado y apoyo mutuos, educación, acción social y misión.

LOS OPRIMIDOS Y EL APRENDIZAJE TRANSFORMATIVO

La transformación de la reflexión teológica postulada por la teología de la liberación presupone la prioridad de una conversión epistemológica. El primer movimiento en este proceso consiste en escuchar las manifestaciones de la fe del hombre común, especialmente de los pobres, los oprimidos y los marginados. En términos bíblicos, la conversión epistemológica está ligada no sólo a las declaraciones de los evangelios («A vosotros os es dado saber el misterio del reino de Dios ... bienaventurados los pobres ...»), sino también a la afirmación paulina: «...lo necio del mundo escogió Dios, para avergonzar a los sabios; y lo débil del mundo escogió Dios, para avergonzar a lo fuerte; y lo vil del mundo y lo menospreciado escogió Dios, y lo que no es, para deshacer lo que es...» (1 Co. 1.27-28). Discutiremos esta idea central, comenzando con la compasión como fuente de conocimiento teológico frente al sufrimiento de los pobres. A partir de allí, consideraremos la autoridad teológica y educativa de los fieles-oprimidos, y algunas implicaciones y ramificaciones para la educación religiosa.

Sufrimiento, conversión y comprensión

La realidad del sufrimiento humano es, obviamente, un componente esencial de cualquier situación determinada, y esto es particularmente cierto en el caso de América Latina. Por tanto, se convierte también en motivación fundamental para la reflexión teológica, para el proceso de comprender la fe. En consecuencia, la teología de la liberación comienza allí, donde está situado el dolor humano. Este sufrimiento provee una analogía indispensable para entender a Dios y al proyecto histórico divino. La historia presente de nuestro mundo es considerada, por tanto, como la historia o la continuación del sufrimiento del mismísimo Dios. Los momentos culminantes de la revelación van acompañados de intenso sufrimiento, y se caracterizan por él, tal cual evidencia el proceso que va desde el clamor de los oprimidos en Egipto hasta el clamor de Jesús sobre la cruz; sufrimiento que se proyecta en los dolores de parto de toda la creación que añora ansiosamente su liberación final (Ro. 8.19-23). En consecuencia, el clamor de los oprimidos adquiere un lugar privilegiado en la teología de la liberación, en primer lugar como motivación y estímulo para la tarea teológica. Jon Sobrino sostiene que en la ruptura epistemológica producida por el sufrimiento se revela una orientación práctica y ética para la comprensión teológica. De hecho, la teología de la liberación afirma presentar un paradigma de respuesta al sufrimiento generalizado de todos los pueblos.[26] Es precisamente al plantear el interrogante del sufrimiento masivo e histórico, y al tratar de responderlo, que la teología de la liberación puede reivindicar que está haciendo una contribución peculiar al lenguaje y al conocimiento de Dios. Rebecca S. Chopp subraya, con razón, que la teología de la liberación reconceptualiza la existencia humana, la tradición cristiana y la experiencia cristiana presente, al colocar el sufrimiento en el centro de la reflexión. Esta teología propone, de esta manera, nuevas comprensiones, nuevas interpretaciones, e inclusive todo un nuevo paradigma: los liberacionistas sostienen que el sufrimiento provoca una ruptura en nuestras categorías, nuestras experiencias y nuestra historia. En otros términos, el sufrimiento resitúa la teología: el conocimiento de Dios ha de ser discernido esencialmente en medio de la angustia de la historia.[27]

Debe enfatizarse que la reflexión estimulada por el sufrimiento no es meramente un esfuerzo para explicar la naturaleza del sufrimiento, para justificarlo o para investigar su compatibilidad con los hechos de la revelación divina. Es, más bien, un esfuerzo para confrontar y eliminar el sufrimiento humano. En otros términos, aunque es imperativo el análisis de las causas del sufrimiento humano —y de allí la importancia de la ayuda brindada por las ciencias sociales, por ejemplo—, la perspectiva epistemológica nos conduce a atacar el sufrimiento en sí mismo. El punto clave aquí es que la reflexión y la comprensión teológicas están inspiradas y orientadas por una *compasión* (del latín, *pati* y *cum*, «sufrir con») humana profunda, que no es sino una de las facetas del amor. «La compasión demanda que estemos allí donde duele, que entremos en los lugares de dolor, que compartamos el desconsuelo, el temor, la confusión y la angustia ... La compasión requiere que seamos débiles con los débiles, vulnerables con los vulnerables, y sin poder con los sin poder. La compasión implica una inmersión plena en la condición humana.»[28] Es el amor-desde-Dios y el amor-de-Dios, que apunta a la recreación y a la transformación social de acuerdo con la justicia y la paz del reinado de Dios. A tono con la demanda evangélica de conversión, la compasión así entendida se convierte en una fuente especial de conocimiento teológico. Inclusive, en la medida en que la realidad contradice el proyecto del reinado de Dios, la conversión implica que aun el conocimiento mismo de esa realidad debe ser transformado. Notamos una vez más el paralelo entre las dimensiones epistemológicas y éticas en la perspectiva liberacionista. El conocimiento teológico para el aprendizaje y la transformación no se interesa tanto en el lenguaje utilizado cuando se analiza a Dios y la acción divina, sino más bien en la mediación histórica concreta del Dios de la fe cristiana. La mediación del absolutamente Otro, por tanto, toma la forma de aquellos que son realmente los «otros», es decir, los pobres y oprimidos. En los oprimidos, el Otro puede ser descubierto dialécticamente y a través del sufrimiento de aquellos. Como lo sugiere Sobrino, la ruptura que es necesaria para tener acceso al Otro se deriva de la ruptura real causada por la presencia y el sufrimiento de los oprimidos. Los oprimidos nos desafían a repensar nuestra propia identidad. Y la ruptura ocurre no meramente en el nivel de la autocomprensión y los sentimientos, sino más bien a nivel de la realidad histórica concreta. Por tanto, la «conversión» viene —como en el evangelio— a través de aquellos que son históricamente «los otros» respecto de nosotros mismos, esto es, a través de los oprimidos. Por medio de ellos, descubrimos lo que es característico del Dios de Jesús: una disposición libre para convertirse a sí mismo en «otro», inmerso en la historia.[29] Por otra parte, en cuanto mediación concreta de lo divino, el «otro» pobre y oprimido no sólo ocasiona la ruptura de nuestra identidad, sino que también, por su misma existencia, representa un llamado a la acción liberadora. El «otro» está allí para ser liberado, recreado de forma tal que la comunión y la comunidad genuinas sean posibles, no sólo ahora en medio del sufrimiento, sino también en la celebración y el gozo. La pregunta que se plantea inmediatamente es: ¿Cómo pasamos de la compasión ante el sufrimiento de los oprimidos a la acción liberadora en solidaridad? ¿Cómo se hace efectiva la demanda planteada por la presencia del «otro»? La respuesta es: mediante un acto de obediencia.

La verdad entendida a la luz de la fe bíblica, como lo subrayáramos en nuestro análisis de la epistemología de la praxis en el capítulo 3, es personal y comunitaria, y requiere por tanto compromiso y obediencia. Etimológicamente, la palabra obediencia significa «escuchar desde abajo». En consecuencia, la palabra «obedecer» viene de escuchar y prestar atención; presupone atención y responsabilidad. Tanto entender como obedecer implican someterse a algo mayor o más grande que nosotros mismos, algo de lo que dependemos. Ambos términos implican sumisión a la verdad del evangelio, a la grandeza de Dios y a la aparente «bajeza» de los pobres y oprimidos. Esto es lo que Henri Nouwen testimonia haber aprendido de nuevo en América Latina. Durante una experiencia dominical de adoración y reflexión sobre Hebreos 5.7-9, él percibió con claridad que Jesús, a través de sus luchas y sufrimientos, llegó a captar de manera más perfecta la voluntad de Dios, llegó a conocer a Dios y pudo responder a su llamado. Nouwen sugiere que, tal vez, no haya palabras mejores que éstas para sintetizar el significado de la opción por los pobres: «Entrar en el sufrimiento de los pobres es el camino para llegar a ser obedientes, es decir, para prestar atención a Dios. El sufrimiento aceptado y compartido en amor, derriba nuestras defensas egoístas y nos libera para aceptar la guía de Dios.»[30]

La autoridad docente de los pobres

La integración de la compasión y la obediencia en solidaridad, como lo indicamos más arriba, se corresponde con el reconocimiento de la autoridad del pueblo —que es a la vez pueblo de Dios—, y particularmente de los oprimidos. El concepto de «autoridad doctrinal» del pueblo de Dios, pobre y oprimido, en América Latina, es especialmente relevante para nuestro análisis desde el punto de vista de la educación religiosa. El interrogante que los teólogos de la liberación plantean es si el hombre común tiene *autoridad educativa* dentro de la iglesia y, de ser así, de qué clase de autoridad se trata, a la luz de su pobreza y su marginación objetivas.

En primer lugar, se remarca que el pueblo tiene una *autoría indirecta*, pero efectiva, en el ministerio educativo de la iglesia. Esto será así particularmente en la medida en que los teólogos y líderes eclesiales lean de manera adecuada las señales de los tiempos y pongan en términos teológicos —en cuanto «voces de los que no tienen voz»— lo que existe ya a nivel de la realidad histórica como expresión de la fe del pueblo. Además, esta referencia evidente al así denominado «privilegio epistemológico de los pobres» tiene otra dimensión. Además de poseer autoría indirecta, el pueblo oprimido de Dios es también el *autor* de sus propias reflexiones, visiones y sueños, y tanto más en la medida en que las comunidades cristianas de base crecen y se desarrollan en torno del proceso de estudio bíblico y educación religiosa, que implica reflexión y acción en medio de su situación y en busca de maneras creativas de articular y expresar su fe. En otros términos, la fe es celebrada, compartida y pensada, mientras van surgiendo nuevas perspectivas, así como también nuevas preguntas y desafíos. La razón por la cual la gente común «hace teología» de esta manera es, simplemente, porque la fe está presente, y tiene vigor y relevancia en una atmósfera de esperanza y gratitud. El objetivo que se persigue en este teologizar a nivel popular es cultivar y fortalecer la fe, con miras a «probar los espíritus» (1 Jn. 4.1) en la sociedad y en la iglesia misma, para darle sentido y dirección a la esperanza, para confrontar el mal y la muerte con coraje. Sobrino sostiene que estos cristianos pobres y oprimidos han redescubierto, intuitivamente, dos presupuestos importantes de la autorrevelación de Dios en la Biblia, que se relacionan también con la manera en que la Biblia debe ser leída. El primer presupuesto es que la revelación de Dios se dirige a todos los seres humanos, y apunta a crear un nuevo pueblo (de aquí la importancia del contexto y el marco de referencia comunitarios para la lectura y la comprensión). El segundo presupuesto es que, en la medida en que la Biblia nos ha sido transmitida o legada, su lectura presupone e incluye necesariamente una tradición que debe ser reapropiada creativamente en el presente, a la vez que van generándose espacios para la acción orientada hacia el futuro.

El punto clave del párrafo precedente es no sólo la relectura del texto sagrado, sino más bien la recreación del texto divino en el proceso de la búsqueda humana de la voluntad divina para el hoy, que incluye la práctica concreta de dicha voluntad. La percepción y la comprensión del pueblo en este proceso apuntan a ciertos temas estructurales, centrales y básicos, como el éxodo, los profetas, el símbolo del reino, el evangelio en cuanto buenas nuevas para los pobres, el Dios liberador y la supremacía del amor, el compromiso con la justicia y la paz, y el motivo de la resurrección. En otros términos, esta percepción y comprensión es otra referencia al «privilegio hermenéutico» de los pobres y oprimidos, y al redescubrimiento del hecho de que la revelación de Dios toma partido. En este sentido y de esta manera, los pobres y oprimidos se convierten en agentes o canales de revelación ulterior y aprendizaje transformador.

Los pobres y oprimidos como sujetos teológicos son importantes en dos sentidos. Primero, ellos son autores directos e indirectos en la tarea teológica. Segundo, los pobres y oprimidos poseen una *autoridad* especial para elaborar su comprensión de la fe desde el fundamento de su propia fe. Podemos apelar a dos principios teológicos para sustanciar y explicar estos argumentos.

El primero de estos principios teológicos es la *correlación entre Dios y los pobres*. La revelación de Dios contiene en sí misma una toma de posición en favor de los débiles, las víctimas, los oprimidos. Por tanto, no hay sustituto en la tarea teológica para los pobres y oprimidos, o los «pequeños», en el camino hacia el encuentro con el Dios de Jesús, y su conocimiento. En consecuencia, la teología debe reconocer que los pobres y oprimidos le muestran a la teología lo que Dios quiere —y lo que Dios no quiere— en este mundo. Las huellas del mal y del pecado son reveladas con claridad meridiana. Los pobres y oprimidos revelan que Dios demanda conversión antes que nada, el camino de la vida y el rechazo de la muerte. Por otra parte, el deseo y la necesidad de liberación y recreación se tornan manifiestos a través de la experiencia de los pobres y oprimidos en el aquí y ahora.

El segundo principio teológico tiene como presupuesto al primero y es la *correlación entre la oferta de la revelación de Dios y la respuesta de fe* que se genera y crece. La respuesta de fe —en la medida en que se vuelve análoga a la respuesta de los fieles pobres, receptores y agentes privilegiados de la revelación y el amor divinos— involucrará una manera más adecuada de entender a Dios. Él será percibido, preferentemente, a través de la fe de los oprimidos, de su deseo de seguir a Jesús, y de su compromiso comunitario en esperanza, oración y trabajo. Aquí está, en consecuencia, la clave para entender «el potencial evangelizador de los pobres» (Puebla) y su autoridad educativa. En otros términos, la autoridad teológica de los pobres y marginados consiste *a priori* en el hecho de que es Dios quien les otorga autoridad, por la predilección que tiene hacia ellos; *a posteriori*, su autoridad se deriva de su fe, experimentada y formulada, nutrida, probada, y testimoniada a través del sufrimiento. Es Dios quien demanda que prestemos atención a la fe de los oprimidos en nuestra búsqueda de verdad y luz.[31]

El párrafo precedente sugiere que la tarea del magisterio y de la comunidad teológica consiste en contribuir a articular más explícitamente la fe del pueblo, lo cual involucra completarla y corregirla.[32] Lo que se requiere, por tanto, es una convicción profunda de que la presencia de Dios, así como también la fe misma, han de ser encontradas entre los pobres y oprimidos. También es necesario un examen cuida-

doso para ver si realmente sabemos cómo prestar atención a las expresiones de la fe del pueblo, y si estamos dispuestos a escuchar y obedecer
desde una postura de solidaridad con los pobres y oprimidos, y de
compasión hacia ellos.

En este punto debemos trascender el análisis liberacionista de la fe
de los pobres. Es decir, deberíamos ampliar nuestra perspectiva para
incluir otros pueblos y grupos que, sin ser pobres, son oprimidos y
marginados. Gregory Baum ha aportado un ejemplo histórico muy
ilustrativo de esta cuestión, en relación con la Reforma Radical del siglo
XVI. Visualiza la marginación forzada y la persecución que sufrieron
los anabautistas como la pérdida lamentable y costosa de una oportunidad para el enriquecimiento mutuo a nivel religioso y teológico. Esta
pérdida se debió, sobre todo, a la falta de disposición o la incapacidad
de las iglesias establecidas —tanto católicas como protestantes— para
prestar atención a la fe de aquellos creyentes oprimidos y marginados.
El punto central aquí es, una vez más, que hay revelación divina en el
encuentro con el otro, y particularmente con el otro marginado. Baum
argumenta que la palabra de Dios está presente en la palabra humana,
y que se produce una transformación significativa de nuestra concien-
cia-revelación cuando nos encontramos con el otro, con el hermano o
hermana en la fe. Concluye que «lo que estamos descubriendo hoy y en
particular... cuando reflexionamos sobre la historia de los anabautistas,
es que, en el prestar atención al otro oprimido, puede existir aún más
revelación divina ... una revelación tan poderosa que generalmente
somos incapaces de aceptarla».[33]

La importancia de encontrarnos con el otro es un principio epistemológico clave que posee tanto una dimensión teológica como una
dinámica y una estructura pedagógicas. En consecuencia, estamos en
presencia de un principio fundacional para la educación religiosa.
Redescubrimos que el sufrimiento y la compasión alcanzan una profundidad y una intensidad especiales, en la medida en que apropiamos no
sólo el sufrimiento de los oprimidos, sino también el nuestro propio,
estimulados por la transformación de nuestra conciencia. Lo que estamos diciendo es que, cuando los oprimidos se expresan, ellos mismos,
nos plantean un desafío de mayores proporciones que cuando alguna
otra persona nos habla. Esto es así porque, potencialmente, nuestro
propio pecado —o la complicidad con el pecado y el mal— se manifiesta hasta el punto de amenazar nuestra identidad personal y vocacio-

nal. En otros términos, la conversión y la acción liberadora y recreadora son, ambas, simultáneamente necesarias. La lección teológica es, en consecuencia, que podemos recibir revelación divina en el encuentro con el oprimido. La lección pedagógica es que el prestar atención seriamente y el obedecer pueden estimular el aprendizaje transformador.

En síntesis, estamos bosquejando aquí una suerte de pedagogía de la fe de los oprimidos, cuya médula es la conversión epistemológica implícita en una frase citada muy a menudo: «mirar al mundo desde abajo».[34] El prestar atención con espíritu obediente a esta fe facilita ese aprendizaje especial asociado con la perspectiva de aquellos que sufren. Y esta clase de aprendizaje es complejo, en la medida en que involucra tanto contenido sustantivo cognitivo (es decir, nuevas comprensiones y perspectivas) como habilidades y tareas ligadas al acto mismo de «mirar», para no mencionar las dimensiones afectivas y de otro tipo que están en juego en esta clase de transacción humana (por ejemplo, cambio de actitudes, transformación en los valores). En realidad, podríamos argumentar a esta altura que la tendencia a subrayar la dimensión cognitiva —en lugar de preferir una visión integral y equilibrada de la «transformación de la perspectiva», a la cual hemos hecho referencia en el capítulo 1—no hace justicia a la riqueza y profundidad de la conversión que es presentada como indispensable. Con todo esto en mente, consideremos a continuación algunas ramificaciones que se desprenden de nuestro análisis.

IMPLICANCIAS PARA EL MINISTERIO EDUCATIVO

La educación religiosa y el teologizar

La discusión previa fundamenta de manera indirecta la observación de que la teología de la liberación tiende a borrar deliberadamente la distinción entre «educación teológica» y «educación religiosa cristiana», como lo indicamos en el capítulo 4.[35] El proceso pedagógico de acción y reflexión en el cual la experiencia religiosa del pueblo —y especialmente la fe de los oprimidos— es tomada seriamente en consideración, equivale tanto a hacer teología como a entrenar para toda clase de ministerio, incluyendo la educación religiosa en el nivel de la comunidad de fe local. De hecho, una vez que se reafirma el papel peculiar del pueblo y de los pobres o marginados, en relación con la tarea teológica en cuanto comprensión de la fe, también queda consolidado el fundamento para el ministerio *del* pueblo y *por medio* de éste.[36] «Quehacer teológico» y «ministerio» aparecen entonces como dimensiones distintas pero inseparables de la vida y la misión de la iglesia. Así, la educación religiosa —en particular, en el caso de la educación de jóvenes y adultos— puede ser vista como dotada de un papel mediador fundamental. Puede tender puentes entre el compromiso de la gente en el nivel local en el proceso teológico —que es esencial para la teología como tal— y su involucramiento en el ministerio para la misión de la iglesia. Se confirma aquí una vez más aquello que James Michael Lee había afirmado de manera convincente: la educación religiosa sirve como mediadora entre la teología y la vida en la realidad histórica concreta. En realidad, en perspectiva liberacionista no pueden quedar dudas acerca de que «la instrucción religiosa empuja hacia adelante las fronteras de la ciencia teológica en cuanto tal ... (y) desempeña un papel profético peculiar en relación con la teología, en la medida en que su trabajo mismo consiste en un teologizar profundamente existencial, en el aquí y ahora».[37] Sin embargo, dado que el facilitar la experiencia de la vida cristiana no puede ser separado de la vocación cristiana para el servicio —especialmente en el contexto de una comunidad eclesial de base—, deberíamos agregar que *la educación religiosa hace de mediadora entre la teología y el ministerio*. Por otra parte, la educación religiosa facilitará que tanto el quehacer teológico como la práctica del ministerio sean encarados con plena participación de la gente común en todos los contextos locales. En otros términos, *la participación de base y la contextualización* son dos principios interrelacionados que deben ser subrayados en este sentido.[38]

Debemos insertar aquí una nota de advertencia: es necesario tener en mente que las preocupaciones de la gente generalmente giran en torno de su fe y de su experiencia religiosa global, antes que alrededor del «hacer teología» (y especialmente, si pensamos en la forma en que los teólogos profesionales conciben y hacen la teología). Por tanto, deberíamos tener sumo respeto y prudencia cuando evaluamos las múltiples y polifacéticas expresiones populares de fe y espiritualidad. Si no, corremos el riesgo de imponer una agenda y ciertos paradigmas teológicos extraños a la realidad del pueblo, inclusive en nombre de la libertad y la liberación. En realidad, este problema ha sido reconocido con honestidad por algunos líderes de las CEBs, quienes han llamado la atención sobre el «vanguardismo» y el «discurso político». El vanguardismo se refiere a una tendencia elitista, de parte de los agentes de pastoral, a marcar el ritmo y la dirección de la reflexión teológica del pueblo. El problema que surge aquí consiste en tratar de imponer un discurso político-teológico, a la vez que se desconsidera o subestima el discurso religioso.[39]

En este sentido, la diferencia entre el lenguaje teológico tradicional y el lenguaje religioso debe ser reconocida y mantenida. Las características del lenguaje religioso (su carácter personal, subjetivo, afectivo, sensible, metafórico y alegórico)[40] deben ser revaloradas.

Podemos ir un paso más allá en este sentido. El replanteo epistemológico propuesto por los liberacionistas en términos de la perspectiva privilegiada del pueblo, especialmente de los pobres y oprimidos, requiere, si pretende ser coherente, una revisión de la definición misma de la teología en cuanto «reflexión crítica sobre la praxis cristiana a la luz de la Palabra». Esta reflexión crítica seguiría siendo reconocida como necesaria para la tarea teológica, por cierto, pero distaría de ser suficiente. La teología que surge de la fe del pueblo tendrá que incluir una variedad de expresiones: lingüísticas y no lingüísticas, artísticas y musicales, narraciones testimoniales y celebraciones, sueños y visiones, que no necesariamente permiten la traducción al lenguaje de la tradición teológica, un lenguaje lógico-sistemático, lineal, analítico-reflexivo y proposicional, al cual los teólogos de la liberación todavía en general adhieren. Por otra parte, es necesario que se produzca un redescubrimiento y una revaloración de los valores espirituales y de virtudes tales como la humildad, la paciencia y la pureza. Luego podrá tener lugar una verdadera liberación de la imaginación para la creatividad teológica, en la medida en que ésta y otras expresiones de la fe religiosa han sido pospuestas, subordinadas, subestimadas, o inclusive suprimidas, en el mero «teologizar». Probablemente estemos señalando aquí otra faceta de la autoridad educativa del pueblo y de los pobres y oprimidos, no sólo en el sentido del contenido de la revelación sino también en términos de las formas, medios y procesos alternativos para comprender la fe creativamente y vivir la espiritualidad cristiana más fielmente.

La educación religiosa, la conciencia contracultural y la marginalidad

La conversión epistemológica que proponen los liberacionistas es esencial para comprender la formación y transformación de la *conciencia contracultural* de la iglesia en cuanto comunidad *alternativa*. Esta conversión conduce a la versión eclesial, enriquecida y fortalecida, de la «transitividad crítica» de Freire (esto es, la conciencia crítica o *transformadora,* como opuesta a la conciencia «mágica» o *conformista,* y a la «naive» o *reformista*), a la que hicimos referencia en los primeros dos capítulos cuando hablamos acerca del ministerio profético de la educación religiosa. Esta postura profética y utópica de la teología de la liberación, que puede ser articulada en términos de lo que Walter Brueggemann ha denominado «imaginación profética», nutre y evoca una conciencia y una percepción alternativas a la conciencia y la percepción de la cultura dominante que nos rodea. La educación participa así del ministerio profético global de formación y transformación de la conciencia. La conciencia alternativa (o, más bien, *contracultural*) sirve para desmantelar críticamente la conciencia establecida y dominante, y para energizar y potenciar a la comunidad y a sus miembros en la promesa y la esperanza de un mundo mejor, hacia el cual pueden avanzar. Un «mundo mejor» significa, para la iglesia, liberación y recreación a tono con el reinado de Dios que está viniendo. Involucra, como lo indicáramos antes, el don y también la promesa, las expectativas y las demandas de una *nueva humanidad* bajo el señorío de Jesucristo. Esta es la razón por la cual, como insisten los liberacionistas, la comunidad de fe debe atender todas las dimensiones de la vida humana y buscar la integración de lo religioso, lo social, lo político y lo económico, con miras a lograr la justicia y el *shalom* (o la plenitud de vida) para todos los seres humanos. Es a la luz de esta convicción compartida que John Westerhoff, después de analizar la vida en común en cuanto soporte de la conciencia alternativa, concluye afirmando que la iglesia ha sido llamada a ser una manera alternativa de ver la vida (fe) y una manera alternativa de ser o existir (identidad), especialmente en cuanto «comunidad que despliega una pasión sesgada en favor del marginado, el extraño y el alienado, y da a los seres humanos lo que necesitan, no lo que merecen».[41]

Estamos desarrollando este análisis primordialmente en términos de una categoría de la educación religiosa: personas-en-contexto. Al correlacionar el canon bíblico —en especial, los textos proféticos— con la comunidad de los marginados (una comunidad no totalmente contenida dentro de la «racionalidad regia», en la cual, y desde la cual, hablan los profetas), Brueggemann nos ayuda a visualizar el contexto de la educación religiosa en clave liberacionista. Sugiere que estamos en presencia de un recurso fundamental para la educación, recurso que puede demandar que experimentemos de nuevo «aquella clase de marginalidad tanto en términos de poder social como en términos de racionalidad».[42] Esta idea ha sido tomada, a la vez, por Craig Dykstra en un ensayo muy provocativo sobre la educación, el evangelio y los marginados. Sugiere que lo más probable es que la apropiación del evangelio tenga lugar en contextos en los cuales los procesos de socialización —que estimulan la acomodación y el conformismo— no han tenido éxito. La educación religiosa cristiana, orientada de esta forma, podría conducir a la gente hasta aquellos que son culturalmente marginales en la vida personal y social, y podría también despertar la conciencia de la gente acerca de los marginales, abriendo así la puerta para que el evangelio despliegue su poder redentor. En otros términos, debemos identificar no sólo el *qué* (contenido) o el *cómo* (proceso) de la enseñanza y la proclamación, sino también el *dónde* (contexto). El contexto, sostiene Dykstra, no puede ser el de la cultura dominante, sino más bien el de los márgenes de esta cultura, allí donde el proceso de aculturación fracasa; precisamente, la educación religiosa cristiana está llamada a subvertir, renovar y transformar este proceso. En consecuencia, la novedad del evangelio emerge en contextos de marginalidad, no sólo en el sentido de la asociación o compromiso con aquellos que están oprimidos o socialmente excluidos, sino también en el nivel de la existencia personal con respecto a aquellas áreas y elementos no socializados de nuestras vidas. En consecuencia, la dimensión de resistencia, conversión y confrontación, así como también de conciencia contracultural, que tiene la comunidad eclesial alternativa, queda plenamente reafirmada, ahora a la luz del tema del contexto en la educación religiosa. Desde esta perspectiva, el ministerio educativo de la iglesia tiene lugar «en contextos donde percibimos interiormente nuestro 'ser extraños', donde hacemos contacto con otros que son extraños para nosotros en virtud de su marginalidad social y cultural, donde sufrimos con el otro, y para le otro, y donde nos comprometemos en la resistencia frente al sufrimiento que provoca la cultura dominante».[43]

A esta altura, en la medida en que estamos ampliando la referencia a la marginación para incluir no sólo a los pobres y oprimidos, se torna necesario identificar críticamente un punto en el que la perspectiva liberacionista debe ser corregida.

Más allá de la idealización de los pobres y oprimidos

Los comentarios que efectuamos a continuación presuponen y complementan las sucesivas indicaciones que hemos venido haciendo, en los capítulos previos, acerca de debilidades que, desde la perspectiva de la educación religiosa, pueden ser percibidas en la teología de la liberación, así como también algunas observaciones críticas que hemos incluido ya en este capítulo. En realidad, los puntos críticos subrayados están interrelacionados y deben ser considerados en conjunto a la luz de nuestra discusión global. En esta sección, y sobre el final de la siguiente, nos referimos de manera sucinta a algunos problemas claves que son observables en la perspectiva liberacionista, muy especialmente en relación con la categoría de la educación religiosa cristiana que estamos considerando (personas-en-contexto). Una vez más se hará evidente que las principales contribuciones de la teología de la liberación, en cuanto fundacionales para la educación religiosa, tienden a tornarse problemáticas. Esto es así en la medida en que estas propuestas revelan una tendencia a la absolutización. Con este término, absolutización, queremos designar un énfasis exagerado en ciertas cuestiones, en las cuales precisamente la contribución de la teología de la liberación pretende actuar a manera de un correctivo. Si no exponemos y corregimos las limitaciones y debilidades de la teología de la liberación, podemos asumir una orientación incorrecta en el trabajo educativo de la iglesia, que puede llevarnos por mal camino y distorsionar nuestra visión de las cosas. Esto es precisamente lo que pretendemos evitar, a la vez que encaramos un encuentro dialógico que puede ser mutuamente iluminador para ambas, la educación religiosa y la teología de la liberación.

Un punto que debe ser recalcado es la tendencia a idealizar a los pobres y oprimidos en términos de una superioridad moral y cognitiva, que está implícita cuando se hace referencia a ellos como fuente primordial de revelación y aprendizaje transformativo. Para sustanciar esta observación crítica, necesitamos dar otra mirada al fundamento bíblico, y referirnos luego a algunas de las principales implicaciones de la idealización.

La poderosa afirmación de que Dios está del lado de los pobres y oprimidos, tiene un fundamento bíblico definido, que incluye por supuesto las referencias al castigo que recibirán los ricos y opresores. El problema que se presenta cuando se subraya excesivamente esta verdad bíblica, tiene que ver con el presupuesto de que los pobres y oprimidos, por el solo hecho de ser tales, pueden ser considerados automáticamente como parte del «pueblo de Dios» e incluidos, sin más, en la iglesia. Sin embargo, el hecho es que, en perspectiva bíblica, los «condenados de la tierra» no pueden ser equiparados tan sencillamente con «el pueblo de Dios» en la tradición de Abraham y Jesucristo. Si hemos de tomar en serio los textos bíblicos, parecería que el «pueblo de Dios» no incluye a todas y cada una de las naciones o clases oprimidas, sino más bien a aquellas personas en el contexto histórico del antiguo y del nuevo pacto.entre las cuales Dios toma la iniciativa y establece los términos y la orientación. Por otra parte, la cuestión del pecado o la desobediencia se aplica tanto a los pobres como al resto de nosotros. En consecuencia, no puede afirmarse en principio que Dios se preocupe más por la salvación del pobre que por la del rico, o que los pobres posean, de manera inherente, alguna reivindicación especial sobre el evangelio. En la enseñanza de Jesús, ninguna clase de gente es presentada como el paradigma de la virtud. En síntesis, no existe tal cosa como un privilegio *moral* de los pobres simplemente sobre la base de su situación de clase.

Si tomamos en consideración la centralidad de la Biblia en la educación religiosa cristiana, esta consideración crítica es de fundamental importancia en relación con la eclesiología, la comprensión de la fe y del estilo de vida cristiano, la salvación, y la evangelización. El discernimiento coherente es obviamente indispensable si quiere evitarse caer en distorsiones potenciales en el proceso hermenéutico, en relación tanto con el estudio bíblico como con el análisis crítico de la iglesia y la sociedad.

A la idealización de los pobres y oprimidos subyace una visión de la humanidad que no es capaz de reconocer el enorme potencial que existe en el hombre para obrar el mal. A pesar de que a veces se reconoce la existencia de una ambivalencia y un conflicto interno básicos, como lo hace Freire al referirse a la internalización del opresor, resulta evidente que predomina en los liberacionistas un marcado optimismo respecto de la voluntad y el poder de los oprimidos para alcanzar el ideal de la humanización y la comunidad, una vez que las estructuras sociales opresivas han sido efectivamente confrontadas y removidas. La afirmación liberacionista acerca del privilegio de los pobres en cuanto portadores especialmente privilegiados de la revelación y de la visión eficaz del nuevo orden, parece contener la siguiente implicación-expectativa: los oprimidos, una vez liberados, serán, de alguna manera, seres humanos diferentes, capaces y deseosos de utilizar sabiamente su libertad y de evitar, en el futuro, la explotación y la deshumanización. Muchos liberacionistas parecen creer, en la línea de Erich Fromm, que las tendencias pro-muerte («necrofílicas») serán esencialmente eliminadas o neutralizadas en el contexto de alguna clase de socialismo humanista. Parece existir una contradicción flagrante entre una naturaleza humana inherentemente buena —idealmente asumida e históricamente recapturada por los oprimidos liberados— y la realidad de la perversa situación socioeconómica actual.

Resulta evidente que esta reivindicación idealista milita de muchas maneras contra la integridad de la educación religiosa en cuanto quehacer orientado hacia la liberación, la creatividad y la comunidad. Como ya lo indicamos en el capítulo 2, la cuestión del *objetivo* tiende a ser enfocada de una manera muy estrecha, en términos de la emancipación y la vindicación de los social y económicamente oprimidos, lo cual definiría la misión de la iglesia. De aquí que los liberacionistas tiendan a subsumir la escatología cristiana en los proyectos de liberación. A través de estos proyectos, podría sugerirse, el evangelio queda subsumido en la política.

La cuestión del conflicto y la lucha de clases, que incluye el problema del determinismo, impone ciertas limitaciones y distorsiones serias al *proceso educativo*. Estas limitaciones y distorsiones pueden incluir desde la suspensión del diálogo y del principio de mutualidad, hasta la «liberación» forzada de los opresores, que a veces se postula de manera explícita.[44] Los pobres y oprimidos a menudo son tratados por los liberacionistas como ubicados más allá de toda posible crítica. El proceso de educación/enseñanza en la educación religiosa liberadora, que es una calle de doble mano, queda reducido a menudo a una vía de un solo carril. Como consecuencia de esto, quedan comprometidas la concientización y la creatividad auténticas.

La idealización de los pobres exacerba la dicotomía entre oprimidos y opresores, que se convierte así en una perspectiva simplista en exceso. Semejante idealización torna engañosamente irrelevante el tratamiento, el discernimiento y la explicación de diversas formas y manifestaciones de la pobreza, la opresión, la alienación y la marginación de aquellos que técnicamente no pueden ser considerados pobres. Por ejemplo, una cuestión que revela una persistente ambigüedad de parte de los teólogos de la liberación, es el tema de la identificación con los pobres y oprimidos. Se necesita aún una mayor claridad acerca de las maneras efectivas en que esta identificación en solidaridad puede realmente tener lugar. Esto tiene que ver también con la consideración que se brinda al oprimido no pobre y, en términos aún más comprensivos, al marginado y al extraño.

Además de estas correcciones que venimos sugiriendo, otra forma de apropiar críticamente la contribución liberacionista consiste en ampliar su comprensión del lugar y del papel que corresponden a los pobres y oprimidos en un contexto más global. De hecho, hemos apuntado a esto en nuestra referencia previa a la situación del marginado y del extraño. Probablemente sea necesario complementar la imaginería geográfica o espacial, implícita en la expresión «mirar el mundo desde abajo», con otras perspectivas, como por ejemplo, «mirar el mundo desde los bordes» o «desde afuera». Los pobres y oprimidos conservarían su posición privilegiada y paradigmática entre los *extraños*. Pero podríamos pintar un cuadro más comprensivo del predicamento humano, particularmente en lo que interesa a la educación religiosa para la liberación, la creatividad y la comunidad.

En este punto resulta muy útil la contribución de Parker Palmer. En su libro *The Company of Strangers*,[45] analiza al extraño como *guía espiritual,* de manera análoga a la forma en que la teología de la liberación formula un proceso y un modelo educativos, fundados en los pobres y oprimidos y en su privilegio epistemológico-hermenéutico. A través del extraño, se amplía y profundiza nuestra visión del mundo, de Dios y del yo. Parker nos recuerda que el extraño es una figura central en las historias de fe, y un portador de verdad que tiende a cuestionar las percepciones y presupuestos más comunes. La función del extraño —que a menudo representa a Dios— se funda en el simple hecho de que la verdad es un asunto de gran magnitud, que a menudo requiere varias perspectivas para ser aprehendida y apreciada cabalmente. La intrusión de lo extraño provee oportunidades para dar una nueva mirada a las cosas que nos son familiares; de esta forma, podemos estar abiertos a una reformulación divina de la verdad, y a la recreación de la realidad. En consecuencia, si recibimos con buena disposición el don que representa el extraño, realizamos no sólo un acto de amor, sino también un acto de fe y esperanza. Y esto es particularmente cierto cuando nos encontramos con el extraño o el excluido *que sufre* —y le damos la bienvenida—, el cual representa a toda una clase de personas oprimidas en nuestra sociedad. Posiblemente podamos brindar un servicio a estos extraños, pero además los necesitamos para que nos guíen hacia un conocimiento más profundo de Cristo, y hacia el servicio a Dios, en verdad y amor, todo lo cual habrá de liberarnos *a nosotros*. Parker se hace eco de las afirmaciones liberacionistas en el sentido de que ciertas verdades acerca de la vida y acerca de nosotros mismos son más fácilmente percibidas cuando estamos en el borde, o cuando asumimos la perspectiva de aquellos que están en los márgenes —los pobres, los enfermos, los hambrientos, los que están en prisión (Mt. 25.40)—, y, de esta forma, conseguimos captar la dirección en la que marcha la revelación divina. Desde esta perspectiva, el hecho de tenerle miedo o evitar al extraño es un síntoma no meramente del conflicto de clase, sino también de una lucha existencial muy profunda. Puede surgir a la luz la realidad de que también nosotros somos extraños para otros, e inclusive, hasta cierto punto, para nosotros mismos. Por un lado, el extraño siempre nos da la oportunidad de encontrarnos a nosotros mismos.

A esto se refería Dykstra cuando hablaba de la agenda del ministerio docente, que debe incluir aquellos contextos donde podemos percibir nuestra extrañeza interior. Por el otro lado, para poder dar la bienvenida, con actitud hospitalaria, al extraño que viene de afuera (creando el espacio de «vaciamiento amistoso» en nuestras vidas para ellos), debemos sentirnos cómodos con el extraño que vive dentro de nosotros. Pero luego, la compasión y la redención y liberación mutuas en el contexto del escenario social más amplio son igualmente indispensables y, de hecho, constituyen dimensiones inseparables de la relación con el extraño. Este es uno de los descubrimientos más importantes que Henri Nouwen hizo después de viajar durante varios meses por América

Latina. Encontró cristianos fieles, provenientes de los sectores populares, en las comunidades de base; vio multitudes de personas oprimidas, víctimas de la explotación, la discriminación y la indiferencia; y fue desafiado por la teología de la liberación en acción, incluyendo la enseñanza del propio Gustavo Gutiérrez. Todo esto, en el marco de una búsqueda vocacional muy personal e intensa, condujo a Nouwen a reconocer que había tenido lugar en su vida un aprendizaje transformador muy especial. Este aprendizaje aparece sintetizado al final de su diario como expresión de una «misión inversa», esto es, un movimiento desde el sur hacia el norte.[46] Este movimiento se corresponde, a mayor escala, con la conversión defendida por los liberacionistas.

LA COMUNIDAD DE BASE COMO CONTEXTO PARA LA EDUCACION

En esta sección final del capítulo nos concentraremos en el movimiento de comunidades cristianas de base desde la perspectiva de la educación religiosa. Hemos analizado ya la postura liberacionista respecto de los pobres y oprimidos, juntamente con su pertinencia específica para la educación religiosa; avanzamos ahora un paso más, para considerar con mayor precisión la cuestión de las CEBs en cuanto contexto o medio para la educación religiosa. Comenzaremos con una caracterización breve y general de las CEBs, centrando la atención en su naturaleza y misión como lugar de concientización. Después de efectuar una referencia crítica a algunos presupuestos de la «iglesia popular», discutiremos en detalle los principios medulares vinculados con el contexto de la educación religiosa, que se derivan del modelo de comunidad de fe defendido por la teología de la liberación y el movimiento de las CEBs.

Las CEBs como lugar de concientización

El surgimiento y el crecimiento de aproximadamente trescientos mil grupos cristianos de base es uno de los fenómenos más sorprendentes en el panorama social y religioso de América Latina.[47] La rápida proliferación de las CEBs se vincula con la reorientación radical de las creencias y las prácticas cristianas hacia una opción preferencial por los pobres, opción que ha tenido gran repercusión en la vida de los oprimidos a través de todo el continente en las últimas tres décadas. La significación de las CEBs, como lo demuestra Guillermo Cook, tiene varias dimensiones, que plantean desafíos específicos tanto al catolicismo como al protestantismo: (a) las CEBs son significativas *en perspectiva histórica,* dado que cuestionan la autocomprensión de la iglesia, el institucionalismo eclesiástico, la ausencia del sentido comunitario, y las alianzas que durante siglos han establecido la iglesia y el estado. (b) Las CEBs tienen una significación *sociológica,* por cuanto constituyen un caso de protesta creativa y de base contra la fosilización institucional. (c) Las CEBs son significativas *desde el punto de vista eclesiológico,* en la medida en que confrontan las estructuras eclesiásticas tradicionales y piramidales. (d) Además, las CEBs cuestionan la teoría y la práctica *misioneras* de las iglesias cristianas.[48]

Las CEBs (o «iglesia popular» o «del pueblo», como se las llama en América Central) despliegan una gran variedad de estructuras, objetivos y grados de cohesión. Sin embargo, todas encajan bien en la definición global que resulta de dividir la sigla CEB en sus partes constitutivas. «Estos grupos son *comunidades,* por cuanto juntan a las personas de la misma fe, que pertenecen a la misma iglesia y que viven en la misma área. Son *eclesiales,* porque se han congregado dentro de la iglesia, como núcleos de base de la comunidad de fe. Son *de base* porque se conforman de personas que trabajan con sus manos (los sectores populares obreros).»[49]

Las comunidades incluyen un cierto número de familias —generalmente no más de veinte— que se reúnen de manera regular. Hay un grado muy importante de participación y liderazgo laicos, aun en los casos en que las CEBs fueron iniciadas por el clero, y donde los curas y las monjas siguen compartiendo el liderazgo. El fuerte espíritu comunitario promueve la igualdad, la mutualidad y la intimidad. Se trata de comunidades de celebración religiosa, donde se ora, se canta, se lee la Biblia y se reflexiona sobre ella, se comparte la comida, el pan y el vino (tanto en un contexto eucarístico como de manera informal). Las CEBs fomentan la ayuda mutua, la acción caritativa, y los proyectos de servicio en barrios determinados, así como también el análisis crítico de temas sociales y económicos, que lleva a reflexionar sobre distintas formas de compromiso político y a asumirlas. Después de siglos de silencio, escribe Leonardo Boff, el pueblo de Dios está comenzando a hablar: «Ya no son más feligreses en su parroquia; poseen un poder eclesiológico propio; están recreando la iglesia de Dios».[50] Semejante «eclesiogénesis» cubre de hecho un buen número de frentes que implican no sólo maneras novedosas de ser iglesia y de comprender la realidad social y la misión cristiana, sino también formas nuevas de leer la Escritura y hacer teología, y una nueva práctica de la espiritualidad y la reflexión sobre ella.[51]

Los grupos cristianos de base constituyen una respuesta a un amplio espectro de problemas, desde la atomización, el anonimato, las nuevas formas de opresión y explotación y manipulación en la sociedad moderna, hasta las crisis que enfrenta la iglesia, como por ejemplo, la escasez de sacerdotes ordenados. Las CEBs proliferan allí donde hay ansias de una vida comunitaria más activa y de una espiritualidad más profunda. En el escenario latinoamericano, también debemos tomar en consideración la bancarrota del paradigma del capitalismo dependiente y el colapso del modelo católicorromano de cristiandad. La pobreza, la marginación y la alienación cultural, así como también la represión militar, son algunas de las variables sociales que están presentes allí donde han florecido las CEBs, en especial aunque no necesariamente con apoyo pastoral y jerárquico. Inclusive, puede señalarse la existencia de ciertas sorprendentes similitudes entre las condiciones socioeconómicas a fines de la Edad Media (feudalismo, formas rudimentarias de capitalismo nacional e internacional, urbanización, guerras con sus consecuencias devastadoras, nuevos medios de comunicación) y las de la América Latina actual, lo cual provee todavía mayor fundamento para creer que estamos en presencia de una «nueva Reforma» en marcha.[52]

No cabe duda de que el Vaticano II[53] y la conferencia episcopal de Medellín aportaron un ímpetu definido tanto al movimiento de la teología de la liberación como al de las CEBs, los cuales eran en aquel momento sólo realidades incipientes. De todas formas, lo que nos interesa subrayar desde nuestro punto de vista es el hecho de que el surgimiento, el crecimiento y la naturaleza misma de las CEBs guardan una estrecha relación con la educación religiosa. De hecho, en el caso pionero del Brasil, las comunidades eclesiales fueron iniciadas alrededor de 1956 en el marco de un programa de evangelización llevado a cabo por educadores religiosos laicos de confesión católica. El experimento de «educación religiosa para la clase obrera» incluía reuniones regulares en grupos pequeños para orar, leer la Biblia y participar en otras formas de instrucción religiosa, a la par que iba gestándose un sentido de comunidad eclesial. En consecuencia, los educadores religiosos católicos se convirtieron en el núcleo de las comunidades de base; eventualmente, fueron construidos lugares de reunión, los cuales fueron empleados para la instrucción religiosa y los programas educativos más amplios de educación general y especializada (como por ejemplo, formación profesional). Muy pronto, la reunión de la comunidad incluía ya la agenda de los problemas comunes y cotidianos, vinculados con la familia, la salud y el trabajo. Esto, a la vez, llevó naturalmente a la consideración de la realidad socioeconómica y política a mayor escala. Es importante notar que este movimiento eclesial y religioso bien puede ser considerado como el comienzo del movimiento de educación de base (MEB), el cual, de manera dialéctica, aportó el fundamento ulterior, a nivel nacional, para las CEBs. La evangelización, que consistía aquí en llevar el evangelio a las comunidades oprimidas y marginadas, estaba por tanto asociada a los programas de alfabetización y concientización de base, y todo apuntaba a introducir cambios en las estructuras sociales, económicas y políticas.[54] Como lo señalamos en el capítulo uno, el trabajo y el pensamiento de Paulo Freire han ejercido una poderosa influencia sobre la educación tanto «religiosa» como «general y popular». El trabajo de Freire ha sido fuente de inspiración para la teología y para diversas formas de ministerio cristiano.

Las CEBs constituyen un ámbito único y peculiar para la educación religiosa concientizadora. El objetivo, el proceso y el contenido convergen en una «educación liberadora a través de la concientización y el mejoramiento humano», en palabras de Barreiro, para que la gente pueda asumir una postura crítica frente a la realidad y encarar una transformación social que haga posible la experiencia real del evangelio.[55] La toma de conciencia y la interpretación de la injusticia y de todas las formas de opresión a la luz de la fe y de la voluntad divina, tienen lugar cuando el pueblo se reúne para compartir y discutir problemas específicos, buscando soluciones creativas. Situaciones tales como la enfermedad o el desempleo, y problemas comunitarios vinculados con el agua, la electricidad, las cloacas, el pavimento de las calles o las escuelas, se convierten en tópicos en la agenda de la reunión comunitaria, en el marco del diálogo entre el evangelio y la vida. Esta metodología asume el enfoque inductivo-dialéctico que ya nos es familiar, cuyos tres movimientos han sido explicados en detalle en el capítulo cuatro: *observar* (compartir, centrar la atención; observar y describir);

juzgar (analizar y problematizar; interpretar a la luz del evangelio); *actuar* (confrontar el problema; planear, organizar e implementar el plan o estrategia).

Un contexto especial para la educación religiosa concientizadora es el «*círculo bíblico*», o pequeño grupo de estudio bíblico, donde los miembros de las CEBs se reúnen para la «celebración de la Palabra» en oración, canto, lectura y reflexión crítica. Históricamente, muchos grupos que en sus orígenes eran círculos bíblicos han llegado a convertirse en CEBs. Lejos de ser receptores pasivos, los participantes asumen un papel activo en el proceso de circulación hermenéutica al cual hemos hecho referencia en el capítulo previo. La educación religiosa en las CEBs estimula, de esta forma, un teologizar *popular* y comunitario, al dirigir la atención hacia la iglesia y la sociedad, especialmente a la luz de las Escrituras (que tienden a desempeñar un papel más preponderante que la tradición y el magisterio). Los teólogos *pastorales y profesionales*, a la vez, reflexionan teológicamente a la luz de su interacción con las CEBs y con la teología *popular* que éstas producen. Como lo explican los hermanos Boff, estamos en presencia de tres planos o niveles de la teología de la liberación (las raíces = las CEBs, teología popular; el tronco = los pastores, teología pastoral; las ramas = los teólogos, teología profesional). Cada nivel refleja el mismo fenómeno: la fe confronta la opresión en un solo proceso teológico global.[56] Así, *la educación religiosa concientizadora provee el contexto para un teologizar triple.*

A través de la educación religiosa concientizadora, las CEBs han creado un ámbito en el cual la gente desarrolla una comprensión de la sociedad, y se compromete a transformarla. De esta forma, las CEBs presentan también una interpretación y una práctica nuevas de la misión cristiana —denuncia y anuncio— en cuanto proclamación en palabra y acción. Se trata de una misión que ha de tomar cuerpo en la comunidad eclesial misma, a la vez que el nuevo tipo de sociedad es deliberadamente enseñado y aprendido dentro de la comunidad. En términos ideales, la CEB está llamada a convertirse en la *utopía* de la sociedad, así como también en agente de transformación social.[57]

El lugar y el papel medulares de la educación religiosa en las CEBs apenas pueden ser exagerados. Coincidimos aquí con Maurice Monette, quien señala que el surgimiento de estas comunidades «educativas» representa un giro decisivo en nuestra comprensión de la educación religiosa y de la misión educativa de la iglesia. Esto es cierto, particularmente en el sentido de que la educación religiosa concientizadora en las CEBs sugiere una nueva manera de concebir la educación para la justicia social y la paz. Estas «comunidades educativas de justicia» presentan un modelo *radical* que promueve— según Monette— la iniciativa del laicado, la alianza con los pobres y oprimidos, una metodología fundada en la praxis, la interdependencia y la fe-que-hace-justicia como objetivos medulares, la comunidad en cuanto contexto, y una postura social de transformación a través de un giro en el paradigma y un cambio sistémico.[58]

Otra mirada a la iglesia mesiánica

No cabe duda de que las comunidades de base, especialmente en América Latina, han despertado admiración e inclusive fascinación en cuanto vehículos tanto para la renovación de la iglesia como para la transformación de la sociedad. De hecho, las CEBs no sólo asumen el papel profético de dar testimonio de la utopía del reinado de Dios, sino que también luchan por convertirse en concreciones históricas de esa utopía humana y divina. Podemos coincidir plenamente con esta intención y con esta visión global de la iglesia como comunidad mesiánica. Resulta evidente que el movimiento de las CEBs y la teología de la liberación abogan por un modelo peculiar de comunidad de fe, que es el lugar propicio para la educación religiosa concientizadora, como ya lo hemos indicado. Por otra parte, en la medida en que es una forma de ministerio, la educación religiosa siempre presupone alguna comprensión de la iglesia. Por tanto, a esta altura necesitamos hacer una pausa para efectuar dos tipos de consideraciones críticas, antes de formular algunos principios relevantes para la educación religiosa, que se derivan de este paradigma de comunidad eclesial.

La cuestión de la verdadera iglesia. La primera y principal observación se relaciona estrechamente con nuestro análisis previo de la idealización de los pobres. Puede establecerse una correlación entre la condición y el estado de los pobres y oprimidos, y la pretendida *normatividad* de la iglesia popular o iglesia de los pobres en cuanto auténtica realidad eclesial.[59] La teología de la liberación postula que toda la iglesia debe seguir el ejemplo de las CEBs en un proceso de re-educación inspirado por una evangelización concientizadora. Se supone que este proceso ha de ser transformador, y que involucra «conversión» verdadera, «muerte y resurrección», «eclesiogénesis» y «nueva Reforma». Según este cuadro, las CEBs funcionan a menudo como una suerte de vanguardia revolucionaria, en el marco de la cual los pobres y oprimidos se convierten en una nueva «raza escogida». De esta forma, la expresión «pueblo de Dios» asume una referencia política específica.

El Vaticano II retomó el motivo bíblico del «pueblo de Dios» como indicador de la misión de la iglesia a través de la historia. El concepto y la visión de la iglesia como pueblo de Dios se refiere, por tanto, a la comunidad cristiana global, una comunidad de creyentes que provienen de todas las naciones y épocas históricas, unidos por su fidelidad al evangelio. La teología de la liberación revisa luego la eclesiología del Vaticano II, que aparece como demasiado general y abstracta. A través de la concientización y la hermenéutica política del evangelio, el sentido que el Concilio le da al término deja paso a la idea de «iglesia popular». El argumento es que en América Latina, la amplia mayoría de la población es, a la vez, cristiana y pobre; en consecuencia, «'Iglesia-Pueblo de Dios' significa 'Iglesia de los pobres', en el sentido directo y empírico del término 'iglesia'. Los otros cristianos que no son pobres tienen el deber de solidarizarse con los pobres y, de esa forma, incorporarse al 'Pueblo de Dios' histórico, que de esa manera corporiza actualmente al Siervo Sufriente.»[60]

Resulta obvio que esta postura tiende a generar problema a nivel eclesiológico, para no mencionar las tensiones y conflictos concretos que existen a nivel eclesial entre la «iglesia institucional» y la «iglesia popular». Los liberacionistas argumentan, sin embargo, que no existe ningún conflicto real, a tal punto —continúan— que buena parte de las instituciones eclesiales, incluyendo cardenales, obispos y pastores, se han unido a las CEBs. La verdadera tensión, afirman, existe «entre una Iglesia que ha optado por los pobres por su liberación, y otros grupos en esa misma Iglesia que no han hecho esta opción, o que no la han hecho de manera concreta, o que siguen aferrados al carácter estrictamente sacramental y devocional de la fe».[61] La sospecha de que existen divisiones y confrontaciones muy profundas a nivel teológico e ideológico es confirmada por muchas evidencias; esto nos introduce al problema de la iglesia en cuanto contexto para la educación religiosa.

La visión liberacionista de la iglesia de los pobres es vulnerable también a la crítica de situarse a sí misma y a las mencionadas comunidades de cristianos de base más allá de toda crítica y, desde allí, enjuiciar al resto de la iglesia.[62] En perspectiva liberacionista, la iglesia en su conjunto no comparte el mismo destino y la misma perspectiva que la iglesia de América Latina. De aquí que, por ejemplo, las críticas y objeciones que llegan desde el Primer Mundo deberían ser desconsideradas, debido a que portan credenciales deficientes; las únicas credenciales válidas estarían en manos de quienes experimentan verdaderamente la pobreza, y no de aquellos que carecen de esta experiencia, o cuya solidaridad con los pobres es abstracta e irreal. Aquí se plantean los problemas del dogmatismo y el sectarismo, en la medida en que los liberacionistas están plenamente convencidos de haber encontrado, más allá de toda duda, el lugar preciso donde Dios está presente y activo en la historia. En otros términos, no queda mucho lugar para la exploración y el discernimiento, y para el encuentro y la celebración del misterio.

Juntamente con nuestro rechazo de las generalizaciones reduccionistas, a través de las cuales la experiencia eclesial latinoamericana se presenta a sí misma como normativa para la iglesia universal, queremos subrayar una vez más el principio de la mutualidad a nivel global. Cualquier intento de universalizar las CEBs como experiencia normativa de iglesia popular se convertiría, irónicamente por cierto, en un caso de «imperialismo a la inversa». Una expectativa más modesta y realista es que la contribución latinoamericana pueda ser realmente importante para toda la iglesia (católica y no católica). Pero esta contribución es significativa precisamente en cuanto paradigmática de una corporización contextual del evangelio del reinado de Dios y de la presencia y misión de Cristo, en términos de *esa* situación social e histórica y en medio de ella.

La cuestión de la iglesia fiel. Otro grupo de problemas surgen una vez que se afirma la vocación de la iglesia de ser una comunidad alternativa con una conciencia contracultural, a la vez que se promueve un involucramiento directo en el escenario político global.

No puede cuestionarse la visión de una iglesia encarnada, que vive en misión a la luz de un discernimiento cuidadoso de la política del reinado de Dios, una política en favor de la vida, la justicia y la paz. Sin embargo, la adopción de una postura profética y de una orientación mesiánica fieles requiere, de parte de los liberacionistas, el reconocimiento de que existe cierto dualismo («en el mundo, pero no del mundo», para parafrasear la oración de Jesús por sus discípulos en Juan

17). Hay algo radicalmente único en la presencia revolucionaria de la comunidad cristiana de fe en medio de la historia. Este carácter revolucionario puede ser percibido si visualizamos la iglesia como un tipo original de comunidad, diferente de otras alternativas políticas. Estos otros modelos contemporáneos son sorprendentemente análogos en su forma y propósito a las alternativas políticas confrontadas y rechazadas por Jesús mismo: (a) escapismo y aislamiento (los esenios); (b) postura acomodaticia a nivel social y político (los herodianos y los saduceos); (c) escapismo a través de la separación —«pureza»— dentro del sistema (los fariseos); y (d) confrontación violenta (los zelotes).[63] Jesús asumió un modelo creativo al formar una comunidad de fe con un marco de referencia distintivo, coherente con la propia encarnación divina. La sociedad eclesial nueva y utópica posee ciertos rasgos peculiares: es una asociación voluntaria conformada a través del arrepentimiento y el compromiso; es mixta en su composición (en cuanto a sexo, raza, cultura, clase social y trasfondo religioso); fomenta un estilo de vida caracterizado por el compartir los bienes materiales; promueve la respuesta redentora del perdón y la restauración para los ofensores; acepta el sufrimiento frente a la violencia; el liderazgo se comparte respetando los dones personales. Esta sociedad eclesial utópica tiene la misión de confrontar la opresión y la injusticia, por medio de la construcción de un nuevo orden sin la destrucción violenta del orden antiguo, con un modelo diferente de relaciones interpersonales (entre los sexos, en la familia, la recreación, el trabajo, los negocios, la política), con una visión especial del sentido y el valor de la vida humana, y con una actitud diferente hacia el estado y, en particular, hacia los enemigos. El núcleo de este experimento y paradigma social creativo es la solidaridad y el servicio, en oposición a la tendencia a utilizar el poder para la dominación y la opresión. Desde esta perspectiva, el anticipo del reinado de Dios ha de ser encontrado, primeramente, en medio de la comunidad cristiana fiel, cuyo involucramiento en la sociedad global es, en principio, lo suficientemente integral como para ir inclusive más allá del ministerio eclesial a los económicamente oprimidos.[64]

El punto central del párrafo anterior es que *la iglesia fiel no intenta adueñarse de las estructuras de poder y copiar o reflejar las estrategias y tácticas políticas del «antiguo orden»*. En consecuencia, el enfoque de la concientización debería incluir un discernimiento más cuidadoso en este sentido, en la medida en que proceso y contenido, objetivos y medios, visión y carácter son inseparables. La Cruz, o el Siervo Sufriente, se convierte en el paradigma central de la obediencia y el poder combinados, no meramente como la estrategia política preferida, sino como un estilo de vida. Este estilo de vida debe ser lo suficientemente radical como para intentar el «inédito viable» de reconciliar lo irreconciliable («griego» y «judío», esclavo y libre, oprimidos y opresores), experiencia que está en la médula misma de la visión y la historia cristianas. El reinado de Dios adviene cuando somos capaces de considerar *a todos* los extraños como hermanos y hermanas, y abrazar a aquellos de quienes estamos separados y alienados. Como lo sugiere Westerhoff, el reinado de Dios adviene cuando podemos unir en una misma congregación a diversos grupos étnicos, sociales, raciales, políticos y económicos; cuando somos capaces de buscar la justicia inclusive para aquellos que creemos que menos la merecen, o para aquellos que nos resultan difíciles de amar; cuando somos liberados de la propiedad, la vida y el compromiso privados, y somos conducidos hacia la propiedad, la vida y el compromiso públicos; y cuando las necesidades y preocupaciones de todos los marginados se convierten en tema de nuestra agenda para la oración y el servicio.[65] Es la misma existencia de semejante realidad social lo que constituye un cambio y una alternativa fundamentales (e inclusive amenazantes), y una inspiración para la transformación. *Así, la iglesia está llamada a vivir como una comunidad paradigmática y pedagógica, como signo e instrumento del Espíritu de Dios, recreador y liberador.* En este contexto, la absolutización de cualquier mediación *próxima* —incluyendo las pretensiones de la iglesia en este sentido— debe ser radicalmente criticada y rechazada. Al mismo tiempo, la mediación *última* de Cristo debe ser reconocida y celebrada.

Con estas observaciones en mente, podemos considerar ahora algunas ramificaciones del paradigma liberacionista de las CEBs específicamente en términos de la educación religiosa cristiana.

Un contexto de comunidad de fe para la educación

La cuestión de la comunidad de fe como metáfora clave o imagen rectora, juntamente con el modelo de comunidad de fe para la educación religiosa cristiana,[66] subrayan la importancia crucial del *contexto* o de la categoría educativa que nosotros preferimos denominar personas-en-contexto. El enfoque que resulta de esta postura teórica subraya el carácter comunitario de la experiencia humana, visualiza la tradición como el trampolín desde donde proyectarse hacia el presente y el futuro, y considera la educación religiosa como responsabilidad de todo el pueblo de Dios. Puede argumentarse que la teología de la liberación y el movimiento de las CEBs proponen un modelo de comunidad de fe para la educación religiosa cristiana, el cual arroja todavía más luz sobre el sentido y las connotaciones de aquella imagen rectora.

Asumimos que la educación religiosa participa del propósito y la misión globales de la iglesia. Por tanto, la pregunta clave es qué rasgos y qué forma debería adoptar, o al menos intentar asumir, la comunidad eclesial con miras a servir como contexto para la concientización, la edificación y la transformación, a la luz del reinado de Dios.

El análisis precedente, que tiene un carácter fundacional, supone la participación del Espíritu de Dios en medio de la comunidad que adora, sirve, y aprende, y que ha sido llamada por Dios para encarnar el don y la promesa de la nueva creación. Esta afirmación involucra la crítica y el rechazo de los modelos pedagógicos predominantes, que establecen distinciones rígidas entre «maestros» y «alumnos» sobre la base de la educación, la edad o la designación oficial. Una perspectiva liberacionista coherente debe desafiar los presupuestos y valores que se esconden detrás de los modelos dominantes, como por ejemplo, el adoctrinamiento y la manipulación pedagógica. Si bien los dones y vocaciones docentes y de liderazgo son reconocidos cabalmente (por ejemplo, necesitamos expertos o especialistas en el estudio bíblico o el análisis social), el énfasis recae sobre el aprender juntos, el uno del otro, en un clima de servicio mutuo y celebración. En este sentido, puede observarse cierta analogía entre los coordinadores de los «círculos de cultura» freireanos, y los agentes de pastoral y educadores religiosos en las CEBs. Podemos discernir aquí ciertas claves que nos permiten entender el tema de la categoría educativa que llamamos *personas en contexto*, con implicaciones también para el *contenido-producto* y el *contenido-proceso* en la educación religiosa. La relación entre educadores y educandos es de igualdad, respeto y mutualidad, precisamente porque todos están embarcados en un aprendizaje dialógico. El papel del maestro es el de un facilitador que evita tanto la imposición de ideas como la transmisión acrítica de la información. En otros términos, la función magisterial autoritativa (y a menudo autoritaria) del educador religioso aparece rechazada de plano. Los objetivos y el contenido del proceso educativo no han de ser determinados, definidos ni dictados desde arriba. El punto es, una vez más, que debe existir espacio para que se creen las condiciones que fomenten y apuntalen el crecimiento y la transformación, la libertad y la creatividad, a tono con el mensaje del evangelio. En este sentido, el análisis a continuación está enfocado hacia ciertos principios claves vinculados con el contexto eclesial.[67]

El contexto eclesial promueve el apoyo mutuo. Esto es esencial para proveer y mantener el necesario «contexto de rapport» al cual aludimos en el capítulo 1, de forma tal que las personas, las familias y los grupos puedan confrontar las luchas existenciales y las situaciones de conflicto. Con «rapport» queremos significar que otras personas manifiestan preocupación por la situación y que, de alguna manera, estimularán, facilitarán, interpretarán y celebrarán su resolución, al mismo tiempo que se beneficiarán con ella. Cuando estas condiciones se dan, las dimensiones sociales, religiosas y culturales del «rapport» se manifiestan claramente en la participación comunitaria tanto a nivel de toda la comunidad de fe como en grupos más pequeños. El «rapport» se expresa también en el sistema de lenguaje cristiano que se emplea y que, de manera concurrente, tiene en potencia el poder creativo para generar su contexto social y eclesial (*koinonía*).

En la educación religiosa liberacionista, la comunidad —expresada en igualdad, compromiso profundo e interdependencia— es afirmada como el rasgo principal del ser iglesia. En cuanto comunidad eclesial local y de base en sí misma, la iglesia se preocupa por todas las dimensiones de la vida humana. Nos referimos, por tanto, a una realización histórica particular de la metáfora paulina del cuerpo de Cristo, en el cual «todos son miembros los unos de los otros» ... «sirviendo individualmente como articulaciones y órganos los unos de los otros» (Ro. 12.5). Y otra vez, «si un miembro padece, todos los miembros se duelen con él, y si un miembro recibe honra, todos los miembros con él se gozan» (1 Co. 12.26). Si esta suerte de contexto orgánico no existe, la gente carecerá de la confianza y la libertad necesarias para involucrarse en la clase de luchas existenciales y sociales que llegan a convertirse en la agenda de la concientización. La confianza para explorar, para arriesgarse, y para cambiar, se verá severamente limitada, y probablemente se desarrollarán mecanismos que tienden a la negación y al escapismo. Por otra parte, la participación en una comunidad eclesial que nos apoya es fundamental para generar visión y poder. Semejante participación es también esencial para encarar los desafíos planteados por las fuerzas sociales, políticas y culturales que actúan en el mundo, y para resistir la tentación de dejarse cooptar por ellas.[68] Otra vez sale a la superficie la idea de una comunidad alternativa con una conciencia contracultural. La clave en la lucha por la liberación, la justicia y la paz tiene que ver con la formación y el crecimiento de comunidades de apoyo y confianza.

Debemos hacer una observación adicional acerca del carácter esencialmente *religioso* de la comunidad de base en cuanto contexto educativo. Esta observación guarda relación con el contexto y la atmósfera de la adoración. La adoración es inherentemente educativa y, a la vez, la educación religiosa potencia a la gente para la adoración y en la adoración. La oración, el canto, el estudio bíblico y la participación en los sacramentos son esenciales. De hecho, y según testimonios coincidentes, si la adoración es débil o irrelevante, puede afirmarse no sólo que la educación religiosa se vacía de sentido, sino también que la existencia misma de la CEB es puesta en tela de juicio. La adoración provee la *autoridad* para la fe y la vida cristianas, una autoridad que es apropiada y celebrada comunitariamente. Esta autoridad común se basa en la liturgia común, la cual celebra y actualiza una memoria y una visión comunes, y es necesaria para el don divino de la comunidad en cualquier situación dada.[69]

Los siguientes tres criterios para la iglesia en cuanto contexto apropiado para el crecimiento y la educación religiosa constituyen principios por derecho propio, aunque también tienden a explicitar con mayor detalle el significado de la expresión «contexto eclesial de rapport».

El contexto eclesial estimula un sentido de autoestima y autoafirmación. Uno de los fenómenos más sorprendentes que tienen lugar en las CEBs es el cambio radical y fácilmente detectable en la forma en que la gente aprende a mirarse a sí misma, y a desarrollar un sentido de valor personal y autoconfianza. La actualización de la comunidad cristiana, juntamente con la potenciación para «decir su palabra» y actuar juntos para la transformación creativa, rompen de manera efectiva las redes de la opresión internalizada. Se hacen evidentes, en consecuencia, una nueva visión del mundo y un nuevo sentido del yo (como autoconciencia y autoaceptación), que pueden ser detectados tanto por los observadores como por los participantes en las CEBs.

Desde la perspectiva de Paulo Freire, el sentido de la autoestima es una dimensión subjetiva indispensable en la conciencia que los seres humanos van adquiriendo de ser sujetos con una vocación ontológica de hacer la historia y modelar su propio destino. Por su parte, James Loder se refiere también a la autoestima como un elemento «que debe ser valorado como una premisa personal fundamental para enfrentar y soportar conflictos existenciales con persistencia y esperanza».[70] Es esencial también para adoptar una postura de apertura, riesgo y vulnerabilidad, para superar las tentaciones del logro y de la toma de control, y para recibir con buena disposición las intuiciones y percepciones de las personas.

En términos negativos, todas estas consideraciones apuntan a una realidad: los enfoques y métodos de instrucción autoritarios y paternalistas, tan comunes en la educación religiosa, deben ser evitados. En primer lugar, la interacción personal fomentada por estos modelos y el tipo de contenido enseñado, generalmente dotado de un enfoque estrecho, simplista, estereotipado o tradicionalista, apuntan a mantener ciertos marcos de referencia dados, por medio de un control rígido y opresivo. En términos de posturas maternalistas, en general, así como también con referencia a ciertos grupos específicos —como por ejemplo, las mujeres, los jóvenes o los disminuidos— predominan ciertos presupuestos que son igualmente inaceptables: a algunas personas debe proveérseles continuamente todo lo que necesitan, además de protegerlas, porque si no, son incapaces de desarrollar su potencial. En otros términos, la *interacción* y la posibilidad de la co-creación deben ser afirmadas como componentes esenciales tanto de la fe cristiana como de la educación religiosa. En el contexto eclesial existe una convicción firme de que los seres humanos están llamados a ser agentes creativos y activos, que participan con Dios en la liberación y re-creación de la totalidad del mundo, proceso que está en plena marcha.

El contexto eclesial afirma las diferencias personales y los ministerios vocacionales. Este principio complementa los comentarios previos y arroja más luz sobre la metáfora del cuerpo de Cristo (Ro. 12.3ss.; 1 Co. 12.14ss.). Es necesario considerar aquí dos dimensiones relacionadas entre sí.

A la luz de nuestro análisis global, un principio fundamental tiene que ver con el mantener la integridad de cada miembro de la comunidad. Esto está implícito en el reconocimiento y la aceptación de las diferencias personales entre individuos, entre personas y grupos, y entre diversos grupos de gente. La uniformidad y el conformismo sencillamente contradicen y comprometen el potencial creativo de los seres humanos, e inclusive distorsionan la (aparente) paz que supuestamente posibilitan o preservan. La alternativa es promover la integridad en la interacción, lo cual involucra respetar las preferencias y opciones personales. Una vez más, esto se vincula con el principio de la interdependencia, el cual implica compartir tanto el poder como la responsabilidad. La interdependencia denota un modo de relacionarse que conduce a una acción fundada en la mutualidad en el campo de las relaciones interpersonales, y también a una afirmación de nuestra solidaridad con los oprimidos.[71]

La segunda dimensión que debe ser considerada se refiere a la pretendida *apostolicidad* de los laicos, que crea espacio para una mayor participación y equilibrio en los distintos ministerios. La apostolicidad es el equivalente del principio del sacerdocio de todos los creyentes y de la vocación que todos los cristianos tienen de utilizar sus dones o talentos particulares para edificar la iglesia y extender el reinado de Dios. Los laicos son presentados como sucesores de los apóstoles, en la medida en que han heredado la enseñanza apostólica y son co-responsables por la unidad de la fe y de la comunidad. En consecuencia, la apostolicidad se comparte de diversas maneras, como por ejemplo, por medio de la creación de varios ministerios laicos específicos (denominados también «servicios» y «carismas») vinculados con la educación religiosa, la adoración, la acción social y la ayuda mutua, por mencionar sólo algunos campos. Las acciones específicas pueden incluir visitar y confortar a los enfermos, ayudar a resolver problemas familiares, orientar acerca de los derechos humanos y la legislación laboral, y preparar a los hijos y a los padres para recibir los sacramentos, entre otras. Sostiene Boff: «Todas estas funciones son respetadas, estimuladas y coordinadas, con miras a que todo apunte a servir a toda la comunidad. La iglesia, en consecuencia, se convierte, más que en una organización, en un organismo viviente, que es recreado, nutrido y renovado desde la base.»[72] Toda la comunidad debe estar involucrada en el ministerio, y todos los «servicios» son vistos como dones del

Espíritu Santo, cuyo desarrollo debe ser parte de la agenda de la educación religiosa. Se entiende así nuestro argumento anterior acerca de que la educación religiosa funciona como mediadora entre la teología y el ministerio.

El contexto eclesial se abre cada vez más al medio circundante. La experiencia de confianza y apoyo mutuos que brinda la comunidad cristiana de base, no es un fin en sí misma. En realidad, la iglesia no debe convertirse meramente en un refugio en medio del sufrimiento o, inclusive, en un gueto para la gente piadosa. Por el contrario, nuestro análisis apunta básica y enfáticamente a la apertura, al salir hacia el mundo, y a una vocación cristiana empapada por una orientación de servicio y misión. Antes que nada, esta vocación se cumple en la medida en que la iglesia da testimonio, por su mismo ser y su propia existencia, de un estilo alternativo de vida, en cuanto utopía parcial e imperfectamente realizada. Y un rasgo clave de esta comunidad pedagógica y paradigmática es que existe para el compartir y el servicio, en palabra y especialmente en obra. Esta comunidad está abierta al mundo y a la sociedad, en particular a los oprimidos, los marginales y los extraños. Es, en consecuencia, un signo y un instrumento de liberación, justicia y paz. Desde esta perspectiva, la educación religiosa debe cubrir un amplio espectro de preocupaciones en términos del contenido sustantivo para la reflexión y la acción. Los miembros de la comunidad comparten sus problemas y, a la vez, la realidad social misma es «problematizada». Se practica el discernimiento de las diversas formas de necesidades sociales, lo cual abre un espacio para el compromiso y la cooperación ulteriores. Y el proceso mismo de la interacción con el medio social más amplio provee oportunidades para continuar con el aprendizaje y la transformación tanto a nivel de la comunidad como a nivel de las personas, y en distintas áreas de la vida y de la fe.

Los dos principios que siguen guardan relación con la postura de la comunidad de fe frente a la naturaleza compleja de la realidad humana y social, y con el estatuto privilegiado de las situaciones conflictivas como agenda específica para la concientización y la creatividad. Estos dos principios básicos representan criterios para evaluar si la educación religiosa cumple con la función de cuestionar y problematizar, tal cual lo ejemplifican Freire y la teología de la liberación.

El contexto eclesial asume la complejidad y encara el conflicto existencial. La participación en el proceso de educación religiosa dialéctica-hermenéutica requiere sensibilidad hacia la naturaleza compleja de la realidad. Los enfoques simplistas y prefabricados deben ser evitados. El asumir la complejidad y el encarar el conflicto existencial constituyen desafíos peculiares, si consideramos que es esencial al cristiano el buscar el sentido, la dirección y el propósito, el afrontar los dilemas éticos, y el tratar de entender el sufrimiento humano masivo (que aparece, en principio, como incomprensible).

La religión institucionalizada, y la educación religiosa en particular, han tendido a proveer las respuestas requeridas, pero lo han hecho de una manera simplista, autoritaria y dogmática. Como lo señaláramos críticamente, esto puede estar ocurriendo a la vez que se proclama un compromiso con la verdad liberadora. La alternativa que se requiere para que la concientización y la creatividad sean estimuladas de manera auténtica, demanda tolerancia frente a la ambigüedad y la ambivalencia. La cuestión de la misión de la iglesia en general y la educación religiosa en particular demanda una consideración cuidadosa de varias agendas interrelacionadas (la tradición de la iglesia, el escenario político-cultural, las Escrituras), que convergen en el contexto eclesial al servicio de la gente. En estrecha relación con este énfasis en la complejidad y en la resolución de conflictos, aparece la cuestión del precio que hay que pagar (en términos de una tensión y una ansiedad crecientes) por llevar adelante la tarea de la educación religiosa en la CEB. En otros términos, el «contexto eclesial de rapport» es esencial para que los individuos, las familias, los grupos, o la comunidad toda, puedan enfrentar situaciones conflictivas, tanto a nivel personal como a nivel social, y especialmente como parte de la agenda educativa. La educación religiosa, por su parte, hace una contribución fundamental a la formación y al crecimiento de este contexto eclesial. En este contexto, las dimensiones, motivos y ramificaciones de las preocupaciones de la gente deben ser discernidos, a la vez que se provee un marco de referencia comunitario y conceptual-lingüístico para el aprendizaje creativo y la transformación liberadora.

En cuanto comunidad de fe dotada de un carácter profético y mesiánico, la iglesia está destinada a encontrar conflicto como respuesta a su decisión de encarnar la visión del reinado de Dios. En cuanto manera alternativa de ver la vida (fe) y de vivir (identidad), la iglesia requiere un ministerio educativo que estimule y nutra la comunidad. La perspectiva liberacionista, corporizada históricamente en las comunidades eclesiales de base, ofrece un atractivo paradigma para la renovación de la iglesia y la revitalización de la educación religiosa cristiana.

NOTAS

1. Lucas 6.20.
2. Gustavo Gutiérrez, *La fuerza histórica de los pobres* (Lima: CEP, 1980) pp. 118-119.
3. John H. Westerhoff III, *¿Tendrán fe nuestros hijos?* (Buenos Aires: La Aurora, 1979) pp. 58-59, 101.
4. «Pobres» se refiere aquí primordialmente a los pobres en sentido socioeconómico, es decir, a hombres y mujeres de cualquier edad que carecen de los medios de subsistencia básicos, como alimentos, ropa, vivienda, salud, educación y trabajo. En consecuencia, la referencia apunta a una realidad *colectiva*, que involucra clases, razas, culturas, y la peculiar condición de las mujeres. Aunque ciertamente existe tal cosa como la pobreza «inocente» —una condición que, en principio, no guarda relación directa alguna con la voluntad de las personas, como se da en el caso de desastres naturales, sequía, etc.—, la teología de la liberación se interesa en la pobreza que es causada y mantenida por el sistema capitalista predominante. En consecuencia, la referencia liberacionista a los pobres siempre involucra la dimensión del *conflicto* político y social. El eje de la crítica pasa por la pobreza socioeconómica injusta, vinculada con el proceso de explotación del obrero (denunciado por el Papa Juan Pablo II en *Laborem exercens*, n. 8, entre otros). Este cuadro de privaciones incluye, por supuesto, otras formas de pobreza, discriminación y opresión, que están, también ellas, condicionadas por la situación global a nivel político y económico, pero incluyen otros factores como la raza (los negros, y los grupos étnicos mixtos), el sexo (las mujeres) y la cultura (los aborígenes). Los más pobres entre los pobres se encuentran a menudo entre estos grupos. «Pobres» y «oprimidos» son, en consecuencia, términos intercambiables, aunque debe notarse bien que no todos los que están «oprimidos», o son marginados en alguna forma, son necesariamente pobres en el sentido socioeconómico. En todo caso, la liberación de los poderosos y ricos (a quienes se denomina alienados «de arriba») funciona como un predicado de la liberación de los débiles y pobres (los alienados «de abajo»). El concepto de «pobres evangélicos» se refiere, en la teología de la liberación, específicamente a aquellos cristianos que toman la decisión existencial y práctica de hacerse pobres por solidaridad con los pobres en sentido socioeconómico, y que optan por trabajar en favor de la liberación y la justicia.
5. Cf. Alvaro Barreiro, *Basic Ecclesial Communities: The Evangelization of the Poor* (Maryknoll, N.Y.: Orbis, 1982) pp. 14-45; Robert McAfee Brown, *Unexpected News: Reading the Bible with Third World Eyes* (Philadelphia: Westminster, 1984) pp. 11-17, 89-104, 157-161; Ernesto Cardenal, *El evangelio en Solentiname*, vol. I (Salamanca: Sígueme, 1975-1978), Introducción, caps. 20-21; Ignacio Ellacuría, *Conversión de la iglesia al reino de Dios* (Santander: Sal Terrae, 1984) pp. 129-151; Richard Shaull, *Heralds of a New Reformation: The*

Poor of South and North America (Maryknoll, N.Y.: Orbis, 1984) pp. 1-4, 76-85; Elsa Támez, *La Biblia de los oprimidos: La opresión en la teología bíblica* (San José: DEI, 1979); Clodovis Boff y George V. Pixley, *The Bible, the Church, and the Poor* (Maryknoll: Orbis, 1989), 1a parte.

6. Tanto Mateo como Lucas tenían la misma concepción básica de los pobres, que se origina en el Antiguo Testamento, particularmente en el Deutero-Isaías y en los Salmos, y tiene una larga evolución. Los pobres —*anawim*— a quienes Mateo proclamaba como bienaventurados estaban también alienados y oprimidos en sentido socioeconómico. La diferencia entre Mateo y Lucas es más bien una cuestión de énfasis. Mateo subraya una actitud integral de humildad, que se deriva de un estado de humillación económica y social, mientras que Lucas coloca el acento sobre la privación, la opresión y la humillación, que los pobres sufren debido a su pobreza material. Mateo combate la autosuficiencia religiosa, mientras que Lucas, la mundanidad. Cf. Barreiro, *Basic Ecclesial Communities: The Evangelization of the Poor*, pp. 34-35, 77.

7. La categoría «personas en contexto» alude a la asociación estrecha que existe entre el *quién* y el *dónde* en los programas y procesos educativos, y que puede ser expresada por medio de los siguientes interrogantes: ¿Quiénes son las personas que participan del proceso educativo y cuáles son sus papeles? ¿Qué clases de interacción han de ser más apropiadas para las tareas y la experiencia del aprendizaje? ¿Cuáles son contextos o medios adecuados para que la educación cristiana pueda cumplir su objetivo con integridad? Asumiendo, como nosotros lo hacemos, que el ministerio de la educación participa del propósito y la misión globales de la iglesia, ¿qué características debería poseer la comunidad de fe para poder servir como contexto privilegiado del crecimiento y la transformación?

8. Cf. capítulo 2, nota 30.

9. Cf. John Eagleson y Philip Sharper, eds., *Puebla and Beyond: Documentation and Commentary* (Maryknoll, N.Y.: Orbis, 1979) pp. 210-213, 263-267, y distintas referencias tanto a los pobres como a las CEBs esparcidas por todo el texto. También, Gustavo Gutiérrez, *La fuerza histórica de los pobres*, parte III, «Puebla».

10. Harvey Cox, *Religion in the Secular City: Towards a Post-modern Theology* (New York: Simon & Schuster, 1984) p. 138. Cox sostiene que esta visión y esta experiencia de la iglesia convierten a la teología de la liberación en una «teología empírica», en la medida en que se nutre tanto de la antigua tradición eclesial católica como del «consultar a los fieles» en las comunidades de base. En el contexto de este libro, la tradición también implica que los teólogos y pastores deben hacerse conscientes de lo que la gente cree y hace, y que esta toma de conciencia es esencial a la hora de formular la teología. Este es un tema que exploraremos con mayor detalle en la sección referida a la fe de los oprimidos.

11. John Eagleson y Philip Sharper, eds., *Puebla and Beyond: Documentation and Commentary*, pp. 264ss.

12. Acerca de un estudio de la enseñanza social de la iglesia desde la perspectiva de la opción por los pobres, cf. Donal Dorr, *Option for the Poor: A Hundred Years of Vatican Social Teaching* (Dublin: Gill and Macmillan/Maryknoll, N.Y.: Orbis,

1983). Dorr afirma que los temas centrales que están en la médula misma de la doctrina social católica son dos: una preocupación especial por los pobres y débiles juntamente con una crítica a los sistemas que los tornan vulnerables; y una defensa de ciertos derechos personales contra las tendencias colectivistas. Sostiene que los desarrollos recientes pueden interpretarse como un giro en el énfasis desde el segundo elemento hacia el primero. Clodovis y Leonardo Boff se refieren a la relación entre la doctrina social de la iglesia y la teología de la liberación, en su obra *Cómo hacer teología de la liberación* (Madrid: Ediciones Paulinas, 1986) pp. 50-53. Estos autores indican que la teología de la liberación intenta integrar y explicar creativamente las orientaciones positivas de la iglesia en el campo de la acción social a la luz del contexto del Tercer Mundo, intento que se ve facilitado por la naturaleza dinámica y abierta de la propia enseñanza social de la iglesia. Los hermanos Boff concluyen afirmando que la teología de la liberación y la doctrina social de la iglesia se complementan mutuamente para el beneficio de todo el pueblo de Dios. Las líneas rectoras que el Vaticano ha dado a conocer en este sentido pueden consultarse en el documento «Instrucción sobre la libertad cristiana y la liberación» (abril de 1986).

13. Leonardo Boff, *Teología desde el lugar del pobre* (Santander: Sal Terrae, 1986) pp. 42-43.

14. Gustavo Gutiérrez, «The Irruption of the Poor in Latin America and the Christian Communities of the Common People», Sergio Torres y John Eagleson, eds., *The Challenge of Basic Christian Communities* (Maryknoll, N.Y.: Orbis, 1981) p. 120.

15. Cf., por ejemplo, los ensayos, bien documentados por cierto, de Elsa Támez, *La Biblia de los oprimidos: La opresión en la teología bíblica*, y de Thomas D. Hanks, *Opresión, pobreza, y liberación: Reflexiones bíblicas* (Miami: Caribe, 1982).

16. Clodovis Boff y Leonardo Boff, *Cómo hacer teología de la liberación*, p. 12.

17. Robert McAfee Brown, *Theology in a New Key: Responding to Liberation Themes* (Philadelphia: Westminster, 1978) pp. 60ss.

18. Gustavo Gutiérrez, «The Irruption of the Poor in Latin America and the Christian Communities of the Common People», pp. 107-123.

19. Una de las descripciones más útiles de la *solidaridad* en relación con nuestro análisis puede encontrarse en Jürgen Moltmann, *The Power of the Powerless* (San Francisco: Harper & Row, 1983) pp. 107ss. Moltmann afirma que el amor al prójimo y la solidaridad se relacionan críticamente y de hecho se complementan mutuamente. Señala que solidaridad implica, por lo menos, lo siguiente: (a) Estar espalda contra espalda, luchando juntos. En otros términos, se trata de amar al prójimo en situaciones de crisis social y política, lo cual se traduce en liberar a los oprimidos y promover igualdad de derechos para todos, por ejemplo. (b) Sufrir unos por otros, o compartir los unos las cargas de los otros. La solidaridad va más allá del activismo e involucra temor, ansiedad, culpa y pesar. Requiere un compañerismo en la impotencia, en las situaciones que no tienen remedio e inclusive en el silencio; conforma, por tanto, una «comunidad en lo profundo». (c) Aprender a vivir en compañerismo y comunidad unos con otros. El principio cristiano de la comunidad es el principio mesiánico de la esperanza. En síntesis,

la solidaridad como lucha común une a personas que comparten el ser oprimidos; la solidaridad en cuanto comunidad en lo profundo une a personas que comparten el sufrimiento; y la solidaridad en amor esperanzado va más allá de los límites de la opresión y el sufrimiento: por el poder del amor creativo, se convierte en una realidad que sana, recrea y reconstruye. (Cf. también el análisis de Moltmann de la liberación y la aceptación del discapacitado, pp. 136-154.)

20. Leonardo Boff, *Teología desde el lugar del pobre*, pp. 32-33.
21. Gustavo Gutiérrez, *La fuerza histórica de los pobres*, p. 176.
22. Aquí seguiremos de cerca el análisis de esta cuestión que realiza Ignacio Ellacuría, en *Conversión de la iglesia al reino de Dios*, pp. 153-178.
23. Gustavo Gutiérrez, «The Irruption of the Poor in Latin America and the Christian Communities of the Common People», p. 116.
24. Guillermo Cook, *The Expectation of the Poor: Latin American Basic Ecclesial Communities in Protestant Perspective* (Maryknoll, N. Y.: Orbis, 1985) pp. 6-7, 253-254.
25. Joao B. Libanio, «A Community with a New Image», *International Review of Missions* 68:272 (julio de 1979) pp. 243-265.
26. Jon Sobrino, *Resurrección de la verdadera iglesia: Los pobres, lugar teológico de la eclesiología* (Santander: Sal Terrae, 1984) pp. 43-45.
27. Rebecca S. Chopp, *The Praxis of Suffering: An Interpretation of Liberation and Political Theologies* (Maryknoll, N.Y.: Orbis, 1986) p. 151. La tesis de Chopp es que *la teología de la liberación es ciertamente un nuevo paradigma teológico, con un giro sustancial en los presupuestos y categorías básicos y en el ordenamiento de las cuestiones.* Chopp aporta cuatro razones básicas para justificar esta presentación de la teología de la liberación como nuevo paradigma que haría una contribución peculiar al pensamiento teológico: (a) Sus reivindicaciones básicas en torno del sufrimiento humano y la búsqueda de liberación; (b) su orientación hacia una transformación que es requerida por ese mismo sufrimiento, y que se ve facilitada por la misma naturaleza ontológica de la existencia humana y de Dios como liberador; (c) su énfasis en la praxis; y (d) su comprensión novedosa de la reflexión teológica en términos de una hermenéutica práctica, una teoría crítica y una teoría social. Desde una perspectiva diferente, Sharon D. Welch argumenta también que el surgimiento de la teología de la liberación significa un giro radical en la historia del conocimiento occidental; cf. su *Communities of Resistance and Solidarity: A Feminist Theology of Liberation* (Maryknoll, N.Y.: Orbis, 1985). Estamos abandonando un modelo de conocimiento que subraya la ciencia y la teleología histórica, y estamos asumiendo otro modelo que pone énfasis en la conciencia histórica, el compromiso político y la transformación social. Welch encuentra una sorprendente convergencia entre la obra de Michael Foucault, con su análisis de la «insurrección de los conocimientos subyugados», y las preocupaciones de los teólogos de la liberación. Esto es, los que sufren y están oprimidos, en oposición a lo que han señalado las teorías dominantes del *establishment* teológico, ponen de manifiesto las limitaciones y falencias de las tradiciones sobre las que se apoyan generalmente los teólogos. Welch afirma que los teólogos de la liberación contribuyen a desenterrar tradiciones que han sido suprimidas y a echar nueva luz sobre tradiciones antiguas. Lo hacen en la medida

en que se nutren con la experiencia pasada y presente de las mujeres, los negros, los hispanos, los aborígenes y otros grupos oprimidos.

28. Donald P. McNeill, Douglas A. Morrison y Henri J. M. Nouwen, *Compassion: A Reflection on the Christian Life* (Garden City, N.Y.: Doubleday, 1982) p. 4. Este es un libro de meditaciones que incluye una conmovedora historia de opresión y compasión que tuvo lugar en el Paraguay. Cf. también Henri J. M. Nouwen, *Love in a Fearful Land: A Guatemalan Story* (Notre Dame, Ind.: Ave Maria Press, 1985). Esta última obra cuenta la historia de dos curas norteamericanos en América Central, que dieron un testimonio elocuente de compasión, solidaridad y acción social en medio de la injusticia y la violencia. En realidad, esta clase de testimonio —que no se avergüenza de mencionar a los poderes del mal— es a menudo más persuasiva y tiene mayor capacidad de mover a la oración, al pensamiento y a la acción, que muchos tratados radicales plagados de retórica revolucionaria.

29. Jon Sobrino, *Resurrección de la verdadera iglesia*, p. 47.

30. Henri J. M. Nouwen, *Gracias! A Latin American Journal* (San Francisco: Harper & Row, 1983) p. 183.

31. Jon Sobrino, «The 'Doctrinal Authority' of the People of God in Latin America», *Concilium* 180 (agosto de 1985) p. 60.

32. Esto presupone, obviamente, un cambio fundamental en términos del legado del Vaticano II tal cual ha sido apropiado por los liberacionistas. Es la transformación del modelo católico oficial y tradicional, según el cual la iglesia actúa como una suerte de supervisora: la jerarquía enseña, los teólogos explican y defienden esa enseñanza, y los fieles escuchan y obedecen. Cf. todo el volumen de *Concilium* 180, bajo el título «La autoridad docente de los creyentes». Los editores, Johann B. Metz y Edward Schillebeeckx, afirman presentar un modelo, teológicamente responsable y fundamentado, de la forma en que los creyentes en la vida de la iglesia no son meramente receptores de la enseñanza eclesiástica, sino más bien sujetos vivientes de una fe que expresan de una forma teológicamente relevante (p. IX). En relación con la posible tensión entre el *magisterium* oficial y jerárquico y el pueblo pobre de Dios, Jon Sobrino sostiene que se requiere que ambos cuerpos estén abiertos a la conversión: en el caso del *magisterium* oficial y jerárquico, esto implica examinarse a sí mismo para ver si realmente ha prestado atención a los pobres o los ha ignorado; en el caso de los pobres, implica apertura para recibir las correcciones del *magisterium* oficial y jerárquico. En todo caso, en tiempos de tensión o de *impasse*, lo que se requiere es paciencia histórica y la convicción de que, en el último análisis, la santidad tarde o temprano convertirá la experiencia de la fe en la experiencia de la doctrina (p. 61). Y Leonardo Boff explica: «Tanto el laicado como los obispos pueden desviarse. Un aprendizaje mutuo, en un espíritu de apertura recíproca, es el mejor camino para evitar las desviaciones de ambas partes. La evangelización es una calle de doble mano. El obispo evangeliza al pueblo y el pueblo evangeliza al obispo. Porque si no, ¿quién evangeliza al obispo? ¿Quién vela por su salvación?» *Ecclesiogenesis: the Base Communities Reinvent the Church* (Maryknoll, N.Y.: Orbis, 1986) p. 40.

33. Gregory Baum, «The Anabaptists: Teachers of the Churches», *The Mennonite Reporter* 5:16 (4 de agosto de 1975) p. 5. Baum argumenta que el movimiento

anabautista estaba inspirado por una nueva imaginación y una nueva visión, las cuales tenían la virtud de anticipar los eventos que habrían de ocurrir siglos después en la historia del cristianismo. En realidad, existe un curioso paralelo entre las principales contribuciones de la Reforma Radical y las del movimiento liberacionista de las CEBs. Estas contribuciones incluyen, por ejemplo, la crítica profética del orden social (político-cultural y eclesial), el desarrollo de comunidades de base en términos de «iglesias libres» conformadas por medio de la asociación voluntaria y a partir del repudio del matrimonio entre el altar y el trono, la defensa y promoción de la libertad religiosa y la apertura a la cooperación ecuménica, y la interpretación de la fe cristiana como discipulado y «ortopraxis». Acerca de una discusión más amplia del movimiento de la Reforma Radical, cf. George H. Williams, *La Reforma Radical* (México: Fondo de Cultura Económica, 1983), y Donald F. Durnbaugh, *The Believers' Church: The History and Character of Radical Protestantism*, 2da. ed. (Scottdale: Herald, 1985).

34. Cf. Richard Shaull, *Heralds of a New Reformation*, pp. 76-85. Shaull discute cinco tesis acerca de la visión desde abajo a la luz de su experiencia entre los pobres de las dos Américas, la del Sur y la del Norte: (1) Necesitamos a aquellos que están abajo para que nos enseñen, si es que queremos entender el mundo en que vivimos; (2) en la medida en que miramos el mundo desde abajo, creamos espacio para que los pobres y excluidos puedan afirmarse a sí mismos y hablar con voz propia, para el enriquecimiento de todos; (3) Jesús, el Mesías pobre, transforma radicalmente nuestra percepción de lo que está ocurriendo en la historia; (4) la privación, la explotación, el sufrimiento y la muerte hacen que el presente sea intolerable para aquellos que están abajo, especialmente si son cristianos en quienes Jesús ha despertado expectativas por un orden nuevo y distinto; (5) mirar el mundo desde abajo, desde la perspectiva de la liberación, equivale a estar guiados por una visión utópica de la vida.

35. Cuando reivindicamos y afirmamos la naturaleza y el papel peculiares de la educación teológica, es posible identificar un cierto número de principios y direcciones para la educación teológica desde la perspectiva liberacionista. Esto, a la vez, puede influenciar de manera sustancial —tanto directa como indirectamente— los fundamentos y el entrenamiento para el ministerio de la educación. Hemos aludido a algunos de estos principios en el capítulo previo. Cf. también *Theological Education* 16:1 (otoño de 1979), «Theological Education and Liberation Theology: A Symposium».

36. Cf. F. Ross Kinsler, ed., *Ministry by the People: Theological Education by Extension* (Geneva: WCC Publications/Maryknoll, N.Y.: Orbis, 1983).

37. James Michael Lee, *The Flow of Religious Instruction* (Birmingham, Ala.: Religious Education Press, 1973) p. 20. También, «The Authentic Source of Religious Instruction», Norma H. Thompson, ed., *Religious Education and Theology* (Birmingham, Ala.: Religious Education Press, 1982) pp. 100-197.

38. La tarea teológica de toda la iglesia como perteneciente a la comunidad de fe en su conjunto, juntamente con la afirmación del papel conductor del pueblo como sujeto teológico, han sido subrayadas recientemente en América Latina y en otros lugares. Ian M. Fraser, por ejemplo, en *Reinventing Theology as the People's Work* (London: USPG, 1983), argumenta en favor de la reapropiación *de la*

teología por toda la comunidad de la iglesia. Dice Fraser: «Es propio de nuestros tiempos, y en una medida desconocida en la historia, que el laicado, o mejor dicho la iglesia en su conjunto, el laicado y el clero juntamente, tomen en sus manos, inclusive por la fuerza si fuera necesario, la tarea teológica que en realidad les pertenece. Nosotros, los que somos educadores religiosos, debemos estimular que esto ocurra» (p. 35). Kim Young Bock, ed., *Minjung Theology: People as the Subjects of History* (Singapore: Christian Conference of Asia, 1981), aporta una perspectiva asiática (coreana, para ser más precisos). Este énfasis en la participación de las bases va de la mano, como es obvio, con el motivo encarnacional de la contextualización. Las teologías de liberación afirman no sólo que el evangelio es un mensaje de liberación de toda suerte de imperialismo, dominación y alienación; también sostienen que la teología misma debe ser liberada de los sesgos que le imprimen las culturas, las clases, las razas y los intereses políticos, dominantes; la teología debe gestarse a partir de las luchas populares por la liberación y la justicia. Las teologías asiáticas y africanas insisten en que sus respectivas agendas deben estar determinadas por las realidades, intereses, necesidades y perspectivas asiáticas y africanas. En Norteamérica, la teología negra ha expuesto el racismo y la alienación de las teologías predominantes, con el propósito de redescubrir su propia herencia, muy rica por cierto, y de subrayar algunas dimensiones esenciales de la revelación de Dios que han sido desconsideradas por la mayor parte de las corrientes teológicas. De manera análoga, las teólogas feministas a través de todo el mundo han denunciado el sesgo machista que ha dominado el pensamiento y la práctica de la iglesia a lo largo de la historia, y de esta forma han descubierto aspectos relevantes de la revelación de Dios para las mujeres y por medio de ellas, ofreciendo nuevas perspectivas e intuiciones tanto en el campo de la teología como en el del ministerio. Todos estos movimientos liberacionistas convergen al proclamar que el pueblo de Dios en su conjunto está llamado a y potenciado para participar en la vocación teológica y el ministerio educativo de la iglesia.

39. Fray Betto, *Lo que son las comunidades eclesiales de base* (Bogotá: Indo-American Press Service, 1981) pp. 24-28, 43-46.

40. James Michael Lee analiza esta cuestión en «The Authentic Source of Religious Instruction», pp. 184-192.

41. John H. Westerhoff III, *Living the Faith Community: The Church that Makes a Difference* (Minneapolis: Winston Press, 1985) p. 83.

42. Walter Brueggemann, *The Creative Word: Canon as a Model for Biblical Education* (Philadelphia: Fortress, 1982) p. 50.

43. Craig Dykstra, «Education, the Gospel, and the Marginal», *The Princeton Seminary Bulletin* 5:1, New Series (1984) p. 20.

44. Cf., por ejemplo, Alvaro Barreiro, *Basic Ecclesial Communities: The Evangelization of the Poor,* p. 66.

45. Parker J. Palmer, *The Company of Strangers: Christians and the Renewal of America's Public Life* (New York: Crossroads, 1981) especialmente cap. 3.

46. Henri J. M. Nouwen, *Gracias! A Latin American Journal,* pp. 187-188.

47. Sobre un análisis breve de las comunidades cristianas de base en Europa y los EE.UU., cf. Harvey Cox, *Religion in the Secular City: Toward a Postmodern*

Theology, cap. 10. Por regla general, estas comunidades no emergen en las zonas donde viven los pobres y los obreros, sino en aquellas habitadas por gente de clase media. La combinación de religiosidad popular, pobreza extrema y represión política no se da en la misma medida en el Atlántico Norte. Sin embargo, las comunidades de base en Europa y Norteamérica tienen ciertos rasgos comunes que son también observables en las comunidades latinoamericanas, más antiguas y mucho más numerosas por cierto: estilo de celebración litúrgica bastante informal y participativo, caracterizado a menudo por el hecho de que un laico asume el liderazgo; estudio y reflexión en torno de la Biblia; y cierta clase de compromiso político (desarme y paz, hambre, ecología, imperialismo y neo-colonialismo, protección de los refugiados). Debería notarse que en América Latina, las CEBs son mayormente un fenómeno católico, aunque existen comunidades de base protestantes en algunos países, como Brasil y Guatemala, así como también un número creciente de CEBs interdenominacionales y ecuménicas.

48. Guillermo Cook, *The Expectation of the Poor: Latin American Basic Ecclesial Communities in Protestant Perspective*, pp. 2-3.

49. Fray Betto, *Lo que son las comunidades eclesiales de base*, p. 12.

50. Leonardo Boff, *Iglesia: Carisma y poder* (Bogotá: Indo-American Press Service, 1982) p. 181. Este libro intenta encarar el problema que surge cuando los teólogos aplican la enseñanza social católicorromana a la realidad social de la misma Iglesia Católicorromana. Su tono radical se deriva de la experiencia pastoral de Boff en América Latina, que lo ha llevado a la convicción de que la iglesia necesita una conversión radical y dramática. Para Boff, en esencia, el *carisma* del Espíritu Santo confronta el *poder* jerárquico de la iglesia institucional. El libro incluye varias *tesis* eclesiológicas, por las cuales el Vaticano trató de «silenciar» a Boff: (a) la verdadera iglesia cristiana es más que la Iglesia Católicorromana (es decir, la iglesia no puede pretender identificarse de manera exclusiva como la iglesia de Cristo, por cuanto la iglesia de Cristo puede subsistir también en otras iglesias cristianas); (b) el dogma es una de las claves para interpretar el evangelio, pero su validez depende en buena medida de un cierto tiempo y una circunstancia peculiar (es decir, el concepto de que el magisterio católico ha recibido de Dios ciertas verdades necesarias, absolutas e infalibles conduce al dogmatismo y la intolerancia); (c) la esperanza de la iglesia reside en el «nuevo modelo» provisto por la iglesia de los pobres (es decir, la estructura piramidal y centralista de la Iglesia Católica como institución de poder es superada por la realidad comunitaria, participativa y «carismática» de los fieles reunidos); (d) la misión profética sólo puede ser cumplida por una iglesia que nace del hombre y la mujer del pueblo y se vuelve existencialmente consciente de todas las formas de opresión e injusticia (es decir, la iglesia-institución tiende a acomodarse con los regímenes existentes para la preservación de sus propios intereses).

51. Cf. William Cook, «Spirituality in the Struggles for Social Justice: A Brief Latin American Anthology», *Missiology: An International Review* 12:2 (abril de 1984) pp. 224-232. Algunas fuentes primarias son: Leonardo Boff, *The Lord's Prayer: The Prayer of Integral Liberation* (Maryknoll, N.Y.: Orbis, 1984); Dom Helder Camara, *The Desert is Fertile* (Maryknoll, N.Y.: Orbis, 1976); Segundo Galilea, *El camino de la espiritualidad* (Bogotá: Ediciones Paulinas, 1987) y *El reino de*

Dios y la liberación del hombre (Bogotá: Ediciones Paulinas, 1988); Gustavo Gutiérrez, *Beber de su propio pozo: En el itinerario espiritual de un pueblo* (Lima: CEP, 1983); Joao B. Libanio, *Spiritual Discernment and Politics: Guidelines for Religious Communities* (Maryknoll, N.Y.: Orbis, 1982).

52. La idea de que las CEBs son en realidad portadoras de una nueva Reforma es afirmada enfáticamente por Harvey Cox, *Religion in the Secular City: Toward a Postmodern Theology* (especialmente capítulos 11 y 22), y Richard Shaull, *Heralds of a New Reformation: The Poor of South and North America* (especialmente capítulo 8). Johannes B. Metz también presenta un argumento convincente en favor de una «segunda Reforma» que afectará de manera sustancial, aunque en distintas formas, tanto al protestantismo como al catolicismo; cf. su *The Emergent Church: The Future of Christianity in a Post-Bourgeois World* (New York: Crossroads, 1981). Juntamente con los principios de la Reforma *Radical* (o «ala izquierda» de la Reforma) que mencionáramos en la nota 33, otros paralelos evidentes con el movimiento de la Reforma Protestante del siglo XVI son, por ejemplo, el énfasis de las CEBs en la protesta creativa (el así llamado «principio protestante»), el «sacerdocio de todos los creyentes», y el lugar privilegiado de la Biblia en el marco de la iglesia como comunidad hermenéutica. Deberíamos recalcar, por otra parte, que en perspectiva histórica muchas de las iglesias protestantes que, a través de un proceso sociológico en cierta medida predecible, se han convertido en instituciones establecidas, pueden rastrear sus orígenes hasta alguna clase de movimiento de comunidad eclesial de base en Europa.

53. A la luz de nuestro análisis, importa destacar varias dimensiones del espíritu y de las ramificaciones del Vaticano II, como por ejemplo: la reforma permanente y la puesta al día («aggiornamento») de la Iglesia Católica; la apertura ecuménica; el énfasis en los cuerpos colegiados tanto a nivel de los obispos como en otros niveles de la Iglesia Católica; la legitimación de la diversidad regional; la libertad religiosa; la aculturación; cierto crecimiento en la participación activa del laicado; y el involucramiento de la Iglesia Católica en la transformación de la sociedad en su conjunto.

54. Cf. Leonardo Boff, *Ecclesiogenesis: The Base Communities Reinvent the Church*, capítulo 1; y Guillermo Cook, *The Expectation of the Poor: Latin American Basic Ecclesial Communities in Protestant Perspective*, capítulo 4.

55. Alvaro Barreiro, *Basic Ecclesial Communities: The Evangelization of the Poor*, p. 31.

56. Leonardo Boff y Clodovis Boff, *Cómo hacer teología de la liberación*, capítulo 2.

57. El potencial transformador y revolucionario de estas comunidades no puede ser subestimado. Sin embargo, a menudo se pasan por alto sus limitaciones reales como agentes de cambio social. Por ejemplo, W. E. Hewitt ha analizado la «estrategia de mejoramiento global» de las CEBs, una de las herramientas principales que las comunidades utilizan para estimular el cambio social en el Brasil en una región específica. Cinco son los problemas que fueron identificados como propios de las seis CEBs de la muestra: ausencia de reconocimiento por parte de la comunidad más amplia; interferencia de los funcionarios del gobierno;

interferencia de la iglesia institucional; tradicionalismo religioso entre los miem-
bros; y confianza exagerada en las potencialidades de los líderes de las CEBs.
Cf. «Strategies for Social Change Employed by Comunidades Eclesiais de Base
(CEBs) in the Archidiocese of Sao Paulo», *Journal for the Scientific Study of
Religion* 25:1 (marzo de 1986) pp. 16-30.
58. Maurice L. Monette, «Justice, Peace, and the Pedagogy of the Grass Roots
Christian Community», en Padraic O'Hare, ed., *Education for Peace and Justice*
(San Francisco: Harper & Row, 1983) pp. 83-93.
59. Esta es, en realidad, la tesis de Jon Sobrino en su *La resurrección de la verdadera
iglesia*: la iglesia de los pobres corporiza y representa más plenamente que
cualquier otra forma de iglesia lo que podríamos denominar la sustancia básica
de la eclesialidad; cf. especialmente los capítulos 4 y 5.
60. Leonardo Boff, *Teología desde el lugar del pobre*, p. 32.
61. Leonardo Boff, *Iglesia: Carisma y poder*, p. 182.
62. El *Documento de Puebla* (1979) contiene ya una advertencia definida acerca del
«peligro de caer víctimas de la anarquía organizacional o de un elitismo sectario
estrecho» y se refiere a algunos «aspectos del problema global de la 'iglesia
popular' ... o de los 'magisterios paralelos'». Los obispos se quejan de que la
Iglesia Católica «oficial» o institucional es acusada de ser «alienante». Los
obispos también cuestionan la aparente negación de la función de la jerarquía por
parte de los liberacionistas y los partidarios de la «iglesia popular». Cf. John
Eagleson y Philip Sharper, eds., *Puebla and Beyond: Documentation and Commentary*, pp. 157-158. La «Instrucción sobre Ciertos Aspectos de la 'Teología de
la Liberación'», dada a conocer por el Vaticano en 1984, incluye duras críticas
a las siguientes cuestiones: la supuestamente requerida participación en la lucha
de clases; el reduccionismo histórico y político en la interpretación de la fe; la
«desastrosa confusión entre los pobres y el proletariado de Marx»; el tema de la
«iglesia de los pobres» como «la iglesia de aquella clase que ha llegado a tomar
conciencia de las demandas de la lucha revolucionaria como un paso hacia la
liberación, y que celebra esta liberación en su liturgia ... una iglesia de los
oprimidos a quienes es necesario 'concientizar' a la luz de la lucha organizada
por la libertad»; y la crítica y desafío a la estructura sacramental y jerárquica de
la iglesia (capítulo IX: 7 a 13). Debe subrayarse, de todas formas, que esta
«Instrucción» no condena ni critica a la teología de la liberación en cuanto
movimiento, ni tampoco a una teología de la liberación en particular, sino más
bien algunos aspectos de algunas «teologías de la liberación» *no identificadas*.
La «Instrucción sobre la Libertad Cristiana y la Liberación», dada a conocer por
el Vaticano en 1986, incluye una referencia específica a las CEBs en el capítulo
IV («Misión Liberadora de la Iglesia»). En conexión con el amor evangélico o
la preferencia evangélica por los pobres, el documento expresa que las CEBs
deben vivir en unidad con la iglesia local y universal, y que su «fidelidad a su
misión dependerá de cuán cuidadosas son al educar a sus miembros en la plenitud
de la fe cristiana, a través de escuchar la palabra de Dios, de la fidelidad a la
enseñanza del magisterio, al orden jerárquico de la iglesia y a la vida sacramental.
Si se cumple esta condición, su experiencia, enraizada en el compromiso con la

liberación completa del ser humano, se convierte en un tesoro para la iglesia toda.»

63. Esta analogía ha sido tomada de John H. Yoder, *The Original Revolution* (Scottdale, Pa.: Herald Press, 1971).

64. Este análisis complementa el que hemos hecho respecto de la comunidad mesiánica en el capítulo 2.

65. John H. Westerhoff III, *Living the Faith Community: The Church that Makes a Difference*, p. 21.

66. Jack L. Seymour, «Approaches to Christian Education», y Charles R. Foster, «The Faith Community as a Guiding Image for Christian Education», Jack L. Seymour y Donald E. Miller, eds., *Contemporary Approaches to Christian Education* (Nashville: Abingdon, 1982) pp. 11-34 y 53-71. Cf. también Donald E. Miller, *Story in Context: Introduction to Christian Education* (Nashville: Abingdon, 1987).

67. Este análisis toma en consideración un buen número de fuentes liberacionistas vinculadas con la eclesiología de las CEBs y la experiencia eclesial concreta, particularmente la obra de Leonardo Boff. Seguimos de cerca nuestra discusión de los principios vinculados con la categoría personas-en-contexto, en Daniel S. Schipani, *Conscientization and Creativity: Paulo Freire and Christian Education* (Lanham, Md.: University Press of America, 1984) pp. 123-128 y en *El Reino de Dios y el ministerio educativo de la iglesia* (San José, Caribe, 1983) pp. 162-171.

68. Cf. William B. Kennedy, «A Radical Challenge to Inherited Educational Patterns», *Religious Education* 74:5 (septiembre-octubre de 1979), pp. 491-495.

69. Para profundizar el análisis de la conexión estrecha entre la adoración y la educación cristiana, recomendamos los siguientes libros: Robert L. Browning y Roy A. Reed, *The Sacraments in Religious Education* (Birmingham, Ala.: Religious Education Press, 1985); John H. Westerhoff III, *A Pilgrim People: Learning Through the Church Year* (Minneapolis: Seabury, 1984); y John Westerhoff III y William H. Willimon, *Liturgy and Learning Through the Life Cycle* (Minneapolis: Seabury, 1980).

70. James E. Loder, «Negation and Transformation: A Study in Theology and Human Development», *Toward Moral and Religious Maturity: The First International Conference on Moral and Religious Development*, James Fowler y Antoine Vergote, ed., (Morristown: Silver Burdett, 1980) p. 191.

71. Cf. Gwyneth Griffin, «Images of Interdependence: Learning/Teaching for Justice and Peace», *Religious Education* 79:3 (verano 1984) pp. 340-352.

72. Leonardo Boff, *Iglesia: Carisma y poder*, p. 184.

Conclusión

Este libro se escribió a la luz del gran impacto que la teología de la liberación ha causado en el escenario religioso y teológico de nuestro tiempo.[1] En vista de la necesidad de contar con un tratamiento sistemático y autorizado de tal movimiento teológico desde la perspectiva del ministerio educativo, uno de los propósitos principales de este libro ha sido proveer una visión global y crítica de la teología de la liberación desde el punto de vista peculiar de la educación cristiana y teológica. Nos interesaba en particular destacar y apropiar las intuiciones fundamentales que se derivan del espíritu y la esencia de la corriente liberacionista. Por otra parte, nuestra intención ha sido participar en el diálogo más amplio entre la educación y la teología, sin descuidar la clásica cuestión de los vínculos entre teoría y práctica, tan medular para ambos campos. Por tanto, intentamos desarrollar reformulaciones constructivas de los principios para la teoría y la práctica del ministerio educativo, en el contexto de su encuentro directo con la teología de la liberación.

Al concluir nuestros esfuerzos para proponer una visión objetiva y una obra bien documentada, creemos haber alcanzado nuestras metas. Las principales contribuciones liberacionistas han sido analizadas y evaluadas críticamente en términos de cinco temas centrales de la teología de la liberación, los cuales fijan la agenda global en cada uno de los capítulos en que se divide este libro. Así, hemos encarado las siguientes temáticas: (1) El proceso de concientización como la práctica de la libertad y la creatividad (es decir, el trasfondo y la inspiración freireanos de la teología de la liberación); (2) la visión profética y utópica del reino de Dios que está viniendo y que también se espera (es decir, la dimensión político-escatológica del evangelio); (3) la epistemología de la obediencia fundada en la praxis, y la visión de la fe cristiana como participación en la actividad creadora y liberadora de Dios en favor del mundo (es decir, el conocimiento, el discipulado y el enfoque performativo de la fe); (4) la interpretación crítica para la comprensión y la transformación (es decir, la hermenéutica de la liberación como perspectiva metodológica central); (5) la comunidad cristiana de base y el lugar y el papel de los oprimidos (es decir, el contexto eclesial y la contribución paradójica de los «otros» en tanto marginados, débiles o víctimas).

El punto de vista peculiar del ministerio educativo nos ha permitido discernir y apreciar de manera coherente la estructura y la orientación pedagógicas de la teología de la liberación, esto es, su esencia y su interés intrínsecamente educativos. Entre otras cosas, nuestra revisión global y crítica arroja luz sobre el sentido y la significación potencial de ciertas «metáforas rectoras» fundamentales, que pueden utilizarse, a la vez, para definir enfoques y objetivos de la educación cristiana y teológica. Así, las metáforas de educación y persona, justicia, sentido y comunidad de fe,[2] bien pueden ser enriquecidas, de manera específica, a partir de los contenidos de los capítulos 1, 2 y 3, 4 y 5, respectivamente. En la medida en que estas metáforas claves ayudan a identificar y evaluar enfoques educativos, nuestro análisis también contribuye a definir y proveer cierto material de carácter fundacional para varios enfoques complementarios de la educación, como por ejemplo, los caracterizados en términos de «instrucción» y «crecimiento», «liberación», «interpretación» y «comunidad de fe».[3]

La lectura dialógica de la teología de la liberación desde una perspectiva educativa pone de manifiesto la pertinencia de este movimiento teológico, en distintos aspectos, del ministerio docente de la iglesia. En primer término, hemos afirmado la centralidad misma de la educación a la luz de lo que hemos denominado la triple razón de ser de la iglesia: adoración, comunidad y misión. Por otro lado, a lo largo de este libro hemos sugerido la necesidad de redefinir la tarea educativa en términos de categorías y principios vinculados con los contenidos de procesos estructurales y sustantivos, con los contenidos sustantivos manifiestos, con los propósitos y objetivos, con la cuestión del tiempo, y con la categoría de personas-en-contexto. En otros términos, en su encuentro real y concreto con la educación en la iglesia, la teología de la liberación adquiere de hecho un carácter fundacional para una teoría o modelo global del ministerio educativo.[4]

A manera de síntesis, podemos recapitular brevemente los énfasis principales que se derivan de tal encuentro. Además del papel general que el ministerio educativo desempeña en el proceso de discernir, mantener y desarrollar la conciencia alternativa de la iglesia y el estilo de vida alternativo que la iglesia debe tener en cuanto comunidad de Dios en medio de la historia, podemos reiterar los siguientes puntos: (1) Ponemos un énfasis marcado en la «concientización», y en la toma de conciencia y la reflexión críticas, en la medida en que son dimensiones

esenciales del programa y el proceso educativos, aunque en subordinación a un estilo de vida de discipulado holístico (es decir, integral y
multidimensional). (2) El objetivo global de «discipular» (es decir,
formación, transformación y potenciación, tanto a nivel personal como
a nivel comunitario) se define en términos de la utopía del reino de Dios
que viene y que se caracteriza por la realidad de *shalom* (es decir, la
paz, con libertad y justicia). Por otra parte, la apropiación del evangelio
del reinado de Dios incluye un impulso profético doble: por un lado, la
denuncia, la queja, la crítica (es decir, el noconformismo), y por otro,
el anuncio, el imaginar alternativas creativas (es decir, la transformación personal, comunitaria y social, inspirada por Cristo). (3) La fe se
redefine en términos de discipulado al servicio del reino y del mundo
(es decir, participación concreta en el movimiento de liberación y re-
creación en todos los niveles y en todas las dimensiones de la vida
humana y del medio ambiente no humano según la guía del Espíritu).
En otras palabras, la fidelidad es obediencia y praxis genuinamente
inspirada por Cristo. (4) El juego hermenéutico-dialéctico que involucra la situación y la experiencia histórica presente, la Escritura y la
tradición eclesial, la visión y la esperanza, se convierte en un proceso
educativo privilegiado que implica también la co-participación divina
(el Espíritu Santo). (5) La iglesia se entiende primordialmente como
una comunidad de base (esto es, como una señal efectiva de la presencia
del reino de Dios en la historia, orientada hacia el testimonio y el
servicio) con una pasión sesgada en favor de los alienados, los pobres
y oprimidos, los marginados y los extraños.

La tesis que nos ha guiado es que, en el encuentro entre la teología
de la liberación y el ministerio educativo, ambos campos pueden ser
enriquecidos en la medida en que se respete y mantenga la integridad
de cada uno. En otras palabras, la interrelación dialógica y crítica debe
involucrar a ambos campos en sus propios términos respectivos, lo que
constituye una postura metodológica esencial en este tipo de proyectos.
De esta forma, encaramos la tarea que demanda el objetivo que nos
habíamos propuesto por medio de un «encuentro», que conlleva dos
dimensiones relacionadas entre sí: la de juntar (es decir, colocar cara a
cara, yuxtaponerse) y la de confrontar (es decir, interactuar críticamente). Al centrar la atención en ciertos conceptos liberacionistas
claves, por un lado, y en principios y categorías esenciales de la
educación, por el otro, hemos indicado en cada capítulo diversas

instancias de enriquecimiento recíproco, así como también ciertos horizontes potenciales hacia los cuales cada uno de estos campos puede avanzar en sus propios términos.[5]

La teología de la liberación cala de hecho a la educación cristiana y teológica, en cuanto dimensiones y formas del ministerio, en términos del marco de referencia y el punto de vista del propio ministerio educativo. A la vez, la tarea y la teoría de la educación impregnan crítica y constructivamente a la teología de la liberación, en cuanto forma relevante de la fe en busca de comprensión y transformación.

Nuestro análisis a lo largo de este libro sugiere que, además de ser un socio activo en el diálogo crítico, la teología de la liberación puede aportar el trasfondo y la clave esenciales para la educación cristiana y teológica, y convertise así en el pivote para la reformulación teológica del ministerio educativo en los tiempos que corren.[6] Sin pretender afirmar que la teología de la liberación es el fundamento teológico suficiente, sí queremos sostener que hace una contribución necesaria, indispensable podría decirse, para tal ministerio de la iglesia en América. El desafío a que la comunidad cristiana tome un compromiso coherente en favor del *shalom* (paz con libertad y justicia) y la transformación social, ciertamente apunta en esta dirección.[7] Dado que esto es así, debemos también afirmar la necesidad de profundizar la contextualización de la visión liberacionista del evangelio y la fe,[8] y de continuar con el diálogo con miras a la complementación y a la gestación de un proceso mutuamente enriquecedor y correctivo en relación con otras perspectivas y tradiciones teológicas.[9] Finalmente, la teología de la liberación debe encarar un diálogo permanente con la educación en la búsqueda de un ministerio educativo más integral, efectivo y pertinente; un ministerio educativo al servicio de la adoración, la comunidad, y la misión, y orientado por la causa del reino de Dios que celebramos, vivimos, anunciamos, construimos y esperamos.[10]

NOTAS

1. Rogamos que el lector revise la introducción para recordar el trasfondo y el perfil de este libro.
2. La noción de metáforas claves que contribuyen a comprender y evaluar distintos enfoques educativos se ha tomado de Jack L. Seymour, «Approaches to Christian Education», Jack L. Seymour, Donald E. Miller, *et al.*, *Contemporary Approa-*

ches to Christian Education (Nashville: Abingdon, 1982) pp. 11-34, donde se incluye además un conjunto de «metáforas» sugeridas. La idea central es que las metáforas claves ayudan a estructurar la reflexión sobre una determinada disciplina y un determinado campo desde una cierta perspectiva. Seymour afirma también que una mejor comprensión de las perspectivas a partir de las cuales se visualiza y organiza la educación en la iglesia, ayudará a formular una teoría y una práctica más coherentes e integrales.

3. *Ibíd.* Estos cinco enfoques, así identificados, aparecen descritos con algún detalle en los capítulos 2 al 6 del mismo libro. En la nota siguiente se los define sucintamente.

4. «Modelo» se utiliza aquí con una connotación más amplia que «enfoque» o «perspectiva». En este caso, equivale, *grosso modo*, a paradigma o visión educativos. En otras palabras, «educación cristiana y teológica en clave liberacionista» se refiere a un modelo que incorpora, reformula e integra varios enfoques, como los cinco siguientes: «interpretación» (es decir, la naturaleza hermenéutica del proceso educativo); «comunidad de fe» (es decir, el foco en la praxis eclesial en cuanto contexto y marco referencial del proceso educativo); «instrucción» (es decir, la estrategia pedagógica concientizadora que orienta el aprendizaje transformador); «crecimiento» (es decir, el enfoque del emerger humano en términos de maduración psico-social, moral-espiritual, política); y «liberación» (o sea, la perspectiva que privilegia a la justicia como meta, incluyendo las dimensiones emancipatorias y capacitantes del quehacer educativo).

5. En cierta medida, nos estamos refiriendo a la educación y la teología como «compañeras de diálogo» de una manera análoga a la que sugiere Craig Dykstra con respecto a la educación y la teoría del desarrollo de la fe. Cf. «Faith Development and Religious Education», Craig Dykstra y Sharon Parks, eds., *Faith Development and Fowler* (Birmingham, Ala.: Religious Education Press, 1986) pp. 251-271. La analogía termina, sin embargo, en el punto en el cual afirmamos la relación orgánica entre la educación cristiana, como una dimensión fundamental del ministerio educativo (siendo la educación teológica, por ejemplo, otra dimensión de tal ministerio) y la comunidad eclesial cristiana. En aquel contexto, el quehacer teológico desempeña un papel intrínsecamente normativo, por ejemplo, en relación con la comprensión misma de la fe bíblica.

6. Aludimos aquí a los interrogantes básicos planteados por Randolph Crump Miller, Iris V. Cully y Norma H. Thompson, a los que hiciéramos referencia en la introducción. Estas preguntas, y otras relacionadas con éstas, se toman en consideración a través de todo el libro, y se encaran explícitamente en las secciones finales de los capítulos 2 y 3. Deberíamos añadir que, casi por definición, la teología de la liberación parece ser más modesta (o menos «imperialista») que otras tradiciones y perspectivas teológicas en relación con la educación, en el sentido de que subraya el aporte necesario de las ciencias sociales (juntamente con sus propios intereses políticos) e insiste en el papel secundario de la reflexión teológica como tal.

7. Cf. el agudo ensayo de Allen J. Moore, «Liberation and the Future of Christian Education», Jack L. Seymour y Donald E. Miller, *Contemporary Approaches to*

Christian Education, pp. 103-122. Desde una perspectiva latinoamericana, cf. Matías Preiswerk, *Educar en la palabra viva. Marco teórico para la educación cristiana* (Lima: CELADEC, 1984).

8. Para el caso de América del Norte, cf., por ejemplo, Frederick Herzog, *Justice Church: The New Function of the Church in North American Christianity* (Maryknoll, N.Y.: Orbis, 1980); William K. Tabb, ed., *Churches in Struggle: Liberation Theology and Social Change in North America* (New York: Monthly Review, 1986); y Allen J. Moore, ed., *Religious Education as Social Transformation* (Birminham: Religious Education Press, 1989).

9. Este diálogo y esta posible cooperación deben incluir no sólo a teologías de la liberación norteamericanas, tales como la teología negra y la teología feminista, sino también a otras visiones divergentes (por ejemplo, teología del proceso), para no mencionar las tradiciones teológicas específicas (reformada, católica, «evangélica», etc.). Este es precisamente un desafío de grandes proporciones para la investigación futura. Cf. Daniel S. Schipani, ed., *Freedom and Discipleship: Liberation Theology in an Anabaptist Perspective* (Maryknoll: Orbis, 1989). (La versión castellana está en preparación.)

   La Fraternidad Teológica Latinoamericana ha auspiciado una rica reflexión en torno de la pobreza y la dependencia económica, el totalitarismo político y la violencia, entre otros temas que reclaman urgente atención. El estudio de las contribuciones y el diálogo resultantes (cf. por ejemplo, *Boletín Teológico* 37 al 40, año 1990) al mismo tiempo refleja y reclama una cuidadosa evaluación de diversas perspectivas teológicas potencialmente complementarias.

10. Rogamos al lector que revise las notas 72 y 73 del capítulo 4. Sin duda, una agenda peculiar para profundizar el análisis y la investigación tiene que ver con la cuestión de correlacionar la tarea discipuladora de la educación a nivel comunitario y a nivel personal. Nuestra tesis es que *discipular* (que involucra formación, transformación y potenciación) es esencial en la tarea triple de habilitar para la *adoración*, equipar para la *comunidad* y potenciar para la *misión*, por un lado. Por el otro, también sostenemos (nuevamente de manera explícitamente trinitaria) que discipular es esencial en cuanto proceso multidimensional de formación para la *visión*, transformación para la *virtud* y potenciación para la *vocación*, tanto a nivel de comunidades de fe cuanto de personas como tales. En otras palabras visión, virtud y vocación son tres dimensiones del proceso de crecimiento en el discipulado o seguimiento de Jesús.